슬픔 위에
또 다른 슬픔
끝없이 흐르네

박 성 희 저

【李煜의 사(詞)와 그의 일생】

기문사
KIMOONSA
www.kimoonsa.co.kr

책머리에

우연한 기회에 비교문학을 가르치시는 하문정(河文貞) 교수에게 송사(宋詞)를 배울 기회가 있었다. 처음 배울 당시는 중국어를 잘 몰라 필담을 나누며 대충 알아들었고, 또 우리 과 연구실에서 공부를 하다 보니 자연 동료들의 도움도 받게 되었다.

국문학을 공부했지만 국어학을 전공한 사람으로서 중국문학에 문외한이던 내가 어려운 송사(宋詞)를 배우고 또 책을 쓸 생각을 했다는 것은 참으로 낯 뜨거운 일이다.

중국의 〈대학국어〉에 나오는 대표적인 송사(宋詞)를 몇 년 동안 배웠지만 햇수만 길었지 배운 내용은 극히 적었다. 일주일에 한 번씩 하는 강의에 하 교수님이 지나치게 자세히 설명을 하셔서 한 수를 배우는데 한 달이 걸렸다. 작가 소개에 한 주일 내지 두 주일, 작품 분석과 전고(典故)를 일, 이 주일씩 배웠으니 4년가량 배웠다고 하지만 여름방학, 겨울방학의 귀국과 하 교수님의 잦은 미국 체류에 총 20~30수 정도의 송사(宋詞)를 배운 셈이다.

이렇게 배운 송사(宋詞) 가운데 유독 세 사람의 사인(詞人)이 내 마음을 끌었는데 그 첫 번째가 바로 이욱(李煜)이었다. 이 사인(詞人)에 대해 전혀 알지 못했던 나는 그에 대한 자료가 거의 없어 하 교수의 강의를 중심으로 그의 사(詞)를 찾아보다가 천진도서관에서 뜻밖에 오래된 낡고 헤진 그의 전기에 대한 책을 발견했다. 중국어 실력이 부족한 나는 한 자 한 자 사전을 찾아가며 그의 사를 분석하고 이해하고 그의 일생을 연구하며 거의 10년이란 세월을 보냈다.

한국어과의 과중한 업무량과 방송국 일, 신문에 칼럼 쓰기, 한인사회와 지역사회의 활동 등 잡무가 많아 방학 동안만 연구를 하다 보니 10년을 끌게 된 것이다.

천진 외국어대학 한국어과 2000학번부터 2004학번까지의 많은 학생들이 참으로 고맙게 자료 수집과 고문 번역에 동참해 주었다. 특히 주지평(朱志平)과 우효평 학생은 북경대학교 대학원에 진학한 후에도 꾸준히 내 작업을 도와주었다.

그러나 처음 책으로 쓰겠다고 했을 때 많은 중국인들이 의아해하며 왜 하필이면 가장 창피한 군주에 대해 연구를 하는지 모르겠다면서 내가 이욱에 대해 연구하는 명분에 대해 궁금해 했다. 좋아하는 사람에 대해 연구하는데 무슨 명분이 필요한지 한·중간의 문화적 차이를 생각하며 나는 이욱을 망국의 군주로 생각하지 말고 오로지 그의 아름다운 사(詞)만 생각하자고 주장하곤 했다.

사의 의경(意境)을 그려 책에 삽화로 넣으면 좋을 것 같아 화가를 찾았으나 모두들 자신이 생각하는 의경(意境)만을 고집하여 그 동안 다섯 번이나 화가를 바꿨다. 천진미술대학, 항주미술대학, 북경중앙미술대학 학생들이 참여하여 그림을 그렸으나 모두 마음에 들지 않아 2년 전부터 중견화가에게 부탁하여 겨우 5점의 작품만을 구할 수 있었다. 이 책의 다른 3장의 삽화는 다운로드한 그림이다.

처음에는 간단한 작품소개와 감상문으로 수필처럼 쓰려고 했는데 쓰다 보니 이상하게 해설서가 되고 말았다. 이 책을 읽는 독자께서는 중국문학에 대해 문외한인 사람이 나름대로 느낌을 적어 본 잡문으로 생각하시고 단어 해설을 중심으로 시 원문을 독자적으로 해석해 보셨으면 한다.

최근 원고 파일이 열리지 않아 하마터면 잃어버릴 뻔했던 원고를 IT선생인 Ian Flude씨가 어렵게 복원해 주셔서 감사드리며 북경에 세미나 차 들르신 김 교수와 백 교수 부부가 시 번역 부분을 아름답게 수정해 주셔서 감사드린다. 10년 동안 늘 기도로 저를 격려해 주신 소화 데레사 홍성경 수녀님께도 감사드리며 마지막 작업을 함께 해주신 나의 古文 선생님이신 장효미(張曉薇) 선생님께 무한한 감사를 드리는 바이다.

특히 기꺼이 이 책을 출판해 주신 기문사 한인환 사장님과 정광업 편집부장님, 그리고 중국으로 늘 국제전화를 하며 출판과정을 논의하신 방원희님께도 감사드린다.

저자 박 성 희

목 차

1. 고국을 떠나오며_7

破陣子(四十年来家國)/7

2. 낚싯대 드리우고_19

漁夫詞(閬苑有情千里雪)/19

渔夫詞(一棹春風一葉舟)/27

3. 화려하고 사치스러운 궁중생활_39

玉楼春(晩粧初了明肌雪)/39

浣溪沙(紅日已高三丈透)/48

一斛珠(曉妝初過)/56

4. 처제와의 치정(癡情) 속에서_69

蝶恋花(遙夜亭皐閒信步)/69

菩薩蠻(蓬莱院闭天台女)/77

菩薩蠻(銅簧韻脆鏘寒竹)/86

菩薩蠻(花明月黯籠輕雾)/95

5. 아내를 잃고 슬픔에 젖어_109

谢新恩(秦楼不見吹簫女)/109

采桑子(轆轤金井梧桐晩)/118

長相思(云一緺, 玉一梭)/127

謝新恩(櫻花落盡階前月)/135
長相思(一重山, 兩重山)/143
清平樂(別來春半)/151
阮郎歸(東風吹水日銜山)/159
采桑子(亭前春逐紅英盡)/168
臨江仙(櫻桃落盡春歸去)/177

6. 포로로 수인(囚人)생활을 하며_189
烏夜啼(昨夜風兼雨)/189
望江梅(閑夢遠, 南國正芳春)/197
望江南(多少恨, 昨夜夢魂中)/206
謝新恩(冉冉秋光留不住)/215

7. 아내를 기다리며 잠 못 이루며_225
相見歡(無言獨上西樓)/225
喜遷鶯(曉月墜, 宿雲微)/234
搗練子令(深院靜, 小庭空)/242

8. 죽음을 재촉하는 사를 쓰며_253
浪淘沙(往事只堪哀)/253
浪淘沙(簾外雨潺潺)/262
相見歡(林花謝了春紅)/270
虞美人(風回小院庭蕪綠)/279
虞美人(春花秋月何時了)/287

9. 사패(詞牌)_323
■ 부 록_339

슬픔 위에 또 다른 슬픔 끝없이 흐르네 슬픔 위에 또 다른 슬픔 끝없이 흐르네 슬픔 위에 또 다른 슬픔 끝없이 흐르네

1 고국을 떠나오며

破陣子(四十年来家國)

四十年来家國，三千里地山河。
鳳閣龍樓連霄漢，玉樹瓊枝作煙蘿。
幾曾識干戈?
一旦歸爲臣虜，沈腰潘鬢消磨。
最是蒼惶辞廟日，教坊犹奏别離歌，
垂泪對宮娥。

Sì shí niánlái jiā guó, sān qiānlǐ dì shānhé
四十年来家国，三千里地山河。

Fèng gé lóng lóu lián xiāohàn, yùshù qióng zhī zuò yān luó
凤阁龙楼连霄汉，玉树琼枝作烟萝。

Jǐ céng shí gāngē
几曾识干戈？

Yídàn guī wéi chén lǔ, chén yāo pān bìn xiāomó
一旦归为臣虏，沈腰潘鬓消磨。

Zuì shì cānghuáng cí miào rì, jiào fang yóu zòu biélí gē,
最是仓皇辞庙日，教坊犹奏别离歌，

Chuí lèi duì gōngé
垂泪对宫娥。

40년 이어온 나라, 삼천리강산.
봉황 전각, 용 누각, 하늘 높이 이어지고
운무처럼 빽빽이 어우러진 어화원의 아름다운 수풀
내 일찍이 전쟁의 아픔을 그 얼마나 알았는가!

포로 신세가 되니 허리는 날로 가늘어지고
백발은 점점 성성해지는구나.
내 생애 가장 큰 슬픔은 황망히 종묘에 작별인사 드린 날
교방에서 연주하는 이별곡 들으며
궁녀들 말없이 쳐다보며 하염없이 눈물만 흘린 일이었네.

詞意

포로가 된 남당(南唐)의 망국(亡國) 군주인 이욱(李煜)은 북송(北宋)의 수도로 압송된 뒤 죽기 전 몇 년 동안 수인으로서 연금생활을 한다. 쓰라리고 비참한 신세로 전락한 현재 자신의 처지를 생각할 때마다 그는 술로 울분과 번뇌를 달래며 때때로 아름다웠던 남당(南唐) 시절을 회억(悔憶)한다. 3대에 걸친 40년 역사의 조국, 부유한 삼천리강산, 하늘을 찌를 듯이 높이 솟아있던 아름다운 궁전들, 빽빽이 들어선 각종 아름다운 수목들을 생각하며 슬픈 신세를 한탄한다. 태평성대 속에서 전쟁이란 것을 전혀 모르고 자란 자신이 이제 포로가 되고 나니, 비참하고 굴욕스런 생활의 연속과 번민과 고뇌로 하루가 다르게 몸은 수척해지고 흰 머리는 계속 듬성듬성해진다. 남당(南唐)의 여러 가지 추억 중 가장 가슴 아프고 괴로웠던 일은 황망히 조국을 떠나오며 종묘사직에 인사드릴 때, 교방에서 연주하는 가슴을 에는 듯한 이별곡을 들으며 억장이 무너져 내리는 듯한 심정에 아무 말도 못하고 그저 궁녀들만 바라보며 눈물만 흘렸던 일이다.

단어

1. **40년(四十年)** : 937년 개국한 남당(南唐)이 975년 북송에 멸망당하기까지의 약 40년간

2. **삼천리지(三千里地)** : 당시 남당(南唐)의 판도는 35개 주(州)로 된 삼천리(三千里) 강산이었으며 금릉(金陵)을 도읍으로 한 당시로서는 대국(大國)이었다고 할 수 있다. 남당(南唐)은 오늘날의 강서(江西) 전 지역과 복건(福建)의 대부분 지역 그리고 강소(江蕭)와 안휘(安徽)의 회하(淮河) 이남 지역으로 그렇게 크지는 않았지만 산천이 수려하고 물자가 풍부한 부유한 강토의 나라였다.

3. **봉각용루(凤阁龙楼)** : 제왕이 거하던 크고 으리으리하고 화려한 누각과 궁전

4. **소한(霄汉)** : 하늘, 창천(蒼天). 소(霄)는 하늘을 뜻하며, 한(汉)은 은하수를 뜻하는 말로 소한(霄汉)은 높은 하늘이라는 뜻이다.

5. **옥수경지(玉树琼枝)** : 아름다운 나무들과 화초와 덩굴들. 황궁의 어화원에 있는 각종 이름있는 진귀한 나무들과 화초들을 일컫는다.

6. **연라(烟萝)** : 넝쿨나무들이 빽빽하게 무성한 것이 안개가 자욱이 휘감고 있는 것 같다는 뜻이다.

7. **간과(干戈)** : 방패와 창. 무기. 전쟁을 뜻한다.

8. **심요(沈腰)** : 허리 둘레가 점점 가늘어지다. 허리와 사지가 갈수록 마르고 앙상해지다.(재능이 있으면서도 그 재능을 펼 기회를 만나지 못한 심약(沈約)은 자신의 노병(老病)에 대해 친구 서면(徐勉)에게 보낸 편지에서 "백일 동안 몇 십 번 허리띠 구멍을 옮겼고, 손으로 팔을 잡아 보면 한 달에 반이나 줄어들었다. 일을 그만 두고 고향으로 돌아갈까 한다"라고 썼다. 후에 '심요(沈腰)'는 갈수록 살이 빠져 허리와 사지가 점점 앙상해지는 상태를 일컫게 되었다)

9. **반빈(潘鬓)** : 흰머리. 진대(晉代)의 文人인 반악(潘岳)은 근심이 많아 서른두 살 때부터 일찍이 머리가 세기 시작하여 그가 지은 〈추흥부(秋興賦)〉에서 "흰머리가 모자 안을 가득 채운다"라고 했다. 그래서 '반빈(潘鬓)'은 흰머리의 대명사가 되었다.

10. **창황(仓皇)** : 총망하고 황급하게. 어찌할 겨를이 없이 매우 급하게.

11. **사묘(辞庙)** : 조상에게 작별인사를 고하다. 종묘에 고별인사를 함은 조상들이 창건한 조국을 떠난다는 뜻이다.

12. **교방(教坊)** : 궁중에서 음악을 관장하던 기구

13. **궁아(宫娥)** : 궁녀

구절풀이

四十年来家国, 三千里地山河 40년간 지켜온 조국 삼천리강산. 남당이 개국하여 멸망할 때까지(937년~975년)의 38년간을 40년이라는 대략적인 숫자로 나타냈다. 당시 남당은 지금의 강소, 안휘, 강서, 복건 일대를 포함한 대략 삼천리에 걸친 국토였다. 이 두 구절은 남당의 역사적 연대와 영토 범위를 나타내고 있으며, '가국(家国)'이라 함은 봉건 제왕들이 천하를 자신의 집이라 생각하여 나라가 곧 자신의 집이라고 생각해 '가국(家国)'이라 부른 것이다.

凤阁龙楼连霄汉, 玉树琼枝作烟萝 봉황 그림이 새겨진 궁전의 누각들이 하늘을 찌를 듯이 즐비하게 높이 우뚝 솟아있고, 궁궐의 어화원(御花園)에는 갖가지 금옥 같은 귀하고 아름다운 나무들과 화초들이 가득한 속에 덩쿨나무들이 서로 엉켜 마치 뿌연 아지랑이가 이는 것처럼 몽롱하다. '봉각용루(凤阁龙楼)'는 봉황과 용을 채색으로 그린 아름다운 누각과 전각으로 화려함이 대단한 제왕의 집을 말한다. '连霄汉'에서 '소한(霄汉)'은 높고 크다는 뜻이며 아름다운 궁궐들이 하늘 높이 은하수까지 이어진 것처럼 높이 솟아있음을 형용한 말이다. '옥수경지(玉树琼枝)'는 궁궐 누각과 정원에서 자라는 아름다운 나무들을 지칭하며, '작연몽(作烟萝)'은 나무들 사이에 많은 넝쿨나무들이 높이 칭칭 휘감아 올라가는 모습이 마치 안개가 자욱히 휘감고 있는 것처럼 몽롱하게 보인다고 하여 수목이 셀 수없이 많음을 나타냈다. 역사책에 의하면 "남당은 궁중에 큰 누각을 지었다"는 기록이 있으며 또 "남당 궁중에는 예전에 백 척(尺)이나 되는 큰 누각과 아름다운 비단을 바른 전각이 있었다"는 기록도 있다.

几曾识干戈 일찌이 전쟁에 대해 그 얼마나 알았던가! '간과(干戈)'는 병기의 통칭으로 전쟁을 뜻한다. 이욱은 여섯 번째 왕자로 형들의 연이은 죽음으로 왕위를 자연스럽게 계승받아 전쟁에 한번도 참여해 본 적이 없었고, 국사(國事)에도 전혀 관심이 없었다.

一旦归为臣虏，沈腰潘鬓消磨 일단 포로 신세가 되고 나니 허리는 날로 가늘어지고 흰 머리는 갈수록 빠져 없어진다. '일단(一旦)'은 하루아침에 변고를 당해 망국 포로가 되었음을 말하며, 슬프고 고통스럽고 근심 걱정이 끊일 날이 없는 포로생활로 허리와 사지가 날이 갈수록 수척해지고 흰머리는 날로 늘고 머리칼은 점점 더 빠져 숱이 적어져감을 말한다. 이 구절에서는 '심약(沈約)'과 '반악(潘岳)'의 전고(典故)를 이용하여 자신이 망국의 포로가 된 서글픈 상황을 표현하고 있다.

最是仓皇辞庙日，教坊犹奏别离歌，垂泪对宫娥 가장 고통스러웠던 일은 창망하게 종묘를 사직할 때 교방에서 연주하는 이별곡을 들으며 궁녀들을 바라보며 아무 말도 못하고 다만 눈물만 흘렸던 일이다. 포로가 되어 북으로 끌려가며, 떠나기 직전 황급하게 종묘에 사직인사를 할 때 나라를 망하게 한 죄인으로 포로가 된 그는 악공들이 연주하는 사람의 폐부를 찌르는 이별가를 들으며 부끄러움과 회한 등 말로 표현할 수 없는 착잡한 심경으로 궁녀들을 쳐다보며 그저 눈물만 흘릴 수밖에 없었다.

작품 배경

이욱(李煜)은 남당(南唐)의 군주가 된 그 첫날부터 북방의 송(宋)정권의 무력적 위협하에 아침저녁으로 근심 속에서 살아왔다. 수시로 망국 포로의 위협을 느끼고 있던 남당의 군신들의 마음속에도 늘 무거운 어두운 그림자가 깃들어 있었다. 그러나 망국의 그날은 종래 오고 말았으니, 송(宋) 태조(太祖) 개보(開寶) 8년(975년) 송군(宋軍)이 남당의 수도 금릉을 점령하게 되어 이욱은 웃옷을 벗고 투항하게 된다. 포로 신세가 된 그가 가솔 45명과 함께 송병(宋兵)에 압송되어 북방으로 끌려가는 그날부터 그의 참을 수 없는 굴욕과 수모의 생활이 시작된다. 개보(開寶) 9년 춘정월, 이욱이 그의 두 번째 부인인 소주후(小周后)와 북송(北宋)의 수도인 변량(汴梁)에 이르자, 송(宋) 태조(太祖)는 이욱에게 송(宋) 조정으로 들어오라는 계속된 명에 불복하고 저항했다는 이유와, 또 출병하여 송(宋)에 항거했다는 이유로 그를 위명후(違命侯)로 봉했다.

할아버지가 창업한 부유한 남당에서 6번째 왕자로 태어난 이욱은 깊은 궁궐에서 아녀자들의 손에서 자라난 여리고 심약한 왕손이었다. 그는 자연스럽게 왕위를 계승했으며, 당시 10국(十國) 중 가장 부유했던 남당은 넓은 국토와 아름답고 호화로운 궁궐들이 하늘을 찌를 듯했고, 백성들은 전쟁의 소용돌이 속에서 비교적 안정된 생활을 하고 있어, 이욱은 태어나면서부터 사치스러운 궁중생활을 즐기며, 전쟁이라는 것을 전혀 모르고 자랐다.

송(宋)의 수도 변량(汴梁)에 억류되어 망국의 군주로 살았던 3년 동안 이욱은 날마다 눈물로 세수를 하며 비통과 회한의 심정으로 과거 화려했던 남당 생활을 추억하며 자신의 서글픈 처지를 한탄한 주옥같은 사(詞)를 지으며 세월을 보냈다.

송(宋)나라 사람들의 기록에 의하면 당시 남당 궁중에는 백 척의 누각과 아름다운 비단을 입힌 전각들이 무수히 있었다고 한다. 궁궐의 벽은 모두 붉은 비단으로 치장을 하였으며 그 위에 금은보석으로 만든 꽃무늬 장식을 하여, 그 화려함이 대단했으며, 이런 화려한 궁궐벽 밖으로는 매화를 심었고, 대들보와 창벽, 두공, 계단 등은 모두 통처럼 아치형으로 만들어 그 사이에 빽빽하게 아름다운 꽃들을 심어 사치스러움과 화려함이 극에 달했다고 한다.

포로로 연금생활을 하던 이욱은 늘 고국을 그리워하며 옛일과 옛 궁궐생활을 회억하곤 했는데 이 사(詞)에서 보듯이 봉황과 용이 새겨진 높이 우뚝 선 궁궐의 누각들, 어화원의 아름다운 수목과 화초들, 아름답게 조각된 돌계단 등 당시 부유했던 고국을 꿈에서도 그리워했다. 그래서 그의 작품 속에는 아름다운 조국과 처량한 변량에서의 생활에 대한 대비가 자주 나타나고 특히 그의 후기 작품들에서는 진솔한 감정 속에 비장미가 돋보인다.

이욱은 아내 아황(娥皇)과 함께 당나라 때의 궁중음악을 계승, 발전시켰으며 잃어버린 악곡을 복원하여 악사들을 재교육시켰다. 나라를 잃고 총망 중에 태묘(太廟)를 떠나 구묘(九廟) 밖의 백성들에게 통곡 속에 감사를 드리고 배웅하는 궁녀들과 헤어지려할 때 교방(教坊)의 악공들이 그를 위해 이별곡을 연주하니 부끄러움, 후회, 연민, 고통 등 만감이 교차하고 비통한 마음에 목이 메고 눈물이 앞을 가려 그 어떤 말도 할 수가 없어 그저 하염없이 눈물만 흘렸는데, 포로가 된 후에도 늘 이때의 일이 가장 고통스럽게 추억되는 것이다.

작품 감상

이 사(詞)는 이욱의 포로생활 3년 중에 쓰인 작품으로, 포로 신세로 전락한 망국(亡國)의 군주가 연금상태에서 무료하게 나날을 보내며 자신의 화려했던 과거를 생각할 때, 늘 그를 괴롭히는 생각은 황망히 조국을 떠나오던 그 날의 일이었다고 말하고 있다.

나라를 잃은 죄인으로서의 조상에 대한 부끄러움과 구묘(九廟) 밖에서 통곡하는 백성들에 대한 미안함, 그리고 자신이 포로 신세로 전락하게 된데 대한 수치심 등 뭐라 말할 수 없는 착잡한 심정에 그저 눈물만 흘렸을 뿐이라고 작가는 말하듯 자연스럽게 읊고 있다.

이 사(詞)는 전반부와 후반부가 뚜렷한 대조를 이루면서 전반부와 후반부의 연결이 자연스럽게 이루어지고 있다. 전반부에서는 역사 실록에 기재된 바처럼 화려하고 웅대했던 남당 옛 고국을 그리고 있는데, 첫 구절에서는 남당이라는 나라의 지리적 역사적 사실을 총체적으로 묘사했다.

이욱이 태어나던 해에 그의 할아버지가 남당을 세웠고 그가 나라를 잃은 것은 그의 나이 39세 때였다. 그래서 40년 역사와 삼천리에 이르는 국토를 가진 나라라고 자신의 고국에 대한 설명으로 서두를 꺼낸 후, 이어 아름답고 화려하고 부유했던 남당의 웅대한 기상을 나타내는 즐비하게 늘어선 궁궐과 전각과 누각이 하늘을 찌를 듯 높이 솟아 있다고 자랑스럽게 말하고 있다. 이 웅장한 기상을 묘사하기 위해 작가는 궁중의 건축물들이 거의 하늘에 닿을 듯이 높이 지어졌다고 하여 '하늘'이라는 뜻의 소(霄)와 '은하수'라는 뜻의 한(漢)이란 단어로 창천(蒼天), 창공(蒼空) 같은 무한한 공간 속의 건축물로 웅대함을 드러냈고 또 건축물들이 하나가 아니었음을 말하기 위해 '연(連)' 자를 써서 '즐비하게 이어져' 있음을 나타냈다.

두 번째 구절의 '봉각용루(鳳閣龍樓)'와 '옥수경지(玉樹瓊枝)'는 한시에서 흔히 쓰이는 조어법으로 둘이 호응되고 있으며, 궁전(閣)과 누각(樓)은 모두 제왕의 위엄을 나타내는 봉황과 용의 무늬가 새겨져 있고, 어화원(御花園)의 정원에는 각종 진귀한 꽃들이 무성하게 자라 구름이 뒤덮여 있는 것 같다고 했으며, 나무와 화초와 분재(樹枝)의 아름다움은 옥과 구슬(玉瓊)에 비유했다. 이욱은 그의 두 번째 아내 소주후를 위해 향기가 나는 화초를 궁궐 정원에 심도록 하여, 인공 향보다 자연향을 더 즐겼던 제왕이다. 그는 조그만 정자를 지어 정자 벽에 여러 가지 아름다운 화초를 심고 화초가 벽으로 늘어지게 했다. 정원의 라일락이나 등나무 같은 향기나는 넝쿨나무들이 구름처럼 하늘 높이 휘감아 오른 것을 넝쿨나무 '라(蘿)'자와 연기 같은 구름이라는 '연(煙)'자로 결합시켜, 수목이 가득한 울창한 정원의 나무들 틈새로 비치는 약간 흐릿한 빛으로 신비롭고 몽롱한 분위기의 어화원을 아름답게 묘사했다.

과거 생활에 대한 묘사를 끝맺으면서 화자는 이런 생활에 젖어 있던 자신이 '그 어찌 전쟁을 알았겠는가!'라고 변명 비슷한 말로 웅얼거리고 있다. 이 구절은 참으로 독특한 구절로, 전반부의 호화롭고 아름다운 궁궐에서의 안일한 생활을 끝내고, 지금의 처지가 된 상태를 전쟁이라는 말로 대신하고 있다. 여기에는 그가 남당의 6번째 왕자로 태어났기 때문에 제왕의 자리에 오를 줄 모르고 그저 아내와 시가(詩歌) 속에 빠져 아름다운 생활만 했기 때문에 전쟁에 대해 생각해 본 적이 없었다는 의미도 있고, 또 제왕이 된 다음에도 송(宋) 나라에 깍듯이 예를 갖추며 끊임없이 조공(朝貢)을 바쳐 송(宋) 나라가 이렇게 쳐들어 올 줄은 몰랐다는 의미도 있으며 어쩌면 그가 불교에 의탁해 아침저녁으로 경건하게 혼신의 힘을 다해 불공을 드렸기 때문에 이런 재난이 닥칠 줄을 몰랐었다는 의미도 있다.

이렇게 인위적인 흔적이 전혀 보이지 않는 참으로 빼어난 시작법(詩作法)으로 전반부를 끝맺은 다음 이어서 후반부의 첫 단락에서 일단(一旦)이라는 부사를 사용하여, 또 다른 절묘한 이어짐이 되게 했다. '하루아침에', '어느 날 갑자기'라는 이 〈일단(一旦)〉이라는 단어는 일단 나라가 망하고 나니까, 일단 포로 신세가 되고 나니까 같은 전반부의 상황에서 급전락하여 처량하고 서글픈 신세가 된 그 낙차를 크게 부각시키려는 뜻이 배어있다. 이 일단(一旦)이라는 말은 극히 평범한 상용어지만 이 사(詞)에서는 전후 단락을 자연스럽게 나누는 역할을 하고 있으며, 화려했던 남당 시절과 처량한 북송 시절을 대비시키는 중요한 연결고리로 사용됐다.

이어 작가는 두 전고(典故)를 이용하여, 자신이 포로가 된 후의 정신적 육체적 고민과 번뇌를 토로하고 있다. 예로부터 근심은 사람을 상하게 한다고 했으니, 망국의 고통과 포로로서의 굴욕감이 섬세하고 민감하며 심약한 이 제왕의 심신을 완전히 피폐하게 해, 눈물로 세월을 보내는 동안 그 옛날 심약(沈約)처럼 몸은 날로 수척해지고 또 반악(潘岳)처럼 흰머리만 날로 늘고 있는 자신의 처지를 한탄했다. 작가는 이렇게 포로가 되어 송(宋)의 수도 변량(汴梁)으로 간 후의 자신의 쓰라린 생활을 구구절절 설명하지 않고 단지 근심으로 몸이 수척해지고 백발만 늘어난다고 말함으로써 그의 비참한 생활에 대한 상상의 폭을 넓혀주고 있다.

그리고 작가는 마지막 구절에서 이 사의 주제인 자신의 회억(回憶) 중 늘 잊을 수 없고 견딜 수 없으며 자신을 옭죄는 기억은 바로 나라를 떠나올 때의 일이었음을 토로한다. 슬픈 마음과 비통한 심정으로 궁녀들과 작별을 하면서 그가 무슨 말을 할 수 있었겠는가! 만감이 교차하는 가운데 그는 말없이 눈물만 흘리며 자신이 심혈을 기울어 복원해 놓은 당악(唐樂)의 이별곡을 듣는다. 늘 환락 속에서 음악에 심취해 있던 그가 오늘에 이르러 이렇게 망국의 군주로서 이별곡을 들을 줄을 그 어찌 알았겠는가! 궁녀들의 사랑을 한 몸에 받았던 이욱은 송(宋)나라로 잡혀가면서 극히 소수의 궁녀만을 데리고 갔으니 나머지 궁녀들의 앞날은 어찌 될 것이며, 또 어렵게 재정비해 놓은 궁중 악단은 앞으로 어떻게 될지 모든 것이 삽시간에 무너져버린 슬픔 속에 망연해진 그는 그저 눈물만 흘릴 수밖에 없었다.

이 사는 전체적으로 작가의 응어리진 마음을 극명하게 드러내고 있으면서도 그 어조는 지극히 담담하고, 말하듯 명백하고 자연스럽다. 이렇게 쉬운 말로 깊은 감정을 드러내는 것이 이욱 사의 특징이다. 말이 참으로 진솔하여 작가가 직접 우리에게 흉금을 털어놓고 있는 것 같은 직서법(直敍法)이 이 사(詞)의 묘미이며 특히 전, 후반부에 대조법(對照法)을 사용하여, 그의 끊이지 않는 한없는 애수(哀愁)를 극대화시킨 점 역시 이 사(詞)의 또 다른 특징이다. 즉 지극히 화려하고 웅장했던 과거의 궁중생활을 과장법으로 묘사한 후 포로 생활 후의 처참하고 비통한 생활을 대조시켜 작가가 말하고자 하는 후반부의 주제를 한층 더 높은 경지로 이끌어 냈다. 그래서 작가는 마지막 구절에서 종묘에 사직하고 이별곡을 듣는 것이 망국, 포로, 고통의 이미지와 결합되게 하여 영탄하면 할수록 그 고통은 더욱 더 깊어짐을 예술적으로 승화시켰다. 작가는 고통과 후회의 감정을 직접적으로 술회하고 있진 않지만, 우리는 이 사(詞)에서 작가의 절제된 언어 속에 그의 비통함과 절망감이 더 깊이 함축되어 있음을 느낄 수 있다.

이욱(李煜)의 할아버지 선주(先主) 이지고(李知誥)

남당(南唐)을 창업한 이지고(李知誥)는 남당의 개국 군주이며, 서기 937년, 바로 이욱이 태어나던 그 해에 남당을 세웠다. 비록 이욱이 7세가 채 안 되었을 때, 56세의 이지고는 불행하게도 한창 때에 세상을 떠났으나, 그의 영웅적인 사적(事跡)은 이욱의 머릿속에 깊은 인상으로 남아 있었다. 이지고는 오대십국(五代十國) 시기에 보기 드문 현명하고 능력 있는 군주였다.

중국 역사상 서기 907년에서 960년까지의 이 시기를 '오대십국(五代十國)'의 시기라고 일컫는다. 이 시기는 중국 역사상 유례없는 대분열, 대변혁의 시기였으며 또한 중국 봉건사회의 전성기가 몰락으로 향하기 시작한 시기였다. '안록산의 난' 이후, 당(唐) 왕조 내부의 정치 투쟁은 치열했으며, 이 왕조가 멸망한 후, 각지의 정치 판국은 사분오열로 나누어졌다.

오대(五代)란, 중원지역에 앞뒤로 나라를 세운, 실력이 비교적 큰 나라들, 즉 양(梁), 당(唐), 진(晉), 한(漢), 주(周)의 다섯 나라를 가리킨다. 이 다섯 나라의 국호는 이전에 다 있었기 때문에, 이를 예전의 나라 이름과 중복됨을 피하기 위해 편의상 국호 앞에 습관적으로 '후(后)'자를 덧붙여 후량(後梁), 후당(後唐), 후진(後晉), 후한(後漢), 후주(後周)라고 하여 나라 이름을 구별했다.

이 다섯 나라들이 중원지역을 통치하고 있었을 때, 중국의 다른 지역에서는 또 다른 10개의 정권이 선후로 나라를 세워 그들과 서로 같이 병존하고 있었으니, 즉 선촉(先蜀), 후촉(後蜀), 남당(南唐), 형남(荊南), 초(楚), 오(吳), 오월(吳越), 남한(南漢), 북한(北漢), 민(閩)의 이 10 나라가 바로 그것이다.

서기 907년, 주전충(朱全忠)은 당(唐) 왕조의 13세 된 마지막 황제를 내쫓아 버리고, 스스로 황제가 되어 연호를 개평(開平) 원년이라 하고, 국호를 양(梁)으로 하여, 오대십국(五代十國)의 문을 열었다. 그리고 서기 960년 후주(後周)의 대장 조광윤(趙光胤)이 진교(陣橋)에서 군사 쿠데타를 일으켜, 후주(後周) 정권을 찬탈한 후, 중국을 통일하여 송(宋) 왕조를 세우게 되었으니, 이 해에 오대십국(五代十國) 시대는 종말을 고하게 된다.

이욱의 조부 이지고는 서기 937년 당시, 중국 회남(淮南) 지역의 조그만 조정인 오(吳) 나라의 마지막 황제 양부(楊溥)의 제위를 강박하여, 자신에게 양위하도록 한 후, 정식으로 남당을 건립했다. 서기 975년 이욱이 송(宋) 왕조에 투항하여 남당이 멸망했으니 이 지역의 정권은 모두 39년간 존재했다. 남당이 나라를 세운 39년 중, 이지고(李知誥), 이경통(李景通), 이종가(李從嘉)가 차례로 왕위에 올랐는데 오늘날 우리는 이 세 제왕을 남당의 선주(先主), 중주(中主), 후주(后主)라 부르고 있다.

'번진할거(藩鎭割據)' 중 대표적인 할거세력 중 한 사람인 양밀행(楊密行)은 고아인 이변(李弁)을 데려다 부하 장군인 서온(徐溫)에게 보내 양자로 삼도록 했다. 이지고(李知誥) 라고 이름을 바꾼 이 아이가 양부 서온 밑에서 지휘사(指揮使), 승주(升州) 방알사(防遏使) 겸 누선군사(樓船軍使), 승주부사(升州副使), 지주사(知州事)를 거쳐 승주자사(升州刺史)가 되었을 때는 24세 때였다. 서기 927년 서온이 병으로 죽자, 30세의 이지고는 오(吳)나라의 정권을 관장하다가 오(吳)나라의 정권을 찬탈했다.

이지고의 대신들이 머리를 짜내어 만들어 낸 그의 가보(家譜)는 당(唐) 헌종(憲

宗) - 이각(李恪) - 이초(李超) - 이지(李志) - 이영(李榮) - 이지고(李知誥)였다. 이제 이지고는 변신하여 '황제의 자식, 황제의 손자'가 된 것이다.

이지고는 제왕이 된 후, 현명한 군주가 되도록 온 힘을 다하여 국사(國事)를 다스렸다. 이지고는 사치스럽거나 황음(荒淫)하지 않았으며, 인명(人命)을 초개같이 여기거나 무거운 세금으로 백성들을 착취하지도 않았고, 진심으로 자기 백성들을 사랑하고 백성들을 위한 정치를 펴는데 최선을 다했다.

이지고는 농업생산을 장려하고, 세금을 가볍게 부과했으며, 현재(賢才)를 기용하고 근검절약을 제창했다. 그는 전쟁 없이 백성들이 편안하게 생활할 수 있는 정책 실행에 최대 역점을 두었다. 이 정책은 당시 백성들이 바로 바라던 바였으며, 이로 인해 남당의 국력은 날로 커져가고 부유해져 갔다. 이지고가 죽었을 당시 남당의 국고에는 700여 만 상당의 물자가 남아 있었다. 남당 백성들은 남당을 강남의 낙원으로 생각했다. 후에 송군(宋軍)이 병사를 이끌고 남당(南唐)의 수도 금릉(金陵)을 포위했을 때, 성안에 쌀 한 톨이 수천의 값으로 오르고, 아사자들이 계속 생겨났지만, 이에 동요하거나 반란을 일으킨 사람이 한 사람도 없었던 것은 바로 이지고의 선정(善政)의 영향이었음은 의심할 나위가 없다.

서기 943년 이지고는 향년 56세의 나이로 죽었으며 임종 시 아들 이경통(李景通)에게 "앞으로 북방은 틀림없이 정국의 변동이 생길 터이니, 너는 국력을 키우고 쉽게 용병을 하지 말라"고 당부했다. 그러나 이경통(李景通)은 아버지의 유언을 듣지 않고 가볍게 후주(後周)와 전쟁을 하여 강북 19개 주(洲)를 빼앗겨 남당은 멸망의 길로 들어서게 됐다.

슬픔 위에 또 다른 슬픔 끝없이 흐르네 슬픔 위에 또 다른 슬픔 끝없이 흐르네 슬픔 위에 또 다른 슬픔 끝없이 흐르네

2 낚싯대 드리우고

漁夫詞(阆苑有情千里雪)

阆苑有情千里雪,
桃李無言一隊春。
一壶酒, 一竿纶,
快活如儂有幾人。

Làngyuàn yǒuqíng qiānlǐ xuě,
阆苑有情千里雪,

Táolǐ wú yán yī duì chūn.
桃李无言一队春。

Yī hú jiǔ, yī gān lún,
一壶酒, 一竿纶,

Kuàihuó rú nóng yǒu jǐ rén.
快活如侬有几人。

한적한 강물 위엔 온통 하얀 물보라
강 언덕 복숭아꽃 배꽃은 천지가 봄이라는 듯
말없이 활짝 피어 있네.
술 한 병, 낚싯대 하나로
나처럼 이렇게 즐거워할 수 있는 이
이 세상에 몇이나 될까

詞意

전설 속의 신선이 살았음직한 고요하고 한적한 강에서 홀로 낚시를 하며 유유자적하니 이 어찌 정취 있는 생활이 아니겠는가? 봄 강물이 불어 한없이 흘러갈 때면 멀리까지 온통 물보라가 일어 마치 흰 눈이 쌓인 것처럼 아름답게 보인다. 이른 봄 홀로 조각배에 몸을 싣고 낚시할 때, 필요한 건 아무 것도 없고 오직 술 한 병에 낚싯대 하나면 족하다. 맑고 투명한 그리고 청량하기까지 한, 봄 강물이 물보라를 일으키며 강 위에 흰 눈이 쌓인 것 같은 정경은 한 폭의 아름다운 동양화 같다. 다시 눈을 들어 옆을 보면 강 양 언덕 일대가 복숭아꽃, 배꽃이 만발하여 지금이 봄이라고 마음껏 자랑하고 있어 바야흐로 꽃피는 춘삼월임을 새삼스레 느끼게 한다. 무릉도원 같은 아름다운 강에서 세상 근심 잊고 은자처럼 낚싯대나 드리우며 속세의 모든 속박에서 벗어나 자유롭게 생활하는 사람이 이 세상에 몇이나 되겠는가! 아마도 몇 안 될 것이고 그래서 나는 더욱 통쾌하고 즐겁다.

단어

1. **낭원(阆苑)** : 전설 속의 신선이 사는 곳. 은거생활을 말하기도 한다. 어떤 책에는 낭원(阆苑) 대신 '浪花(물보라)'로 되어 있다. 또 첫구절 '阆苑有情千里雪'을 '有意千重雪'로 기재하고 있는 책도 있다,

2. **유정(有情)** : 정취가 있다. 흥미가 있다. 유정(有情) 대신 '유의(有意)'라고 기재된 책도 있으며 이것은 …할 생각이 있다, 하고 싶다는 의미다.

3. **천리설(千里雪)** : 하얀 눈 같은 물보라가 천 리길이나 멀리 뻗어 있다. 파도가 바위에 부딪치며 하얀 눈 같은 물보라를 인다는 말은 첩첩이 쌓이며 이는 물보라를 형용한 말이다.

4. **도리무언(桃李无言)** : 복숭아꽃과 배꽃은 말을 하지 않아도(봄이라고 말을 하지 않아도) 계절이 봄임을 알리고 있다. 즉 아름다운 복숭아꽃과 배꽃이 온 천지에 활짝 피어 꽃들이 굳이 봄이 왔다고 소리치며 스스로 자랑하지 않아도 사람들은 이 꽃들을 보면 '아, 이제 봄이구나'라고 저절로 영탄하게 된다.

5. **일대춘(一队春)** : 일대가 다 봄이구나. 복숭아꽃과 배꽃이 서로 섞여 서로 경쟁하듯 무리 지어 만발하게 피어 있어 한 눈에 이젠 봄이라는 것을 세상에 알리고 있다.

6. **간(竿)** : 막대, 대나무 장대, 낚싯대

7. **륜((纶)** : 낚시용의 비단실. 청색 실로 된 끈.

8. **쾌활(快活)** : 쾌활하다. 즐겁다. 유쾌하다. 유쾌하게 지내다. 다른 책에서는 '쾌활(快活)'이 '세상(世上)'으로 되어 있다.

9. **농(侬)** : 옛 시문(詩文)에서 '나'를 지칭한다.

10. **기인(几人)** : 몇 사람

구절풀이

阆苑有情千里雪 신선이 사는 곳과 같이 아름다운 경치 속 한적한 강에서 낚시를 하노라면, 뱃전에 부딪치는 눈 같은 하얀 물보라는 천리 길이나 이어지고 강물 위로 출렁이는 물보라가 어찌나 정취가 있는지 신선놀음이 따로 없다.

桃李无言一队春 복숭아꽃 배꽃은 말하지 않고도 일대가 온통 봄이라고 알리고 있다. 사기(史記)에 보면 '복숭아꽃과 배꽃은 말이 없어도 모두 찾아 와 그곳에 오솔길을 만든다'는 말이 있다. 강 언덕 일대가 꽃도 아름답고 열매도 단 사람들이 모두 좋아하는 복숭아꽃, 배꽃이 만발하니, 구태여 이 꽃들이 봄이 왔다고 말로 설명하지 않아도 자연 봄이 왔음을 알게 된다. '일대춘(一队春)'은 강 언덕 일대에 복숭아꽃, 배꽃이 서로 다투어 꽃을 피우며 서로 앞뒤로 어긋나게 피어 있어 온 천지가 봄이라는 것을 나타낸 말이다.

一壶酒, 一竿纶 술 한 병에 낚싯대 하나. 이 두 구는 아무 것도 지니지 않은 채 몸과 마음이 아주 가벼움을 뜻한다. 단지 술 한 병과 낚싯대 하나만을 지니고 낚시를 하는 즐겁고 가벼운 마음은, 실은 사인(詞人)의 내심의 동경을 나타낸 말이다. 이욱이 영향을 받은 장지화가 지은 〈어부사〉에서의 "푸른 댓잎의 삿갓과 푸른 도롱이 옷을 걸치고"의 유유자적한 심정과 같은 것으로 전혀 부러울 것 없는 낚시하는 어부의 단순한 생활을 나타낸 말이다

快活如侬有几人 나처럼 이런 즐거운 생활을 하는 사람이 몇이나 될꼬. 전당오대사(全唐五代詞)에서는 '快活'이 '世上'으로 기재되어 있는데 이것은 스스로 만족하고 스스로 즐기는 이 같은 생활을 하는 사람이 세상에 몇이나 되겠느냐고 물으며, 작가 자신도 세상을 벗어나 자유롭게 소일하고 싶은 심정을 솔직 담백하게 표현한 말이다.

작품 배경

선주(先主) 이지고(李知誥)가 죽은지 근 10일쯤 되었을 때까지 이경통(李景通)은 그때까지도 부친이 동생 경수(景遂)를 더 좋아했었다는 이유로 왕위 계승을 공표하지 않고 미루고 있다가 봉화(奉化) 절도사 주종(周宗)에 떠밀려 억지로 왕위를 이어받았다.

이경통은 왕위에 오른 후에도 모든 정무를 이복형제인 경수(景遂)가 대신 하도록 했으며 자신의 장자인 홍기(弘冀)는 동도(東都)를 지키라고 보내버리고, 이경수(李景遂)로 하여금 황태제(皇太弟)로서 자신의 뒤를 이을 것을 정식으로 발표했다. 그러나 홍기는 실력을 쌓은 후 다시 서울로 돌아왔다. 홍기는 행동이 지나치게 무모하고 과격해 그의 부친인 이경통은 그의 행동을 비난하면서 즉시 경수를 서울로 다시 불러오겠다고 아들을 위협했다. 권력에의 야망이 지나칠 정도로 컸던 홍기는 작은 아버지 경수가 공을 치고 나면 목이 말라 늘 물을 찾곤 한다는 사실을 알아내고, 그의 수하를 매수하여 그에게 독주(毒酒)를 보내 그를 독살했다. 이 일은 이욱에게는 매우 충격적인 일이였으며, 그는 그의 맏형이 밉기도 하고 두렵기도 했다. 경수의 시체는 입관도 하기 전에 이미 다 썩어버렸고, 이 끔찍한 정경이 늘 이욱의 눈앞에 어른거려 그는 병이 나고 말았다. 황태제(皇太弟)인 경수가 죽어서 맏형 홍기가 문헌태자(文獻太子)로 봉해지자, 이욱은 다음의 피해자가 자신이 될 것이라는 두려움 때문에 병이 더욱 깊어졌다.

이경통의 6번째 아들로 태어난 이욱에게는 군주 자리에 대한 그의 몫은 전혀 없었지만 그의 눈동자가 쌍동자(雙瞳子)여서 중국에서는 눈동자가 쌍동자인 사람은 반드시 제왕에 오른다는 말이 있어, 그는 늘 홍기의 질시를 받고 있었다.

이때 그는 어쩌면 충격으로 인해 정말로 병이 났을 수도 있고, 아니면 일부러 병을 빙자하여 멀리 한적한 시골로 몸을 피했었을 수도 있다. 그곳에서 그는 낚시로 나날을 소일하고 불교의 경전에 몰두했다. 그는 자신은 권력에의 욕심이 없음을 사람들에게 나타내려고 애를 쓰면서 될 수 있으면 권력과 관계되는 일은 어떻게 해서든지 피하고, 큰 형으로 하여금 자신이 정치 일에는 마음이 없고 그와 왕위 다툼을 할 수도 없다는 것을 알게 하도록 많은 노력을 기울였다.

사실 그 당시 이욱의 마음속에 자리 잡기 시작한 가장 이상적인 인생이란 그 어떤 것에도 구애받지 않는 소탈한 삶, 자유분방하고 무사태평하며 유유자적하는 그런 삶이었다. 이 요양 기간 중 이욱이 쓴 시를 보면 "가벼운 병이 잠간 생겨 산사(山舍)에서 검은 지팡이에 갈포 두건을 쓰고 한가로운 심정으로 생활한다. 밤에 난롯불을 약하게 지피면 온기가 훽 돌아오고 바깥 도랑에서는 노래 부르듯 흐르는 물소리. 잠시 인생의 장수와 요절을, 편안함과 늙어감을 생각하며 종래 기약할 수 없는 생의 시작을 멀리 물어 본다. 누가 이 세상의 티끌 속에서 고되게 심혈을 기울이겠는가! 고기나 잡으며 이것으로 이름 날리길 탐해 볼까나?"라고 하며 세속의 번뇌에서 떠나고 싶은 자신의 심정을 드러내고 있다. 이때부터 그는 불교에 심취하기 시작했으며, 현실의 어려움을 불교 신앙으로 해결하려고 했다.

작품 감상

'고금시화(古今詩話)'에 기재된 바에 의하면, 이 사(詞)는 〈춘강조수도(春江釣叟圖)〉라는 그림의 윗부분에 이욱(李煜)이 써넣은 〈어부사(漁夫詞)〉라는 두 편의 사 중 그 하나라고 한다.

작가는 그림 속의 어부를 빌어 자신의 당시 심정을 그리고 있다. 즉 조정과 궁궐을 떠나 멀리 대자연 속에서 아무런 구속도 받지 않는 자유로운 생활을 하고 싶은 심정을 나타내고 있는데, 당시 이욱은 야심 많은 태자(太子) 홍기(弘翼)를 두려워하여 권력에의 뜻이 전혀 없다는 것을 애써 알리며, 은자의 생활을 동경하고 있었다.

이 사(詞)는 '어부도(漁夫圖)'라는 그림에 제(題)하여 민요 가락의 〈어부곡(漁夫曲)〉에 맞춰 쓴 매우 독특하고 운치가 있는 작품이다. 이 작품에 대해 혹자는 글의 취지가 좀 범속(凡俗)하여 이욱의 작품이 아니라고도 하나, 이 어부사(漁父詞) 두 편이 모두 〈후주집(后主集)〉 속에 편집되어 있기 때문에 이욱의 조년(早年)시절에 쓰인 작품임은 틀림없다.

사(詞)의 전반부에서 작가는 두 개의 정경으로 어부가 생활하는 환경을 제시하면서, 세상 근심 모두 잊고 한가로이 생활할 수 있는 무릉도원 같은 강촌생활을 그려내고 있다. 예로부터 세상이 어지러울 때나 실의에 빠져 있을 때 많은 문사(文士)나 학자들은 멀리 산 속 깊이 들어가 시를 읊으며 세월을 보내거나 혹은 한적한 강에서 낚시를 하며 소일을 했다. 그래서 낚시를 하는 이런 강촌 생활은 그들이 동경하는 세계였다.

작가는 이곳을 낭원(閬苑) 혹은 낭화(浪花 : 異本에서)라고 시작하여 고요하고 한적한 곳, 은거생활을 하기에 좋은 곳, 물보라가 아름답게 출렁이는 곳, 그래서 강에 나가 한가로이 낚시를 즐길 수 있는 곳이라고 한 뒤, 이어 여기에 호응하여 아름다운 물보라가 강물 위에 천 리 길이나 되게 멀리까지 일렁이고 있다고 말한다.

이 사(詞)는 내용이 청일(淸逸 : 맑고 속되지 않음)하면서 내용과 곡조가 잘 부합되고 있다는 점이 가장 큰 특징이며, 그리고 그림(畵)이 있고 사(詞) 속에 뜻(情)이 어우러져 있다는 점이 또 다른 묘미다.

다음에 이어지는 또 다른 정경인 광활한 대지 위로 눈처럼 하얗게 이는 물보라의 전경(前景) 위에 측경으로 강 양 언덕의 복숭아꽃 배꽃의 하얀색과 분홍색이 아름답게 어우러진 정경을 덧붙여 봄 강 위라는 시간적 공간적 배경을 자연스럽게 드러냈다. 아름다운 경치인 정적인 배경에 강물 위로 일렁이는 물보라와 봄바람에 가볍게 휘날리는 양안의 만발한 꽃의 동적인 움직임으로 작품이 살아 숨 쉬듯이 생동적으로 묘사되었다.

두 번째 구절의 "복숭아꽃, 배꽃은 말은 없어도(桃李无言)"에서는 말하듯 속어(諺語)를 써서 앞의 구절인 "물보라는 뜻이 있고, 정이 있고 정취가 있다(有意, 有情)"라는 문어(文語)와 대비시켜 경치를 의인화하여 서경(敍景) 속에 서정(抒情)을 풀어냈다. 즉 물보라가 치는 것은 어떤 특별한 의미(無意)가 없는데 작가는 정이 있고 뜻이 있고 정취가 있다고 느껴져 '감정이 있고 뜻이 있다(有意)'고 표현하여 어부와 자연의 친화감을 나타냈다.

따뜻한 춘삼월, 봄기운이 한창일 때, 강물은 겨울 찬바람 속에서 기지개를 켜기 시작하며 기쁘게 흘러가고 양쪽 강 언덕의 활짝 핀 복숭아꽃은 바람에 흔들거리며 담청색 강물에 그림자를 드리운다. 때론 보슬비가 흩날리기도 하는 봄날, 그림 속의 주인공인 어부는 봄 강물이 붇자 작은 배를 저으며 바람 따라 물결 따라 흘러간다. 뱃전을 스치는 물보라는 백설처럼 일렁이는데, 아직은 약간 쌀쌀하지만 어딘지 훈풍이 느껴지는 바람을 맞으며 어부는 상쾌해진다. 그래서 어부는 이 상쾌한 마음을 활짝 열고 한가하게 둘레 경치를 감상한다. 강 양 언덕에 복숭아꽃, 배꽃이 서로 대열을 이루며 아름답게 활짝 피어 있어 어부는 "아, 이제 봄이로구나"라는 영탄의 소리가 절로 나온다. 꽃들은 말없이 계절을 알리고 봄 찬 강물은 상쾌하게 물보라가 일으키며 흘러가고 망망무제의 한적한 강물 위에 홀로 배를 띄우고 여유롭게 낚시를 즐기는 자신은 거칠 것이 없는 마냥 통쾌한 심정이 된다.

후반부에서는 어부의 담백하고 소탈함을 그렸는데, '一壺酒, 一竿纶(술 한 병에 낚싯대 하나로)'라는 세 글자로 된 이 두 구는 탐욕이 없는 어부를 그리면서 술 한 병(一壺酒)은 어부의 정신 상태를, 낚싯대 하나(一竿纶)는 그가 어부라는 직업과 신분을 나타냈다.

마지막 부분이 이 사(詞)의 가장 빼어난 구절로, 어부 스스로가 자신에게 묻는 형식으로 '세상에 나 같은 이가 그 몇이나 될꼬'라고 하면서 이 풍진 세상에 나처럼 이렇게 쾌활한 사람은 많지 않을 것 같다고 말한다.

이 어부는 이렇게 풍파의 위험이 없는 아름다운 자연 속에서 즐기고 있으며, 세속의 굴레에서 벗어나고 명예와 이익의 속박에서도 벗어나 자유롭게 소일하고 있으니 그는 그 누구도 부러워하지 않는, 안분지족(安分知足)을 아는 사람이라 할 수 있다.

다른 판본에서는 '快活'이 '世上'으로 기재되고 있는데, 많은 사람들이 '快活'보다 '世上'이란 표현이 훨씬 낫다고 말하고 있다. '쾌활(快活)'처럼 너무 노골적으로 표현하지 않고 '세상(世上)'이라고 은근히 표현하여 작은 것으로 큰 것을 볼 수 있게 하는 것이 훨씬 후주(后主)의 마음을 잘 드러낸다는 주장이다.

단 27개의 글자로 쓰인 이 작은 사(詞) 속에는 작가의 자유에 대한 갈망, 낙천적인 노동자인 어부에 대한 부러움, 또 속세를 떠나고 싶은 자신의 마음 속 동경 등이 모두 내포되어 있으며 여기에 또 가사와 음악이 잘 매치된 음악성이 강한 작품이다.

특히 작가가 그림 속의 어부를 빌어 멀리 조정을 떠나고 궁궐을 떠나서 대자연 속에서 아무 구속 없이 그리고 생명의 위협과 암투가 없이 평화롭게 생활하고자 하는 염원이 짙게 배어 있어 이 작품은 어민의 생활이라기보다는 은사(隱士)의 생활을 동경하는 작가의 심리상태가 더 많이 반영되어 있다고 볼 수 있다.

이욱은 이 어부사에서 자연에의 귀의라는 주제를 가볍지 않게, 아름다우면서도 청아한 품격으로 그려내 이미 화간파(花間派)의 경지를 뛰어 넘고 있다.

渔夫詞(一棹春風一葉舟)

一棹春風一葉舟,
一綸茧缕一輕钩。
花满渚, 酒盈甌,
萬頃波中得自由。

Yī zhuō chūnfēng yī yè zhōu,
一棹春风一叶舟,

Yī lún jiǎn lǚ yī qīng gōu.
一纶茧缕一轻钩。

Huā mǎn zhǔ, jiǔ yíng ōu,
花满渚, 酒盈瓯,

Wànqǐng bō zhōng dé zìyóu.
万顷波中得自由。

봄바람 속 조각배 하나에 노 하나
낚싯줄 하나에 낚시 하나면 족하네.
강 가운데 작은 섬엔 현란한 봄 꽃 가득하고
술은 사발 가득 넘치니
만경창파 속에서 나는 참으로 자유롭구나!

詞意

눈이 녹고 봄 강물이 불어나기 시작하니 낚시하기 좋은 때다. 쾌적한 봄바람이 살랑 불어오니 노 하나에 작은 돛단배 하나면 고기 잡으러 나가기에 충분하다. 여기에 또 그저 낚싯줄 하나에 그리 크지 않은 가벼운 낚시 바늘 하나만 있으면 그 어떤 것도 필요가 없다. 대어(大魚)를 낚으려는 것도 아니고 배에 가득 고기를 잡아오려는 것은 더더욱 아니다. 아무런 욕심 없이 소박하게 생활하는 것이 어부를 자유롭게 한다. 시원한 바람 부는 대로 강물 따라 흐르다보면 군데군데 토사(土沙)가 모여 생긴 조그만 모래톱에는 갖은 봄풀들과 작은 꽃들이 섬 가득 만발하여 현란하기 그지없다. 멀리 광활한 강물을 바라보는 상쾌함과 가까이서 보는 아름다운 봄풀과 봄꽃들, 이 아름다운 경치 속에서 자연을 감상하며 술잔 가득 술을 부어 마시니, 인적이 드문 광활한 만경청파 속에서 홀로 즐기는 자유로움이 참으로 통쾌하다.

단어

1. **도(棹)** : 배를 젓는 '노'. 노가 좀 짧은 것은 즙(楫)이라 하고 그보다 약간 긴 노를 도(棹)라고 한다.

2. **일엽주(一葉舟)** : 작은 거룻배, 돛단배, 조각배

3. **륜(纶)** : 낚시줄, 낚시를 맨 굵은 줄. 고기를 잡는 굵은 비단실로 비단실 10 가닥이 1 륜(纶)이며, 이 륜(纶)이 10 가닥이면 1 류(绺)이다.

4. **충루(茧缕)** : 푸른 비단실. 충(茧)은 풀이라는 뜻으로 비단 '사(絲)'자 대신으로 쓰여 푸른색을 나타내고 있으며, 루(缕)는 '縷'와 같은 글자로 가늘고 긴 실 같은 물건을 지칭할 때 쓰는 말이다. 즉 여기서는 푸른 낚싯줄을 말하고 있다.

5. **구(鈎)** : 갈고리 구(鉤) 자의 속자(俗子)로 물건을 잡아당기는 끝이 꼬부라진 물건. 고기를 낚는 갈고리

6. **저(渚)** : 물가의 조그만 섬. 물속에 토사(土砂)가 모여서 생긴 작은 섬. 꽃이 만발하게 피어 있는 작은 섬, 강, 하수 가운데의 조그만 땅덩어리.

7. **구(瓯)** : 옛날에 술을 마시던 작은 사발. 납작하면서도 우묵 파진 사발.

8. **만경파(万顷波)** : 한없이 넓고 넓은 바다. 경(顷)은 땅의 면적을 나타내는 단위로 100 묘(亩)가 1경(顷)이다.

구절풀이

一棹春风一叶舟 춘풍에 조각배 하나에 노 하나. '노 하나(一棹)'란 부리는 사람도 없이 혼자 배를 타고서 스스로 홀로 노를 젓는다는 뜻이며, 일엽편주(一葉片舟)처럼 작은 거룻배는 크고 화려하지 않는 어부들이 평소 사용하는 낡은 배를 가리킨다.

一纶茧缕一轻钩 낚싯줄 하나에 낚시 바늘 하나. 푸른 낚싯줄 하나면 족하고, 낚시 바늘(낚시 갈고리)도 큰 것이 아니고 그저 가벼운 작은 것 하나면 족하다.

花满渚, 酒盈瓯 강 속의 작은 섬에 예쁜 봄 꽃들이 만발한 현란한 아름다운 경치 속에서, 술 사발 가득 술을 따른다. 이는 한편으론 낚시를 하며 한편으론 자작(自酌), 자음(自飮)하는 여유로움을 나타낸 말이다. 여기서의 '저(渚)'는 인공으로 만든 땅이 아니고 흙이 흘러 내려 저절로 이루어진 작은 섬으로 누가 심지도 않았지만 잡초와 들꽃이 저절로 핀 것을 말하며 모든 것이 대자연 속에서 자연스럽게 아름다움을 이루고 있음을 뜻한다. 또 이에 호응하여 예쁜 술잔이 아닌 투박한 질그릇인 사발(瓯)로 술을 마시는 어부의 소박한 생활 역시 자연과 조화를 이루고 있어 이 구절에서 '저(渚), 와 '구(瓯)'가 모두 자연스러움으로 호응되고, 가득할 '만(满)'자와 가득할 '영(盈)'자가 충만함으로 서로 호응하고 있다.

万顷波中得自由 만경창파 속에서 자유로움을 만끽하노라. 앞의 〈어부사 (漁父詞)〉에서 보인 "나처럼 쾌활한 생활을 하는 이가 이 세상에 몇이나 될꼬"와 같은 의미이다. 광활한 만경창파 속에서 세속의 그 어떤 간섭도 받지 않고 자유롭게 살고 싶은 작가의 염원이 담겨 있다.

작품 배경

이욱(李煜)은 자신의 큰 형이 작은 아버지를 독살하자, 형이 자신도 해칠 것이라는 생각이 들어 무서워 이를 피해 산사(山舍)로 요양을 간다. 그곳에서 그가 지은 시를 보면 "병중에는 감정이 깊어진다고 할 수 있어, 술좌석 맑은 향기 속에 공연히 이것저것 생각해 본다. 고요한 산사(山舍)에 달이 비추고 오직 약 찧는 소리만 들려오는데 그윽한 정원의 문 밖에는 오직 들짐승만 왔다갔다한다. 어리석은 의사는 사(詞)가 병의 원인이라 하며 어린 종에게 앞으로 이를 못하게 하라 한다. 불문에 의지하여 그 의미를 물어보고 싶고, 그렇게 하지 않으면 번뇌가 사방에서 밀려 들어올 것 같다"라고 했다.

또 다른 시에서는 "해가 갈수록 초췌함은 더해가고 고독한 마음은 더 깊어져 스스로를 상하게 한다. 바람은 뼈 속으로 병을 침노시키겠다고 위협한다. 비오는 날씨가 창자에 슬픔을 자욱하게 하고 밤에는 오직 약 다리는 사람. 아침에는 수염이 희끗희끗. 전생의 인연은 어떠하였는지 누구와 더불어 부처님께 물어보리."라고 읊고 있는데, 이 병 중에 지은 시들은 모두 그의 공(空) 사상을 엿보이고 있다.

이렇게 불안한 심리상태와 인생에 대한 권태감에 가득 차있던 이욱은, 이때 속세와 이별하고 불교에 입문하여, 멀리 산중 계곡으로 달아나 숨어버리고 싶어 했으며, 절에서의 늦은 북소리와 새벽 종소리 가운데 모든 욕심을 버리고 깨끗한 마음으로 세속적인 번뇌를 등 뒤에 버려두고 진심으로 자기가 좋아하는 시문(詩文)에 열중하고 세상과 다투지 않는 생활을 하려는 생각을 하고 있었다.

궁중으로 다시 돌아온 후로도 그는 정치적 야심이 절대 없다는 것을 나타내기 위한 수단으로 모든 정력을 시(詩)와 사(詞), 서예, 회화, 음악 연구에만 쏟아 부었다.

그러나 홍기(弘冀)는 자신의 왕위 계승의 그날을 위해, 온 힘을 다하여 애쓰며 기다렸건만 그 꿈을 이루지 못하고 병으로 죽어버렸으며, 이경통(李景通)의 여섯 번째 아들인 이욱은 그의 다섯 형들이 모두 미성년이었을 때 세상을 떠나버려, 생각지도 않은 왕위를 물려받게 된 것이다.

이욱이 쓴 이 어부사(漁父詞)는 유명한 장지화(張志和)의 〈어부사(漁父詞)〉와 유종원(柳宗元)의 〈강설(江雪)〉과 매우 흡사하다. 장지화(張志和)의 〈어부사(漁父詞)〉에서는 "푸른 죽립모자에 푸른 도롱이 걸치고 비껴가는 바람과 이슬비 속에서 돌아가기 싫구나"라고 읊고 있으며 유종원(柳宗元)의 〈강설(江雪)〉에서는 "삿갓 쓰고 도롱이 걸친 늙은 어부가 외로운 배에 앉아 눈 내리는 찬 강에 앉아 홀로 낚시질을 하네"라고 읊고 있다.

이욱 역시 위의 두 시에 크게 영향을 받아, 이 어부사를 지었으며, 그의 어부사에는 은사(隱士)들의 생활에 대한 동경과 속세를 떠난 자유로운 생활에 대한 염원이 짙게 배어 있다. 이 두 수의 어부사는 그의 초기 작품이지만 이미 그의 사인(詞人)으로서의 재능을 충분히 보여주고 있다.

작품 감상

이 사(詞)는 앞의 사(詞)와 비슷한 내용으로, 어부가 배를 타고 낚시를 하며 꽃을 감상하고 술을 마시는 정경을 그림에 제(題)하여 쓴 것이다. 이 사(詞) 역시 어부의 낚시하는 생활을 빌어, 궁중의 암투에서 벗어나 멀리 떠나고 싶은 소망과 또 속세에서 벗어나 한적한 곳에서 쾌적한 생활로 소일하고 싶은 작가의 염원이 강하게 드러나고 있는 작품이다.

이 사(詞)는 첫 구절에서 춘풍(春風)이란 단어로 배경을 부각시키면서 봄바람 속에서 유유자적하는 어부의 모습을 매우 자연스럽게 묘사했다. 멀리까지 뻗어 있는 광활한 만경창파 속에 근경(近景)으로 작은 육지 같은 섬들이 있고 그 작은 모래톱은 온통 봄의 아름다운 꽃들이 만발하여 눈부시게 현란하다.

이 사(詞) 역시 소박한 언어를 사용하여 서경(敍景)을 서정(抒情)으로 묘사했으며 이미지가 매우 선명하다. 여기에 사패(詞牌)가 그림의 제목에 딱 맞게 부합되고, 또 곡조와도 절묘하게 잘 맞아 작품이 더욱 훌륭하게 되었다.

전반부 두 구절은 대구법(對句法)의 대련(對聯)이 아니고 같은 구를 병렬, 나열하는 배구(排句)법으로 양사(量詞) '일(一)'자를 4번 사용하여 어부의 간단하고 소박한 생활을 그렸다. 즉 봄 강물에 띄운 조그마한 배 한 척과 노 하나, 낚싯대 하나, 작은 낚시 바늘 하나라고 하여 욕심 없는 어부의 낚시하는 모습을 가볍게 스케치하고 있는데 여기서의 양사 '하나(一)'는 작가의 의도대로 이 작품의 주제를 극명하게 나타내는 단어로 오직 하나만 있으면 되는 것이고 그저 간단히 한 개만 있으면 족하다는 것을 강조하여 은자(隱者)의 안분지족을 드러내고 있다.

그리고 이 '하나(一)'라는 단어는 비단 간소한 그리고 욕심이 없는 마음을 드러내고 있을 뿐 아니라 더불어 살지 않는 삶, 홀로 하는 자유로운 삶, 책임과 구속이 없는 삶의 의미도 내포하고 있으니 즉 자연에 순응하면서 그날그날을 유유자적하는 삶을 지향한 말이다.

구양수(歐陽修)도 만년에 자신을 육일거사(六一居士)라고 칭하며 자신의 집에 소장한 만 권의 책들과 천여 편에 달하는 금석문으로 남긴 자신의 작품들 그리고 한 개의 거문고와 장기판 하나, 한 병의 술을 준비해두고 거기에 어부까지 합한 여섯 가지만 있으면 충분할 평안한 말년을 꿈꿨다.

이 작품에서도 한 척의 조각배와 한 개의 노, 한 줄의 낚시끈, 낚시 바늘 하나, 한 통의 술, 그리고 어부 한 사람이 있으면 족한 바로 이욱의 육일(六一)이 드러나고 있다.

전반부의 4개의 구체적인 사물 위로, 볼 수도 없고 만질 수도 없는 봄바람(春風)이 어울리면서 봄 경치를 자연스럽게 표현한 점도 매우 독창적이다.

어부가 삿대를 들어 강을 가볍게 저어나가면 봄바람은 살랑 어부의 얼굴을 스쳐 지나가고, 어부는 한가로이 양안(兩岸)의 아름다운 경치를 감상한다. 일엽편주, 조그만 배 하나가 광활한 일망무제(一望無際)의 강 위를 스치듯 날아가면 그 얼마나 상쾌하고 즐거울 것인가! 양쪽 강 언덕의 경치와 눈앞에 펼쳐진 광활한 강으로 인해 어부가 느낄 산뜻한 기분이 읽는 우리들에게까지도 전염되어 온다.

'조각배(舟)'라는 실물 앞에 또 다른 실물인 '잎사귀(葉)'라는 형용으로 작은 배가 일망무제의 광활한 강물 위로 날아와 떨어져 있는 듯한 느낌을 주고 있으며 배는 이렇게 작은데 앞뒤 배경은 넓고 아득하게 광활한데다 여기에 봄바람까지 불어와 어부의 마음은 만경창파처럼 확 트일 것이며 이 작품을 읽는 우리들의 마음까지도 호탕해지는 기분이다.

혹자는 이 '만경창파'를 험악한 세상으로 해석하여 작은 돛단배에 몸을 의지하고 있는 어부에게는 이 험악한 세상사의 변화 속에서 해탈하고 싶은 지향이 있다고 분석하고 있는데 이는 지나친 확대 해석이다. 여기서의 '만경창파'는 그 어떤 세속의 간섭도 받지 않는 자유로운 세상을 말한 것으로 이런 자유로움을 만끽하고 있는 자신에 대해 긍지와 만족을 나타낸 말이다

그리고 반면에 대자연의 거대함에 비해 좁쌀같이 미약한 인간의 존재를 대비시켜 무한한 대자연에 비해 유한한 인간의 삶의 무상함을 말하면서 대자연처럼 초연한 삶을 살고자 하는 작가의 지향이 담겨 있음을 알 수 있다.

후반부에 들어서서는 '가득 찰 만(滿)'자와 '가득 찰 영(盈)'자를 중첩시켜(다른 판본에는 만(滿)자를 중첩하여 두 번 사용하고 있다) 이것을 4번 중첩시킨 작은 뜻의 '하나 (一)'와 연결하여 민요풍으로 읊으면 너무도 듣기 좋은 어부가가 된다.

물 위 작은 섬엔 들꽃들이 '가득(滿)' 피어나고 한편으론 낚시를 하며 한편으로 자작자음(自酌自飮)하면서 술잔이 넘치도록 술을 '가득(盈)' 부어 마시니 얼마나 한가하고 여유롭고 평안한 세월인가를 말하며 작가는 충족의 의미로 이 두 단어를 호응시켰다.

강 위에 솟아있는 작은 모래톱에 봄 꽃들이 만발한 속에, 술잔 가득 넘치게 술을 따르며 잠시 쉬고 있노라면 춘흥(春興)과 시흥(詩興)과 취흥(醉興)이 절로 일어난다. 어부는 눈앞에 보이는 만경창파 속에서 잠시 사람들이 얻기 어려운 안분지족과 자유를 얻는 것 같은 느낌이 든다. 그래서 어부는 천지와 대자연의 주인이 되어 '참으로 자유롭구나'라고 하면서 풍진 세상의 혼란에서 벗어나 우주만물이 다 자기 안에 있다고 말하는데, 이것은 곧 작가 자신이 갈망하는 정신적인 풍요로움과 자유로움을 어부의 입을 빌어 대신하고 있는 것이다. 그래서 이 사(詞)는 짧고 평범한 속에 긴 여운을 남기고 있으며, 앞의 어부사가 어부의 즐거운 생활과 쾌락에 대해 읊은 것이라면 이 사(詞)는 어부가 느끼는 자유로움에 대해 읊은 것이다.

이렇듯 고시(古诗) 속의 어부의 형상은 그저 단순한 노동자가 아니고 ≪초사(楚辞)≫ 가운데의 "창랑지수(沧浪之水)"를 부르는 어부처럼 어부는 줄곧 지자(智者)와 은사(隐士)의 형상으로 문인들의 가슴 속에 들어있는 것이다. 많은 사람들이 "시집(诗书)은 접어두고 낚싯배에 올라 한 병의 맑은 술에 낚싯대 하나"의 생활에 대한 무한한 지향을 품고 있었으며 그들은 은둔으로 절대 자유를 꿈꿨던 것이다.

이욱(李煜)의 아버지 중주(中主) 이경통(李景通)

이지고(李知誥)가 죽고 난 후, 남당의 왕위를 계승한 자는 풍류에 뛰어난 장자 이경통(李景通)이었다. 그는 나라를 다스릴 만한 인물은 못 되었지만, 뛰어난 문학적 수양을 가지고 있어 아들들의 문학적 배양에 큰 영향을 주었다.

이경통은 그의 부친 이지고가 그의 임종 시 가볍게 용병하지 말라고 그렇게 당부했건만 부친이 죽은 이듬해 민국(閩國) 내부에 정변이 일어난 틈은 타 전쟁을 일으켰다. 일찍이 그의 부친 이지고는 "만일 전쟁을 한다면 인접국가인 초(楚), 민(閩), 오월(吳越)을 먼저 치는 것이 순서이지만, 오월(吳越)은 우리를 정통 왕조로 인정하고 우리의 명을 들으며 따르고자 하니 이를 치는 것은 도리가 아니고, 또 민국(閩國)은 토지가 척박하고 지세는 험준하니, 이를 공격한다고 해도 반년이 지나서야 공격이 가능하다. 초국(楚國)의 군신들은 악행을 많이 저질러 백성들의 원성(怨聲)이 사방에 자자하니 만일 우리가 그들을 공격한다면 쉽게 승리할 것이다. 그러나 내가 걱정하는 것은 우리가 초국(楚國)을 친다면 주변 국가들이 우리가 영토 확장을 위해 호전적이라는 인상을 갖게 돼 우리를 경계를 할 터이니 지금은 그럴 시기가 아니다"라고 말했다.

그러나 이렇게 앞을 내다보는 혜안이 있는 아버지와는 달리 이경통은 명분도 없고 실리도 없는 민국(閩國)과의 전쟁을 치루면서 그의 남당은 빠져나올 수 없는 수렁 속으로 그 첫발을 내디뎠다.

당시 후진(後晋)과 요(療)나라 사이의 전쟁이 한창이었는데 만일 이때 남당이 출병하였다면 중원을 진공하기에 아주 좋은 유리한 조건이었건만 이경통은 아무 취할 것도 없는 민국(閩國)에만 눈독을 들이고 있는 참으로 혼용(昏庸)한 군주였다.

어렵게 민(閩)나라를 거의 전부 점령했지만 전쟁으로 남당의 군사력은 피폐할 정도로 쇠진되었고, 후에 민지(閩地) 남부에서 반 독립적인 청원군(淸源軍)이 출현하면서부터 남당은 거듭되는 주변국가와의 전쟁 속으로 휘말려 들어갔다.

전쟁이 한창일 때 북방에서도 조대(朝代)가 바뀌어 갔다. 후한(後漢)의 통치가 힘을 잃었을 때 후주(後周) 왕조가 역사의 무대에 막 등장을 했고 중국 북방에서 출현한 다섯 번째 정권인 후주(後周) 왕조는 마침내 중국을 통일할 송(宋) 왕조를 잉태한 것이다.

후주(後周)의 태조(太祖) 곽위(郭威)는 죽을 때 그의 양자인 시영(柴榮)에게 왕위를 물려주었다. 시영(柴榮)과 후주(後周)의 군신들은 선남후북(先南后北)의 정책으로 결정을 내려 남당을 먼저 치기로 의견을 모으고 주(周) 세종(世宗) 시영(柴榮)은 남당에 전쟁을 선포했다.

남당은' 초전서부터 불리했으며 전선의 패보 소식을 접한 후, 이경통은 크게 겁을 먹고, 원래의 전쟁을 주장했던 적극적인 태도를 버리고 곧바로 무릎을 꿇고 강화를 구했다. 사실 후주(后周) 병사들은 대부분 북방에서 왔기 때문에 수전(水戰)을 배워 본 적이 없었으며, 남방의 기후, 환경, 풍속 등에도 적응을 못하고 있어, 전쟁을 일단 오래 끌고 가면 북한(北漢)이 출병을 해 배후에서 후주(后周)를 공격할 가능성이 컸다.

그러나 이경통은 곧바로 사신을 보내 "대주(大周) 황제에게 화평을 구하여 정전을 청하며, 대주(大周) 황제를 형으로 받들어 매년 군비를 보조하기 위해 공물(供物)을 바치겠다"고 하면서 강화를 요청했다. 승리를 눈앞에 두고 있는 주(周) 세종(世宗)은 양자강 이북의 남당의 주(州)들을 차지하기 위해 이를 허락하지 않았다.

이경통은 여러 번 강화를 요청했으나 주 세종이 이를 받아들이지 않아 결국 강북에 있는 남당의 각 주를 헌납함으로써 전쟁을 끝마쳤다. 오늘날 안휘(安徽)와 호북(湖北), 강소(江蘇)의 14개 주를 헌납한 남당은 영토의 삼분의 일 이상을 잃었으며 이경통은 자신의 황제 칭호를 취소하고 '강남(江南) 국주(國主)'로 개칭했으며, 황자(皇子)들의 왕위도 격을 내려야만 했다. 후주(后周)는 남당의 포로 5750명을 석방해 보내 주었고, 이경통과 시영(柴榮) 사이에 마침내 평화가 회복되었다.

전쟁에 지친 이경통은 태자(太子) 홍기(弘冀)가 젊어서 병으로 죽었기 때문에 이욱을 태자(太子)로 봉해 금릉(金陵)에 남아 나라를 지키게 하고, 자신은 새로 천도한 예장(豫章)으로 내려가 우울한 심사로 세월을 보내다가 서기 961년 병으로 죽었으니 향년 46세였다. 25세의 이욱이 남당의 후주(后主)로서 새 통치자가 되었다. 이때 주(周) 세종(世宗)은 북한 (北漢)과 거란을 공격하다가 그의 7살 난 아들을 남겨둔 채, 군영에서 죽었으며, 960년 후주(后周)의 대장군 조광윤(趙光胤)이 군사 쿠데타를 일으켜 송(宋) 왕조를 세우고, 중국 통일의 문을 열었다.

선주 이지고는 그의 아내가 양시아버지인 서온(徐溫)의 병간호를 지극정성으로 하다가 과로로 죽었기 때문에 이에 대한 보답으로 아들 이경통이 세 살도 되기 전에 그를 태자(太子)로 봉했다. 심약한 성격의 이경통은 다른 이복동생들 속에서 늘 외롭고 겉돌았다. 그는 처음에 아버지가 경수를 더 사랑한다는 이유로 왕위를 동생에게 물려주겠다며 황포를 입지 않으려고까지 했으나. 황제가 된 후에는 아첨꾼들 속에 파묻혀 글이나 지으며 치국을 등한시 한 무능한 군주가 되었다. 역사에선 이욱이 망국의 군주라고 비난하고 있지만 남당의 멸망은 이경통에서부터 시작되었다고 할 수 있다.

슬픔 위에 또 다른 슬픔 끝없이 흐르네 슬픔 위에 또 다른 슬픔 끝없이 흐르네 슬픔 위에 또 다른 슬픔 끝없이 흐르네

3 화려하고 사치스러운 궁중생활

玉楼春(晚粧初了明肌雪)

晚粧初了明肌雪。春殿嬪娥魚貫列。
笙簫吹斷水雲間，重按《霓裳》歌遍徹。
臨風誰更飄香屑。醉拍欄杆情味切。
歸時休放燭光紅，待踏馬蹄清夜月。

Wǎn zhuāng chū liǎo míng jī xuě. Chūn diàn pín é yú guànliè.
晚妆初了明肌雪。春殿嫔娥鱼贯列。

Shēng xiāo chuī duàn shuǐ yún jiān, chóng àn “níshang “gē biàn chè.
笙箫吹断水云间，重按《霓裳》歌遍彻。

Línfēng shuí gèng piāo xiāng xiè. Zuì pāi lán gān qíng wèi qiè.
临风谁更飘香屑。醉拍栏杆情味切。

Guī shí xiū fàng zhúguāng hóng, dài tà mǎtí qīng yè yuè.
归时休放烛光红，待踏马蹄清夜月。

밤 화장을 끝내니 피부가 눈같이 희게 빛난다.
춘전의 비빈들이 물고기처럼 떼 지어 늘어서고
생황 소리는 구름과 물 사이로 흐르며
예상우의곡을 연주한다.
바람결에 누가 향 가루를 뿌리는가.
취하여 난간에 박자를 맞추니 그 맛이 더욱 새롭구나.
돌아올 땐 붉은 촛불일랑 꺼 버리고
맑은 밤 말달려 달빛 밟으며 돌아오자꾸나.

詞意

궁중무도회에 참석하기 위해 비빈들과 궁녀들이 밤 화장을 끝내자 피부가 흰 눈처럼 빛이 난다. 별전인 춘전(春殿)에서 열리는 밤 가무회에 아름다운 비빈들이 물고기 떼처럼 줄을 지어 나란히 들어선다. 생황소리는 높았다가 낮아지고 강했다가 약해지며 끊어졌다 이어지면서 온 천지에 울려 퍼지며 당나라 대표음악인 〈예상우의곡〉을 연주한다. 오랫동안 잃었던 이 곡을 다시 복원하여 선보인 화자는 그 감동을 주체할 길이 없어 침소로 돌아올 때까지 흥분을 억누를 수가 없다. 그래서 그는 방금 들었던 음악을 다시 생각하며 춘전을 빠져 나와 박자에 맞춰 난간을 두드린다. 흥에 겨워 난간을 두드리며 흥얼거리고 있는데 봄바람이 살랑 불어오며 꽃향기를 풍긴다. 이 향기는 봄꽃들 향기인지 아니면 밤마다 궁녀들이 뿌리는 향 가루인지 향기로운 그 냄새에 기분이 더욱 고조된다. 이런 달 밝은 밤엔 불빛이랑 모두 꺼버리고 마음속에 남은 여음을 음미하며 말 달리며 달빛과 더불어 돌아가고 싶다.

단어

1. **만장(晩妆)** : 밤화장. 대형가무회에 참석하는 여인들이 야광석 밑에서 아름답게 보이기 위해 눈썹을 그리고 입술연지를 바르고 분을 바르는 것을 말한다.

2. **초료(初了)** : 막 끝내다. 금방 끝내다. 여기서 초(初)는 부사로 '방금, 막'의 뜻이다.

3. **명기설(明肌雪)** : 기(肌)는 '살갗, 피부'라는 뜻으로 피부가 눈처럼 맑고 깨끗함을 형용한 말이다. 옛 사람들은 여인의 흰 피부를 차디찬 얼음이나 눈에 비유하여 투명하고 맑다고 묘사했다.

4. **춘전(春殿)** : 어전(御殿). 크고 화려하고 아름다운 별전(别殿)을 춘전(春殿)이라고 한다.

5. **빈아(嫔娥)** : 궁전 안의 빈(嬪)이나 비(妃), 궁녀들을 총칭한 말이다.

6. **어관열(鱼贯列)** : 물고기들이 떼를 짓듯 나란히. 궁궐의 아름다운 여인들이 조용히 질서 정연하게 마치 물고기떼처럼 줄줄이 늘어선 모습을 형용한 말이다.

7. **생소(笙箫)** : 생황과 퉁소

8. **수운간(水云间)** : 흐르는 물과 떠도는 구름 사이. 온 천지간

9. **중안(重按)** : 다시 연주하다, 다시 악기를 타다. 다시 악기를 누르다.

10. **예상가(霓裳歌)** : 예상우의곡(霓裳羽衣曲)의 준말로 당나라 때의 유명한 무곡이다. 하서(河西) 절도사인 양경충(楊敬忠)이 바친 곡을 당 현종이 운율에 맞춰 가사를 지었다. 안록산의 난으로 당 궁중 교방이 흩어져 그 악보를 소실했는데 이욱의 아내 아황이 이를 복원하여 백 년 만에 다시 선보이게 한 것이다. 이 곡은 앞부분 6편은 박자와 춤이 없이 음악만 연주되고 중간의 12편은 춤과 박자가 있다.

11. **가편철(歌遍彻)** : 대편(大遍)의 마지막 곡을 마치다. 대편(大遍)이란 대곡(大曲)으로 가무곡 전체를 일컬으며, 철(彻)은 맨 마지막 곡으로 이 곡은 높고 급박하게 끝난다.

12. **향설(香屑)** : 설(屑)은 '부스러기, 가루'라는 뜻으로 향설(香屑)은 향 가루를 말한다. 남당에는 향을 주관하는 전문적인 궁녀가 있어, 밤이면 궁궐 곳곳에

향 가루를 뿌렸다고 하며 이 향 가루는 이욱 자신이 정성을 다해 만든 '장중향(帐中香)'이라는 이름의 궁중에서 사용하는 향료다. 혹자는 꽃피는 봄날 남당 궁궐 안의 만발한 꽃향기라고도 하나 '누가(谁)'라는 말로 이것은 아닌 듯하다.

13. **정미절(情味切)** : 정미(情味)란 '정취, 멋'이란 뜻이며 절(切)은 '모두, 온통, 전부'란 뜻으로 여기서는 취한 듯 기분이 온통 유쾌하고 분방, 호탕해짐을 말한다.

14. **대답마제(待踏马蹄)** : 마제(马蹄)는 '말발굽'이란 뜻이며 대답마제(待踏马蹄)는 "말이 준비되는 것을 기다려 말발굽 밟으며"라는 뜻이다.

구절풀이

晚妆初了明肌雪。春殿嫔娥鱼贯列 밤 화장을 막 끝내자 피부가 눈처럼 맑다, 궁중의 비빈들이 물고기가 떼를 지어 물속으로 들어가듯 나란히 춘전으로 들어서며 늘어선다. 남당 후주(后主)는 궁중에 촛불을 켜지 않고 '대보주(大寶珠)'라는 보석 같은 밝은 구슬을 매달았는데 그 빛이 눈이 부실 정도로 밝았다고 한다. 그래서 이 보석 구슬(夜明珠)의 빛에 비친 미인들의 화장한 모습이 눈처럼 희고 투명하게 비친 것이며, 비빈들은 흥분되고 설레는 대형 가무회에 들어서면서도 궁중의 법도대로 조금도 경거망동하지 않고 우아한 자태로 질서정연하게 조용히 장내로 들어서고 있다.

笙箫吹断水云间, 重按《霓裳》歌遍彻 생황과 퉁소소리는 흐르는 물 사이를, 그리고 떠도는 구름 사이를 오고 가듯 온 천지에 끊어졌다 이어졌다 계속 흐르며 〈예상우의곡〉 전 곡을 처음부터 끝까지 모두 연주한다. 한 편(遍)이 끝나면 다시 악기를 누르고 (重按) 음악은 다시 계속되다가 마지막 곡을 끝으로 연주가 끝난다.

临风谁更飘香屑。醉拍栏杆情味切 가무회가 끝나고 침소로 돌아오려고 밖으로 나가니 누가 향 가루를 뿌렸는지 봄바람을 타고 향기로운 냄새가 콧가를 스친다. 아직도 흥이 미진한 듯 남은 흥 속에서 방금 듣던 음악소리가 귀에 다시 들리는 듯하여 난간에 기대어 박자를 맞추며 흥얼거리니 밝은 달과 적당한 취기와 산들거리는 봄바람으로 기분이 말할 수 없이 상쾌해진다. 화자는 말을 타고 침소로 돌아오기 위해 밖에 나와 난간에 기대 말을 기다리고 있는데 연주회에서의 술기운과 시종 흥분상태에서 듣던 음악소리에 도취되어 호탕한 기분으로 유쾌해진다. 그래서 억누를 수 없는 이런 격한 감정을 '취(醉)'라고 표현했는데 이는 술에 취해서라기보다는 이 날 밤의 흥분과 도취상태를 말하는 것이다.

归时休放烛光红, 待踏马蹄清夜月　돌아올 때는 밝은 불빛이랑은 꺼버리라고 하자. 이렇게 맑은 봄밤에 달빛도 교교한데 말발굽 울리며 달빛 따라 돌아감이 이 밤의 정취와 어울리지 않겠는가. 연회가 끝나면 밖에 어가(御駕)가 준비되어 침소로 모시고 갈 터인데, 화자는 아직도 남아있는 흥으로 인하여 다시 한번 천천히 이를 음미하며 홀로 즐기려고 밖으로 빠져나가 난간에 기대어 말을 기다리고 있다. 그는 이 날 밤의 여흥을 되씹어보려고 궁궐의 밝은 불빛조차도 모두 다 꺼버리라며 자신은 달빛과 함께 천천히 말을 타고 돌아가고 싶은 것이다.

작품 배경

당나라 때 대형 무악(舞樂)인 〈예상우의곡(霓裳羽衣曲)〉은 당나라 개원(開元)과 천보(天寶) 시절의 태평성세를 칭송한 곡이다. 이 곡은 하서(河西) 절도사 양경충(楊敬忠)이 바친 서역 음악을 당 현종이 운율에 맞춰 가사를 지었다고도 하고, 또 민간에서는 개원(開元) 연간 어느 추석날 밤, 당 현종과 이육기, 도사 나공손이 도사가 부리는 술법으로 월궁에 가 노닐었는데 그곳에서 그들은 선녀 백여 명이 아름다운 옷에 하얀 긴 치마를 입고 나풀나풀 춤을 추는 것을 보았다고 한다. 선녀들이 추는 신비한 춤과 연주를 보고 난 그들이 선녀에게 그 춤곡의 이름을 물었더니 〈예상우의곡(霓裳羽衣曲)〉이라고 했다는 것이다. 음률에 능한 당 현종은 이 무곡을 잘 기억했다가 인간세상으로 돌아온 후 궁중의 교방에 자세히 알려주면서 이를 기록하여 궁녀들에게 춤을 가르치도록 명했다.

당나라가 한창 번영했을 때 매우 유행했던 이 무곡은 안록산의 난으로 그 악보가 없어졌다. 당 현종 때 황궁에서 일했던 백거이(白居易)는 〈예상우의곡〉을 본 후에 이에 대한 글을 남겼다. 무희들은 무지개 같은 치마에 깃털로 만든 옷을 입었는데, 매미 날개처럼 얇고 가벼운 사(絲)로 만든 숄을 어깨에 두르고 머리에는 금으로 만든 꽃과 진주를 주렁주렁 늘어뜨린 장식을 했으며 허리에는 가는 옥띠를 둘렀다. 무희들이 춤을 출 때마다 머리 장식들이 영롱하게 흔들리고 옆에서는 수십 명의 가희들이 반주에 맞춰 노래를 불렀다. 악대는 열 명씩 세 그룹으로 나누어 구성되고 춤곡의 내용에 따라 차례대로 연주를 하거나 함께 연주를 하기도 했다. 전 곡은 18편(遍)으로 되어 있는데 처음 여섯 편(遍)은 노래도 없고 춤도 없이 연주만 하다가 여섯 번의 연주가 끝나면 춤 박자가 시작되면서 음악은 더욱 밝고 명쾌해지면서 가을 대나무가 터지는 듯한 그리고 봄 얼음이 터지는 듯한 소리를 냈다. 이때 무희들은 넓은 소매를 활짝 펼치고 치마를 천천히 흔들면서 수양버들이 바람을 맞듯, 기러기가 놀라 하늘로 날아오르듯, 용이 헤엄치듯 동작을 변화시키며 우아하게 춤을 추었다. 음악이 최고조에 이르면 박자가 급해지고 소리도 빨라지는데 이때 무희들의 춤 동작도 휘오리치며 강물을 휩쓸 듯이 무대 위에서 소용돌이쳤다.

백거이의 〈비파행〉에서도 "가벼이 누르고 비벼 뜯고 다시 퉁기며 처음에는 〈예상우의곡(霓裳羽衣曲)〉은 켜고"라고 하고 있으며, 백낙천의 〈장한가(長恨歌)〉에서도 "어양(漁陽) 쪽 땅 울리는 소리 들리니 〈예상우의곡(霓裳羽衣曲)〉 음악 소리도 잠시 끊겠네"라고 서술하고 있다. 그리고 김만중의 〈구운몽〉에서는 "양생이 거문고를 당겨 〈예상우의곡(霓裳羽衣曲)〉을 타니, 소저가 무릇 어지럽고도 음란한 노래라 족히 들을 바 못 된다"라고 말하고 있어 이 무곡이 실존했던 곡임을 입증하고 있으나 전쟁으로 인하여 이 곡은 100여 년 동안이나 흩어지고 사라져 더 이상 연주되지 않았다. 이욱의 아내 아황이 우연히 서고에서 낡고 흩어진 얼마 남지 않은 악보를 찾아내 비파를 타면서 어렵게 복원한 것을 이날 밤 처음으로 공연을 한 것이다. 이욱은 이 뿌듯하고 흥분된 마음을 연회가 끝나고 나서까지 남다른 감회를 느끼며 이 사를 지은 것이다.

작품 감상

이 사는 화자가 직접 경험한 봄날의 화려한 가무회에 대해 쓴 글이다. 전반부에서는 직접 보고 들은 사실을 묘사하면서 수많은 궁궐의 여인들이 아름답게 치장하고 들어와 가무를 즐기는 장면과 또 교방 악사들의 음악과 숙련된 가희(歌姬)들의 춤과 노래가 하늘과 땅 끝까지 온 천지에 멀리 퍼지며 장내를 흥분의 도가니에 빠지게 하는 장면을 매우 생생하게 묘사해 이날 밤의 대형가무회가 얼마나 화려하고 성대하였는지를 잘 보여주고 있다. 그리고 후반부에서는 이 연회가 끝난 후의 화자의 심정을 그리고 있는데, 화자는 남다른 감회로 곧바로 침소로 돌아가기 싫어 말을 타고 돌아가면서 달빛을 밟으며 천천히 그날 밤의 남은 감흥을 다시 한번 음미해 보고 싶어한다.

이 사의 첫 마디에서 화자는 '밤화장을 막 끝내자 피부가 눈처럼 맑다'라고 그저 간단하고 평범한 한 구절로 이날 참석한 여인들을 묘사하고 있다. 궁궐의 여인들이 어떻게 화장을 하고 어떻게 치장을 했는지에 대해서는 자세히 말하지 않고 그냥 피부가 맑고 투명하여 '눈같이 빛난다'라고만 표현했다. 그러나 우리는 '밤화장(晩妝)'이라는 이 한 단어에서 아침 화장보다는 화장의 농도가 더 짙고 아름다웠을 것이라는 점과 분을 바른 그들의 피부가 불빛에 비쳐 눈처럼 희고 밝았을 것이라는 점을 알 수 있다. 이날 밤 가희와 무희들은 화려한 치장을 했을 것이며 이에 반해 궁궐의 여인들은 수수하면서도 우아한 치장으로 기품있게 단장을 했을 것이다. 각 곳에서 뽑혀 들어온 비빈들은 본래 미모가 출중하니 간단한 화장만 해도 눈부시게 빛이 날 것이므로 작가는 단지 "피부가 눈처럼 밝다"라고만 한 것이다, 작가는 이 한 구절로 장내의 모든 여성들이 제각기 아름답게 치장한 것을 묘사한 뒤 이어 궁궐 여인들의 자태를 묘사했는데 그 많은 사람들이 장내로 들어서면서도 소리 없이 질서 정연하게 나란히 들어서는 것을 마치 군대의 사열식처럼 그리고 물속의 물고기떼들처럼 흐트러짐이 없는 자태로 묘사해 그들의 미모와 자태의 우아함을 극찬하고 있다. 그리고 여기에는 이런 아름다운 여인들을 바라보는 화자의 즐거움과 들뜬 기분도 포함되어 있음을 엿볼 수 있다.

전반부에서 "물고기떼(鱼贯)"와 "눈처럼 밝은 흰 피부(明肌雪)"라는 구절 속의 "어관(鱼贯)"과 "명기설(明肌雪)"은 참으로 참신하고 빼어난 묘사로 그 발상이 특이하다.

이어지는 두 구절은 이날 밤의 연주와 춤을 그리고 있다. 30여 명의 악사들이 부는 생황과 퉁소 소리는 하늘과 땅 끝 저 멀리까지 울려 퍼지며 한 편이 끝나면 다음 한 편이 이어지면서 총 18편의 〈예상우의곡〉이 완주된다. 음악소리는 한 편이 끝날 때마다 잠시 멎었다가 다음 편으로 이어지고 때로는 강하게 때로는 약하게 연주되어 작가는 이를 '음악이 잠시 끊어졌다(吹斷)', '다시 시작되고(重按)'라고 묘사한 것이다.

남당의 역사책에는 이 날 밤 가무회에 참석한 사람들 모두가 황홀경에 빠져 모든 것이 허무할 정도였다고 기록되고 있어 그 규모가 얼마나 웅대하고 성대했는지 그리고 무희들의 춤 동작이 얼마나 사람들의 넋을 빼놓았는지 짐작할 수 있다.

무희들은 생황과 통소소리에 맞추어 마치 새처럼 나는 듯이 춤을 추며 음악소리는 구름 너머 하늘 멀리까지 뚫고 나가는데 작가는 이를 길고 느린 음악소리가 봄밤에 흩날리며 물과 구름이 서로 만나는 하늘 가에서 사라진다고 묘사하여 마치 듣는 사람들이 황홀한 선경 (仙境) 속에 있는 듯한 분위기를 자아냈다.

전반부가 현장기록적인 묘사라면 후반부는 화자의 벅찬 감회에 대한 진실한 느낌을 묘사한 것이다. 전반부에서 보고 들은 대형 가무회에 대한 화자의 느낌을 후반부에서 벅찬 느낌이었다고 말하며 이날 밤 연회를 극도로 칭찬하고 있다. 즉 가무회는 끝났지만 가슴 속에는 여전히 방금 전의 음악과 춤이 맴돌고 있어 화자는 곧바로 침소로 돌아가고 싶지가 않다. 기분좋게 마신 술과 성공적인 가무회에 대한 벅찬 감정으로 화자는 밖으로 나가 난간에 기대어 난간을 두드리며 박자를 맞추며 그 음악을 다시 음미한다. 봄바람 속에 술에 취한 듯 음악에 취한 듯 난간을 두드리며 방금 전의 연주를 음미하는 화자는 유쾌하다 못해 호탕해진다. 이날 밤의 향연에 도취되고 여기에 또 약간의 술기운까지 있어 호기를 부려보고 싶은 화자는 살랑 부는 봄바람에 실려오는 봄밤의 향내에 더욱 황홀해진다. 이 구절 속의 '취(醉)'자는 술과는 전혀 상관없이 도취된 상태를 말하는 것이지만 연회석상에 술은 빠질 수가 없으니, 우리는 도취상태와 술기운이 함께 상승작용을 하고 있음을 상상할 수 있다.

가슴 벅찬 화자는 홀로 밖으로 빠져 나와 말을 기다리며 이날 밤은 급히 돌아가고 싶지 않아 달빛 아래 여흥을 만끽해 보려 한다.

이 마지막 구절은 작가의 생활적 정취를 잘 드러내주는 구절이다. 달빛 아래 말발굽 소리를 들으며 돌아가고 싶은 화자는 불빛일랑은 모두 꺼버리라고 말한다. 그가 원하는 것은 그 누구의 방해도 받지 않고 오로지 달빛과 더불어 돌아가고 싶은 것이며 말발굽 소리를 들으며 아직도 미진한 그 날 밤의 흥을 다시 한번 음미해 보고 싶은 것이다.

이 구절에서 작가는 '말발굽 디디며(马蹄踏)'를 '말발굽 밟으며(踏马蹄)'라고 도치시켜 '답(踏)'자의 의미 속에 의성어적 의미를 가미시켜 우리로 하여금 "따르릉 따르릉"하는 말발굽 소리가 들리게 하는 이중적인 느낌의 독창적인 묘사를 했다.

다음에 나오는 맑은 밤이라는 '청(清)'자는 후반부의 화자의 기분을 대변해 주는 단어다. 즉 춘삼월 봄날 밤의 맑고 고요함에 정신이 맑아지고 마음이 정화되며 상쾌하고 호탕한 기분이 드는 것을 말한다. 전반부에서 피부가 백옥처럼 흰 미인을 바라보며 취했고 악공들의 빼어난 음악연주와 무희들의 선녀 같은 춤에 취했으며 술과 향기에 취한 실내에서의 '취(醉)'함과 대조하기 위해 밖으로 나왔을 때의 맑은 정신과 상쾌한 기분을 이 '청(淸)'자로 모두 뭉뚱그려 놓은 것이다.

청각과 시각, 후각의 이미지를 통해 연회의 기쁨과 연회 후의 달빛아래 조용히 말발굽 소리 들으며 귀가하는 화자의 심정을 선명하게 대비하여 작가의 심미적 정취를 탁월하게 드러낸 이 사(詞)는 처음 여섯 구절에서 가무회의 광경을 한 단계 한 걸음씩 고조시키다가 후반부의 두 구절에서 새로운 경지로 들어가 독자로 하여금 화자와 일체가 되도록 자연스럽고 진솔하게 묘사했다. 후주의 초기작품인 이 사(詞)는 전혀 가식이 없는 자연스러운 언어로 제왕의 화려하고 사치스러운 생활의 단면을 생생하게 묘사한 작품이다.

浣溪沙(紅日已高三丈透)

紅日已高三丈透,
金爐次第添香獸,
紅錦地衣隨步皺。
佳人舞点金钗溜,
酒惡時拈花蕊嗅,
別殿遙聞簫鼓奏。

Hóng rì yǐ gāo sān zhàng tòu,
红日已高三丈透,

Jīn lú cìdì tiān xiāng shòu,
金炉次第添香兽,

Hóng jǐn dìyī suí bù zhòu.
红锦地衣随步皱。

Jiārén wǔ diǎn jīn chāi liū,
佳人舞点金钗溜,

Jiǔ è shí niān huāruǐ xiù,
酒恶时拈花蕊嗅,

Bié diàn yáo wén xiāo gǔ zòu.
别殿遥闻箫鼓奏。

아침 해는 벌써 세 발이나 떠올랐건만
금 향로에 향불은 계속 피어오르네.
춤 사위 따라 붉은 양탄자 주름지고
아름다운 여인의 춤에 금비녀가 떨어지네.
취기 올라 꺾은 꽃 비벼 꽃향기 맡아보는데
멀리 별전에서 아득히 들리는 북소리 피리소리.

詞意

초저녁부터 시작된 궁중 가무회는 밤을 꼬박 새고 날이 밝도록 끝나지 않는다. 해가 이미 중천에 떠올랐건만 궁전 이곳저곳에서는 여전히 음악소리가 들려온다. 밤부터 켜기 시작한 향로의 향불이 꺼지지 않도록 해가 밝았는데도 계속 향을 집어넣는다. 가무회가 열리는 전당의 중앙에 붉은 비단 양탄자가 깔리고 아름답게 치장한 무희들은 음악에 맞추어 그 위에서 춤을 춘다. 밤은 깊어가고 계속 춤을 추는 무희들은 빠르게 몸을 돌려 회전하는데 이럴 때마다 바닥의 양탄자는 밀리며 주름이 생긴다. 얼굴에 홍조를 띠고 춤을 추는 무희들은 점점 머리가 흩어지며 머리에 꽂은 금비녀가 흘러내린다. 흥겨운 이 밤에 술에 만취된 관객들은 연회를 계속해서 즐기기 위해 술에서 깨어나고 싶어한다. 그래서 여인네들은 꽃병의 꽃을 집어 들어 꽃향기를 맡으며 술을 깨보려 한다. 밤새 춤은 계속되고 음악소리도 새벽까지 끊이지 않고 흐르는 가운데 연회에 참석한 사람들은 이 밤이 가는 것을 아쉬워하며 졸음을 이기고 취기에서 깨어나 끝까지 가무를 즐기려고 한다. 그러다 문득 멀리 다른 궁전에서도 들려오는 퉁소소리와 북소리를 들으며 '아 모두들 이 밤을 즐기고 있구나' 생각하며 환락의 밤을 마음껏 즐긴다.

단어

1. **홍일(紅日)** : 붉은 해, 아침 해

2. **삼장투(三丈透)** : 삼장(三丈) 높이 비쳐 들어오다. 10촌(寸)이 1자가 되며 10자는 1척(尺)이 되고 10척이 1장(丈)이 된다. 여기에서는 해가 중천 가까이 떠올랐다는 뜻이다. '투(透)'는 광선 따위가 비쳐 들어옴을 뜻한다.

3. **금로(金爐)** : 금 향로(香爐). 금이나 금색 동으로 만든 향을 담는 화로. 화려하고 값비싼 향불 그릇

4. **차제(次第)** : 차례대로, 순서에 따라, 계속해서

5. **향수(香獸)** : 동물 모양으로 만든 향료. 사자나 기린 원앙 등의 모양으로 만든 향을 말하는 것으로 숯가루와 섞어 만든다. 또는 향로 밑바닥을 짐승 모양으로 만들어 그곳에 향 가루를 집어넣으면 향이 그 짐승 모양대로 타 들어가며 향로의 구멍에서 향이 뿜어 나온다.

6. **지의(地衣)** : 바닥에 까는 견직물로 오늘날의 양탄자이다.

7. **수보추(隨步皺)** : 걸음 따라 주름이 잡힌다. 춤추는 여인이 앞뒤로 돌며 춤 동작을 어지럽게 할 때면 바닥의 양탄자도 이에 따라 주름이 진다는 말이다. 추(皺, 皺)는 '구겨지다. 주름지다'라는 뜻이다

8. **무점(舞点)** : 악곡 연주의 두드리는 소리에 박자를 맞추어

9. **금채류(金釵溜)** : 금비녀가 흘러내리고

10. **주악(酒恶)** : 술에 취하다. 일반적으로 말하는 '중주(中酒)'란 잔치가 한창일 때 술에 곤드레만드레가 됨을 말한다. 이 '중주(中酒)'를 당시 이욱의 금릉(金陵)에서는 주악(酒恶)이라고 일컬었기 때문에 이렇게 쓴 것이다.

11. **염화(拈花)** : 꽃을 꺾다. 염(拈)은 '손가락으로 집다', '집어 들다'의 뜻이다.

12. **예취(蕊臭)** : 꽃술 향기를 맡다. 예(蕊)는 암꽃술과 수꽃술의 총칭으로 시문에서는 꽃봉오리를 지칭한다. 여기서는 술이 너무 취해 술을 깨기 위해 꽃을 집어들어 꽃향기를 맡는다는 뜻이다.

13. **별전(別殿)** : 황궁의 정전(正殿) 외의 전당을 말한다.

14. **요문(遙聞)** : 멀리 들리다. 먼데서 들려오는, 아득하게 들려오다.

15. **소고주(簫鼓奏)** : 통소와 북 연주

구절풀이

红日已高三丈透 아침의 붉은 해가 이미 3발이나 높이 하늘에 떴다. 이것은 아침 해는 높아 떴지만 어젯밤의 가무회는 아직도 끝나지 않았다는 의미이다. '이미, 벌써'라는 '이(已)'자를 써서 이미 날이 밝았다는 뜻을 강조했다.

金炉次第添香兽 금 향로에 향을 계속 집어넣는다. 어제 밤부터 시작된 가무는 밤을 새우며 진행되고 있어 짐승 모양으로 만든 궁중 전용의 향을 계속해서 향로에 집어넣는데 이는 아침에 되어서까지도 계속 향불을 켰다는 뜻이다. 이 문장에서 은은히 타오르는 향불과 장내에 퍼지는 은근한 향냄새를 느낄 수 있다

红锦地衣随步皱 붉은 양탄자 위에서 춤추는 무희들의 걸음걸음에 따라 양탄자가 구겨지며 주름이 진다. '홍금지의(红锦地衣)'는 선홍색의 실크 양탄자를 말하며 이 붉은 양탄자 위에서 춤을 추는 무희들의 발걸음으로 양탄자가 이리 밀리고 저리 밀리며 주름이 진다.

佳人舞点金钗溜 춤추는 아름다운 무희들의 빠른 춤 동작으로 인해 그들의 머리에 꽂았던 금비녀 등의 머리 장식품들이 흘러내린다. 아름다운 무희들은 얇은 금비녀와 진주를 늘어뜨린 머리 장식을 하고 있는데 밤새 춤을 추는 동안 머리는 점점 흩어지고 머리 장식은 조금씩 흘러내리고 있다. 여기서 '점(点)'은 무악 연주의 가락과 곡조를 말한다. 이 문장은 열정적인 무희들의 춤과 가무가 점점 고조를 이루고 있음을 나타내고 있는데 '무점 (舞点)'이란 말로 곡조에 맞춰 무희들이 허리를 비스듬히 틀며 돌고 있는 춤 동작을 연상케 한다.

酒恶时拈花蕊嗅 술이 취해 꽃을 집어 들고 꽃향기를 맡는다. 가무회는 점점 고조를 이루며 흥은 극도에 이르는데 흥에 겨워 마신 술로 어지럽고 토하고 싶을 지경이 되면 술을 깨기 위해 꽃을 들어 그 향기를 맡는다. 이는 아마도 그 당시 술을 깨기 위한 한 방법이었던 것 같으며, 가무회에 참석한 사람들은 술에 취하고 졸립기도 한데 이 여흥을 즐기기 위해 잠에서 깨어나 계속 이를 즐기고 싶어하는 심정이다.

別殿遥闻箫鼓奏 이 궁전 외에 다른 궁전에서도 가무회가 열리고 있어 그곳에서 연주하는 퉁소소리와 북소리가 멀리 아득하게 들려온다. 집무를 보는 정전(正殿) 이외의 다른 전당에서도 밤을 새우며 즐기고 있다고 표현해 당시 부유했던 남당의 화려한 궁중 생활의 단면을 보여주면서 이를 자랑스럽게 표현하고 있다.

작품 배경

이욱은 왕자로 있을 때나 태자가 되었을 때도 정치에는 관심이 없었으며 아내와 함께 시와 음악과 춤을 즐겼다. 그의 아내 아황(娥皇)은 음악에 조예가 깊어 아욱의 사(詞) 창작에 많은 도움을 주었다.

이들 부부는 성당(盛唐) 때의 화려했던 궁중 음악과 궁중 무용의 복원에 심혈을 기울여 연구를 했으며 당시 남당은 태평성세를 구가하며 연일 가무로 여흥을 즐겼다.

동진 이후 300여 년간 계속되던 긴 전란이 당(唐) 왕조의 건립으로 백성들의 생활은 점차 안정이 되어가고 풍부한 물질적인 부를 쌓아간 당(唐)은 경제적 번영 속에 찬란한 문화의 꽃을 피우기 시작했다.

당 왕조는 국내의 각 민족 무용을 바탕으로 하여 서역 지방의 악무를 채용하여 다양한 종류의 대당 음악과 무용을 발전시켰다. 유가의 예악(禮樂) 사상에 바탕한 오랫동안 지배계층의 음악으로서 사랑을 받아오던 아악(雅樂)에 비해 대당 음악은 궁중의 속악(俗樂)으로서 그 형식이 다양하고 예술성이 뛰어났다.

장건(張骞)의 서역 원정으로 서역과의 교류가 시작되면서 비파(琵琶와 공후(公侯) 등 서역 악기와 악무(樂舞)가 들어오게 되었으며 당 현종(玄宗)에 이르러서는 기생을 중심으로 한 교방(教坊)과 이원(梨園), 태상사(太常寺) 같은 전문적인 무악(舞樂) 기구가 설립되어 우수한 악공들이 전문적으로 음악과 무용을 관장했다.

당대의 춤은 동서고금의 춤을 집대성하여 다양한 양식과 예술성이 뛰어난 궁중 무용으로 웅장하고 화려했으며 그 규모도 대단히 컸다. 대형무곡에서는 무용수가 수백 명이 되는 경우도 있고, 무대 배경도 화려하고 웅장했으며 무희들의 복장이나 장식품들도 지극히 다양하고 사치스러웠다. 소형무곡은 춤의 기예가 훨씬 뛰어났으며 대형무곡 때의 30명이 넘는 악공들의 연주에 비해 소수의 정예 악사들이 무희들의 동작에 맞추어 세련되게 악기를 연주했다.

이욱의 아내 아황(娥皇)도 무곡(舞曲)을 작곡했는데 '곡파'처럼 두 사람이 추는 쌍무(雙舞)로부터 일곱 가지로 변형된 춤 그리고 어린 기생이 의모에 금방울을 달고 흔들며 추는 춤 등 무곡(舞曲)에 따른 많은 춤들이 있었다.

90년대의 대만 연속극 〈매화삼농(梅花三弄)〉에 나오는 여주인공들의 머리 장식품을 보면 매우 섬세한 세공과 아름다운 색채로 여인의 아름다움을 더해주고 있는데, 당 나라 때의 여인네들의 장신구도 이처럼 금은으로 세공을 했으며 당삼채(唐三彩) 색깔의 오묘한 빛깔이 머리를 흔들 때마다 불빛에 흔들리며 영롱하게 빛나 무척 환상적이다

당시 남당 역시 궁중의 교방 음악을 계발하고 여기에 춤까지 독창적으로 만들어냈으며 앞다투어 시를 짓고 노래하며 밤마다 가무를 즐겼다.

이 작품의 배경 역시 가장 화려하고 번영할 때의 남당 궁궐의 사치스러움과 화려함을 그 배경으로 하고 있다.

작품 감상

이 사는 이욱이 재위하고 있을 때의 궁중의 사치스런 생활 장면을 그린 것이다. 전반부의 다섯 구절은 가무와 음주 연회의 성황에 대한 묘사다.

첫 구절에서 시점을 도치시켜 "붉은 해는 이미 높이 떴고(紅日已高)"라고 하여 말하는 시점을 다음 날 아침으로 하여 밤을 새워가며 즐긴 흥을 강조하고 있다. 이 사(詞)에서는 '붉은 해(紅日)', '아름다운 여인(佳人)', '별전(別殿)'이 세 단어로 황궁의 사치스러움과 호화로움과 쾌락을 단적으로 드러내고 있다. 즉 밤을 새워가며 여흥을 즐겼으며 이 가무회에는 아름다운 가희와 무희가 함께 했으며 이런 음악소리는 이곳뿐만 아니라 다른 곳에서도 들려와 별전에서도 주흥이 베풀어져 궁궐 안이 온통 환락의 밤을 지샜다고 말한다.

이어 '금향로에 계속 향을 집어넣는다'고 하였으나 앞 구절의 '붉은 해가 이미 높이 떴다'라는 구절과 함께 생각하면 밤은 가고 아침이 돌아왔으며 실내의 향불 냄새는 점점 열어지고 향 연기도 점점 사그라져 이 사에서는 비록 '계속해서(次第)' 향을 집어넣는다고 표현했지만 향을 집어넣는 동작은 습관적이고, 그 동작도 취한 듯 졸린 듯 느린 동작으로 느껴진다. 향로에 "계속해서 차례로(次第)" 향을 집어넣

는다는 표현은 이날 밤 가무회장에는 향로가 여러 개 놓여 있음을 말하며 금향로(金炉)나 짐승 모양의 비싼 향료(香兽)라는 표현을 통해 우리는 당시 남당 궁전이 얼마나 화려하고 부유했었는지 짐작할 수 있다.

역사책의 기재에 의하면 이욱이 재위하던 시절의 남당 궁궐은 강남에서 가장 화려하고 사치스러웠다고 한다. 그의 궁전에는 금 장식품들이 많았으며 궁전 벽은 붉은 비단을 바른 후 그 위에 금도금을 했다고 한다. 그리고 창문에는 녹색의 얇은 망사 천 같은 것을 바른 후 창 틀 사방에는 금 못을 박아 아름답게 치장했다고 하며, 궁전의 넓은 연회실 중앙에는 '대보주(大寶珠)'라는 밝은 등을 달아 밤에도 대낮같이 밝게 빛나게 했고 바닥에는 비단으로 짠 아름다운 무늬의 붉은 양탄자를 깔았다고 한다.

'짐승 모양의 향료(香兽)'는 일찍이 진(晋) 나라 때 매우 사치스러웠던 양수(羊琇)라는 사람이 술을 데워 마시기 위해 탄가루와 향 가루를 섞어 만든 것으로 여기서 이런 향료(香兽)를 말함은 당시의 사치스러움을 드러내기 위해 사용한 말이다.

다음 구절에 나오는 '지의(地衣)'와 '추(皺)'라는 의인법을 사용한 표현은 매우 참신하며 독창적이다. 붉은 양탄자를 "땅에 깐 옷(地衣)"이라고 하고 양탄자가 조금 밀리고 구겨지는 것을 '주름질 추(皺)'로 표현했는데 이것은 춤추는 무희들의 경쾌하고 빠른 동작과 비스듬히 회전하는 모습, 그리고 격렬하면서도 약동적인 춤 동작을 연상시킨다. 이어지는 '춤 박자(舞点)'라는 표현으로 이날 밤 다양한 곡조의 음악과 여러 종류의 춤이 선 보였음을 말하고 있다. 무희들은 곡조에 따라 때로는 느리게 때로는 약동적이고 격정적인 춤을 추며, 오래 지속된 춤으로 발그레해진 그들의 뺨과 흘러내리는 머리는 무척 고혹적인 여인의 모습이다. 머리가 흘러내리면서 머리 장식품도 같이 흘러내리는 모습은 조금은 퇴폐미가 풍기고 붉은 등과 붉은 양탄자, 아름다운 무희와 아름다운 선율, 향기로운 술 냄새, 은은한 향 냄새 등 이 모든 것이 한데 뒤섞인 이날 밤은 광란에 가까운 환락이었음을 설명한다.

이 사에서 작가는 무희들의 아름다운 모습과 춤 자태, 그리고 즐거워하며 술에 취한 관중들에 대한 묘사만 하고 있지만 우리는 작가의 다른 사(詞)들을 함께 미루어 생각해볼 때 여기에 밝게 빛나는 붉은 등과 아름답게 치장한 비빈들, 연회 중 서로 추파를 보내고 있는 연인들, 큰 무리를 이루는 악공들, 긴 탁자에 늘어놓은 향기로운 술과 안주, 맛있는 음식 등을 상상할 수가 있다.

이 사의 전반부에서는 온 밤 긴 시간 동안 춤을 추는 무희들이 중심 내용이다.

그리고 첫 구절의 "벌써, 이미"라는 "이(已)"자 한 글자로 이 가무회의 상황을 모두 드러내고 있다. 벌써 아침 해가 높이 솟았다고 하여 이 연회가 철야를 했다는 것을 알리고 또 환락을 밤을 보냈지만 아침까지도 이 연회는 아직 끝나지 않고 있으며 사람들은 이 연회를 즐기기에는 밤이 짧다고 아쉬워하는 느낌을 드러내고 있다. 평서문으로 홀연 시작되는 '아침 해가 이미 하늘 높이 솟았다'라는 첫 구절은 읽는 사람에게 강한 인상을 주고 있으며 "날이 새도록 연회가 계속되고, 향불은 계속 타들어가고, 무희들은 계속 춤을 추고 있다"라는 세 구절로 전반부에서는 성대한 가무회를 전부 설명하고 있다. 이렇게 말하듯이 미사여구 없이 극히 단순한 묘사로 많은 내용을 내포시키는 것이 이욱 특유의 예술적 경지인 것이다.

무희들의 금비녀가 흘러내린다는 것은 얼마나 오랫동안 이 연회가 지속되었는지를 말해주며 이어 관중들은 흥에 겨워 마음껏 술을 마시다 어지럽고 토하고 싶을 지경에까지 이르렀다고 말하여 이들이 열광하며 진이 빠지도록 환락의 밤을 보냈음을 나타냈다. 그들은 이 연회를 계속 즐기고 싶어 술에서 깨어나고자 옆에 놓여있는 화병에서 꽃을 집어 들어 꽃향기를 맡으며 술에서 깨어나고자 한다. '술에 취해 꽃을 집어 들고 꽃향기를 맡는다(酒恶时拈花蕊嗅)'라는 표현에 대해 후세 사람들은 이를 입신의 경지라고까지 극찬을 하고 있는데 이는 '주악(酒恶)'이라는 당시 금릉 방언을 사용한 점과 '집고(拈)', '맡는다(嗅)'는 두 글자의 동작의 오묘한 조화 때문이다. 이 동작의 인물이 여성인지 남성인지는 알 수 없지만 두 단어의 섬세함으로 흔히들 술에 취해 아양을 부리는 듯한 교태가 넘치는 아름다운 여인을 상상하게 된다.

마지막 구절의 '문득 멀리서 다른 전각에서도 퉁소소리 북소리가 들려온다'라는 표현은 궁중 곳곳에서 밤을 새며 온 궁궐에 환락이 넘치고 있음을 나타낸 말이다. 이 마지막 구절은 공간적 개념을 포괄하여 첫 구절과 호응하고 있다. 작가는 전반부에서 첫 구절의 밝은 태양이 비치는 외경(外境)과 두 번째 구절인 궁중의 호화로운 분위기인 내경(内境), 이어지는 춤추는 장면으로 궁중의 낮과 밤, 음악과 춤을 시각적 청각적으로 잘 표현했다.

후반부에서는 무희의 머리에서 흘러내리는 금비녀와 꽃향기를 맡으며 술에서 깨어나 계속 즐기고자 하는 마음, 다른 전각에서도 들려오는 음악 소리 등으로 모든 장면이 장관을 이루며 환희가 넘쳐나고 있어 이 작품은 궁중의 희열에 찬 분위기와 제왕의 사치스러움을 생동적으로 조명해주고 있다.

一斛珠(曉妝初過)

曉妝初過，沈檀輕注些兒個，
向人微露丁香顆。
一曲清歌，暫引櫻桃破。
羅袖裏殘殷色可，杯深被香醪涴。
鏽床斜嬌無那，爛嚼紅茸，
笑向檀郎唾。

Xiǎo zhuāng chū guò, chén tán qīng zhù xiē er ge.
晓妆初过，沉檀轻注些儿个。

Xiàng rén wēi lù dīngxiāng kē,
向人微露丁香颗，

Yī qū qīng gē, zàn yǐn yīngtáo pò.
一曲清歌，暂引樱桃破。

Luó xiù yì cán yīn sè kě, bēi shēn xuán bèi xiāng láo wò.
罗袖裛残殷色可，杯深旋被香醪涴。

Xiù chuáng xié píng jiāo wú nuò,
绣床斜凭娇无那，

Làn jiáo hóng róng, xiào xiàng tán láng tuò.
烂嚼红茸，笑向檀郎唾。

화장을 막 끝내고 붉은 연지 가볍게 누르네.
사람들을 향해 정향 꽃 같은 혀끝 살짝 내밀며
청아한 노래 부르려 앵두 같은 입술을 슬며시 벌리네.
붉은 비단 옷소매 술에 젖어 더욱 붉어져도 괜찮고
큰 잔에 술을 실컷 마셔도 좋다네.
나른한 몸 침대에 비스듬히 기대고
수틀 위의 붉은 실을 질겅 씹다가
웃으며 사랑하는 이에게 내뱉네.

詞意

아침 화장을 막 끝내고 나서 마지막으로 붉은 연지를 살짝 바르는데 그 입술이 참으로 아름답다. 그리고 나서 무대에 오른 뒤 노래를 부르기 위해 혀끝을 내밀어 입술을 한번 축이는데 그때 입술 위로 조금 내민 여인의 혀끝이 정향 봉오리와 같이 아름답다. 그녀는 잠시 마음을 가다듬은 후 맑고 아름다운 노래를 부르기 시작하는 데 노래를 부르려고 입술을 연 그녀의 입술은 앵두같이 붉다. 노래가 끝나자 술잔치가 벌어지는데, 이곳저곳에서 건네주는 탁주를 받아 마시며 너무 많이 마셔 취해 술이 옷소매로 쏟아져도 젖는 줄도 모른다. 그러나 술에 취한 여인의 발그레한 얼굴과 더욱 붉게 보이는 입술, 그리고 흘러내린 술에 젖은 옷소매 등이 함께 어우러져 여인의 모습은 더욱 요염하다. 술자리가 끝나고 자신의 방으로 돌아온 여인은 술에 취한 상태에서 수틀에 비스듬히 기댄 채 같이 방으로 들어온 사랑하는 남자를 바라보며 수틀에 놓인 붉은 자수실 부스러기들을 잘근잘근 씹다가 웃으며 유혹하듯 그를 향해 수실을 뱉는데 그 자태가 너무나 고혹적이다.

단어

1. **효장(晓妆)** : 아침 화장

2. **침단(沉檀)** : 단(檀)은 연한 진홍색의 화장품. 침단(沉檀)은 색이 짙고 윤기가 나는 붉은 색으로 당나라 때 부녀자들이 화장할 때 눈썹 끝이나 입술 위에 이를 발랐다.

3. **경주(轻注)** : 가볍게 대다. 가볍게 사용하다. 살짝 바르다.

4. **사아개(些儿个)** : '약간'이라는 뜻의 방언

5. **정향과(丁香颗)** : 정향(丁香)은 그 모양이 마치 닭의 혀처럼 생겨서 계설향(鸡舌香)이라고도 한다. 한(汉) 나라 때 시랑(侍郎)인 낭관(郎官)이 입에 계설향을 물고 상주에 답을 했는데, 냄새가 매우 향기로웠다고 한다. 여기서 '정향과(丁香颗)'는 향기로운 입을 가리키며, '과(颗)'는 작고 둥근 알갱이로 여기서는 운을 맞춘 것이다.

6. **청가(清歌)** : 맑은 목소리로 노래하다. 반주 없이 부르는 노래

7. **앵도파(樱桃破)** : 앵두가 터지듯 입을 벌리다. 많은 시가에서 여인의 아름답고 윤기 나는 작은 입을 앵두에 비유하고 있다. 흔히들 '앵두 같은 입 속의 가지런한 치아와 화장 안한 입술, 버드나무처럼 가늘고 부드러우면서도 힘이 있는 허리'라고 미인을 비유한다 '파(破)'는 앵두가 터지듯 여인이 노래를 부르기 위해 입을 벌리는 것을 말한다.

8. **잠인(暂引)** : 잠시 끌다. 잠시 바로잡다. 잠시 머뭇거리다

9. **나수(罗袖)** : 명주 옷소매. 영수(領袖)

10. **읍(裛)** : 담그다. 적시다. 축축하게 젖다. 옷에 좋은 향기가 배다.

11. **은색(殷色)** : 짙은 붉은 색

12. **가(可)** : 괜찮다. 서로 걸맞다. 잘 어울리다. 알맞다. 적합하다.

13. **배심(杯深)** : 안이 깊은 술 잔

14. **선(旋)** : 또, 그리고. 또다시 돌다

15. **향료(香醪)** : 술과 찌꺼기가 함께 섞여 있는 맛이 짙고 단 술. 막걸리 같은 술

16. **와(涴)** : (옷에 기름이나 진흙이 묻어) 더러워지다.

17. **수상(绣床)** : 부녀자들이 자수를 놓는 틀. 보통 사람이 앉는 가슴높이의 자수틀을 말한다.

18. **빙(凭)** : 물건에 기대다.

19. **교무나(娇无那)** : '무나(无那)'는 '매우', '무한히'란 뜻이며, '교무나(娇无那)'는 '너무나 교태롭다'는 뜻이다.

20. **난작(烂嚼)** : 잘 씹음. 문드러질 정도로 천천히 씹음.

21. **홍용(红茸)** : 붉은 자수실. '용(茸)'은 잔 털 같은 것을 말한다.

22. **단랑(檀郎)** : 사랑하는 남자. 처첩이 남편을 부르는 높임말. 진(晋)의 미남인 반안(潘安)의 자(字)가 단노(檀奴)여서 여자들이 연인을 단랑(檀郎)이라 불렀다.

23. **타(唾)** : 내뱉다.

구절풀이

晓妆初过, 沉檀轻注些儿个 아침 화장을 막 끝내고 나서 마지막으로 붉은 연지를 살짝 바르다. '初'는 '방금, 막, 처음으로'라는 뜻이며, '些儿个'는 '약간, 조금'이란 뜻의 방언이다. '轻注'는 '조금 바르다, 옅게 바르다'란 뜻이다. 즉 화장을 다 끝낸 후에 마지막으로 입술연지를 살짝 가볍게 찍어 바른다는 뜻이다.

向人微露丁香颗, 一曲清歌, 暂引樱桃破 사람들을 향해 혀끝을 조금 내밀다가, 청아한 노래 한 곡을 뽑으려고 잠시 뜸을 들인 후, 앵두 같은 입을 연다. '미로(微露)'는 '살짝 드러내다'라는 뜻이며, '정향과(丁香颗)'는 미인의 혀를 가리킨다. 정향 꽃 망울이 작고 붉은 혀 같이 생겨 이렇게 비유한 것이다. 어쩌면 노래 부르는 여자의 버릇인진 몰라도 노래 부르기 전에 혀끝을 조금 내밀며 입술을 한번 살짝 핥는 것을 표현한 말이다 그리고 곧바로 노래를 부르는 것이 아니라, 잠시 뜸을 들인 후(暂引) 드디어 앵두 같은 입을 열어 노래를 부르기 시작한다.

罗袖裛残殷色可, 杯深旋被香醪涴 진한 술을 마시다가 술이 흘러내려 붉은 비단 옷소매를 적셔 더 짙은 진홍색이 되었고, 큰 잔으로 서로 주거니 받거니 탁주를 마시다 보니 옷들이 술에 젖어 더러워졌는데도 다 괜찮다. '읍(裛)'은 '적시다',

'은색(殷色)'은 '붉은 색'으로, 술이 비단 소매를 적시어 진홍색으로 젖어도 괜찮다(可)라고 한 것은 기분 좋게 마시고 기분 좋게 취하니 옷이 좀 젖은들 어떠하리라는 뜻이다. '향료(香醪)'는 술과 찌꺼기가 함께 있는 향기로운 탁주를 말하며, '와(涴)'는 '더럽혀지다'는 의미이다. '큰 잔들이 돌고 돌아'의 '杯深旋'는 모두 들 술을 많이 마셨다는 뜻이다.

绣床斜凭娇无那。烂嚼红茸，笑向檀郎红茸唾 수틀에 비스듬히 기대어 있는 모습이 너무나 교태스럽구나! 수틀 위의 붉은 자수실 쪼가리들을 입 속에 넣고 질겅질겅 천천히 씹다가 사랑하는 남자를 쳐다보며 웃으며 씹던 실을 그를 향해 뱉는다. '斜凭'은 '비스듬히 기대어'의 뜻이며, '난작(烂嚼)'은 '물렁물렁해지도록 천천히 잘근잘근 씹는다' 는 뜻이다. '홍용(红茸)'은 수를 놓는 자수 실 부스러기이며, '타(唾)'는 '내뱉다'라는 뜻이다. 양맹한(杨孟韓)의 〈춘수(春绣)〉라는 시에서도 "한가히 수놓기를 그치고, 붉은 자수 실을 씹다가 웃으며 푸른 창을 향하여 뱉는다' 라는 구절이 있듯이 당시 여인네들이 남자들에게 교태를 부리거나 아양을 떨 때 유행했던 행동이었던 듯 싶다.

작품 배경

이욱은 그의 아내 아황(娥皇)과의 10년간의 결혼생활 중 거의 모든 나날을 그녀와 함께 지냈다. 아황(娥皇)이 죽고 나서 그녀의 여동생 소주후(小周后)와 결혼한 후에도 그는 소주후 곁에만 머물러 있어 궁의 후궁들은 이욱을 가까이 할 기회가 매우 적었다.

모두 황후가 된 주씨(周氏) 집안의 두 딸들은 빼어나게 아름다웠다. 언니인 아황은 호리호리한 몸매에 기품이 깃들인 우아한 아름다움이 있었고, 동생인 소주후는 오동통한 몸매에 소녀 특유의 발랄함과 치기가 엿보이는 천진만한 아름다움이 있었다.

남당 궁 안의 수많은 비빈들 역시 모두 강남에서 뽑혀온 절세미인들이었다. 그러나 이욱은 미인을 묘사함에 있어 그들의 화장이나 머리치장, 춤추는 자태 등에만 세밀한 묘사를 하고 있을 뿐이어서 그의 미인의 얼굴 형상에 대한 구체적인 언급은 찾아보기 어렵다.

옛 시에서 미인을 묘사할 때 '앵두같은 입술에 버들같은 허리', '어깨는 마치 깎인 것 같고, 허리는 하얀 비단을 두른 듯 하고', '길게 늘인 목덜미에 드러난 흰 살결', '쪽 찐 머리 우뚝하고 눈썹은 가지런하여 예쁘고'처럼 천편일률적으로 묘사하고 있으며 경국지색(傾國之色), 경성지색(傾城之色), 화용월태(花容月態), 섬섬옥수(纖纖玉手), 설부화용(雪膚花容), 명모호치(明眸皓齒) 같은 뭉뚱그린 말로만 미인을 형용하고 있다.

중국의 4대 미인 중의 한 사람인 춘추 말기 월나라 미인 서시(西施)는 물에 미친 그녀의 아름다움에 물고기들조차 놀라 강바닥으로 가라앉았다고 하여 침어(浸魚)라는 말로 형용되고, 한나라의 초선(貂蟬)은 달조차 그 아름다움에 부끄러워 구름 뒤에 숨었다고 하여 폐월(閉月)이라고 묘사되고 있다. 또 양귀비(楊貴妃)는 그녀의 미모에 꽃조차 잎을 말아 올렸다고 해서 수화(羞花)라고 칭해진 절대가인(絕對佳人)이다. 이들로 인해 생긴 폐월수화(閉月羞花)나 침어(浸魚) 같은 성어가 미인의 아름다움과 개성을 묘사한 비교적 뛰어난 표현이라고 할 수 있다.

'붉은 입술은 밖으로 밝고, 하얀 치아는 안으로 선명하다'는 단순호치(丹脣皓齒)는 모든 절세가인(絕世佳人)의 공통점으로, 가지런한 하얀 치아와 붉은 입술이 미인의 얼굴에서 가장 돋보이는 곳이다. 이 성어는 서주(西周)의 마지막 왕인 유왕(幽王)의 총희였던 포사(褒姒)가 말도 없고 웃음도 없었으나 비단 찢는 소리엔 보일락 말락 미소를 띠었고 봉화불엔 단순호치(丹脣皓齒)를 드러내며 웃다가 나라를 망하게 한 고사에서 생겨난 말이다.

이렇듯 미인의 아름다움을 표현하기란 무척 어려운 일이다. 그러나 이욱은 이 작품에서 미인의 얼굴 중 입에다 포커스를 맞추어 다각도로 입과 입술과 혀를 세밀하게 그리고 있는데 이런 묘사는 오직 이욱 한 사람만이 시도해 본 것 같다.

노래 부르는 가희(歌姬)를 볼 때 사람들은 보통 가희의 목소리와 구성진 가락 그리고 노래 가사에 집중을 하는데 이욱은 가희를 보면서 노래 부르기 전의 입술 연지를 바르는 모습을 상상하고 노래 부를 때 입술에 침을 바르며 혀끝을 살짝 내보이는 모습과 술에 젖어 빛나는 입술에 집중하며 미인을 관찰하고 있다. 이 미인이 노래 부르는 가희인지 혹은 아황이나 소주후, 또는 궁녀인지 알 수 없으나 이 미인은 입이 유난히 매혹적인 여인임엔 틀림없다.

작품 감상

이 사는 노래 부르는 여인의 입술을 서로 다른 각도에서 묘사한 작품이다. 미인의 미모를 표현함에 있어 신비롭게 표현해 내기란 참으로 어려운 일이다. 그러나 이 작품에서 작가는 여인의 입과 입술 그리고 혀끝의 아름다움을 신비하게 생동적으로 묘사하고 있어 이는 이 작가만이 표현해 낼 수 있는 뛰어난 예술적 경지라 할 수 있다.

이 시는 총 네 부분으로 구성되어 있다.

제일 첫 부분은 아침에 일어나 머리치장을 하고 엷게 화장을 하는 모습이다. 이날의 연회는 저녁이 아니기 때문에 엷게 화장했을 것이며 마지막으로 입술연지를 찍어 바르며 화장을 끝내는데 침단(沉檀)이란 단어로 연지를 바른 작은 붉은 입술을 두드러지게 했다 .

두 번째 장면은 미인이 노래를 부를 때의 눈길을 끄는 매혹적인 동작을 표현했다. 미인은 먼저 혀끝을 조금 내밀며 입술을 핥고, 관중에게 눈길을 보낸 다음 잠시 뜸을 들인 후 목소리를 높여 노래를 부르는데 그 동작이 조금은 관능적이다. 혀끝을 조금 내밀며 입술을 핥아 축이고 약간 시간을 끈 후 노래 부르는 여인은 조금도 서두르지 않는 능란한 가희 (歌姬)로 그녀의 연지 바른 입술과 꽃봉오리 같은 혀끝, 조금 벌린 입이 관중을 사로잡는다.

세 번째는 미인이 술을 마시는 장면을 묘사했다. 미인이 단랑(檀郎)의 동반 아래 기쁨을 금치 못하며 술을 마시는 장면으로 처음 술잔을 들 때는 부끄러운 내색을 하며 소매 자락으로 입을 가리고 술을 마셨을 것이나, 이곳저곳에서 칭찬의 말로 권하는 술을 큰 잔에 받아 마시다 보니 점점 용감해져 취기 속에 마음껏 여흥을 즐긴다. 붉은 옷의 그녀는 취기가 올라 옷에 술을 흘리고, 흘러내린 술로 젖은 옷은 더욱 붉은 진홍색이 되는데 여기에 그녀의 젖은 붉은 입술이 붉게 젖은 옷과 어울려 그녀는 더욱 아름답게 보인다.

마지막 장면은 이 시의 절정 부분으로 미인이 술을 마신 후 수 놓은 침대에 기대어 애정이 절절한 눈으로 사랑하는 사람을 몽롱하게 바라보는 장면이다. 단랑(檀郎)처럼 미남의 사랑하는 사람에게 교태를 부리고 싶은 미인은 한 켠에 놓여있는 수 틀 위의 붉은 실 부스러기를 집어 입 안에 넣고 씹다가 웃으며 남자에게 뱉는다. "씹고", "뱉는" 두 동작은 말이 필요 없이 이심전심으로 마음을 전하며 충만한 애정을 나타낸 것이다.

이 작품은 단랑(檀郎)의 눈에 비친 미인의 아름다운 입술을 묘사하고 있어 작가와 단랑이 동일시되고 있다. 이 작품의 특징은 스토리가 있는 대담한 상상과 가설, 노래 부르는 여인의 시시각각의 모습을 생동적으로 묘사한 점이며, 또 여주인공과 화자와의 관계, 혹은 작가와 가희와의 관계 그리고 화자가 어떻게 여주인공의 취한 아름다운 모습을 감상하고 있는지에 대해 매우 드라마틱하게 표현한 점이다.

전반부는 가희(歌姬)가 무대에 오르기 전 화장하는 모습으로부터 노래 부를 때까지의 모습을 그리면서 인물의 하나하나의 움직임을 매우 세밀하게 묘사했다. 첫 구절의 연지를 약간 바른다는 '些儿个'는 당시 방언으로 그 발음이 매우 독특하고 아름다워 듣기에 좋으며, '조금, 약간'이라는 이 단어로 인해 미인이 수수하면서도 고상하게 화장을 한 느낌을 주고 있다. 그리고 앵두와 정향으로 입과 혀끝을 시각적, 후각적 이미지로 비유하고 있는데, 꽃봉오리가 닭의 혀 같아서 '계설향(鷄舌香)'이라고도 하는 정향(丁香)을 입에 머금으면 난초 꽃 향기가 난다고 하는데 그래서 미인의 혀끝을 정향(丁香)꽃 같다고 한 시각적인 표현 위에 꽃향기까지 함축시켜 후각적 이미지까지 겹쳐 놓았다.

'아침 화장을 막 끝내고'라고 시간적 배경을 말하며 시작된 첫 구절에서 작가는 오로지 여인의 작은 입과 입술에만 그 초점을 맞추고 있다. 여인의 모습, 치장 등은 전혀 언급하지 않고 오로지 미인의 입에만 치중하여 묘사를 했는데, 그러나 '아침화장을 하고 입술연지를 가볍게 바르고 노래를 부르려고 입술을 조금 축인 후 입을 조금 열어 노래를 부른다'란 묘사 속에는 단아한 모습과 작은 입, 맑고 깨끗한 목소리가 모두 함축되어 있다.

후반부는 무대 공연이 끝난 후 가희(歌姬)가 술자리에서 즐기는 장면과 자기 방으로 돌아와 사랑하는 사람과 마주보고 있는 장면을 묘사하고 있는데 이 후반부는 전부 '교태' 그 자체다. 그래서 마지막 구절에서 '교태롭기 그지없구나. 더할 수 없이 교태롭구나(娇无那)'라고 표현하고 있는 것이다.

술 마실 때의 교태, 붉은 옷소매가 젖어도 아랑곳하지 않으며 술에 취해 보는 교태, 침대 옆 수 틀 앞에 비스듬히 앉아 수실을 씹으며 사랑하는 사람을 그윽하게 바라보는 교태, 정인(情人)에게 씹던 수실을 웃으며 뱉는 교태 등 이 여인의 모든 행동은 다 교태롭다.

작가는 작품 속의 미인을 옛 시에서 표현하고 있는 아름다운 여인들과는 달리

개성이 있고 살아 움직이는 것 같이 생생하게 묘사하고 있으며 여인의 모습과 동작, 음성, 웃는 모습 등 그녀만의 독특한 개성을 매우 세세하게 묘사했다. 그래서 이 작품은 매 구절마다 진실하며 형상이 아름답고 또 선택된 어휘들로 인해 작품이 빼어나다.

후반부에서는 술 마시는 장면을 묘사했는데 작가는 술 마시는 과정은 언급하지 않고 술이 한창 오를 때의 모습과 붉은 비단 소매가 술에 젖어 더럽혀진 모습만을 그리며 이 과정에서도 아름다운 여인의 입에다 포커스를 맞추고 있다.

향기로운 탁주를 안이 깊은 큰 술잔에 받아 마시며 취기로 몸을 가누기 어려운 미인은 술을 좀 흘려 옷이 젖어도 아랑곳하지 않아 이런 그녀의 대담한 행동이 사람들을 매혹시키고 젖은 붉은 비단 옷과 그녀의 붉은 입술이 취중 사람들을 황홀케 한다.

그러나 이 작품의 백미는 맨 마지막 구절의 '비스듬히 수틀에 기대어 씹던 자수실을 사랑하는 사람에게 뱉는다'라는 구절이다. 술을 많이 마신 미인은 수틀에 비스듬히 기대앉아 사랑하는 사람과 마주보고 있는데 술에 취하기도 했고 구태여 말을 할 필요도 없어 하릴없이 실이나 씹으며 남자를 웃으며 바라보고만 있다. 그러다 남자가 농을 했는지 혹은 그냥 남자에게 아양을 부리고 싶었는지 씹던 수실을 그를 향해 내뱉는데 이런 농염한 여인의 자태와 교태가 미감이 가득하게 생동적으로 표현되고 있다.

이 작품은 여자의 입과 여자의 교태를 눈에 보이듯 생생하게 묘사하면서도 오로지 입과 입술에만 그 포커스를 맞추어 움직임을 사실적이면서도 섬세하게 표현했다.

그리고 시간의 흐름에 따라 여인의 변화되는 모습을 짜임새 있게 구성하여 인물의 개성을 살리고 있어, 새롭고 독특한 예술적 경지를 이루었다.

이욱의 첫 부인 대주후(大周后) 아황(娥皇)

이욱의 아내인 아황(娥皇)은 남당(南唐)의 개국 공신인 주종(周宗)의 딸이다. 주종은 사람의 마음을 잘 헤아리는 뛰어난 책략가로 남당 3대 군주와 밀접한 관계를 가지고 있는 사람이다.

주종은 선주(先主) 이변(李弁)이 아직 오왕(吳王)의 신하로 있을 때 그에게 왕이 되고자 하는 마음이 있음을 알아내고 그를 위해 오(吳)나라의 정권을 찬탈하는 구호를 외치며 일을 꾸며 그를 왕으로 추대했다.

이변(李弁)이 죽고 난 후, 그의 장자인 이경통(李景通)이 적극 겸양을 하면서 황위(皇位)를 계승하고 싶지 않다고 했을 때, 주종은 그에게 친히 황제의 용포(龍袍)를 걸쳐주면서 그를 왕의 보위에 올라 앉혔다.

이렇게 남당의 선주(先主)와 중주(中主) 2대 왕을 추대한 그는 마침내 3대 왕인 후주(后主) 이욱을 사위 삼게 된 것이다.

주종에게는 딸이 둘 있었는데 그의 두 딸들이 이어서 남당 후주 이욱의 황후가 되었다. 후세 사람들은 이 자매를 구분하여 언니인 아황(娥皇)을 대주후(大周后)라고 칭하고 동생인 미(薇)를 소주후(小周后)라 칭했다. 이 두 사람은 모두 이욱의 사랑을 온 몸에 받았지만 그래도 이욱의 생활에 비교적 큰 영향을 끼친 사람은 대주후 아황이었다.

주종의 장녀 아황이 이욱과 결혼한 것은 19세 때였다. 당시 아황은 일시를 진동시켰던 이름난 재녀(才女)였으며, 시(詩), 사(詞), 가(歌), 부(賦) 사(史) 등에 관해 안 읽은 책이 없었고, 금(琴), 기(棋), 서(書), 화(畵) 등에 모두 정통했으며 특히 음률과 가무에 뛰어나고, 비파(琵琶)를 매우 잘 탔다.

〈송사(宋史), 예문지(藝文誌)〉에 의하면 그녀가 책을 몇 권 썼다고 하는데 〈격몽소엽자로(擊蒙小葉子路)〉에 한 권, 〈편금엽자로(編金葉子路)〉에 한 권이 있다고 언급하고 있으나 지금은 전해지지 않고 있다.

아황의 주된 재능은 음악 연구에서 나타났다. 당(唐) 명황(明皇) 때 만들어진 〈예상우의곡(霓裳羽衣曲)〉은 한 때를 풍미했던 궁중 음악인데 안록산(安祿山)의 난으로 그 악보가 소실된 것을 아황이 다시 복원해 낸 것이다. 그뿐 아니라 그녀는 이 원곡에 박자가 좀 느리다고 생각된 곳을 약간 수정하여 이 악곡을 더욱 생동적이고 경쾌한 곡으로 만들어냈다. 그녀가 복원한 이 음악을 취한 듯 홀린 듯 감상하던 시아버지 이경통(李景通)은 그녀의 재주에 칭찬을 아끼지 않으며 그가 매우 아끼며 보관하고 있던 '소조(燒槽)' 비파를 그녀에게 하사할 정도로 아황의 이 업적은 당시를 떠들썩하게 한 일이었다 .

아황의 음악적 재능은 또한 그녀의 즉흥 창작 가운데서도 나타났다. 그녀는 즉석에서 음악의 악보를 적을 줄 알았고 무곡(舞曲) 작곡을 하기도 했다. 아황이 작곡한 〈요취무파(邀醉舞破)〉와 〈한래지파(恨來遲破)〉 두 곡은 아황이 죽고 나서도 이욱이 즐겨 듣던 음악이었다.

아황의 음악에 대한 조예는 이욱의 사(詞) 창작에 큰 도움을 주었다. 음악에 비교적 조예가 깊지 못한 당시의 사인(詞人)들에 비해 이욱은 아황의 도움으로 사(詞) 창작에 있어 선인들의 뒤를 이어 사(詞)를 계속 발전시켜 사(詞)의 대가(大家)가 되었다. 이전에는 음악을 아는 악공들이 조잡한 사를 지어 노래 부르던 것이 이욱에 이르러서 사대부의 사(詞)로 변하게 된 것이다.

이욱의 초기 사(詞) 작품들은 청신하고 화려하여 '완약파(婉約派)' 사인((詞人)들에게 예술 풍격의 원천을 제공했다. 그리고 이욱에 이르러서야 "화간파(花間派)" 사인(詞人) 등이 구축한 남조(南朝)의 '궁체(宮體)'와 북쪽의 '창풍(倡風)'이 혼성된 사(詞) 패턴에서 벗어난 아주 다른 품격이 사단(詞壇)에 형성되었는데 이런 배경에는 모두 아황의 도움이 있었던 것이다.

음률에 정통하지 못하면 좋은 사를 지을 수 없기 때문에 아황은 늘 이욱이 짓는 사의 좋은 조언자가 되었다. 아황은 이욱이 지은 사 가운데 중복된 글자나 운이 맞지 않은 어휘를 발견하면 이를 지적하며 운이 맞는 다른 어휘를 골라주었다.

그들은 10년 동안 거의 붙어살았으며 이욱의 전기 작품들은 대부분 아황과의 아름다운 생활이 그 소재가 되고 있다.

아황은 남편 이욱을 따뜻한 사랑과 살뜰하고 극진한 보살핌으로 그의 온 총애가 자신에게만 쏟아지게 했다. 한 살 나이가 많은 아황은 성숙한 여인으로서 아직 미숙한 남편을 자신의 정욕과 미혹에만 빠지게 용의주도하게 설계하여 그로 하여금 뼈가 녹아버릴 것 같은 사랑의 강물에 빠지게 했다.

여기에는 이욱과 아황의 취미와 애호가 매우 비슷하다는 이유 외에도 그녀가 아버지로부터 물려받은 사람의 마음을 헤아릴 줄 아는 능력과 빼어난 미모, 그리고 높은 예술적 자질이 있었기 때문이다.

아황은 남편 이욱의 섬세한 성격과 예술가적 성격을 잘 이해하고 있었기 때문에 그에게 늘 영감을 주기 위해 여러 가지 변화와 독창적인 것들을 고안해냈다. 그녀는 복장도 다른 사람들보다 더 우아하고 세련되게 차려 입었으며 특히 머리 모양은 늘 새로운 변화를 주어 머리를 높이 틀어 올리거나 양 옆으로 구름처럼 돌돌 말기도 하면서 아름다움을 뽐냈는데 그녀의 이런 모든 행동거지는 늘 궁궐의 유행을 주도하곤 했다.

아황은 결혼 생활 10년 동안 두 아들을 가졌으며 이 10년 동안 이욱은 거의 다른 궁녀들은 거들떠보지도 않았으니 이는 중국 고대 제왕과 왕후들 사이의 결혼과 애정에 있어 아주 드문 일이라 할 수 있다.

아황은 29세 때 병이 들어 죽었으며 그녀가 죽기 바로 얼마 전에 그녀의 둘째 아들이 먼저 세상을 떠나 그녀는 더 큰 슬픔 속에서 죽음을 맞았다. 이 둘째 아들은 어머니의 병이 호전되기를 바라며 기도를 하다가 놀라 죽게 되어 아황의 고통은 더 컸으며 여기에 남편이 자신의 여동생과 은밀한 관계임을 알게 되어 그녀는 이중의 고통 속에서 죽음을 맞이한 것이다.

4 처제와의 치정(癡情) 속에서

蝶恋花(遙夜亭皋閒信步)

遙夜亭皋閒信步，乍過清明，早覺傷春暮。
数点雨聲風約住，朦朧淡月云来去。
桃李依依春黯度，谁在秋千，笑里低低语？
一片芳心千万绪，人間沒個安排處。

Yáo yè tíng gāo xián xìnbù, zhà guò qīngmíng, zǎo jué shāng chūn mù.
遥夜亭皋闲信步，乍过清明，早觉伤春暮。

Shù diǎn yǔ shēng fēng yuē zhù, ménglóng dàn yuè yún lái qù.
数点雨声风约住，朦胧澹月云来去。

Táolǐ yīyī chūn àn dù, shuí zài qiūqiān, xiào lǐ dī dī yǔ?
桃李依依春黯度，谁在秋千，笑里低低语？

Yīpiàn fāngxīn qiānwàn xù, rénjiān méi gè ānpái chù.
一片芳心千万绪，人間没个安排处。

긴 봄밤, 물가 정자 옆을 하릴없이 거니네.
청명이 갓 지났는데
벌써부터 봄을 잃을 슬픔이 젖어오네.
몇 방울 듣던 빗소리 바람에 잠시 멎으니
몽롱한 달이 구름 사이로 오락가락 하네.
봄꽃들은 봄이 몰래 감을 섭섭해 하는데
누군가 그네를 타며 웃으며 소곤거리네.
마음 속 천만 가지 얽힌 심사는
인간 세상 그 어디에서도 풀 길이 없네.

詞意

긴 봄날 밤, 잠을 이루지 못해 밖으로 나와 물가 정자 옆을 이리저리 한가롭게 거닐어 본다. 청명절이 갓 지났는데 벌써부터 봄이 저물어가고 있음을 느끼며 슬픈 마음이 든다. 물 위로 떨어지는 몇 방울 빗소리가 바람 때문에 잠시 멎는가 하더니 흐릿한 달빛이 몽롱한 구름 사이를 숨었다 나왔다 한다. 이 밤 복숭아꽃, 배꽃은 봄이 몰래 슬며시 사라져가는 것을 애석해 하고 있는데, 누군가는 그네를 타면서 소곤거리며 웃고 있다. 꽃들도 봄이 이렇게 빨리 지나감을 알고 슬퍼하고 있는데 저 소녀들은 세상 근심 모르고 그저 마냥 웃고만 있다. 밤에 잠을 이루지 못해 기분 전환하러 밖으로 나왔건만 생각은 천 갈래 만 갈래 더 많아지고, 이 세상에는 마음 붙일만한 곳이 없다는 생각이 새삼 든다.

단어

1. **요야(遙夜)** : 긴 밤. 천천히 가는 긴 밤

2. **정고(亭皐)** : 고(皐)는 물가, 연못이란 뜻으로, 정고(亭皐)는 물가 혹은 연못가의 정자를 지칭한다. 옛날에는 방죽 10리마다 정자를 만들어서 이를 정고(亭皐)라고 했는데, 나중에는 정자가 없는 방죽도 정고(亭皐)라고 했다.

3. **한신보(閒信步)** : 신보(信步)란 '발길 내키는 대로 이리저리 거닐다. 목적 없이 산보하다'의 뜻으로 여기서는 한가로울 '한(閒)'자를 덧붙여 그냥 이리저리 한가롭게 거니는 것을 말한다.

4. **사과(乍過)** : 사(乍)는 '잠깐, 갓, 방금, 갑자기, 돌연히'라는 뜻으로 이 사(詞)에서의 '사과(乍過)'는 "방금 지나갔다. 막 지났다"라는 뜻이다. 다른 책에는 '才過'로 되어 있다.

5. **상춘모(傷春暮)** : 봄이 다해감을 슬퍼하다. 봄이 끝나감을 안타까워하다.

6. **약주(約住)** : 약(約)은 '대략, 약간'의 뜻이며 주(住)는 '멎다 그치다 정지하다'라는 뜻으로 약주(約住)는 '잠시 멈추다. 좀 그치다'라는 뜻이다

7. **몽롱(朦朧)** : (달빛이) 흐릿하다. 어렴풋하다.

8. **담월(淡月)** : 어슴푸레한 달빛

9. **의의(依依)** : 아쉬워하는 모양, 섭섭해 하는 모양. 서운한 마음

10. **암도(暗度)** : 슬그머니 가버리다. 몰래 슬쩍 사라지다. 춘암도(春暗度)는 봄이 자신도 모르는 사이에 어느덧 슬그머니 다 지나가 버렸다는 뜻이다. 다른 책에는 향암도(香暗度)라고 되어 있다.

11. **추천(秋千)** : 그네, 그네타기

12. **저저어(低低語)** : 저저(低低)는 '낮은 목소리'를 뜻하며, 저저어(低低語)는 낮은 목소리로 소곤거리며 말하는 것을 뜻한다.

13. **방심(芳心)** : 젊은 여자의 마음. 여기서는 봄을 잃은 슬픈 마음을 말한다.

14. **안배처(安排處)** : 안배(安排)는 '마련하다, 준비하다'라는 뜻이어서 안배처(安排處)는 마련할 곳, 준비한 곳이라는 뜻이겠으나 여기서는 어딘가 마음 붙일 곳, 기분전환 할 수 있는 곳이란 뜻이 아닌가 싶다.

구절풀이

遙夜亭皋閒信步, 乍過清明, 早覺傷春暮 청명이 갓 지난 긴 밤에 연못가 정자 근처를 한가로이 거닐며 문득 청명이 지났으니 이제 봄도 곧 끝나겠구나 생각하며 미리부터 봄을 잃을 슬픔에 잠긴다. 긴 밤에 잠을 이루지 못하고 밖으로 나와 그저 한가롭게 마음 내키는 대로 목적 없이 걷고 있는 것(閒信步)이 긴 밤(遙夜)과 호응하여 어떻게 해야 좋을지 모르겠다는 뜻을 내포시키고 있다. 봄이 빨리 지나가 버림에 세월의 무상함을 느끼며 자신의 청춘도 곧 사라질 거라는 애상에 젖는다.

数点雨聲風約住, 朦胧淡月云来去 연못에 떨어지는 몇 방울 빗방울 소리가 바람에 잠시 멈추더니, 몽롱한 달이 구름 사이를 나왔다 들어갔다 한다. 이 구절은 이날 밤의 날씨 변화를 말하면서 비는 강한 비가 아니라 약한 비였으며 그래서 비 몇 방울이 연못에 떨어지는 소리가 들렸는데, 곧이어 바람이 비를 멈추게 한 듯 비바람이 그치니 구름 사이로 달이 오락가락하며 흐릿한 달빛이 몽롱하게 비추고 있다고 했다. 이 구절은 이날 밤의 공간적 배경을 묘사하면서 따뜻한 봄밤의 몽롱하고 흐릿한 분위기를 아름답게 표현했다.

桃李依依春暗度, 谁在秋千笑里低低语? 복숭아꽃, 배꽃 같은 봄꽃들도 봄이 슬그머니 가버림에 마냥 섭섭해 하고 있는 이 밤에 누가 그네를 타며 작은 소리로 소곤거리며 웃고 있는가? 이 밤에 잠도 자지 않고 비 그친 정원에 나와 웃고 소곤거리는 아가씨들은 누구인가? 봄꽃들조차도 봄을 사랑하여 상춘(傷春)에 시름겨워 하는데 무정한 소녀들은 상춘(傷春)도 아랑곳하지 않고 그네를 타고 소곤거리며 웃고 있다. 규중의 소녀들은 봄을 잃음도, 자신들의 청춘이 빨리 사라져 버림도 아랑곳하지 않고 마냥 즐거워만 하고 있다.

一片芳心千万绪, 人間没个安排处 봄을 잃을 이런 슬픈 마음이 천 갈래 만 갈래로 얽히지만 인간 세상에는 참으로 마음 붙일 곳, 기분 전환할만한 곳 하나 없다는 생각이 든다. 긴긴 밤에 생각이 많아 산보를 하며 울적한 마음을 풀어보려고 했으나 꽃들이 비바람에 떨어지며 곧 봄이 사라질 것이라는 생각을 불러 일으켜 울적한 마음을 풀려고 한 것이 오히려 슬픈 마음만 더 생겨 이 세상 어디에서도 이런 슬프고 울적한 마음을 풀 수 없다는 의미이다.

작품 배경

대주후(大周后)가 병이 중했을 때 소주후(小周后)는 일부러 양주(揚州)의 집에서 급히 궁중으로 언니를 보러 왔다. 이들 두 자매는 나이 차이가 많아 18세의 이욱이 19세의 아황과 결혼했을 때 아황의 이 작은 여동생은 5살의 장난꾸러기 아이에 불과했다. 원로 중신인 이 자매의 아버지인 주종(周宗)은 장차 전쟁이 일어남은 불가피한 일이라고 생각되어 동도(東都) 유수(留守)를 그만 두고 고향 양주로 돌아갔다.

주종은 고향에서 정부의 비호 아래 크게 장사를 하였다. 그는 남당과 북송의 국경에서 대대적으로 소와 양을 매입하여 경내에 팔았는데 이 독점적인 사업은 그의 집안을 크게 일으켰으며 이 사업은 그의 대가족을 부양하는데 큰 힘이 되었다. 그러나 주종이 죽은 후 주(周)씨 집안은 아황에게만 의지하게 되었는데 아황이 중병을 앓게 되자 의지할 곳을 잃을까 두려운 집안에서는 급히 소주후를 보내 이욱의 환심을 사려고 했으리라 추측된다.

소주후는 총명하고 민첩한 그리고 오동통하고 귀엽고 천진난만한 소녀였다. 그녀는 어려서부터 황궁에 자주 들어가 활달한 천성으로 이욱의 어머니를 즐겁게 해드렸다. 그녀는 황태후의 무릎에 스스럼없이 앉기도 하고 시중의 이야기들을 들려주며 궁중의 규범과는 달리 자유분방한 어린애의 행동을 하여, 궁중 사람 모두가 그녀를 귀여워하며 사랑했다.

이렇게 소주후의 동년 생활의 반은 남당 궁중에서의 생활이었으며 그녀가 양주로 옮겨 갈 때까지 계속되었다. 그러다 15세가 되어 언니의 병간호로 다시 궁에 들어오게 된 것인데. 그녀는 궁중에 들어온 지 여러 날이 지난 후에야 언니 아황을 보러 갔다. 이 사실은 그녀가 언니 아황의 뒤를 잇게 하려는 집안의 묵계가 사전에 있었음을 추측케 한다.

소주후가 자기보다 13년이나 더 나이가 많은 형부를 다시 만나게 되었을 때 그는 이미 남당의 황제가 되어 있었으며 영준한 생김새와 풍류적인 멋, 다재다능하고 온화한 성격과 자상함으로 소주후는 자신도 모르게 그에게 크게 끌렸던 것 같다. 남당을 4년간 다스려온 이 황제는 아직 28세의 피 끓는 청춘이었으며 원래 심약한 성격의 그는 아내의 중병으로 마음 울적하던 차에 어린 처제를 보게 되자 조금은 위안이 되었을 것이다.

이 작품은 조금은 견강부회일지 몰라도 소주후가 형부와 만나기 위해 일부러

밤에 나와 있는 듯하다. 그녀는 형부와 자연스럽게 만나기 위해 여러 가지 방법을 모색 중 형부가 때때로 밤에 산보한다는 것을 알고 미리 나와 있었다는 생각이 든다. 옆으로 물이 흐르고 멀리 정가가 보이는 후원에서 소주후는 시중하는 궁녀 두엇을 데리고 형부기 산책할 곳에 미리 나와 그네를 타며 자신들의 존재를 알리려고 소곤거리며 웃고 있는 것이다.

그녀의 계획대로 형부는 그들을 보게 되고, 그는 자신의 울적한 심사와는 달리 이 아가씨들은 어쩌면 이렇게 태평하고 행복한지 놀라워한다. 아내는 중병을 앓고 있고 나라는 반식민지 상태에서 끊임없이 위협받고 있는 처지에서 마음속 고뇌와 번뇌를 풀어보려 산보나 하려고 나와 봤지만 자신의 슬픔과 고통을 풀 곳이 이 세상에 없음을 다시 한번 절감한다.

따라서 이 작품은 소주후와 형부의 사랑 이야기의 첫 단계라고 할 수 있다.

작품 감상

이 사(詞)는 봄을 잃을 슬픔을 그리면서 청춘 시절이 사라질 것을 모르는 소녀들의 태평스러움을 봄의 슬픔과 번뇌로 답답한 심정인 화자와 대조하여 읊은 작품이다.

전반부에서는 이 사(詞)의 배경에 치중하여 매우 절제된 표현으로 비가 그친 봄밤의 정경을 참으로 아름답게 그려내고 있다. 물가, 혹은 연못가에 아름다운 정자가 있고 부슬부슬 내리는 봄비가 바람이 불자 잠시 멈추는데 작가는 이 가랑비(細雨)를 단지 몇 방울 떨어지는 빗소리(數点)라고 했으며 또 비가 잠시 멈춘 것은 바람 때문이라고 하여 "바람이 비를 잠시 붙잡다(風約住)"라고 표현했다. 그리고 비가 멈추자 달이 구름 사이로 얼굴을 내밀고 있는데, 비온 끝이라 달빛도 흐릿하고 구름도 몽롱하여 모든 것이 어슴푸레 비치는 분위기의 봄밤 정경을 시각적, 청각적으로 잘 묘사했다.

흰 색과 분홍색의 만발한 복숭아꽃과 배꽃은 아름답게 봄 후원을 빛내며 비바람에 조금씩 흩날리고 있고 부슬부슬 내리는 세우(細雨)와 이따금씩 들리는 연못의 빗방울 소리, 비가 멎자 구름 사이로 오락가락하는 몽롱한 달, 이 모든 몽환적인 경물이 봄을 잃을 슬픔의 감정과 잘 부합되고 있다.

전반부의 중심은 상춘(傷春)에 있는데, 봄을 잃을 슬픔은 청명절이 막 지나자마자 벌써부터 느끼는 감정이다. 여러 가지 번뇌로 잠 못 이루고 밖으로 나와 이리저리 하릴없이 거닐면서 '이 비가 그치면 곧 이 봄도 가버리겠지'라는 생각을 한다. 이런 슬픈 심정을 말해 주는 몽롱한 봄밤의 분위기가 후반부의 이어짐을 자연스럽게 이끌고 있다.

여기서의 상춘(傷春)은 비단 봄을 잃을 슬픔뿐만 아니라 '어찌 할 바를 모르겠다'는 의미도 포함되어 있다. 세월이 흘러감을 막을 수도 없고 꽃이 지는 것도 막을 수 없으며 자신의 젊음이 사라지는 것도 막을 수 없는 것이다. 더 나아가 점점 더 기울어만 가는 국운을 옛날처럼 다시 부강하게 만들 길도 없다는 뜻이 내포되어 있다

후반부에서는 세상 근심 모르는 소녀를 등장시켜 전반부의 고뇌하며 하릴없이 거니는 사람과 대조시키고 있다 그네에 있는 소녀가 옆의 사람들과 웃으며 소곤소곤 이야기하며 즐거워하는 모습으로 고뇌하는 사람의 번뇌와 슬픔을 더 크게 부각시켰으며 그래서 맨 마지막 구절에서 "인간 세상 어디에도 마음 붙일 곳이 없구나(人間沒个安排处)"라고 한탄하게 한 것이다.

'방심(芳心)'이란 여기서 봄을 잃은 상심의 마음을 뜻하는데 '방(芳)'이라는 글자로 인하여 혹자는 이 사(詞)의 화자를 여성으로 생각하여, 화자는 웃고 소곤거리는 소녀들과 대조된 세상일을 잘 알고 세상일에 대한 근심도 많으며 인생무상과 청춘의 덧없음도 잘 알고 있는 여인으로 해석하면서, 나이가 조금 더 많은 여인과 세상물정 모르는 소녀를 대비시켜 화자에게도 한 때 아름다운 청춘이 있었으며 그 청춘 시절이 참으로 짧았음을 말하게 하여 상춘(傷春)의 의미를 강조하고 있다고 말한다.

그러나 한편으론 이 사(詞)를 나라가 점점 기울어가 어찌할 바를 모르고 있을 때 이욱의 심정을 그린 것이라고 생각할 수도 있다. 긴 봄날 밤 번뇌로 잠 못 이루고 있다가 기분전환을 하러 밖으로 나가 거닐어 보았으나 봄비에 꽃들이 더욱 빨리 시들어 감을 본 작가는 봄이 곧 끝날 것을 예감하고 슬퍼진다. 청명이 갓 지났을 뿐인데 벌써 봄이 지고 있다는 것, 세운지 40년도 채 안 된 자신의 나라도 곧 멸망할 것 같다는 예감으로 그는 어디다 이 답답한 마음을 풀어내야 할지 몰라 한다. 그리고 이때 그의 젊은 아내는 중병에 걸려 생사를 알 수 없고 그래서 그의 마음속은 어둡고 기분은 늘 침체되어 있다. 한때 재색을 겸비한 사랑하는 아내도 봄꽃처럼 스러질 것을 생각하며 슬픔에 젖어 있는 그의 귓가에 세상모르는 소녀들의

웃음소리와 소곤거리는 소리를 들으며 그는 자신의 울적한 마음은 방 안에서나 방 밖 어느 곳에서도 풀 수 없다고 생각한다.

그리고 이 작품을 굳이 〈처제와의 치정〉에 집어넣은 것은 이 작품을 두 사람의 사랑의 시작으로 보고 싶기 때문이다. 지나치게 비약적인 생각일지 모르겠으나 소주후의 계산된 유혹이라는 생각이 든다. 부슬비가 내리는 밤에 굳이 후원에 나가 왜 그네를 타는지, 그리고 사람의 인기척 소리가 들리자 웃으며 작은 소리로 소곤거리며 자신의 존재를 알리는 것은 무엇 때문인지, 이 모든 일련의 행동이 이런 해석을 가능케 해준다. 그녀는 우연히 형부를 만나고 싶어 이런 발상을 한 듯하며 작가는 시중드는 궁녀와 함께 나온 처제를 모르는 체 하지만 이 근심 걱정 없는 소녀들을 보며 그들의 천진함에 자신의 울적이 더해짐을 느낀다. 좋은 시절이 곧 사라질 것 같은 국난의 시절에 아무 것도 모르는 그들을 보며 그들의 청춘도 봄꽃처럼 금방 사라질 것을 생각하며 애석해한다. 봄이 짧음을 애석해 하는 "봄을 잃음(傷春)"이나 "봄이 저물어가는 끝자락(春暮)"은 늘 시의 소재가 되어오고 있지만 이 사(詞)에서는 활유법을 써서 바람과 비와 구름과 달에게 생명을 부여한 점이 특이하며 비바람이 늦봄을 재촉하듯이 꽃이 떨어지고 부슬비가 내리며 몇 방울 빗방울 소리 등으로 봄밤의 정경을 몽환적인 분위기로 채색하여 아름답게 표현한 점도 훌륭하다.

그리고 구름과 달의 움직임과 변화를 "朦胧淡月云来去"라는 일곱 글자로 달이 구름 사이로 얼굴을 내밀었다 숨었다 하는 모습을 매우 생동적으로 묘사하면서 봄밤의 정취를 아름답게 형상화했다. 여기에 또 "봄비가 멈췄다(風約住)"라는 표현으로 마치 바람이 비가 못 오게 막은 듯이 묘사한 점도 뛰어난 서술기법이다.

이 작품 역시 이욱의 작품 특징인 경(景)과 정(情)이 매우 잘 어우러진 작품으로 사물의 무정(無情)함과 인간의 유정(有情)함을 대조시켜 '상춘(傷春)'이라는 주제를 선명하게 드러내고 있다. 즉 감정이 없는 봄꽃들조차 봄이 감을 슬퍼하는 마음을 보여주고 있는데, 반면 감정이 있는 소녀들은 도리어 봄이 가는 것도 아랑곳하지 않고 무정하게 그저 웃으며 소곤거리고 있다고 표현한 것이다.

이 작품의 또 다른 특징은 하릴없이 천천히 산보하는(閒信步) 화자와는 달리 시간은 멈추지 않고 흘러 봄이 벌써 끝에 왔다(春暮)고 표현한 점과 몇 방울 빗소리(数点雨聲)라는 구어체적인 표현, 그리고 '사모하여 차마 떨어지기 어려운 모양'을 나타내는 형용사 '의의(依依)'와 '낮은 목소리로 소곤거리는 듯한'의 형용사 '저저(低低)'의 사용은 매우 독창적인 표현으로, 이런 의성어, 의태어의 사용은 이 작품의 음악적 효과를 높여주고 있다.

菩薩蠻(蓬莱院闭天台女)

蓬莱院闭天台女，画堂昼寝人无语。
抛枕翠云光，绣衣闻异香。
潜来珠锁动，惊觉银屏梦。
脸慢笑盈盈，相看无限情。

Pénglái yuàn bì tiāntái nǚ, huà táng zhòuqǐn rén wú yǔ.
蓬莱院闭天台女，画堂昼寝人无语。

Pāo zhěn cuì yún guāng, xiù yī wén yìxiāng.
抛枕翠云光，绣衣闻异香。

Qián lái zhū suǒ dòng, jīng jué yínpíng mèng.
潜来珠锁动，惊觉银屏梦。

Liǎn màn xiào yíngyíng, xiāng kàn wúxiàn qíng.
脸慢笑盈盈，相看无限情。

굳게 닫힌 봉래원의 선녀 같은 미인
화당 안은 낮잠으로 너무도 고요하구나.
풀어헤친 비췻빛 머리칼은 베개 밑에서 빛나고
수놓은 비단 잠옷에선 기이한 향내 풍기네.
몰래 들어와 자물쇠를 건드리니
은병풍 뒤의 미인은 놀라 꿈에서 깨어나네.
고운 얼굴 가득 미소를 띠우고
서로 마주 보며 웃는 사이 정이 오가네.

詞意

일반 사람들이 들어가기 어려운 화당은 낮 시간이 되자 모두 침실에서 오수를 즐기고 있어 말소리 하나 들리지 않고 고요하기만 하다. 화자는 화당으로 들어가 내실의 창문을 통해 아름다운 소녀를 훔쳐본다. 소녀는 마치 선녀처럼 잠을 자고 있는데, 아직 어린애라서 잠을 험하게 자고 있다. 베개에 똑바로 머리를 눕히지 못해, 베개는 옆으로 내팽개쳐 있고, 숱이 많고 윤기가 나는 흑단 같은 머리카락은 침대 위에 흩어져 있다. 옷도 조금 벌어져 있는 것 같고 그래서 그녀로부터 풍겨 나오는 향내는 선녀들의 특이한 향기처럼 느껴진다. 몰래 방안을 들여다보려다 잘못하여 문고리를 건드리니 그 소리에 아름다운 꿈을 꾸고 있던 선녀 같은 미인은 놀라 잠에서 깨어난다. 쳐다보니 아는 사람이라 소녀는 놀라지 않고 오히려 그 사람을 기다렸다는 듯이 온 얼굴 가득 웃음을 머금고 상대편을 바라보며 눈으로 정을 주고받는다. 상대편도 이에 호응하여 두 사람은 한동안 말없이 눈으로 무한한 정을 주고받는다.

단어

1. **봉래원(蓬萊院)** : 봉래(蓬萊)는 신선들이 산다는 산 이름이다. 발해에 있다고 전해지는 봉래(蓬萊), 방장(方丈), 영주(瀛州)의 삼신산(三神山)에는 신선들이 모여 살며, 거기에는 불사약이 있어 많은 사람들이 찾아갔다고 한다. 여기서 말하는 봉래원은 신선들의 거처를 말하며, 또한 당시 남당의 후비(后妃)들이 거주하던 궁원(宮苑)을 말하고 있다. 실제로 당나라 때 장안(長安)에 봉래궁(蓬萊宮)이 있었는데 이곳은 섬서성(陝西省) 장안현(長安縣) 동쪽에 있었다고 한다.

2. **천대(天臺)** : 절강성(浙江省) 천대현(天臺縣) 북쪽에 있는 산이름. 동한(東漢) 때, 유신(劉晨)과 원조(阮肇)라는 사람이 약을 캐러 천대산(天臺山)에 들어갔다가 두 선녀를 만나 반년을 살다가 집으로 돌아와 보니, 자손들은 이미 7세대나 변해 있었다고 한다. 여기서의 천대녀(天臺女)는 선녀를 지칭한다.

3. **주침(晝寢)** : 낮잠

4. **포침(抛枕)** : 베개를 내팽개치고, 베개를 내던지고. 포(抛)는 '버려두다, 내던지다, 떨구어 놓다'라는 뜻이다.

5. **취운(翠雲)** : 숱이 많고 윤기가 나는 흑단 같은 여자의 아름다운 머리칼을 말한다. 흑단 같은 아름다운 머리카락이 빛이 나며 청록색의 구름 같다는 뜻이다.

6. **수의(繡衣)** : 아름답게 수를 놓은 잠옷

7. **이향(異香)** : 특이한 향기

8. **잠래(潛來)** : 몰래 오다. 잠입하다. 슬며시 들어오다.

9. **주쇄(珠瑣)** : 둥근 아름다운 자물쇠. 궁(宮) 문의 자물쇠. 둥근 두 개의 고리를 겹쳐 문을 잠그며, 그 위에 아름다운 진주 장식을 하여 문을 건드리면 맑고 작은 옥 부서지는 소리가 난다.

10. **은병(銀屛)** : 은 병풍. 은빛 나는 병풍으로 침대 옆에 세워 놓아 자는 사람을 반 가려준다.

11. **검만(臉慢)** : 곱고 부드러운 얼굴. 만(慢)은 '만(曼)'자의 틀린 글자로 '만(曼)'은 어린애처럼 부드럽고 고우며 빛이 나는 피부를 말한다.

12. **영영(盈盈)** : 여자의 용모가 곱고 아름다운 모양. 여자의 자태가 날렵하고 아름답다. 물처럼 맑은 여자의 자태.

구절풀이

蓬莱院闭天台女, 画堂昼寝人无语 굳게 닫힌 봉래원의 선녀 같은 미녀, 화당 안은 낮잠으로 아무 인기척도 없다. 봉래원은 궁궐 안의 비빈(妃嫔)들이 거처하는 곳이므로, 사람들이 함부로 출입할 수가 없는 곳이며 그래서 굳게 닫혀 있는 것이다(闭). 천대녀(天台女)는 일반 부녀자가 아닌, 특별한 사람으로, 아직 세속의 때가 묻지 않은 선녀 같은 사람이라, 심지어 왕까지도 조심스러운 사람이라고 천대산의 선녀(天台女)라고 한 것이다. 낮에 잠깐 잠을 자는 시간이라 조용한 화당은 더욱 아무 소리도 들리지 않는다.

抛枕翠云光, 绣衣闻异香 베개를 내팽개친 채 흑단같이 윤이 나는 머리는 아무렇게나 흩어져 있고, 수놓은 잠옷에서는 특이한 향내가 난다. 여주인공은 아직 어린 소녀라서 잠버릇이 제멋대로이며 그래서 베개를 똑바로 베지 못하고 잠결에 옆으로 밀어 제쳤으며, 윤이 나는 아름다운 머리칼은 침대 위에 멋대로 흩어져 있다. 수놓은 잠옷 역시 심한 잠버릇으로 단정치 못하고 그래서 거기서 풍겨 나오는 향기는 어린애 같은 달콤한 향내와 또 일반인들이 구할 수 없는 진귀한 향냄새가 섞여 있어 특이한 향(异香)이라고 한 것이다.

潜来珠锁动, 惊觉银屏梦 몰래 들어가려다 문의 자물쇠를 건드려, 은 병풍 뒤에서 자고 있던 사람을 놀라게 해, 그녀를 꿈에서 깨어나게 하다. 부녀자들의 침소이니만큼 몰래 들어갔으나(潜来), 잘못하여 문의 자물쇠를 건드렸고, 그 소리로 은 병풍 뒤에서 좋은 꿈을 꾸며 자고 있던 선녀 같은 미인을 놀라게 해 깨운다. 여기서 은 병풍은 아름다운 병풍을 말한다.

脸慢笑盈盈, 相看无限情 어린 소녀의 보드라운 얼굴엔 웃음이 가득 피어나고 서로 마주 쳐다보며 한없는 정을 주고받는다. 방안으로 들어온 사람을 생각하다가 잠이 들었는지, 마냥 행복하게 꿈을 꾸고 있다가 무슨 소리에 놀라 잠에서 깬 소녀는, 마치 기다리고 있던 사람을 보는 것처럼 조금도 놀라지 않고 얼굴 가득 웃음을 띠우며, 상대방을 쳐다본다. 놀란 남자는 웃고 있는 선녀 같은 아름다운 소녀의 자태(笑盈盈)를 말없이 바라보다가 둘은 서로의 마음을 알아차린 양, 눈으로 한없는 정을 주고받는다. 이 구절은 잠을 자고 있던 소녀가 문 밖의 남자를 보았는데도 조금도 놀라지 않고 도리어 웃음을 보내며 사랑의 눈길을 보내고 있다는 것으로 두 사람의 마음이 통했다는 말이다.

작품 배경

풍류 황제인 이욱은 상고(上古)시대의 대순(大舜) 황제와 공교롭게도 두 가지 공통점이 있었다. 두 사람 모두 눈 속에 동자(瞳子)가 둘인 쌍동자(雙瞳子)였을 뿐만 아니라, 왕후로 취한 사람도 동복 자매라는 점이다. 그러나 이욱은 한 쪽 눈동자에만 동공(瞳孔)이 두 개였으나, 대순 황제는 두 눈동자가 다 쌍동자였다. 대순 황제는 자매를 동시에 왕후와 비(妃)로 맞이했는데 그들의 이름은 아황(娥皇)과 여영(女英)이었다.

이욱 역시 전후로 자매를 두 왕후를 맞았는데, 언니의 이름은 아황(娥皇)으로 대주후(大周后)라 불렸고 동생의 이름은 미(薇)로 소주후(小周后)라 불렸다.

이욱과 아황이 결혼한 지 10년이 되었을 때, 아황은 병에 걸려 눕게 되었고 이욱은 매일 같은 시간에 그녀를 찾아가 약과 음식을 챙기며 그녀를 돌보았다.

아내의 병세가 호전되지 않아 절망하고 있을 때 언니의 병간호 차 궁에 들어온 처제는 이욱의 마음을 사로잡기에 충분한 방년의 소녀였다. 열다섯 살의 이 소녀는 지방에서 자란 소녀답게 활달하고 건강미가 넘치는 아가씨로 행동에 스스럼이 없었다. 이욱은 그녀를 조용한 별궁에 머물게 하여 언니의 간호를 하기 전에 좀 쉬라고 하였는데 그곳은 이욱의 서실과 가까웠다.

어느 늦봄과 초여름 사이의 정오, 이욱은 낮 시간 동안 잠시 처제를 보려고 홀로 화당에 들어가 창문으로 처제를 들여다본다. 낮잠 자는 시간이라 화당 안은 조용한데 방 안의 처제는 세상 모르고 자고 있다. 은 병풍 뒤로 살짝 보이는 수놓는 침대 위의 처제는 막 피어나려는 연꽃을 수놓은, 엷은 녹색의 잠옷을 입고 밝게 빛나는 칠흑 같은 머리카락은 침대 위에 흩뜨린 채 반쯤 올라간 잠옷 소매 속의 희고 부드러운 팔을 드러내고 자고 있었다. 어린애처럼 새근새근 잠들어 있는 소녀에게서는 아이 같은 달콤한 냄새와 좋은 사향 냄새가 풍기는 것 같아 이욱은 불현듯 처제가 이렇게 아가씨로 변한 모습에 놀라면서 그녀 모습 속에 어딘지 모르게 아내의 모습이 닮아 있어 당혹해 한다.

방 안으로 들어가려고 했는지 또는 더 자세히 처제의 잠자는 모습을 보려고 했는지 잘못하여 문의 자물쇠를 건드려 소리가 나니, 처제는 놀라 잠에서 깨어나지만 형부인 줄 알고 안심하고 웃는다. 어쩌면 그녀는 부끄러워 뺨이 붉어질 수도 있고 아니면 급히 침대에서 내려와 병풍 뒤에서 옷을 갈아입을 수도 있을 것이나 소녀는 대담하게 꿈쩍도 하지 않고 형부의 눈길을 맞받으며 더욱 요염하게 웃고 있는 것이다.

그녀는 꿈에서도 형부를 생각했는지 웃고 있었으며 잠에서 깨어나서도 형부를 쳐다보며 웃으며 눈으로 말을 하는 대담한 행동을 보인다. 그녀의 마음을 조금 짐작한 이욱은 궁 안의 '징심당(澄心堂)'으로 돌아온 후에도 여전히 눈앞에 어른거리는 처제의 잠자는 모습에 가슴 설레며 이 작품을 썼으며 이 작품을 처제가 보기를 바랐다.

이 작품을 쓰기 시작함과 동시에 그의 처제에 대한 사랑은 시작되었다고 할 수 있으며 이후 이욱은 아내 몰래 치정에 빠진 긴장감과 흥분을 유감없이 작품에 반영했다.

작품 감상

사람들은 흔히들 이 사(詞)를 이욱(李煜)과 소주후의 혼전 연애에 관한 작품이라고 말한다. 작품의 내용상 이 사(詞)는 자신의 실제 경험을 드러낸 것임에는 틀림이 없다.

이 사(詞)는 첫 시작 부분에서부터 작가가 여주인공을 보통 사람들과는 다른 아주 특별한 인물로 설정하고 있는데, 이 문인이 사랑에 빠진 사람은 후궁의 그 많은 비빈(妃嬪)들이나 궁녀(宮女)들이 아니고, 아직 순진무구하고 세속의 더러움을 전혀 모르는 어린 소녀임을 나타내어 천대산(千臺山)의 선녀가 하강한 것처럼 묘사하고 있다.

첫 구절의 '닫혀진 봉래원 구중심처(九重深處), 낮잠으로 화당엔 인기척도 없는데, 천대산에서 내려온 선녀 같은 미인이 잠을 자고 있다'에서 작가는 우선 그 배경을 설명하며 장소는 깊은 화당의 봉래원, 시간은 늦봄과 초여름 사이의 어느 날 정오, 낮잠을 자는 시간이며, 자고 있는 사람은 자신이 관심을 갖기 시작한 여자로, 이 여자를 천대산(千臺山)의 선녀로 비유하여 그녀의 침실을 봉래의 선경(仙境)으로 설정했다. 첫 구절의 '닫힐 폐(閉)'자는 이 사(詞)의 전반부에서 매우 무게가 있는 단어로 그 뜻은 다분히 중의적(重意的)이다. 궁궐의 구중심처(九重深處)라서 사람들이 함부로 출입을 할 수 없게 닫혀(閉) 있는 곳이며, 또 다른 의미로는 어쩌면 이 주인공이 누군가의 통제 아래 사람들의 출입이 제한된 곳에 갇혀(閉) 있을 수도 있고, 그리고 천대산(千臺山)에서 내려온 선녀 같은 여인이라, 그녀를 속세에 머물러 있게 하기 위해, 가두어(閉) 둔 의미도 함께 내포되어 있다. 후주(后主)는 언니의 병시중으로 고향 양주(揚州)에서 올라온 아내의 여동생인 소주후가 입궁하자, 10년이란 세월 동안 놀랍게 변해 버린 처제의 아름다운 모습에 몹시 마음이 동했다. 후주는 언니의 병간호는 우선 밀어두고 그녀를 별원(別院)의 조용하고 그윽한 화당에 머물게 하여 그녀가 언니의 눈에 안 띄도록 했다. 그래서 여기서 '폐(閉)'자는 이런 여러 가지 의미가 모두 내포되어 있으니 즉 후주는 선녀 같은 그녀를 다시 고향으로 돌아가지 못하게 하고 궁(宮)에 머물러 있게 하고 싶어, 숨겨둔 것이다(閉). 이는 나중에 동생이 궁에 들어오게 된 것을 알게 된 아내가 동생에게 언제 궁에 들어왔느냐고 화를 내며 묻는 것으로도 알 수 있는 일이다.

전반부 두 번째 구절에는 어린 소녀의 험하게 잠자는 모습이 생생하게 그려져 있다. 방 문 앞에서 창문을 통해 본 선녀 같은 여자는 어린애같이 마구 뒹굴며 잠을 자고 있는데, 베개는 한쪽으로 밀려나 머리맡에서 저만치 떨어져 있고, 좀 풀어진 숱이 많고 윤기가 도는 흑단 같은 머리카락은 빛이 난다. 작가는 빛이 난다는 '광(光)'자와 청옥 같은 비취색 머리카락이라는 '취운(翠云)'을 서로 호응시켜 침대 위에 탐스럽고 어지럽게 흩어져 있는 머리카락을 시각적으로 잘 묘사했다. 이렇게 흩뜨려져 자는 소녀의 모습은 더욱 매혹적이며 여기에는 자유분방함과 생기가 느껴진다. 이불도 좀 팽개쳐져서 드러난 그녀의 수놓은 아름다운 잠옷이 보이고, 이렇게 엎치락뒤치락하며 자는 잠버릇으로 잠옷이 약간 느슨하게 걷어 올려 지면서 그녀의 흰 팔이 청순한 이미지로 비쳐진다. 그녀에게서는 어떤 특이한 향기가 배어 나오고 있는 듯한 느낌이 드는데 이것은 비빈(妃嬪)이나 궁녀(宮女)에게서 느껴지는 성숙한 여인의 향기가 아니라, 아직 속세의 더러움이 묻지 않은 어린애 같은 달콤한 향내다. 그러나 이 소녀가 비록 나이어린 아가씨라지만 작가는 제쳐진 이불 밖으로 반쯤 노출된 그녀의 자태에서 희고 부드러운 팔과 풍만한 가슴, 아름답고 가느다란 허리, 천진난만한 어린애 같은 얼굴 속에서 성숙한 여인의 향기가 느껴져 가슴이 설렌다.

전반부에서 이렇게 선녀 같은 아름다운 여인을 지켜보고만 있지만, 후반부에서는 충동을 억제하지 못하여 몰래 방안으로 들어가려고 하다가 문고리를 잘못 건드려 그만 소리가 났고, 이에 잠자는 여인을 놀라게 해 그녀를 꿈에서 깨게 한다(潜来珠锁动, 惊觉银 屏梦). 그녀는 어쩌면 후주(后主) 생각을 하다가 잠을 들었을지도 모르겠고, 또 꿈속에서 후주(后主)와 만나고 있었을지도 모르겠다. 잠에서 깬 여인은 궁 안의 일반 여자들과는 달리, 남자를 보고도 놀라지 않고 선녀처럼 그냥 선경(仙境) 속에 누워 남자를 쳐다보며 웃기만 한다. 만일 후주가 다른 여인네들 방으로 들어갔다면 여인들은 급히 일어나 그를 기쁘게 맞을 준비를 했을 것이다. 그러나 이 천진한 아가씨는 임금이, 형부가 나타나도 조금도 미동하지 않고 마치 인간 세상에 속한 사람이 아닌 듯 거리낌 없이 웃기만 할 뿐이며 눈으로 자신의 마음을 전하고 있다.

미인의 낮 침실과 미인의 잠자는 모습을 전반부의 내용으로, 꿈에서 놀라 깬 미인과 서로 마주 쳐다보며 두 사람이 눈으로 한없는 연정을 나누는 모습을 후반부의 내용으로 한 이 사(詞)는 극히 제한된 글자로 많은 내용을 내포시키고 있다. 닫을 '폐(閉)'자 외에도 '포(抛)'자 역시 '베개를 내팽개치고'라는 뜻 외에 "포침(抛枕)"이라는 표현 속에는 머리카락이 침대에 내팽개쳐져 흩어져 있다는 뜻도 있어 '포(抛)'자 한 글자 속에 팽개쳐진 것이 베개와 머리 둘이라는 뜻을 나타내고 있다. 그리고 "잠래(潜来)"라는 두 글자 속에는 그냥 몰래 들어온다는 뜻 외에, 해서는 안 될 행동과 비난받아 마땅할 행동, 아내에게 미안한 행동, 왕으로서 위엄을 잃은 행동 등 여러 가지 뜻이 내포되어 있는데 작가 자신의 진솔한 마음과 진실한 사랑이 그대로 느껴진다. 또 "베개와 흩뜨려진 흑단 같이 빛나는 머리카락, 수놓은 잠옷에선 특이한 향내가 나네(抛枕翠云光, 绣衣闻异香)"라는 단지 10 글자만으로 연인의 눈에 비친 잠자는 아름다운 여인의 형상을 매우 사실적이며 생동감이 있게 표현했다.

특히 마지막 구절의 "얼굴 가득 웃음을 띠우고 서로 쳐다보며 한없는 정을 보내네 (脸慢笑盈盈, 相看无限情)"는 앞 구절에 대한 결론이며, 몰래 들어온 보람이 있는 일이며, 서로의 마음을 확인할 수 있는 구절로, 서로 바라고 원하는 것을 눈으로 읽어내게 한 빼어난 표현이다. 이 마지막 구절의 〈검만소영영(脸慢笑盈盈)〉에서 '만(慢)'은 '만(曼)'의 틀린 글자로 '검만소(脸慢笑)'는 까르르 웃는 것이 아니라 천천히 살짝 웃는 부드러운 얼굴 모습을 형용한 말이다. 혹자는 이 '만(慢)'자를 '가득하다, 두루 퍼져 있다'는 뜻의 '만(漫)'으로 해석하여 "脸慢笑"는 '얼굴 가득 웃음을 띄우고'라고 해석하기도 한다.

이 작품 역시 이욱(李煜)의 생활 체험에서 우러나온 작품이라, 묘사가 매우 사실적이며 자연스럽고, 인물 묘사나 인물의 행동 역시 매우 생동적으로 표현되고 있다.

따라서 이 작품은 연애 2단계로 두 사람의 감정 테스트라고 할 수 있다.

菩薩蠻(銅簧韻脆鏘寒竹)

銅簧韻脆鏘寒竹，新聲慢奏移纖玉。
眼色暗相鈎，秋波横欲流。
雨云深绣户，来便谐衷素。
宴罢又成空，魂迷春梦中。

Tóng huáng yùn cuì qiāng hánzhú, xīn shēng màn zòu yí xiān yù.
铜簧韵脆锵寒竹，新声慢奏移纤玉。

Yǎnsè àn xiāng gōu, qiūbō héng yù liú.
眼色暗相钩，秋波横欲流。

Yǔ yún shēn xiù hù, lái biàn xié zhōng sù.
雨云深绣户，来便谐衷素。

Yàn bà yòu chéng kōng, hún mí chūnmèng zhōng
宴罢又成空，魂迷春梦中。

생황(笙簧)의 동판이 떨리며
부서질 듯 맑고 낭랑한 음이 울리네.
새 악곡 곡조 따라
천천히 움직이는 아름다운 손가락
눈짓이 오가며 눈들이 얽히고
추파가 한없이 넘실대네.
아름다운 방에서 운우의 정 나누면 좋겠지만
서로의 진정한 마음 알기가 힘들구나.
연회는 파하고 또다시 허사가 되었으니
꿈속에서나 사랑을 나누어볼 수밖에

詞意

생황(笙簧) 속의 구리 떨림 판이 울리면서 '챵챵'하는 부서질 듯 맑고 낭랑한 아름다운 소리가 퍼지고, 새로 만든 새 음악이 가늘고 아름다운 여인의 손가락 위에서 천천히 연주된다. 여인은 마주 보고 있는 사랑하는 남자를 향해 눈짓을 하며 몰래 추파를 던지는데 이에 호응한 남자의 눈길과 마구 얽히며 눈으로 서로의 마음을 전한다. 이런 감정을 억제 할 수 없는 남자는 여자의 아름다운 방으로 찾아가 그녀와 사랑을 나누려고 계획하나 아직은 서로의 진실한 감정이 서로를 원하는지 잘 몰라 전전긍긍한다. 연회가 파하고 사람들은 제각기 흩어져 가는데 사랑하는 여인도 그들과 함께 자신의 처소로 돌아 가버리니, 자신이 꿈꿨던 아름다운 꿈은 또다시 허사가 되고 말았다. 자기 방에 돌아와서도 허망하고 안타까운 마음은 계속 남아 있어 남자는 꿈속에서나 그녀와 사랑을 나누어 볼까나 하고 자신을 위로한다.

단어

1. **동황(銅簧)** : 악기 속의 동(銅)으로 만든 얇은 편. 쇠청(동으로 만든 reed). 생황(笙簧)을 불면 이것이 진동하여 소리를 낸다.

2. **취(脆)** : (소리가) 맑고 낭랑하다. 시원시원하다.

3. **장(鏘)** : 쟁쟁. 칭칭, 챵챵 등의 의성어. (금속이나 옥 따위가 부딪치는 소리)

4. **한죽(寒竹)** : 대나무로 만든 관악기를 말한다. 대나무로 만든 생황(笙), 피리 종류인 우(竽), 적(笛), 퉁소(簫) 등을 말한다. 대나무는 차기 때문에 옛 시에서 흔히들 대나무로 만든 악기를 한죽(寒竹)이라고 했는데, 여기서는 생황(笙簧)을 말한다. 생황(笙簧)은 길이가 다른 여러 개의 대나무 관으로 이루어진 다관식(多管式) 악기로 들숨과 날숨으로 대나무 안에 있는 연주쇠로 만든 떨림판(reed)이 대나무 관을 공명시키면서 아름다운 소리를 내도록 만든 악기다. 옛 사람들이 '봉황의 울음소리'라고 했을 만큼 신비한 음색을 가지고 있다.

5. **신성(新聲)** : 새로 만든 악보의 새 곡

6. **섬옥(纖玉)** : 섬섬옥수(纖纖玉手)의 준말로 여자의 희고 가느다란 아름다운 손을 말한다.

7. **안색(眼色)** : 눈짓, 눈빛, 눈치

8. **구(鉤)** : 갈고리. (누군가를) 호리다, 꾀다, 낚다. 여기서는 상대편을 유혹한다는 뜻이다.

9. **추파(秋波)** : 추파, 곁눈, 요염한 눈길. 가을철의 잔잔하고 아름다운 물결 같은 미인의 시원한 눈매, 미인의 아양 떠는 눈초리

10. **우운(雨雲)** : 운우(雲雨). 남녀의 교정(交情). 옛날 초(楚) 나라의 양왕(襄王)이 꿈에 고당(古唐)에 놀러갔다가, 무산(巫山)의 여신과 밀회하였다는 고사에서 유래한 말로 남녀 간의 교합(交合)을 일컫는다. 여신이 떠나면서 '낮에는 구름처럼 몽롱하게 해주셨고, 밤에는 비가 내리듯 기쁘게 해주셨다'고 하여 이 단어가 생겨난 것이다.

11. **수호(繡戶)** : 옛날 젊은 여자들이 거했던 아름다운 방. 아름다운 가구와 수놓은 아름다운 창문 등 장식이 화려한 여성스러운 방

12. **미편(未便)** : …하기 곤란하다, …하기 힘들다. …하기 불편하다.

13. **해(諧)** : 화합하다, 잘 어울리다. 맞다, 이루어지다. 일이 잘 되다.

14. **충소(衷素)** : 마음속의 진정한 정. 소(素)는 소(愫 : 정성, 참된 마음, 진정)와 같다.

15. **혼미(魂迷)** : 미혼(迷魂) 사람의 마음을 현혹시키다(끌어당기다).

16. **춘몽(春夢)** : 덧없는 꿈, 순간적인 기쁨, 환상.

구절풀이

铜簧韵脆锵寒竹, 新声慢奏移纤玉 생황 안의 동황이 챵챵하는 소리를 내며, 낭랑하게 울리고, 새 곡조를 연주하는 아름다운 손가락이 천천히 아름답게 움직인다. 여기서 한죽(寒竹)은 대나무로 만든 생황(笙簧)을 가리키며, 동황(铜簧)은 생황 속의 떨림판을 말한다. 장(锵)은 qiang(챵)이라는 의성어로 생황의 낭랑한 소리를 표현한 말이다. 섬옥(纤玉)은 섬섬옥수(纖纖玉手)로 악기를 연주하고 있는 여자 악사의 희고 가늘고 섬세하며 아름다운 손가락을 지칭한다.

眼色暗相钩, 秋波横欲流 눈빛이 몰래 서로 얽히고, 기탄없이 주고받는 추파가 종횡으로 마구 흐른다. 안색(眼色)은 눈짓이란 뜻이며, 암(暗)은 '암암리에, 몰래, 은근히, 슬쩍' 이란 뜻이다 상구(相钩)는 서로 얽힌다는 뜻으로 눈으로 서로의 감정을 전달하는 것을 말한다. 이는 두 사람이 서로 눈으로 말하며 눈으로 서로를 원하며 눈으로 유혹하는 것을 말한다. 추파(秋波)란 여자의 눈이 맑고 아름다운 가을 물결 같다는 뜻이다. 여기에 파도 '파(波)'자는 동태를 나타내므로 다음의 '横欲流'는 눈짓을 주고받으며 눈짓이 넘칠 듯이 흘러내린다는 뜻이다

雨云深绣户, 来便谐衷素 아름다운 규방에서 운우의 정을 나눌까 했으나 서로의 진정한 감정을 알아내기가 힘들다. 운우(雲雨)는 남녀 간의 사랑의 극치를 일컫는 말이며 수호(繡戶)는 아름답게 장식이 된 규방 여인네의 방을 말한다. 즉 사랑하는 여인이 머무는 곳으로 가서 마음껏 사랑을 즐겨보려고 마음먹었다는 뜻이며, 여기서 충소(衷素)란 서로 오랫동안 사모했던 감정이나 서로에 대한 진정한 감정을 말하는 것으로 이 감정이 서로 잘 융합되지 못했고 서로 잘 화합하지 못해 '계(谐)'자로 이를 나타냈다. 즉 '谐衷素'는 두 사람의 마음이 한데 모이고 또 의

기투합한 감정으로 남녀가 화합한다는 뜻인데 여기서는 아직 서로의 마음이 완벽하게 잘 통하지 못해 뜻을 이룰 수가 없었다고 말하고 있다.

宴罢又成空, 魂迷春梦中 연회가 파하자 또 모든 일이 허사가 되었으며, 그래서 꿈속에서나 사랑을 쫓아볼까 한다. 춘몽(春梦)이 다른 책에서는 춘우(春雨)로 되어 있는데, 이는 모두 상사(相思)의 분위기를 나타내는 단어들이다. 연주가 계속되는 동안 두 남녀는 눈으로 서로 정을 주고받아 남자는 이날 밤 여인의 방으로 찾아가 사랑을 나누려고 생각하는데 연주가 끝나자 여인은 아무 일도 없었다는 듯이 자기 방으로 돌아가 버려 남자는 아직은 때가 아닌지 혹은 그녀의 마음은 아직까지 진정으로 자신을 받아들일 준비가 안 되었는지 아무튼 꿈이 수포로 돌아가 버려 몹시 실망한다. 작가는 이런 심정을 혼미(魂迷)라는 단어로 기대가 무너져 허망하고 안타까운 심정을 나타냈는데 이 단어로 망연한 느낌과 미망에 빠진 느낌을 아주 잘 표현했다.

작품 배경

이욱(李煜)은 궁중에서 자신의 처제와 몰래 정을 통하며 새롭게 맛보는 사랑의 희열로 감정의 포문을 열어젖히고 그녀와의 사랑과 쾌락의 기쁨을 마음껏 글로 나타냈다.

10년 동안 아내만 사랑했던 이욱은 금단의 과일을 몰래 따먹는 기쁨으로 나라가 기울어가는 것도, 아내가 병상에 누워 있다는 것도 잊은 채 오로지 처제와의 사랑놀이만 탐닉했다. 불안 속에 이루어지는 이런 치정은 긴장감과 흥분과 짜릿함이 있어 그의 창작 활동에 불을 끼얹는 격이 되었으며 그는 이 새로운 감정을 숨김없이 진솔하게 표현하여 후세에 염정사의 대표적인 작품들을 남겼다.

그는 황제의 체면을 조금도 고려하지 않았으며 또 세상의 비난과 질책도 염두에 두지 않고 자신의 감정에 솔직했다. 이렇게 적나라하게 묘사된 그의 염정사(艷情詞)들은 빠르게 바깥세상으로 전해 나갔고 사람들은 이를 즐겨 노래 불렀다.

이욱은 한 살 더 먹은 아황과의 결혼 생활에서 그녀의 성숙미와 우아함에 이끌려 주로 피동적인 사랑을 하였다. 모든 일은 아황이 주도했으며 눈 오는 밤에 같이 술을 마시다가 흥이 날 때면 아황이 먼저 춤을 추자고 권했으며, 심지어 시를 짓다가도 글자 하나가 음과 맞지 않다고 하면 즉각 고치며 아황의 의견을 절대적으로 따랐다.

그러나 시골에서 자유분방하게 자라난 처제를 보게 되자 그는 또 다른 사랑에 눈을 뜨게 되었고 두 번째 빠져든 사랑은 첫 번째 사랑보다 더욱 달콤하고 짜릿했다. 그는 처제의 유치한 행동도 사랑스러웠고 그녀의 대담한 행동에도 자극이 되었다.

앞부분 처음의 사가 여자가 남자의 관심을 끌려고 하는 애교 가득한 작품이라면 그 다음의 사는 '첫 눈에 반하다'라고 이름 지을 수 있다. 남자 주인공이 무의식 가운데 여 주인공의 침소를 찾아갔고 요염하게 누워 자고 있는 여인의 매혹적인 자태에 반하게 된다. 그는 여인이 자신에게 정이 가득 담긴 눈길을 보내자 더욱 충동적이 되어 다음에는 꼭 일을 성사시켜 보려고 생각한다.

그래서 이 사는 서로간의 '탐색전'과 '상사'라고 말할 수 있다. 어느 정도 서로의 감정을 확인한 두 사람은 조그마한 연회에 함께 참석하게 된다. 여러 사람 속에 섞여 두 사람만의 감정을 눈으로 주고받으며, '서로 무한한 정'을 느끼지만 그래도 예교(禮敎)의 속박을 받아 함부로 감정을 드러낼 수는 없는 일이다. 남자 주인공은 여자의 방으로 찾아가 볼까 하다가 그것도 여의치 않아 그냥 자기 방으로 들어와 애석해하며 꿈에서나 그 꿈을 이루어 보려고 한다.

이 작품은 작품 속의 생황을 부는 여자가 자신이 사랑하는 사람과 추파를 주고받는 모습을 보면서 이욱과 소주후도 이 두 사람의 사랑에 전염되어 관중석에서 그들도 추파를 보내며 눈으로 서로 정을 주고받는다고 생각할 수도 있고, 혹은 생황을 좀 불 줄 아는 소주후가 사람들 앞에서 악기를 불자, 이를 보고 있던 이욱이 즐거워하며 그녀와 눈을 맞추며 무언의 정을 보냈다고도 할 수 있다.

작품 감상

이 사(詞)는 일종의 염정사(艶情詞)로 이욱(李煜)의 전 창작작품 중에서 비교적 격조가 떨어지는 작품이다.

전반부는 한 연회석상에서 여 악사(樂士)가 생황(笙簧)을 불면서 사랑하는 사람에게 추파를 던지며 유혹하는 장면을 그렸고, 후반부에서는 그 추파로 인해 마음이 동한 남자가 그녀의 내실로 찾아가 운우(雲雨)의 정을 나누어볼까 하나 뜻을 이루기가 여의치 못해 그만 허사가 되고 말아, 꿈속에서나 그런 꿈을 꿔볼까 하는 남자의 심정을 그리고 있다.

이 사(詞)는 한 가녀(歌女)가 생황(笙篁)을 연주할 때의 모습 즉 악기 위로 움직이는 여자의 곱고 아름다운 가느다란 손가락과 이 여인이 만들어내는 고운 음에 대해 설명하는 것으로 시작하고 있다. 그래서 첫 번째 구절은 악기와 음악, 악기를 연주하는 여자의 고운 손가락, 새로 만들어진 곡의 아름다운 소리, 악기를 다루는 여인의 능숙한 솜씨 등을 매우 자세히 묘사했다.

여기서 한죽(寒竹)이란 대나무로 만든 여러 악기 중에서 생황(笙篁)을 가리켜 말하는 것이며, 생황(笙篁)을 불면 악기 밑에 붙여놓은 동(銅)으로 만든 떨림판(銅篁)이 울리면서 낭랑하고 맑은 소리가 "챵챵"하는 소리를 낸다. '장(鏘)'은 의성어로 흔히 옥이 부딪쳐 울리는 소리를 묘사할 때나 방울 소리 또는 봉황이 우는 소리처럼 금속악기가 내는 맑고 밝게 울리는 낭랑한 소리를 묘사할 때 쓰는 단어로 '챵챵'이라는 소리의 의성어다

새로 만들어진 신곡(新曲)을 여러 사람 앞에서 선보이는 자리에서 이 가녀(歌女)는 긴장을 하거나 어려워하는 기색이 조금도 없으며, 주저하지 않고 여유만만한 태도로 악기를 연주하는데 작가는 '만(慢)'이란 글자 하나로 천천히 흐르는 음악의 선율과, 솜씨가 좋아 여유만만하게 천천히 자유자재로 손가락을 움직이는 가녀(歌女)의 고수다운 모습을 이중적으로 표현하고 있다. 그래서 이 가녀(歌女)는 음악의 선율을 완전히 장악하고 있는 듯이 악기를 연주를 하면서도 여유롭게 눈을 들어 맞은 편의 남자를 바라보며 추파를 던진다. 이렇게 남녀 두 사람의 눈이 갈고리처럼 얽혀, 눈으로 말을 하며 눈으로 서로의 감정을 주고받는데 작가는 여기에 '몰래, 은밀히, 슬쩍'이란 뜻의 "암(暗)"자를 써서 둘의 관계를 더욱 은밀하고 농후한 느낌으로 만들고 있다. 그리고 단순이 눈만 얽히는 것이 아니라 여자는 눈짓으로 유혹까지 하고 있으며, 그 눈짓이 너무도 대담하게 끊임없이 슬쩍슬쩍 추파를 보내고 있어 작가는 이를 "추파가 한없이 넘실댄다(秋波横欲流)"라고 표현하고 있다.

남자는 이렇게 눈길로 서로의 마음을 타진하고서 서로의 마음이 잘 통한다고 생각되어, 그녀의 아름다운 방으로 가서 마음껏 운우의 정을 나누어 볼까 하는 생각을 하게 된다. 그러나 한없이 추파를 보내던 여인은 연회가 파하자 아무 일 없었다는 듯이 냉정히 돌아가 버려 남자는 서로의 뜻이 완전히 타진되지 않았는지, 아니면 여자의 마음은 아직 그 정도까지는 아니었는지 당혹해 하며 뜻을 이루지 못하게 되어 실망한다. 연회가 파하고 모든 것이 허사가 되어 하는 수 없이 자기 방으로 돌아온 남주인공은 아직도 남아있는 그녀에 대한 꺼지지 않은 불꽃을 하는

수 없이 꿈속에서나 즐겨볼까 한다.

작가는 전반부에서 생황(笙簧)의 아름답고 묘한 음율 속에서 남녀의 감정이 더욱 무르익으며, 추파가 넘실대는 아름다운 장면을 그려 우리로 하여금 이 연정 속의 두 주인공이 이미 서로를 용납하며 사랑을 하리라는 기대감을 갖도록 포석을 한 후, 후반부에서 서로의 진정한 마음을 충분히 알아내기 어려워 결국 허사가 되게 만듦으로써 우리에게 보다 큰 낙망과 안타까움을 안겨주어 작품의 효과를 극대화하고 있다. 즉 이렇게 전반부와 후반부를 크게 대조시켜, 후반부에 나타난 작가의 실망감, 애석함을 더욱 강조하고 있다.

이 사(詞)에 대해 혹자는 이욱이 소주후와 함께 했던 때의 환락적인 정경이라고도 하고, 또 어떤 이는 단지 악기를 부는 한 가녀(歌女)와 그녀가 사랑하는 남자와의 연정에 대해 읊은 사(詞)라고도 한다. 악기를 연주하고 있는 가녀(歌女)가 추파를 보내고 있는 사람이 바로 이후주인지는 알 수 없으나 새로운 곡을 선보이는 궁중의 조그만 연회이기 때문에 여기엔 이욱과 소주후 외에도 황태후와 그 밖의 비빈들이 함께 참석했을 것이므로 비록 추파가 오고 갔더라도 몰래 은근하게 했을 것이다.

그러나 가녀(歌女)가 거기 참석한 한 남자를 연모하고 있어, 악기 연주 중 사랑하는 사람에게 자주 추파를 보내며 두 사람이 눈으로 사모의 정을 서로 교환하고 있는 것을 빌어 작가가 자신의 심정을 나타낸 것으로 해석함이 가장 타당할 듯하다. 즉 이 두 사람의 감정에 전염이 된 듯 작가도 건너편에 앉아있는 사랑하는 연인을 몰래 훔쳐보며 두 사람의 연정을 자신들의 연정으로 비약시킨다. 이를 눈치챈 여인도 슬쩍 눈을 들어 그를 바라보며 웃으며 눈으로 마음을 전달하고 있어 남자는 두 사람의 마음이 완전히 통했다고 생각되어 그녀의 아름다운 방으로 가서 그녀와 사랑을 나누어보려고 작정을 한다. 그러나 이런 눈짓만으로는 서로의 원하는 바가 달랐는지 아니면 자신의 진정한 뜻이 완전히 전해지지 않았는지 모든 것이 그만 허사가 되고 만 것이다.

연회가 파하니, 사람들은 제각기 흩어져 가는데 남의 눈도 있고 해서 여자도 그냥 자신의 처소로 돌아가 버린다. 설혹 이 여인이 소후주(小周后)라 해도 와병 중인 언니 생각과 궁중의 많은 이목이 두려웠을 것이며 또 15세의 어린 그녀로서는 엄두도 못 낼 일이었을 것이다. 잔뜩 기대했었던 그녀와의 사랑이 허사가 되자, 기대가 컸던 만큼 실망 또한 커 애석한 마음을 안고 자기 처소에 돌아왔지만 계속 미련이 남아 망연히 생각만 해볼 뿐이다. 그러다가 스스로를 위로하면서 꿈속에서나 그런 사랑을 쫓아볼까 하는 생각을 하게 된다. 마지막 구절에서 또 우(又)자를 써서 이 남주인공의 이런 생각과 이런 계획이 여러 번이었음을 나타내면서 이번에도 또 허사가 되어 주인공의 심경이 미망한 봄빛처럼 그리고 안개처럼 가늘게 내리는 춘우(春雨)처럼 미몽함을 말하고 있다.

이 사(詞)는 무산운우(巫山雲雨)의 전고를 빌어 남녀 간에 서로 허락된 마음과 감정이 서로 통한 줄 알았다가 뜻을 이루지 못한 실망을 나타내는 내용이지만 "암(暗)"과 "심(深)" 그리고 "우운(雨雲)"과 "춘우(春雨)" 등 매우 에로틱한 단어들을 사용하여 작품 전체를 농염한 사랑의 분위기로 묘사했다.

이 사는 연애 3단계로 화당에서 잠자던 여인이 남자를 보고 놀라기는커녕 웃으며 눈으로 정을 보내와 용감하게 그녀를 취해보려다 실패한 내용이다.

菩薩蠻(花明月黯籠輕霧)

花明月黯籠輕霧，今宵好向郎邊去！
剗襪步香階，手提金縷鞋
畫堂南畔見，一向偎人顫
奴爲出来難，教君恣意憐。

Huā míngyuè àn lóng qīng wù, jīn xiāo hǎo xiàng láng biān qù!
花明月黯笼轻雾，今霄好向郎边去！

Chǎn wà bù xiāng jiē, shǒutí jīn lǚ xié.
刬袜步香阶，手提金缕鞋。

Huà táng nán pàn jiàn, yīxiàng wēi rén chàn.
画堂南畔见，一向偎人颤。

Nú wéi chūlái nán, jiào jūn zìyì lián.
奴为出来难，教君恣意怜。

어스름한 달빛, 옅은 안개 속 백화가 만발했네.
이 밤은 임에게 가기 좋은 밤
금실 자수 신발 손에 들고
버선발로 향기로운 섬돌에 올라서네.
화당 남쪽에서 님의 품에 안겨 온몸을 떨면서,
이렇게 나오기 어려우니,
그대여 나를 실컷 사랑해주소서.

詞意

화당 남쪽에서 기다리고 있을 임을 만나러 나서니, 달빛은 흐리고 엷은 안개까지 끼어 후원은 몽롱하기만 한데, 꽃들은 만발하여 향기를 내뿜으며 달빛 속에서 아름답게 빛나고 있다. 달빛이 덜 밝아 오늘밤은 몰래 임을 만나러 나가기 참 좋은 밤이다. 발소리가 크게 날까 두렵고 또 사람들의 눈도 두려워 두근거리는 마음으로 달려가는데 임에게 빨리 가고 싶은 급한 마음에 수놓은 예쁜 신발을 손에 들고 버선발로 섬돌을 밟으며 뛰어간다. 화당 남쪽에서 기다리고 있는 임을 보자 와락 그의 품에 안겨 잠시 후들후들 몸을 떤다. 궁중의 법도도 지엄하고 남의 이목이 두려우며 또 자주 만날 수도 없어 참으로 어렵게 이루어진 이 밀회로 소녀는 조마조마한 마음과 임을 본 순간의 격동, 그리고 드디어 임과의 첫 만남이 성공적으로 이루어졌다는 안도감 등으로 몸을 잠시 부들부들 떤다. 그리고 독백하듯이 '첩은 나오기가 이렇게 어려우니, 저를 많이 사랑해 주시고, 하고 싶은 대로 마음껏 어여삐 여겨주소서'라고 웅얼거린다. 이 소녀는 몸과 마음을 이날 밤 모두 사랑하는 임에게 드리겠다고 선포하면서 자신의 사랑의 마음을 전부 드러낸다.

단어

1. **월암(月黯)** : 월암(月暗)과 같은 뜻이다. 달이 어둡게 빛을 잃은 모양. 암(暗)은 어둡다는 뜻 외에도 '숨기고 드러내지 않는', '은근하게'라는 뜻도 있지만, 여기서는 흐릿한 달빛을 말한다.

2. **농(籠)** : 덮어씌우다. 자욱하다. 뒤덮다

3. **경무(輕霧)** : 가벼운 안개. 엷은 안개. 몽롱한 안개

4. **금소(今宵)** : 오늘밤

5. **낭(郎)** : 주인. 남편. 낭군(郎君)은 자기 남편을 존경하여 부르는 말이며, 여기서 낭(郎)은 사랑하는 젊은 남자를 지칭한다.

6. **잔말(剗襪)** : 버선발로. 버선만 신은 채. 잔(剗)은 '다만, 맨(아무 것도 섞지 않고 그것뿐인)'이란 뜻이며, 말(襪)은 버선을 말한다. 그래서 잔말(剗襪)은 신발을 벗고 단지 '버선발로'라는 뜻이다.

7. **향계(香階)** : 향기로운 계단 또는 아름다운 계단. 계단을 걸으며 지나갈 때 향기로운 냄새가 나는데, 이것은 꽃향기일 수도 있고, 궁중에서 궁녀가 뿌리는 표향(飄香)일 수도 있다. 그리고 또 향계(香階)는 섬돌을 아름답게 표현하기 위한 단어이기도 하다.

8. **제(提)** : (손에) 들다, 쥐다.

9. **금루혜(金縷鞋)** : 금실로 수를 놓은 신발. 신발에 금실로 봉황새를 수놓은 아름답고 귀한 신발. 주로 궁중에서 귀한 신분의 여인이 신는 신발이다.

10. **남반(南畔)** : 남쪽. 남쪽 가. 반(畔)은 강이나 호수, 도로 등의 가장자리, 부근, 근처를 말한다. 여기서 남반(南畔)은 궁궐 남쪽 근처의 어딘가 좀 으슥한 곳을 말한다.

11. **일향(一向)** : 일향(一餉)과 같은 뜻으로 '잠시, 잠깐'이란 뜻이다.

12. **외(偎)** : 바싹 달라붙다. 다가들다. 포근히 안기다. 친숙하게 의지하다.

13. **전(顫)** : 전율하다. 벌벌 떨다.(놀라움, 추위 따위로) 와들와들 떨다.

14. **노(奴)** : 저. 여자의 자칭(여자가 스스로를 부를 때 쓰는 말이다.)

15. 교(教) : 여기서는 '…로 하여금 …하게 하다'라는 사역의 뜻으로 쓰였다.

16. 군(君) : 그대, 당신. 타인에 대한 존칭. 아내가 자기 남편을 가리키는 말

17. 자의(恣意) : 마음껏, 실컷. 자의(恣意)는 원래 '방자하다. 제멋대로다'라는 뜻인데 여기서는 '마음 내키는 대로 하다, 하고 싶은 대로 맡기다'라는 뜻이다.

18. 련(憐) : 불쌍히(가엾이) 여기다. 사랑하다. 귀여워하다. 어여삐 여기다.

구절풀이

花明月黯笼轻雾, 今宵好向郎边去 어스름한 달빛, 몽롱한 안개, 꽃들은 밝게 빛나고, 이런 오늘밤은 임 곁으로 가기 좋은 날이네. 화명(花明)은 백화가 만발한 상태를 말하며 비록 달빛은 환하지 않아도 흰 색이나 분홍색 같은 밝은 색의 꽃들이 달빛에 밝게 빛나는 것을 말한다. 사랑의 분위기를 말하기 위해 달빛 속의 아름다운 꽃들이 몽롱하게 빛난다고 한 것이다. 그리고 이렇게 달빛이 훤한 밤이 아니기에 남들의 눈을 피해, 임을 만나러 가기 좋은 밤인 것이다.

刬袜步香阶, 手提金缕鞋 버선발로 손에는 금 자수 신발을 들고 향기로운 계단에 올라서네. 잔(刬)은 '오직, 다만, 맨'이란 뜻으로 신발을 벗고 '오직 버선만 신은 채로'라는 뜻이다. 부유하고 고귀한 집안의 여자들이 신는 신발은 금실이나 혹은 금색 실로 신발에 봉황을 수놓았는데 금루혜(金缕鞋)가 바로 그런 신발이다. 이 여인은 비밀스런 밀회를 하기 때문에 발소리를 죽이려고 버선발로 급히 그를 만나러 가고 있다. 향계(香阶)는 궁궐에 있는 아름답게 조각된 계단을 말하는데 여기서는 꽃향기 때문에 계단에 올라서자마자 향기로운 냄새가 계단에 가득하다는 뜻이다.

画堂南畔见, 一向偎人颤 화당 남쪽에서 임을 보자마자, 그의 품에 안겨 한동안 온 몸을 떨었네. 궁궐의 화당 남쪽에서 만나기로 하여 그곳으로 간 여인은 임을 보자마자, 그의 품 안으로 달려가 한동안 온 몸을 부들부들 떤다. 일향(一向)은 '한동안, 잠깐'이란 뜻이나 여기서는 '한참 동안'으로 해석하는 것이 좋을 듯하다. 외(偎)는 포근히 품에 안긴다는 뜻과 품 안으로 달려든다는 뜻이 모두 내포되어 있으며, 여기서 '떨고(颤)'와 '안기고(偎)'의 두 단어로 여인의 격정적인 몸짓과 사랑받고 싶은 뜨거운 마음이 모두 드러나 있다

奴为出来难, 教君恣意怜 저는 이렇게 나오기가 무척 어려우니, 그대는 오늘밤 저를 마음껏 사랑해 주소서. 이 여인은 지금 형부와 사통(私通)을 하면서 언니의 눈도 두렵고 다른 사람들의 이목도 두려워 이왕 어렵게 나왔으니 많이 사랑해 달라고 애원하고 있다. 자의(恣意)는 '마음대로, 하고 싶은 대로'라는 뜻이어서, 이 여인은 상대방에게 몸과 마음을 다 허락한다고 말하고 있다. 이 밀회가 이루어지기 전까지 마음을 졸이며 서로의 마음을 타진하고 있던 두 사람은 이날 처음으로 직접 만나게 되어 그 감회가 별다른 것이다.

작품 배경

이욱과 소주후의 사랑의 결정판이라고 할 수 있는 이 작품은 드디어 두 사람이 밀회를 하게 되는 장면을 그리고 있다. 이 두 사람은 연회석상에서 또 다시 만나게 되어 서로 추파를 보내며 서로의 감정을 확인한다. 남자는 그날 밤 여자의 침소로 가서 운우의 정을 나누어 보려고 했으나 허사가 되어 그녀를 그리는 마음이 더욱 절실해진다. 아마 남자는 참지 못하여 여자에게 편지를 보냈을 것이다. 달밤에 남쪽 화당에서 만나자고.

두 사람은 해서는 안 될 사랑으로 더욱 몸이 달았을 것이며 계속 기회가 없어 더욱 안달이 나던 참에 드디어 만나게 된 것이다. 불안과 걱정 속에 임을 만날 생각만 하면서 해가 지길 기다리던 여인은 그날 밤 밝은 달이 뜨지 않고 달빛이 흐릿하여 남에게 들키지 않겠다고 기뻐한다. 얼마나 급한 마음이기에 신발조차 벗어 들고 계단을 급히 뛰어가는지. 이 작품 속의 "손에 수놓은 신발을 들고"라는 구절은 천고 이래로 시인(詩人)과 문인(文人)들에게 참으로 많은 환상을 일으켰다. 청대(淸代) 화가 주겸(周兼)은 〈소주후제혜도(小周后提鞋圖)〉라는 제목의 그림에서 이 장면을 매우 사실적으로 그렸다. 그 후 많은 문인들이 이 그림에 서로 제시(題詩)를 하겠다고 했으며 그 중 허호노(許蒿盧)의 〈부주겸화 남당주후제혜도(賦周兼畵南唐周后提鞋圖)〉의 글이 가장 유명하다. 그는 이 제시(題詩)에서 "호리호리한 자태, 귀여운 모습, 가지런한 눈썹과 양 갈래 귀밑머리, 15세에 처음으로 머리를 틀어 올리네"라고 읊으며 소주후의 아름다운 용모와 자태 그리고 두 사람이 화당 남쪽에서 서로 만나 정을 통한 장면을 사실적으로 묘사했다. 이어 "오늘 밤 버선발로 임의 곁에 가 정을 주고받으니 그 얼마나 즐거웠을까"라고 하며 그들의 사통(私通)을 간접적으로 표현했다. 그리고 이들의 사랑을 당 현종과 양귀비의 사랑과 비교하다가 마지막으로 궁중에서 이런 아름다운 사들이 흘러나와 멀리 전해 나간다고 읊고 있으니 당시 이들의 연애가 강남에서 큰 관심거리였음을 알 수 있다.

사서(史書)에 의하면 아황은 자기 남편과 여동생과의 일에 대해 아는 바가 전혀 없었으나 나중에 둘 사이를 알고 나서는 죽을 때까지 남편을 보지 않으려고 했다고 기재하고 있다. 어느 날 우연히 동생을 보게 된 아황이 언제 궁에 들어왔느냐고 묻자 소주후는 여러 날 되었다고 거리낌 없이 대답을 했다. 이 말에 아황은 즉시 사태를 알아차렸다. 여기에 대해 일부 사람들은 영리한 아황이 자신이 죽고 난 후 심약한 이욱이 방황할까 봐 걱정하고 있던 차에 동생의 행동을 보고 차라리 자기 자리를 동생에게 물려주는 것이 더 나으리라 생각하여 자매 둘이서 묵계적인 행동을 했을지도 모른다고 말하고 있다. 그리고 어쩌면 이 일은 주씨(周氏)네 집안 전체의 결정일 수도 있어 아황이 이를 받아들였다고도 할 수 있다. 즉 아황은 이런 심정을 직접적으로 드러낼 수는 없어 짐짓 화를 내며 이욱에게 죄책감을 심어 주며 자신을 영원히 잊지 못하게 했으리라는 것이다.

실제로 아황은 죽기 전에 자신의 비파와 항상 끼고 있던 옥팔찌를 이욱에게 기념으로 주면서 자신을 늘 기억해 달라는 유언을 남겼다.

작품 감상

이 사(詞)는 이욱(李煜)의 작품 중, 가장 통속적이지만 또한 가장 솔직 담백한 애정시다. 남녀 간의 밀회를 그 소재로 하였지만 밀회 자체에 대해서는 말하지 않고, 여주인공의 밀회 전의 복잡한 심리 상태와, 여주인공의 행동, 말투, 그녀의 대담함과 애정 갈구 등에 초점을 맞추어, 간단하고 세련된 어휘로 담담하게 묘사한 작품이다.

전반부에서는 배경 속의 여주인공을 묘사하며 배경 자체가 밀회하기 좋은 분위기로 장식되고 있다. 어느 봄날 밤, 안개가 가볍게 낀 하늘엔 몽롱한 달빛이 어슴푸레 비치고, 후원의 만발한 아름다운 꽃들은 달빛 속에 환하게 빛나고 있다. 달빛과 아슴푸레 빛나고 있는 꽃들은 은은한 아름다움이 있어, 사랑에 빠진 소녀에겐 더욱 아름답게 보이며 소녀의 들뜬 마음을 고조시켜준다. 달빛이 뿌옇게 흐려 그다지 밝지 않은 이런 밤은 정인(情人)들이 밀회하기에 딱 좋은 밤인 것이다. '오늘밤은 임 곁으로 가기가 좋은 밤이다(今宵好向郎 边去)'라는 구절에서 '오늘밤(今宵)'이란 단어는 이 밀회가 그냥 쉽게 이루어진 것이 아니고, 이런 기회를 포착하기 위해 여러 날을 기다려 왔으며, 그녀가 몇 번이고 망설이다가 단안을 내려 결정한 약속이라는 것을 말해준다. 이 구절의 '호(好)'자로 바로 딱 알맞은 때, 그래서 아주 좋은 때라고 설명하며, 이 뜻을 강조한 것이다.

사람들이 모두 잠든 늦은 밤에 이 소녀는 몰래 침소에서 빠져 나와, 약속 장소인 화당의 남쪽으로 달려 나간다. 그녀는 오래 기다려왔던 임과의 약속을 생각하며 흥분과 기대, 그리고 남의 눈이 두려워 긴장과 초조감으로 마음이 조급하기 그지없다. 빨리 달려가고 싶은 급한 마음과 사람들에게 발각될까 봐 조심하는 마음이 합하여 그녀는 신발을 벗어 들고 버선발로 계단을 밟으며 화당 남쪽을 향해 발끝으로 살금살금 뛰어간다.

'잔(剗)'은 당시의 방언으로 '다만, 그저, 맨'의 뜻인데, 이 '잔(剗)'이라는 한 글자가 전반부의 핵심어다. '버선발로(刬袜)'라는 표현은 그 어느 누구도 쓸 수 없었던 당시로서는 매우 참신한 표현이며, 다음 구절의 '금실로 수놓은 신발(金缕鞋)'이나 '향기로운 계단(香阶)' 같은 묘사는 전반부의 배경이 특수함을 말해 주며, 이 밀회는 일반 사람들의 밀회가 아니라, 높은 신분의 사람들의 밀회임을 알려주고 있다. 즉 봉황을 수놓은 붉은 신발(金缕鞋)은 신분이 고귀한 부녀자들이 신는 신발이며, '향계(香阶)'는 일반적으로 아름다운 계단을 말하지만, 여기서는 섬돌 위로 꽃향기와 각종 향료가 뒤섞여 풍기는 계단(香阶)이니, 이는 바로 황궁인 것이다.

전반부에서는 이렇게 고귀한 신분의 소녀가 사랑하는 사람을 만나러 가는 장면을 그리면서 이 소녀 특유의 대담성과 조심성을 잘 드러내고 있으며 또 인물의 형상화와 인물의 심리상태 그리고 그녀의 정신 상태를 잘 포착하여 표현했다.

전반부가 몽롱한 안개 속의 희미한 달빛과 급히 달려가는 어린 소녀의 모습을 그린 외적 정경이라면 후반부는 두 사람이 만났을 때의 정경과 감정의 내적 동향이다.

후반부 처음 첫 구절에서 그녀는 사랑하는 사람을 용감하고도 당돌하게 '랑(郎)'이라고 부르면서 그를 보자마자 달려가 그의 품에 와락 안긴다(画堂南畔见, 一向偎人颤). 여기 쓰인 '외(偎)'자는 품에 달려들고, 품에 안긴다는 뜻 외에도 '어루만지다'라는 뜻도 있어, 두 사람의 격동과 터질 듯한 사랑의 감정을 이 한 글자로써 충분히 다 반영시켰다. 그리고 작가는 밀회의 장면에 대한 언급은 하지 않고 여주인공의 행동 하나하나와 밀회의 처음과 끝을 하나로 엮어 여자의 감정만을 묘사했다. 작가는 '일향(一向)'과 '전(顫)'이라는 단어로 그녀의 감정을 표현했는데 '일향(一向)'은 '잠깐'이라는 뜻이지만, 이 두 글자 속에는 영원히 그 품에 안기고 싶은 염원과 오래 동안 품에 안겨 있어도 그녀에게는 너무도 짧은 시간이라 이 단어를 '오랫동안'이라고 해석해야 하며, 또 '전(顫)'자 한 글자 속에는 급히 달려와 숨이 차고 온몸이 떨라며 여기에 임을 만난 기쁨으로 몸이 떨린다는 의미까지 함께 내포되어 있다.

'일향(一向)'과 '전(顫)'으로 그녀의 감정 상태를 여실히 드러낸 후, 작가는 마지막 구절에서 '첩은 나오기가 어려우니 마음껏 사랑해 주소서(奴为出来难, 教君恣意怜)'라는 여인의 조금도 주저 없는 애정 표현으로 남자의 넋을 빼게 하며 끝을 맺는다. 이런 노골적인 표현임에도 불구하고 이 작품은 억지로 수식을 하거나 미사여구를 늘어놓지 않고, 여자의 동작, 말, 심리 묘사를 너무도 자연스럽게 표현하여 높은 경지의 작품이 되게 했다. 마치 여인의 독백처럼 마음속의 말을 하고 있는 마지막 구절에서 특히 '교(教)'자 한 글자로, 전체적인 말을 대신했다. 즉 그저 임께서는 이렇게만 해 주시면 된다고 하면서 이 '교(教)'라는 동사로 부탁을 하고 있다.

모두 44 자로 되어 있는 이 작은 사(詞)는 작가가 선택한 경물(景物)과 주인공의 사소한 동작, 그녀의 말투 등이 매우 세련되고 정제된 아름다움으로 표현되고 있다. 전반부에서 꽃(花)과 달(月)과 안개(霧) 세 가지 전형적인 경물(景物)을 배경으로 하여 여기에 '밝은(明)', '흐릿한(黯)', '가벼운(輕)' 같은 형용사를 덧붙여 이 경(景)을 실감나게 표현했으며, 이럼으로써 전체 배경을 흐릿하고 보일 듯 말 듯한 몽롱하고 환상적인 분위기로 만들어냈다. '경무(輕霧)'는 얇은 명주가 바람에 가볍게 날리듯 밤안개가 살짝 드리운 것을 나타내면서 이 '경무(輕霧)' 앞에 '농(籠)'자를 덧붙여 몽환적인 분위기를 더해주고 있다. 이렇게 '화명(花明)', '월암(月黯)', '경무(輕霧)'의 세 경물이 이미 아름답게 조화를 이룬 한 폭의 그림 속에 인물 즉 손에 작은 신발을 든 버선발의 소녀가 있는 것이다.

작가는 버선발로(刬袜), 신발을 들고(手提), 님의 품에 안겨(偎), 떨고 있는(颤) 등의 몇 개의 세부 묘사를 통해 인물의 행동에 나타난 그녀의 심리 상태를 잘 묘사했으며 '첩은 나오기가 어려우니 많이 사랑해 주소서(奴为出来难, 教君恣意怜)'라고 하여 나오기가 어렵다는 이 '出来难' 세 글자를 사용하여 간단하면서도 절제된 언어로 주인공의 마음속 말을 분명하게 나타냈다. 즉 후반부의 주제인 마지막 구절에서 많이 사랑해 달라고, 마음껏 사랑해 달라고, 당신 마음대로 해도 개의치 않겠다(教君恣意怜)고 말하고 있는데 '자의(恣意)'란 '하고 싶은 대로 마음껏 하다', '실컷 마음대로 하다'라는 뜻이며, '련(憐)' 역시 당시 강동(江東) 방언으로 '서로 사랑하다'라는 뜻으로 여기서는 귀여워해주고 사랑해 주라는 애련(愛憐)과 통련(痛憐)의 뜻으로 쓰인 것이다.

이욱(李煜)의 두 번째 아내 소주후(小周后)

이욱의 아내 아황이 병들어 있을 때 멀리 양주에서 그녀의 동생이 언니의 병간호를 하기 위해 궁으로 들어왔다.

이욱은 처제를 즉시 언니 방으로 보내지 않고 따로 별궁에 거하게 했는데 그 이유는 참으로 알 수가 없다. 아황의 동생 소주후는 이욱이 마련해준 별궁인 '요광전(瑤光殿)'에 머물면서 한참 동안 언니를 만나지 않았다. 어느 날 언니를 만나게 되어 언제 들어왔느냐고 묻는 언니에게 그녀는 한참 되었다고 대답했다. 이에 아황은 화를 내며 왜 이제야 찾아왔느냐고 다시 물으니 소주후는 여러 번 찾아왔으나 그때마다 언니가 잠들어 있었다고 대답했다.

이렇게 궁에 들어온 소주후는 즉시 형부와 눈이 맞았고 언니가 죽은 후에는 언니를 대신하여 왕후의 자리에 올랐다.

이욱은 아황보다 소주후를 더욱 총애했는데 그는 그토록 사랑했던 아내를 잃고서 다시는 사랑하는 사람을 잃고 싶지 않아 그녀를 더욱 배려하며 보살펴 주었다. 그가 아황과 결혼생활을 시작했을 때는 아직 성숙치 않은 18세의 소년이었지만 이제 28세가 된 이욱은 경혼 생활의 경험과 성숙함이 있어 이번에는 받는 사랑이 아니라 주는 사랑으로 새로운 사랑의 재미에 빠졌다

아황과의 사랑 속엔 '아름다움과 요염함'이 있었는데 소주후와의 사랑에는 '생기와 젊음의 유치함'이 있어 더욱 그를 정염 속으로 빠지게 했다.

아황이 죽고 나자 왕후가 자리가 비어 소주후를 그 자리에 앉히고 싶었지만 사람들의 구설이 두려워 이욱은 소주후가 아직 어리다는 이유로 궁중에서 결혼을 기다리는 대년(待年)을 해야 한다고 발표했다. 그러나 이때 이욱의 모친인 성존황후(聖尊皇后)가 돌아가셔서 27개월 동안 '수제(守制)'를 또다시 해야 했음으로 소주후는 밤마다 몰래 이욱과 정을 통하는 수밖에 없었다.

이욱은 이때부터 더욱 사치스러워졌다. 그는 화원에 꽃 정자를 만들었는데 그 화려함이 이루 말할 수 없을 정도였다. 그는 소주후를 위해 최상의 단향 나무로 받침대를 만들어 여기에 새나 인물을 정교하게 조각하여 장식한 후 그 위에 금실로 수놓은 붉은 비단 휘장을 덮어씌우고 여기에 백은 못을 박고 자개로 상감하게 했다. 그리고 단 두 사람만이 들어갈 수 있는 작고 아름다운 정자를 만들어 벽에 구멍을 내어 많은 화초를 심어 놓게 한 후 그는 소주후와 온종일 이 속에 들어앉아 은은한 꽃향기 속에서 술을 마시며 선경에서 노는 듯 세상 근심을 잊고 지냈다.

그리고 소주후가 거하는 유의전(柔儀殿)에 화려하고 사치스런 장식품들을 배치해 그녀를 기쁘게 했다.

그들은 분향(焚香) 도구에도 신경을 쓰며 당시 최고의 향료만을 사용했다. 당시 남당 궁전에서 사용하는 향료는 최고 특제품이었는데 이 향료는 정향(丁香), 잔향

(棧香), 단향(檀香), 사향(麝香) 각 10냥에 갑향(甲香) 3냥을 가늘게 간 후, 그 속에 배 10개 정도의 배즙을 섞어 이것을 약한 불에 졸여 극상품의 향료를 만들었다.

그러나 이욱은 향료가 그래도 자연의 꽃향기만 못 하다고 생각하여 궁전 둘레에 향기가 나는 각종 꽃들을 심게 했으며, 심지어는 궁전의 담벽 위에도 꽃을 심게 하여 격자처럼 칸을 나누어 여러 가지 희귀한 화초를 그 안에 심게 했다. 또 대들보니 기둥 그리고 계단에 이르기까지 온 사방에 꽃들을 심은 후 전각을 '금동천(錦洞天)'이라 이름 지었다.

서기 968년 수제 기간이 끝나자 이욱은 서둘러 소주후와 결혼을 했다. 이 혼사는 남당 건국 후 처음 있는 황제의 혼사라 온 나라가 떠들썩했다. 대신들은 황제의 결혼에 대한 고서를 조사하면서 혼례에 음악이 있을 것인지, 여자 집안에서는 사흘 동안 불을 켜서는 안 되는지, 황제와 황후 중 누가 먼저 절을 해야 되는지 등등에 대해 왈가왈부하며 논의를 계속했다. 남자 측에서 여자 측으로 반드시 기러기를 보내야 하는 '존안(尊雁)' 예절로 관리들은 기러기를 잡으러 남당을 다 돌아다녔지만 때가 겨울철이라 기러기를 찾을 수가 없어 급한 마음에 이욱은 거위를 사용하라고 명했다.

결혼식 날 금릉의 백성들은 명절을 보내는 것처럼 많은 사람들이 몰려들며 이 화려한 결혼을 구경했다. 지붕 위와 나무 위에서도 구경을 했으며 사람들이 너무 많이 올라간 집의 지붕은 무너져 내려앉기도 했다. 이렇게 하여 이욱과 소주후는 마침내 명실상부한 부부가 된 것이다.

신혼부부는 금릉성(金陵城) 주위를 한 바퀴 둘러 본 후, 날마다 함께 지낼 유의궁(柔儀宮)으로 다시 돌아와 '동방 화촉'을 밝혔다.

그러나 서기 976년 남당이 송에 멸망한 후 소주후는 포로가 된 이욱을 따라 송의 수도 변량에 유폐되어 삼 년을 고통 속에 살다가 죽었다.

소주후가 이욱과 함께 했던 시절은 남당의 국운이 기울어가며 극도로 불안했던 시기였다. 이욱의 아버지 이경통이 후주(后周)에게 강북에 있던 남당의 땅을 빼앗긴 후 남당은 후주에 엄청난 조공을 바치며 하루하루를 연명해 나가고 있었다. 이욱은 이 어려운 시국에 소주후와 함께 하면서 어린 황후에겐 이런 어려움을 설명할 길이 없어 때때는 소주후와 사치스러운 생활을 꾸려보다가도 이내 어지러운 마음을 달랠 길이 없어 궁중에 절을 짓고서 소주후와 아침저녁으로 불경 봉독을 하며 불교로 나라를 구하려고 애를 써보기도 했다. 이욱은 마음이 불안해질수록 더욱 불교에 의탁하게 되었는데 이런 불교에의 의탁이 남당의 멸망에 한 몫을 한 것이다.

북송에 포로가 되어 끌려간 후 소주후는 남당 궁궐과는 천양지판인 외딴 곳에서 유폐생활을 하게 되었고 여기에 또 송 태종 조광의(趙光義)의 끊임없는 능욕과 희롱이 더해져 그녀는 죽을 때까지 오욕의 나날을 보냈다.

서기 978년 음력 칠월 칠일 이욱의 42번째 생일날 이욱은 송 태종 조광의(趙光義)의 독약을 마시고 죽었으며 이욱이 죽고 난 후 소주후는 시름 속에 나날을 보내다가 6개월 후에 그녀도 죽고 말았다.

슬픔 위에 또 다른 슬픔 끝없이 흐르네 슬픔 위에 또 다른 슬픔 끝없이 흐르네 슬픔 위에 또 다른 슬픔 끝없이 흐르네

5 아내를 잃고 슬픔에 젖어

谢新恩(秦楼不見吹簫女)

秦楼不見吹簫女，空余上苑風光。
粉英金蕊自低昂。
東風惱我，才發一襟香。
瓊窗梦留残日，当年得恨何長！
碧欄干外映垂楊。
暫時相見，如梦懶思量。

Qín lóu bùjiàn chuī xiāo nǚ, kòngyú shàng yuàn fēngguāng.
秦楼不见吹箫女，空余上苑风光。

Fěn yīng jīn ruǐ zì dī áng.
粉英金蕊自低昂。

Dōngfēng nǎo wǒ, cái fā yī jīn xiāng.
东风恼我，才发一襟香。

Qióng chuāng mèng liú cán rì, dāngnián dé hèn hé cháng!
琼窗梦留残日，当年得恨何长！

Bì lángān wài yìng chuí yáng.
碧阑干外映垂杨。

Zhànshí xiāng jiàn, rú mèng lǎn sīliang.
暂时相见，如梦懒思量。

진루(秦樓)엔 퉁소 부는 여자 보이지 않고,
후원엔 텅 빈 경치만 남아 있네.
백화는 제멋대로 활짝 피었다 지고
봄바람은 한 줄기 꽃향기 옷깃에 보내와
내 마음을 어지럽히네.
아름다운 창가에서 잠에서 깨니 붉은 석양
그때의 한은 왜 이다지도 많은지!
창 밖 아름다운 난간에 수양버들 드리우고
꿈에서 잠시 만나보니 그리움만 더해,
나른한 꿈처럼 임 생각 한없이 나네.

詞意

봉황대에서 퉁소를 잘 불던 농옥(弄玉)이 남편과 함께 봉황 따라 가버리듯이 사랑하는 나의 아내도 죽어 그녀처럼 어디론가 가 버렸다. 그녀와 함께 즐겼던 후원의 풍경은 여전한데 이젠 그녀만 보이지 않는다. 꽃들은 봄이 되니 또다시 피어나 아름다움을 뽐내는데 무정한 봄바람은 나의 심사도 모르는 양 봄바람에 꽃향기를 실어 보낸다. 옷깃을 스치는 꽃향기가 아내의 향기처럼 느껴져 나의 심사는 더욱 괴롭기만 하다. 한 없이 바깥 풍경을 바라보며 죽은 아내를 생각하다 잠깐 잠이 들었는데 깨어나 보니 벌써 해가 기울고 있다. 당시 그녀에게 못다 해준 아쉬운 일들과 한은 어찌 이다지도 많은지…… 창밖으로 보이는 아름다운 난간과 그 옆 수양버들의 그림자는 또다시 옛 일을 생각나게 하고 꿈속에서 잠시 서로 만났던 일로 지금도 꿈속처럼 나른하고 몽롱하게 그녀에 대한 그리운 생각에 잠겨 있다.

단어

1. **진루(秦樓)** : 진대(秦臺) 즉 봉황대(鳳凰臺). 봉황대의 옛 터가 지금 섬서성(陝西省) 보계(寶鷄) 동남쪽에 있다. 전하는 바에 의하면 진(秦) 목공(穆公) 때, 소사(簫史)라고 하는 퉁소를 잘 부는 남자가 있었는데, 목공의 딸 농옥이 그를 좋아하니, 목공은 농옥을 그에게 보내 그의 배필이 되게 했다. 농옥은 소사에게서 퉁소 부는 법을 배웠는데, 그녀가 부는 퉁소 소리가 어찌나 맑고 아름다웠는지 바람을 불러일으키고 봉황을 불러오게 해 마침내 그들은 봉황을 타고 멀리 가버렸다고 한다. 그래서 후세 사람들이 지은 문장 속에 '봉황이 가버린 빈 누각(鳳去樓空)'이란 구절이 있게 된 것인데, 여기서는 누각에 있던 사람은 가버리고 남은 경치(누각)를 보면서 가버린 사람을 그리워하고 있음을 대신한 것이다.
2. **공여(空餘)** : 빈 것만 남았을 뿐
3. **상원(上院)** : 옛 제왕의 숲, 어화원
4. **분영(粉英)** : 꽃가루
5. **금예(金蘂)** : 함예(含蘂)라고 기재된 책도 있다. 금색 꽃술, 금 꽃봉오리
6. **저앙(低仰)** : 저(低)는 아래로, 앙(仰)은 위를 말하므로 저앙(低仰)은 '위아래'라는 뜻이다. 이것은 정원의 꽃들 중 고개를 숙이고 있는 꽃들도 있고 이제 막 피어나려고 고개를 들어 올리는 꽃들도 있다는 뜻이다.
7. **일금향(一衿香)** : 옷깃 '금(衿)'자는 옷깃 금(襟) 자와 통용된다. 일금향(一衿香)은 향기가 사람을 에워싸고 있어 옷깃에 향기가 진동한다는 뜻이다. 그래서 옷깃이라는 일금(一衿)은 '온 몸에'라고 확대 해석해도 무방하다.
8. **경창(瓊窓)** : 아름다운 옥으로 장식한 창문이라는 뜻으로 여기서는 매우 정교하고 아름답게 만들어진 창. 그리고 화려하면서 아름다운 여인네들의 창을 가리킨다.
9. **득한(得恨)** : 한을 품다.
10. **벽난간(碧欄干)** : 푸른 옥(碧玉)으로 장식한 아름다운 난간. 혹은 푸른색이 칠해진 난간

11. **수양(垂楊)** : 늘어진 수양 버드나무 가지.

12. **나(懶)** : 게으르다. 나태하다. 아무 것도 하고 싶지 않다. 나른하다. 노곤하다.

13. **사량(思量)** : 생각하다. 그리워하다. 늘 생각하다.

구절풀이

秦楼不见吹箫女, 空余上苑风光 봉황대에서 피리 불던 여자는 보이지 않고 상원(上苑)에는 빈 경치만 남았네. 진루(秦楼)나 봉황대(凤台)나 피리 부는 여자(吹箫女)는 모두 옛 이야기에 나오는 피리를 잘 불던 농옥(弄玉)을 가리키는데 여기서는 농옥처럼 비파를 잘 타고 음악에 조예가 깊던 작가의 아내를 말하고 있다. 상원(上苑)은 제왕들이 놀던 원림(園林)으로 아내와 같이 놀고 즐기던 후원에 사람은 가고 경치만 남아 있다는 뜻이다.

粉英金蕊自低昂 만발한 온갖 백화가 제각기 뽐내고 있다. 꽃이나 꽃가루, 금술(粉英, 金蕊) 등은 모두 꽃의 총칭이며 고개를 숙이고 있는 꽃봉오리(低)와 고개를 쳐들고 있는(昂) 꽃봉오리들이 서로 그 아름다운 자태를 뽐내며 활짝 피어 있다. 분홍색 꽃잎과 황금술이 달린 꽃들이 제각기 찬란하게 피어 아름답지만 전날과 같이 함께 감상할 사람이 이제 없음을 강조한 말이며 또한 사람은 가고 없어도 봄이 되니 꽃들은 여전히 고개를 들며 피어나고 있다는 뜻이기도 하다. 그리고 한때 젊고 아름다웠던 아내를 상징한 말이기도 해 사람은 갔지만 자연물은 여전히 그대로라고 하여 자연의 무한성과 인간의 유한성을 대조적으로 표현한 말이기도 하다.

东风恼我, 才发一襟香 동풍에 불어오는 한 줄기 꽃향기는 나를 번뇌케 하는구나. '옷섶'이라는 금(衿)자와 '옷깃, 옷섶'의 금(襟)자는 같은 뜻으로 금(襟)에는 옷깃이란 뜻 외에도 '가슴 속, 마음속'이라는 뜻도 있으며 또 당송(唐宋)의 사인들은 종종 이 글자를 양사로 사용하여 명확하지 않는 분위기나 자연현상을 나타냈다. 동풍은 봄바람을 말하며 한 줄기 꽃향기가 옷깃으로 스며드니 옛날 함께 했으나 지금은 없는 여인에 대한 그리움이 자신을 번뇌케 한다며 동풍마저도 원망스럽다고 말하고 있다.

琼窗梦留残日, 当年得恨何长! 아름다운 창가에서 꿈에서 깨니 벌써 해가 지고 있고 돌이켜보면 그때의 한이 너무도 많은 것 같다. 경창(琼窗)은 아름답게 장식한 부녀자들 방의 창문이라, 화자는 지금 죽은 아내의 방에서 아내를 그리워하며 창밖 바깥 경치를 보다가 잠깐 잠이 든 것이다. "유(留)"자가 들어갈 곳은 글자가 없어져 후세 사람들이 이 글자를 집어넣은 것이다. 어떤 책에는 "笛"자를 사용하여 꿈속에서 들은 피리소리에 잠이 깼다고 해석하고 있다. 지나간 일들에 대한 아쉬움과 아내에 대한 그리움을 '그때의 한은 이다지도 긴지'라고 표현하고 있는데, 한이 많은 것보다 한이 길다고 함은 이 한이 앞으로도 계속 되리라는 말로 들린다.

暂时相见, 如梦懒思量 꿈속에서 잠시 만나보니 깨어서도 꿈속같이 한없이 그녀에 대한 그리움뿐이라 아무 일도 할 수 없고 다른 생각도 할 수 없이 그저 나른하게 게을리 그녀 생각만 하고 있다.

작품 배경

이욱은 아황과 함께 음악과 시와 춤 속에서 아름다운 나날을 보냈으며 그들에게는 두 아들이 있어 더욱 행복했다. 그러나 아황은 29세 때 중병에 걸려 자리에 눕게 되었고 이 와중에 그녀의 4살 난 차남 중의(仲宜)가 놀라 먼저 죽고 말았다. 두 사람이 무척 사랑했던 총명한 아들의 죽음은 이욱을 비통과 고통의 심연에 빠뜨렸다. 이욱은 아들을 잃은 슬픔을 애도한 제문인 도시(悼詩)에서 죽은 아들을 손바닥의 이슬과 아름다운 향기로 비유하면서 가엾은 아들이 길을 잃고 헤매고 있어, 슬픔으로 병이 깊어가는 자신을 부처님은 가엾게 여기시라고 썼는데 이 애도사는 만고에 길이 빛날 최고의 아름답고 슬픈 제문이다.

아내마저 죽자 그는 슬픔을 견딜 수 없어 우물에 빠져 죽을 생각까지 했다. 〈남당서〉에 의하면 후주(后主)는 아내가 죽자 '슬프고 고통스러워 몸이 말라 뼈만 앙상하게 되고 지팡이에 의지하여 일어설' 정도였다고 한다. 그가 아들과 아내의 죽음을 애도하며 쓴 〈만사(挽辭)〉와 아내의 출중한 재주와 자신과 함께 한 아름다운 생활에 대해 그녀의 비석에 새긴 〈소혜주후뢰(昭惠周后诔)〉는 아름다운 장문의 글로 제문(祭文) 가운데 가장 뛰어난 문장이라 할 수 있다. 약 2000 단어의 육조염체(艷體)의 이 뇌문에서 아내는 '옥같이 빛나고 진주같이 영롱했는데 갑자기 죽었으며', '어떻게 나를 저버리고 창망히 부부의 연을 끊었는지', '망망히 홀로 떠나가며 나를 어찌 이곳에 남겨두고', '너무나 아름다운 것은 쉽게 사라진다'고 하면서

두 사람의 따뜻하고 향기롭고 달콤한 잊지 못할 애정생활 10년 세월을 말하며 문장 속에 '오호 슬프도다!'라는 감탄사를 14번이나 써 아내를 애도하고 아내를 잃은 자신의 침통한 마음을 나타냈다.

이욱은 아내가 쓰던 물건에도 시 몇 수를 써 넣었는데 아직도 그녀의 온기가 남아 있는 듯한 비파에 〈제비파배(題琵琶背)〉를 썼고 땀 향기 젖어 있는 그녀의 손수건에는 〈서영연수건(書靈筵手巾)〉를 썼는데 이 시들은 남당서(全唐書)에 지금까지 남아 있다

역대 제왕 중 망처(亡妻)에 대해 이처럼 깊은 감정을 품은 사람은 없었는데 혹자는 이욱이 아황이 죽은 후 극도의 비통함을 나타낸 것은 그가 아황의 병중에 소주후(小周后)와 사통한 것을 대외적으로 숨기려고 해서라고도 말한다.

작품 속의 진루(秦樓)는 남경 서남쪽 산 위에 지은 봉황대(鳳凰臺)를 말한다. 이곳에는 아름다운 새들이 많이 날아와 깃들어서 이런 이름이 붙여진 것이다. 진(秦) 나라 목공(穆公)의 딸인 농옥(弄玉)과 그녀보다 더 퉁소를 잘 부는 남편 소사(蕭史)가 늘 이곳에 와 퉁소를 불며 봉황과 놀았는데 어느 날 이 부부는 봉황과 함께 선계(仙界)로 날아갔다고 한다.

이욱은 이 작품에서 그의 아내 아황이 비파를 잘 타고 음악에 조예가 깊어 그녀를 농옥(弄玉)에 비유하고 있으며 그녀도 농옥처럼 선계로 날아갔을 것이라고 말하고 있다.

이 전고(典故)는 이백의 봉대곡(鳳臺曲)이나 〈진아를 추억하며(憶秦娥)〉에서도 볼 수 있으며 훗날 청춘 남녀가 만나 노는 장소를 진루(秦樓)라 하고 사랑하는 아름다운 여인을 진아(秦娥)라고 부르기도 했다.

작품 감상

이 작품은 '진루에서 퉁소 불던 여인은 보이지 않고'라고 영탄조로 죽은 아내를 그리며 그녀를 전설 속의 농옥(弄玉)이 봉황새를 타고 가버린 고사에 비유하고 있다.

지금 봉황은 날아가 누각은 텅 비었는데 꽃 피는 봄날의 경치는 예전처럼 여전히 아름다우니 슬프고 허무하여 '상원에는 경치 외에는 아무 것도 없다'라고 말한 것이다. 상원의 경치는 비단 그곳의 경치만을 말하는 것이 아니고 예전의 함께 했

던 여러 가지 아름다운 추억도 내포되어 있다. 여기서 '비어 있다(空余)'와 '보이지 않고(不見)'라는 단어에서 우리는 작가의 견딜 수 없는 고통과 슬픔이 느껴진다.

이 사(詞)는 전반부에서 가 버린 사람과 여전히 존재하는 사물을 대비시키고 있다. 황금 꽃술의 아름다운 꽃들은 후원의 경치를 구체적으로 묘사한 것이다. 고개 숙이기도 하고 고개 들기도 한(自低昂) 아름다운 꽃들을 봐도 기쁘지 않은 이유는 함께 감상할 사람이 지금 없기 때문이며, 그래서 '自低昂'라고 하여 화자의 마음을 헤아려주지 않는 꽃들의 무정함을 통해 자신의 침통함을 드러내고 있다. 이 서운한 마음을 다음 구절에서 동풍(東風)에게 그 원망을 늘어놓는다. 전반부의 중심은 경치는 예전과 같은데 사람이 없어 슬프다는 것으로 봄바람은 이런 마음을 조금도 배려해주지 않고 옛 회상을 불러일으키게 하여 화자를 번뇌케 한다고 원망하고 있다. '꽃'이라는 '영(英)'에는 '꽃처럼 아름다운 사람'이나 '재능이나 지혜가 뛰어난 사람'이라는 뜻도 있어 다음 구절의 '옷섶으로 한 줄기 향기 풍겨오고'와 연결되어 이제 막 핀 꽃송이의 청신한 향기가 마치 죽은 아내의 향기처럼 느껴진다고 표현한 것이다. '왜 하필 동풍은 나의 면전으로 꽃향기를 보내며 나를 번민케 하고 나를 더욱 우울하게 하는가(东风恼我, 才发一襟香)'라는 화자의 심리 상태를 표현한 이 구절은 화자의 슬픔을 원망으로 표현한 것이다.

상반부에서 오감을 통해 느꼈던 상한 마음을 후반부에서는 그 필법을 바꿔 그윽한 꿈의 세계로 엮어 놓았다. 사인의 그리움은 꿈이 되었고, 꿈속에서는 예전의 즐거움이 역력하게 재현되고 있다. 작가는 꿈속에서 어떻게 헤어지기 아쉬워했는지에 대해서는 말하지 않고 단지 아내의 방인 아름다운 '창문(瓊窓)'으로 옛 일을 말하며 함축적인 언어로 대신했다.

'琼窗口留残日' 구절의 가운데 한 글자가 빠져 있어 후세의 해석은 다양하다 혹자는 '梦'자를 써서 아름다운 방에서 옛 생각을 하다가 살며시 잠이 들었는데 잠에서 깨보니 해가 기울고 있었으며 꿈속의 옛 생각은 여전히 머릿속에 남아 있다는 뜻으로 해석하기도 하고, 어떤 책에서는 이 가운데 글자를 '笛'라고 하여 슬며시 잠에 들었는데 피리 소리에 잠을 깨니 석양이 이미 창 앞에 임했고 꿈속에서 들었던 것 같은 피리소리에 농옥이 돌아왔는지 죽은 아내가 돌아왔는지 꿈과 현실 사이를 오가며 꿈과 같은 아쉬움이 남아 있다고 해석하기도 한다. 아름다운 창과 저물어가는 저녁 해를 '아름다운 창가에서 꿈에서 깨니 석양만 남아 있다'라고 표현하면서 꿈에서 깬 후에도 옛 일에 얽힌 그 많은 일들로 '그 때의 한은 왜 이다지도 많은지'라고 하면서 스스로를 자책한다. 그 어떤 한(恨)도 없이 사랑만 할 줄 알았는데 일단 헤어지고 나니, 아쉬운 것도, 못 다 해 준 것도 많아 한이 더 길어졌다고 표현한 것이다. '한이 많다'라고 하지 않고 '한이 길다'라고 표현한 것은 뜻의 함축이 더 풍부하고 슬픔의 무게와 애통함의 정도가 더 크게 느껴지는 표현이다.

이어 화자가 창문을 통해 본 것은 아름다운 녹색 난간과 그 옆의 늘어진 수양버들의 그림자뿐이어서 더욱 적막하고 처량한 느낌에 젖는다. 일찍이 수양버들 그늘 아래 그녀와 함께 놀았던 광경이 스쳐 지나가며 풍경은 여전한데 그녀는 영원히 가버렸고, 함께 했던 날이 짧으면 짧을수록 한은 면면히 이어지며 더욱 길어지는 것이다.

꿈속에서 본 옛 일로 인하여 상사의 마음은 더 깊고 무궁무진하게 한없이 이어져 '잠시 만나 보니 꿈 속 생각으로 나른해지며' 아무 것도 할 수 없고 또 다른 생각도 할 수 없고 그저 게으르게 멍하니 사념에 빠진다. 여기에 쓰인 '나(懶)'자는 한없이 게으르게 꼼짝도 않고 그저 생각에만 잠겨 있다는 뜻인데 그 이면에는 이젠 그만 생각하려고 단안을 내리려는 뜻도 포함되어 있다. 그러나 이런 마음을 가지면 가질수록 더욱 더 '그리움에 게을러진다' 이 그리움에 게을러진다는 말은 반어적인 표현으로 남은 한이 유구하다는 뜻이다.

이 사(詞)는 사물을 대하며 잃어버린 사람을 그리워하는 내용으로 봄꽃과 봄버들, 아름다운 창문과 푸른 난간, 그 어느 것 하나 따뜻한 봄날의 아름다운 광경이 아닌 것이 없다고 말하면서도 이런 아름다운 것들을 보고 눈물을 흘리는 것은 바로 마음이 상한 사람의 특별한 회포라고 말한다. 진솔한 감정과 자연스런 표현으로 이렇게 애절한 감정을 표출할 수 있는 것이 이 작가의 탁월한 필법이다. 특히 구절마다 층층이 변화를 주며 뜻을 강조하고 있는 점도 훌륭하다. 즉 '퉁소 부는 여자'는 원래 아름다운 사람인데 '볼 수 없다(不見)' 두 글자로 그 정서를 돌변시켰고, '후원의 경치'는 아름다우나 '텅 비었다(空余)'라는 두 글자로 갑자기 처량하고 구슬픈 것으로 바꾸어 버렸다 '꽃들이 만발하며 제각기 뽐내는 것'은 아름답기 그지없는 일이나 동풍이 그윽한 향기를 풍겨와 나를 번민케 하여 좋은 감정을 슬픈 감정으로 바꾸어 버렸다. '아름다운 창(瓊窓)'은 화려하고 아름다우나 지는 저녁 해(殘日)로 인해 쓸쓸함으로 전환되었다, 그리고 아름다운 푸른 난간은 늘어진 수양버들 그림자로 한을 이끌어냈고, 꿈에서 서로 만나 그리워하는 좋은 감정은 '게으를 나(懶)'자로 멍하니 게으르게 생각만 하는 심사로 바꾸어진 것이다. 이렇게 이욱은 전혀 가공이 안 된 천연의 소리로 당시 자신의 침통하고 슬픈 감정을 유감없이 나타냈다.

작가는 궁중 안의 후원인 비원에서 처음 그녀를 만났을 수도 있고 또 때때로 두 사람은 이곳을 자주 찾아왔을 수도 있다. 그래서 모든 사물과 경관이 모두 그녀와의 추억을 떠올리게 하는데 그녀만 가버리고 없어 비통한 마음이 더욱 깊어지며 그녀가 더욱 그리운 것이다. 얄미운 봄바람은 그녀의 향기 같은 꽃향기를 보내어 그를 더욱 번민케 하고 멍하니 생각에 잠기다 잠깐 잠이 들어 깨어보니 해가 기울고 있다. 창밖으로 보이는 난간과 수양버들 역시 그들의 추억을 상기시키고 또 꿈속에서 만나 본 그리움으로 아무 것도 할 수 없어 그저 게으르게 그녀 생각에만 잠긴다.

마치 한 폭의 그림 같은 배경 속에 스토리가 있는 이 작품은 문장 구성의 독특함과 적절한 어휘 선택으로 주제가 선명하게 부각되고 있다.

采桑子(轆轤金井梧桐晚)

轆轤金井梧桐晚，幾樹驚秋。
晝雨新愁，百尺蝦須在玉鉤。
瓊窓春斷雙峨皺，回首邊頭。
慾寄鱗遊，九曲寒波不泝流。

Lùlú jīnjǐng wútóng wǎn, jǐ shù jīng qiū.
辘轳金井梧桐晚，几树惊秋。

Zhòu yǔ xīn chóu, bǎi chǐ xiā xū zài yù gōu.
昼雨新愁，百尺虾须在玉钩。

Qióng chuāng chūn duàn shuāng é zhòu, huíshǒu biān tóu.
琼窗春断双蛾皱，回首边头。

Yù jì lín yóu, jiǔ qǔ hánbō bù sù liú.
欲寄鳞游，九曲寒波不泝流。

저녁 무렵 오동나무 아래 우물의 도르래
가을 소리에 나무들이 놀라네.
낮에 비 내리니 새로운 근심이 생겨
높다란 발에 옥고리를 걸고
창가에 앉아 눈썹 찡그리며
고개 들어 먼 하늘 바라보네.
물고기에게 소식 전해보고 싶지만
구곡만리 찬 물결 어찌 거슬러 올라갈 수 있을까.

詞意

늦가을에 낮 비가 내리니 또 다른 애수가 젖어든다. 창문가에 앉아 옥 걸이에 매인 높은 발 사이로 궁정 후원의 아름다운 우물가를 바라본다. 해질 무렵의 우물가는 적막하기 그지없고, 우물 위의 도르래와 우물가의 아름다운 난간과 오동나무가 보는 이에게 더욱 가을의 처량함을 배가시킨다. 이미 떨어지기 시작한 나뭇잎들은 '아, 벌써 가을이 가는구나'하는 영탄 속에 사람을 놀라게 하고 나무들을 놀라게 한다. 하릴없이 멀리 있는 임 생각을 하다가 잠깐 낮잠이 들었는데 깨어나 보니 어느덧 석양이 물들고 있다. 낮에 오는 비도 구슬프고 낮잠 후에 석양을 보는 것도 구슬프다. 비록 아름다운 궁궐의 화려한 창가에 앉아 있지만, 그 옛날 사랑하는 사람과 함께 했던 좋았던 시절은 이미 다 사라졌고, 멀리 임이 있는 곳을 향해 고개를 돌려보나, 소식조차 막연하여 자연 두 눈썹을 찌푸리며 슬픔에 잠긴다. 옛 사람들처럼 물고기에게 편지를 보내 소식 좀 전해 듣고 싶으나 늦가을 한파 속의 긴긴 황하 강을 물고기들이 어찌 거슬러 올라갈 수 있겠는가! 이것도 어려운 일이니 그저 근심과 애수뿐인 생활을 할 수 밖에 없다.

단어

1. **녹로(辘轳)** : 고패, 도르래, 두레박. 높은 곳이나 먼 곳으로 무엇을 달아 올리거나 끌어당길 때 쓰는 것으로 여기서는 우물물을 긷는 도르래를 말한다.

2. **금정(金井)** : 우물 또는 우물의 난간. 금정(金井)은 조각 장식이 아름답게 된 우물로 궁중에 있는 우물을 말한다. 그 둘레에는 화려하고 아름다운 장방형의 난간이 둘러싸고 있다.

3. **기수(几树)** : 몇 그루의 나무들. 기(几)는 10개 이하의 확실하지 않은 숫자를 뜻하며 여기서는 '얼마나 많은 나무들'이란 뜻으로 쓰였다.

4. **경추(惊秋)** : 가을 바람소리에 놀라다. 가을이 지나가며 나뭇잎들이 시들어 바람에 떨어지는 소리를 들으면 가을은 왜 이다지도 빨리 지나가는지 놀라게 된다는 뜻으로 여기서는 낙엽 지는 쓸쓸한 가을 풍경을 말하고 있다.

5. **하수(虾须)** : 새우 수염. 즉 발을 말하는데 아주 정교하고 세밀하게 만들어 마치 가늘고 촘촘한 새우의 촉수(觸鬚 : 수염)와 같다고 비유한 말이다.

6. **옥구(玉钩)** : 발을 붙잡아 매 두는 옥으로 만든 발걸이.

7. **경창(琼窗)** : 경옥(瓊玉)으로 아름답게 장식한 창으로, 궁중의 여인들이 거하는 방의 정교하게 만들어진 화려한 창을 지칭한다.

8. **춘단(春断)** : 아름다운 일들과 아름다운 것들을 모두 다 잃다. 계절상의 봄은 이미 다 가버렸다는 의미와 이미 끝난 옛 시절의 아름다운 것들이 다 사라졌다는 이중적인 의미로 쓰인 말이다.

9. **쌍아추(双蛾皱)** : 두 눈썹을 찌푸리다. 눈썹이라는 '아(蛾)'는 누에 나방이의 촉수처럼 곡선을 이룬 여자의 길고 아름다운 눈썹을 뜻한다.

10. **변두(边头)** : 변방, 벽지(僻地). 하늘 끝. 여기서는 먼 곳을 가리킨다.

11. **린유(鳞游)** : 린(鳞)은 비늘이라는 뜻으로 어류(魚類)의 총칭이다. 린유(鳞游)는 물고기가 소식을 전한다는 뜻이다. 즉 물에서 헤엄치며 놀고 있는 물고기(鳞游)로 서신을 대유한 것이다. 〈악부고시(樂府古詩)〉에 보면, 먼 곳에서 온 손님이 잉어 한 쌍을 남겨 두고 가 아랫사람을 시켜 요리를 하라고 했더니, 잉어 배 속에 편지가 들어 있었다고 한다. 그래서 후세 사람들이 이를 '쌍리(雙鯉)' 혹은 '어신(魚信)'이란 말로 서신을 대신하고 있다. 한(漢) 나라 때도

편지를 주고받을 때 생사(生絲)로 짠 천을 두 마리 생선 모양으로 접어 사용했으며, 또 두 나무조각을 물고기 모양으로 만들어 그 가운데 편지를 집어넣어 보내기도 했다. 여기서도 물고기(잉어)가 서신을 전한다는 의미로 쓰였다.

12. **구곡(九曲)** : 황하(黃河)를 말한다. 황하의 물은 아홉 번이나 구비쳐(九曲) 굴곡이 심하고, 그 길이가 9천리라고 한다.

13. **소류(泝流)** : 흐름을 거슬러 올라감. 소류(遡流)

구절풀이

辘轳金井梧桐晚, 几树惊秋 저녁 무렵, 우물가의 도르래와 오동나무, 많은 나무들이 가을이 감에 놀랜다. 예전에는 우물가에 으레 오동나무를 심었으며, 커다란 오동잎이 가을날 바람에 떨어지는 소리를 추성(秋聲)이라고 했다. 금정오동(金井梧桐)은 늘 가을의 정서를 표현하는 말이며, 또 녹로금정(辘轳金井)은 구체적인 시간을 가리키는데 일반적으로 물을 긷는 때는 아침 일찍이 거나 저녁 무렵이며, 여기서는 저녁 해질 무렵이다(晚). '얼마나 많은 나무들이 가을이 가는 것에 놀라는지(几树惊秋)'는 나무가 가을이 가는 것을 두려워하는 의미와 사람들이 가을이 그렇게 빨리 지나감에 놀라는 두 가지 의미를 다 내포하고 있다.

昼雨新愁, 百尺虾须在玉钩 낮 비는 또 다른 슬픔을 자아내고, 창문의 높은 발은 옥걸이에 걸려있네. 낮에 주룩주룩 내리는 가을비가 새로운 애수를 자아내고, 홀로 있는 방의 발은 너무나 높이 매달려 있어 먼 곳은 보이지 않고, 보이는 것은 우물과 오동나무뿐이다. 백 척이나 되는 높은 발(百尺虾须)은 깊은 궁궐에서 자유롭지 못하게 갇혀 있는 신세를 말한다. 가을비는 계절을 재촉하며 덧없이 또 한 해가 지나감을 말하며 그리운 사람에게서는 소식도 없어 무료한 생활 속에 세월만 흐르고 있는 화자의 슬픈 마음을 가을비처럼 처량하다고 말하고 있다.

琼窗春断双蛾皱, 回首边头 아름다운 창가에서 머리 들어 먼 곳을 바라보나, 좋았던 옛 시절은 이미 다 끊어지고 사라져 두 눈썹을 찡그린다. 비록 아름다운 곳에 머물고 있지만 그리운 그 시절로 돌아갈 수 없음에 눈썹을 찡그리며 수심에 차 있다. 여기서 춘단(春断)은 봄은 다 끝났다는 말로 자신의 청춘도 끝났고 과거 좋았던 시절도 다시 올 수 없이 끝났으며 이젠 아무런 희망도 없다는 뜻이다.

欲寄鱗游, 九曲寒波不泝流 물고기에게 소식을 전해 달라고 부탁하고 싶지만 찬 파도 속을 물고기가 어찌 거슬러 올라가겠는가. 즉 구비치는 험난한 황하강을 어떻게 거슬러 올라가 소식을 전하겠느냐는 뜻으로, 멀리 떨어져 있는 임에게 소식을 전하기는 매우 어렵다는 뜻이다. 그리고 구중궁궐에 처해 있는 사람이 마음만 소식을 전하고 싶을 뿐이지 실제로는 바깥세상과 소식을 주고받기란 참으로 어려운 일이라 이를 구곡 한파(九曲寒波)라고 하면서 이를 거스를 수는 없다고 체념 섞인 어조로 말하고 있다

작품 배경

이욱(李煜)은 아황(娥皇)과 함께 생활한 10년 가운데 대부분의 시간을 아황과 함께 보냈으며, 아황의 주도면밀한 보살핌으로 그는 다른 궁녀들을 돌아볼 여지가 거의 없었다. 아황은 미모가 다른 사람들보다 뛰어나게 아름다웠을 뿐만 아니라 다재다능했기 때문에 이욱에게 더욱 흡인력이 있었다.

아황 자신도 궁궐의 여인 중에 자신이 가장 출중하고 고아하다고 생각되어 후궁의 비빈들을 전혀 질투하지 않았으며, 간혹 남편이 다른 여인들을 찾아도 남자들에겐 때때로 심심파적인 놀이가 필요하다고 생각되어 이것을 일시적인 장난으로 치부하고 이런 일에 무관심했다. 아내의 이런 행동이 이욱을 더욱 꼼짝 못하게 해서 사서(史書)에서는 아황을 '총폐전방(寵嬖專房 : 총폐는 마음에 들어 사랑함이며 전방은 방을 독점한다는 뜻으로 처첩이 총애를 독차지함을 이름)'이라고 말하고 있다.

자유분방한 이욱은 봄철이면 홀로 산천 구경을 하며 자연을 즐겼고, 봄가을 아름다운 밤이면 진화강 가의 용주에 올라 술을 기울이며 기생들의 노랫소리를 즐겼다. 이런 풍류가 없었다면 그의 작품 속의 여인들이 그렇게 생생하게 묘사될 수 없었을 것이다.

그는 궁궐 내의 다른 사람들의 연애사에도 관심이 많았고 연회석상에서 남녀의 주고받는 눈길 속에서 그들의 사랑을 상상하며 여러 각도로 그들을 관찰하길 좋아했다.

그러나 아내 아황이 죽고 나자 그는 비록 소주후가 곁에 있었지만 늘 아황이 그리웠다. 그는 아황을 추억할 수 있는 것들을 찾아 서성이며 아황과 함께 했던 궁녀들과 함께 음악을 듣고 아황이 작곡한 곡을 다시 연주하기도 했다.

또 이욱은 아황이 죽고 나서부터 궁녀들의 생활을 동정하며 그들도 한때는 사랑하는 사람이 있었을 것이며 궁으로 들어온 후 정인과의 소식이 끊겨 슬픔 속에서 나날을 보냈을 것이라는 생각에 그들의 아픔과 상사를 소재로 하는 사를 많이 지었다.

각지에서 뽑혀 궁에 들어온 묘령의 아가씨들은 입궁하여 구중궁궐 높은 담 속에서 인생의 모든 즐거움을 끊고 마지막에는 얼굴은 봄꽃 같아 보이나 그 운명은 가을의 낙엽처럼 처량하고 쓰라린 그런 생활을 하며, 세월을 헛되이 보내고 청춘의 시기를 놓치고 있어, 이욱의 중기 작품 속에는 이들의 슬픔과 번뇌, 고뇌와 상사의 정을 그린 작품이 많이 눈에 띈다.

이 5장의 사 작품들은 대부분 하릴없는 애수와 무료와 적막한 한이 주류를 이루고 있는데 이 작품 속의 여주인공들은 대부분 그의 아내와 궁녀들이다.

이욱은 젊은 날에 오래도록 사모해왔지만 자주 찾아보지 못한 궁녀 경로(慶奴)와 마주치며 경국지색이었던 그녀가 나이가 들어 누렇게 시들어감을 보고 눈물을 금할 수가 없었다. 청춘을 높은 담 안에서 보낸 궁녀들 생각을 하며 지은 이 사는 낮잠을 자다가 깨어 슬픔을 느끼고 보이는 것은 깊은 후원의 오동나무와 우물뿐인데 오동나무 잎사귀 하나 떨어지는 소리에도 놀라는 적막한 그들의 생활을 그린 것이다.

작품 감상

이 사(詞)는 자의든 타의든 궁에 들어와 궁녀가 된 여인의 슬픔을 그린 것이다. 궁에 들어온 후, 옛날 사랑했던 사람과의 소식은 끊기고 그래서 더욱 그립기만 한 심정을 가을의 처량함을 빌려, 그 슬픔을 극대화하고 있다.

첫 구절에서는 시간적 공간적 배경을 설명하고 있는데 오동(梧桐)으로 가을을, 녹로(轆轤)로 물긷는 시간을 말하면서 '만(晩)'자로 저녁 해질 무렵임을 알리고 있다. 그리고 금정(金井)이라고 하여, 이 아름다운 우물은 황궁의 후원에 있는 것이어서 주인공은 자연 궁궐에 있는 궁녀임을 암시하고 있다.

이 사(詞)는 시간상으로 3번째 구절인 무료한 늦가을의 낮 비가 또 다른 슬픈 감정을 일으킨 것으로부터 이 여인의 우수(憂愁)를 써내려 가고 있다. 아름다운 여인이 실의의 가을비 오는 소리를 들었기 때문에 발을 걷어 올려 고리에 걸고 있다. 가을에는 비가 자주 내려 밤에도 내리고 또 낮에도 끊임없이 내리는데, 낮에 한없이 내리는 가랑비는 '한없이 이어지는 이 여인의 우수' 같은 것이다. 화려한 궁궐답게 발도 높이(百尺) 걸려 있는데 어찌나 정교하게 만들었는지, 투명한 구슬발이 촘촘하게 새우수염(虾须)처럼 늘어져 있고, 발걸이 또한 옥으로 만든 아름다운 것이다.

이 여인이 창문 밖으로 바라본 바깥 풍경은 암울한 추색(秋色)으로, 우물의 도르래(辘轳)와 아름답게 조각된 우물(金井) 난간, 그리고 우물가의 오동나무(梧桐)다. 이 세 경물(景物)은 모두 깊은 규방 속에 외롭게 처해 있는 여주인공에게 가을의 애수를 불러일으키며 그녀를 처량하게 한다. 극히 추상적이어서 묘사하기가 어려운 이별의 한과 가을의 그리움을 작가는 이 세 가지 구체적인 경물(景物)로 주인공의 감정을 형상화했다. '도르래(辘轳)', '우물(金井)', '오동나무(梧桐)'의 이 6글자는 경(景)이지만 무한한 가을의 애수를 정(情)으로 이끌어 올린 단어들이다.

그리고 이어 놀랄 '경(惊)'자로 무게를 실어 '나무들이 가을바람에 놀란다(几树惊秋)'고 하여, 문득 가을이 벌써 지나가고 또 한 해가 지나가는 것을 깨달으며 놀라는 자신의 심정을 나무들이 놀란다고 절묘하게 표현했다. '경(惊)'은 차가운 가을바람과 오동나무 잎들이 우수수 떨어지는 정경을 형상화한 말인데, 또 '경(惊)'에는 가을의 소리도 들어 있으니, keng하는 낙엽 떨어지는 소리가 있고, 비가 오동잎을 때리는 소리도 있다. 이 모든 것들이 이 작품의 중심어인 '새로운 그리움(新愁)'으로 연결되고 있다. 그녀의 이 애수의 감정은 옛날을 그리워하는 애수에다 또 지금 발을 걷으며 느끼는 애수가 함께 합하여 그녀의 마음을 괴롭히고 있는 것이다. 임은 지금 멀리 하늘 끝 어디엔가 떠나 있고, 여인은 홀로 외롭게 그리움 속에서 울고 있어, 전반부에서는 가을의 슬픔이 비처럼 끊이지 않고 흐르고 있다. 이런 분위기와 배경은 후반부의 이별의 정한을 표현하기 위해 작가가 미리 의도적으로 포석해 놓은 것이다.

전반부의 원경(遠景)으로부터 점차 근경(近景)으로 접어들면서 후반부에서 마침내 주인공의 모습이 드러나고, 이 여인의 슬픔과 고뇌의 심사, 이별의 한이 묘사되고 있다. 이 여인은 전반부에서 궁궐의 나무들이 가을 색을 띠고 있는 것을 보고 놀라는 순간부터 세월의 빠름과 멀리 떠나온 고향을 생각하며 옛날을 그리워하기 시작한 것이다. 궁에 들어온 후 소식이 끊어진 임을 생각하며 봄날 연인과 함께 즐거웠던 기억을 떠올리며, 지금 비록 아름답고 화려한 방(琼窗) 안에서 호의호식하고 있지만 임과의 아름다웠던 시절은 다시 올 수 없으니 그저 먼 곳을 바라보며 상심으로 눈썹을 찌푸리는 것이다. 아름다운 창(琼窗)과 백 척이나 될 정도로 높은 새우수염 같은 발(虾须)은 그녀의 지금 신분을 나타내는 말이며, 앞의 가을의 슬픈 색깔과 대조가 되는 단어들이다. 그녀는 발 밖의 가을 풍경을 보면서, 이제 봄은 완전히 끝난 것이라고 한탄하며(春斷) 계절의 변화와 세월의 덧없음, 그리고 자신의 청춘도 다 가버렸다고 서글퍼하고 있다.

'춘단(春斷)'이라는 단어 속에는 여주인공과 사랑하는 사람과의 사이에 이미 끊어져버린 한 토막의 옛 정을 암시하는 뜻이 함축되어 있으며 이런 옛 정이 지금 가을바람, 가을비 속에서 '새로운 그리움(新愁)'으로 그녀의 마음을 괴롭히고 있는 것이다. 그 괴로움으로 여인은 눈썹을 찡그리는데 앞에서의 동작인 발을 걷어 올리는 동작은 담담하게 묘사되었지만 지금 눈썹을 찌푸리는(双蛾皺) 동작에 이르러서는 슬픔의 정도가 더욱 깊게 표현됐다. 그녀는 멀리 있는 임에게 어떻게 소식을 전할 방법이 없을까 잠시 생각하다가 문득 물에서 놀고 있는 물고기들에게 소식을 전해달라고 부탁하고 싶은 생각이 든다. 그러나 늦가을 차디 찬 황하 강물은 한파도 심하고 길도 험난한데 어떻게 강물을 거슬러 올라가 소식을 전할 수 있겠는가. 이것도 부질없는 일인 것이다.

이렇게 후반부에서는 먼 곳에 있는 임에 대한 상사(相思)의 정을 서정적으로 묘사하면서 길은 요원하고 편지 전달도 어려워 더욱 더 절망적인 심정이 됨을 드러내고 있다. 이 상사의 정과 그리움이란 만날 수 없다는 뜻과 잊으려고 해도 잊히지 않는 뜻이 합해진 그런 그리움인 것이다.

이 작품은 전체적으로 볼 때, 전반부의 '새로운 애수(新愁)'가 중심이 되어 후반부의 서정을 서술하고 있으며, 여기에 화려한 창문(琼窗), 아름다운 우물(金井), 오동나무(梧桐), 새우수염 같은 촘촘한 발(虾须), 옥으로 만든 아름다운 발걸이(玉钩) 같은 화려한 배경과 작은 소품들로 앞의 가을의 처량함을 부각시켰다. 이 작품은 한없이 깊은 애수의 감정을 눈물방울이 흐르듯 자연스럽게 묘사하였으며 또 적절한 전고(典故)를 사용하여 그리움을 전할 방법을 찾는 표현도 매우 특이하며 독창적이다. 그리고 창문을 매개체로 하여 실외와 실내를 경물(景)과 심정(情)으로 대비하여 가을의 정서가 물씬 풍기게 아름답게 표현했으며, 특히 '새우수염처럼 촘촘한 발(虾须)'이라고 표현하여 창밖의 풍경이 확연하게 보이는 것이 아니라 언뜻 발 사이로 보이는 가을 색과 분위기를 몽롱하게 그린 점이 매우 아름답다. 여기에 또 실외와 실내의 자연물과 사람이 하나가 되어 가을이 됨에 나무도 놀라고 사람도 놀란다는 표현 또한 매우 탁월한 필치이며 의인법 사용과 생생한 사물의 형상화 등으로 작품 전체가 살아 숨 쉬고 있는 것처럼 사실적으로 묘사되었다 .

이 작품은 규중 여인의 이별의 정한을 그린 작품이지만 더 나아가 운명을 극복할 수 없는 약한 사람의 통곡의 소리이기도 하다.

長相思(云一緺, 玉一梭)

云一緺, 玉一梭,
澹澹衫儿薄薄羅,
輕颦雙黛螺。
秋風多, 雨相和,
簾外芭蕉三两窠,
夜長人奈何！

Yún yī guā, yù yī suō,
云一緺, 玉一梭,

Dàn dàn shān er báo báo luó, qīng pín shuāng dài luó.
澹澹衫儿薄薄罗, 轻颦双黛螺。

Qiūfēng duō, yǔ xiāng hé,
秋风多, 雨相和,

Lián wài bājiāo sān liǎng kē, yè cháng rén nàihé!
帘外芭蕉三两窠, 夜长人奈何！

구름같이 틀어 올린 머리에
아름다운 손, 날렵하게 옥비녀 꽂네.
은은하고 산뜻한 색깔의 적삼에
얇디얇은 명주 치마
아름다운 눈썹을 가볍게 찡그리네.
가을바람 크게 부니 가을 비 화답하며
주렴 밖 파초 두 세 그루에 비 듣는 소리
아, 이 긴 밤을 어찌할거나.

詞意

머리를 구름처럼 높이 틀어 올려 청자색 끈으로 묶고 그 위에 가운데가 볼록하고 양 옆이 가는 베틀북 같은 옥비녀를 꽂는데 어찌나 숙련되게 머리 모양을 잘 손질하는지 마치 베틀의 북이 오고가듯 아름다운 손이 날렵하게 움직인다. 은은하면서도 산뜻한 색깔의 적삼에 하늘하늘한 얇은 명주치마를 걸친 미인은 늘 습관적으로 살짝 양 미간을 찌푸리니 소라 같은 눈썹 끝이 올라간다. 이렇게 아름다운 미인은 홀로 가을을 재촉하는 찬바람이 부는 소리를 듣고 있으며 또 여기에 호응하듯 가을 찬비마저 내리니 이 미인의 심사는 더욱 처량하고 슬프기만 하다. 주렴 밖의 파초 두 세 그루에 비 듣는 소리가 들리는데 여름에 듣는 파초 잎에 비 떨어지는 편안한 소리와는 달리 잠 못 이루는 가을밤에 떨어지는 빗방울 소리는 그녀를 더욱 번뇌케 한다. 그녀는 언제 이 밤이 다 지나갈지 홀로 새우는 이 긴 밤을 어찌할 바 모른다.

단어

1. **운일왜(云一緺)** : 구름같이 틀어 올린 여자의 머리 모양. '왜(緺)'자는 본래 벼슬아치로 임명되어 임금으로부터 받는 청자(靑紫)색의 표장(表章)인데 여기서는 아름다운 색깔의 머리를 묶는 끈을 말한다. 말아 올린 머리가 구름이 이는 것 같다고 하여 흔히들 '소용돌이 와(渦)'로 잘못 기재된 책도 있다. '운(云)'은 숱이 많고 윤이 나는 여인의 머리카락을 뜻하여 머리를 위로 올려 소용돌이처럼 틀어 묶은 것을 아름답게 표현한 말이다.

2. **옥일사(玉一梭)** : 옥비녀 하나. 옥으로 만든 베틀 북처럼 생긴 비녀. 여기서 '일(一)'은 앞의 구절과 운을 맞춘 것이다. 혹은 옥같이 아름다운 여인의 손이 베를 짤 때 베틀의 북이 왔다갔다하듯이 민첩하게 손을 움직이는 동작을 말한다.

3. **담담삼(澹澹衫)** : 산뜻한 색깔의 적삼. '담담(澹澹)'은 산뜻한 색깔이나 모양을 말하며 '삼(衫)'은 윗도리로 입는 적삼을 말한다. 여기서 '담담(澹澹)'은 '담담(淡淡)'과도 통용 되어 은은한 색깔, 선명하지 않은 은근한 색깔을 뜻한다.

4. **박박라(薄薄羅)** : 얇디얇은 비단 치마. '라(羅)'는 얇은 비단이란 뜻으로 명주를 말한다.

5. **경빈(輕顰)** : 가볍게 눈살을 찌푸리다. '빈(顰)'은 얼굴을 찡그린다는 뜻인데 중국의 4대 미인 중 가장 아름다웠던 춘추시대 월(越)나라 미녀 서시(西施)는 가슴앓이 병이 있어 가끔씩 눈살을 찌푸렸다고 한다. 그런데 눈살을 찌푸릴 때가 더욱 아름다워 여자들은 그녀의 행동을 따라 했으며, 여기서는 서시처럼 아름다운 여주인공이 가끔씩 눈썹을 찡그리는 모습조차 아름답다고 칭송하고 있다.

6. **대라(黛螺)** : 여자의 눈썹을 그리는 먹으로 눈썹 끝을 소라 모양으로 둥글게 그린다는 뜻이다. '대(黛)'는 화가들이 쓰는 청록색 안료를 말하는데 여자들이 이것으로 눈썹을 그렸다. 당시에는 눈썹을 모두 밀어버리고 가늘게 눈썹을 그려 넣었으며 '라(螺)'는 소라 모양으로 둥글게 눈썹 끝을 그린 것을 말한다.

7. **우상화(雨相和)** : 비도 여기에 서로 응한다. 비도 같이 따라 한다. 바람이 많이 부는데 비도 질세라 함께 쏟아지며 바람에 화답한다.

8. **과(窠)** : 그루나 포기 같이 식물을 세는 단위로 '棵'와 같은 글자다.

9. **장야(長夜)** : 긴 밤. 긴 밤이 천천히 지나가 적막하고 처량함을 견딜 수 없다는 말이다.

10. **나하(奈何)** : 어떻게 하나, 어찌할거나. 어떻게 대처할 것인가(반문의 형식으로 어쩔 수 없음을 나타낸다)

구절풀이

云一緺, 玉一梭 구름처럼 틀어 올린 머리에 베틀 북처럼 생긴 비녀를 민첩하게 꽂는다. 미인이 아침에 일어나 세수하고 머리치장을 하는 모습을 그리고 있다. 당시 남당에 서는 머리를 구름처럼 높이 치켜세워 묶는 것이 유행이었으며 황후 아황이 이런 머리를 했기 때문에 다른 사람들도 그 머리 모양을 흉내 내며 머리 장식을 화려하게 했다. 베틀 북 모양의 옥비녀를 꽂은 머리의 형상에서 비취색의 머리 끈과 옥빛의 비녀가 잘 조화되어 미인의 아름다움을 더해 주고 있다. 여기서 구름(云)은 숱이 많은 머리 모양을 말하고 옥(玉)은 옥 같은 아름다운 여인의 손을 지칭하면서 동시에 옥비녀를 지칭하고 있다. 그리고 베틀의 북(梭)은 비녀 모양을 말하면서 또 머리를 묶는 손의 민첩한 동작을 말한다.

澹澹衫儿薄薄罗, 轻颦双黛螺 옅은 색깔의 얇은 비단 옷을 걸친 미녀가 가볍게 살짝 눈썹을 찡그린다. 머리치장을 다 한 다음 미인은 산뜻하고 담담한 색깔의 얇은 비단옷을 걸치고 청록색의 눈썹 먹으로 눈썹 끝을 소라 모양으로 둥글게 그린다. 그리고 살짝 눈썹을 찌푸리니 여인의 아름다움은 더욱 빛을 발한다. 웃은 얼굴보다 새침하게 눈썹을 찌푸리는 모양이 더욱 고혹적이고 사람의 마음을 설레게 한다.

秋风多, 雨相和 가을바람 심히 불고 바람도 이에 호응한다. 가을이 다해 가는지 바람도 자주 불고 바람이 불면 비도 함께 하여 비바람이 서로 화답하고 있는 것 같다. 가을이라는 계절이 원래 쓸쓸한 계절인데 특히 밤에 내리는 비바람 소리로 더욱 가을이 처량하게 느껴진다.

帘外芭蕉三两窠, 夜长人奈何! 창밖 두 세 그루의 파초 잎에 듣는 비바람 소리, 이 긴 밤을 어찌 할거나! 창밖의 몇 그루 파초 위로 바람이 불어와 때리고 지나가고 또 비가 내려 파초 잎에 빗방울 떨어지는 소리, 이런 소리를 들으며 잠을 이룰 수가 없어 이 긴긴 밤을 어찌해야 좋을지 모르겠다는 여인의 원망스런 마음이 드러나고 있다. 잠을 못 이루니 이 밤이 더디 가는 것 같고 수심에 잠겨 있으니 비바람 소리와 파초에 빗방울 떨어지는 소리가 더욱 신경을 자극하며 잠을 못 이루게 한다. 사랑하는 임은 오질 않고 홀로 보내는 이 긴 밤을 어찌해야 좋을지 모르겠다는 원망스러운 한탄을 사물을 빌어 표현한 것이다. 여름에 오수를 즐기며 파초 잎에 빗방울 떨어지는 소리와는 달리 가을바람과 가을 찬비 속에 듣는 이 소리는 더욱 크게 들리며 잠 못 이루는 사람의 잠을 방해할 뿐이다.

작품 배경

이 작품은 이욱이 아내 아황과 잠시 떨어져 있게 됐을 때 그녀를 그리워하는 사거나 혹은 아내가 죽은 후 아내 생각을 하며 그녀를 그리워하는 사일 수도 있다. 아니면 사랑하는 사람이 잠시 밖에 나가 있을 때 홀로 남은 일반 부녀자들이 밤의 적막함으로 잠 못 이룸을 그린 사일 수도 있다.

종가(從嘉 : 왕이 된 후 그는 이름을 욱(煜)으로 바꾸었다)와 아황(娥皇)은 시사(詩詞)와 서화(書畵), 사서(史書)와 가무(歌舞)에 정통했으며 이들 부부는 재주와 예술에 있어, 서로 의기투합할 수 있는 가장 이상적인 반려요 지기였다. 그래서 두 사람은 결혼 후 같은 정신세계를 추구하면서 함께 영감을 얻으며 불타오르는 사랑으로 그들의 애정은 나날이 깊어만 갔다. 아황은 용모가 빼어나고 고개지(顧愷之) 그림 속의 아름다운 인물처럼 자태가 기품이 있었다. 봉황 같은 눈과 별 같은 눈동자, 단순호치(丹脣皓齒)와 얼음같이 희고 깨끗한 피부에 몸매가 빼어나게 아름다운 그녀는 짙은 화장을 하지 않고 눈썹도 담담하게 정리하여 물 위에 갓 피어난 부용(芙蓉)처럼 우아하고 기품이 있어 모든 사람의 찬탄과 사랑을 한 몸에 받았다.

친영(親迎) 후 둘이 처음 만나게 되었을 때, 아황은 종가의 마음속에 깊이 잊히지 않을 강한 인상을 남겨놓았다. 종가는 아황의 용모와 옷차림과 자태, 마음씨 등 모든 것이 첫 만난 순간부터 그의 마음속에 깊이 각인되면서 늘 그녀와 함께 있고 싶고 정치보다는 그녀 곁에서 함께 이야기하며 함께 문학을 논하며 음악을 즐기고 서예를 즐기고 싶어했다. 한시도 그녀와 헤어지고 싶지 않은 이욱은 둘이 잠시라도 서로 떨어져 있게 된다면 그 고통은 참으로 심할 것이라고 늘 생각했다.

종가는 결혼 전 황태자였을 때부터 매년 따뜻한 봄이 되어 산야에 꽃들이 만발할 때나 창랑한 가을바람 불어올 때면 변복을 하고 멀리 여행을 떠나 산천을 즐기며 친구를 찾아 담론을 하는 습관이 있었다. 결혼 후 그가 처음으로 밖으로 나갔을 때, 신혼의 달콤함에 빠져있던 아황은 큰 고통을 맛보았다. 홀로 남아 독수공방을 하며 상아침대에 누운 아황은 오랫동안 종가를 그리워했다. 비바람 소리와 파초에 비 듣는 소리를 들으니 남편이 더욱 그립고 온 밤 더디 흘러가는 시간 속에 잠 못 이루며 그녀는 어서 빨리 남편이 돌아오기만을 학수고대했다.

이 작품은 이욱이 자신을 기다리며 그리워 잠 못 이룰 아내 생각을 하며 아내의 심정으로 읊은 작품이다. 깊은 밤 인적이 끊겨 조용한 밤, 그리고 비바람이 서로 화답하는 가을 밤, 그의 눈앞에 아황이 머리에 비단 머리띠와 옥비녀를 하고 몸에는 얇은 명주옷을 걸치고 나타나, 소녀 같은 애수어린 담담한 눈길로 자신을 쳐다보고 있는 것 같은 환영을 보면서 자신의 감정을 주체할 수가 없어 이 글을 쓴 것이다. 아내가 긴긴 밤 잠 못 이루며 창가 침대에 누워 파초에 빗방울 듣는 소리를 듣고 있는 것처럼 그 역시 아내 생각에 잠 못 이루고 이 사를 쓴 것이다.

작품 감상

이 사는 한 여인이 홀로 잠 못 이루는 밤을 어찌할거나 하고 한탄하는 규방 여인의 원망이 담긴 작품으로 사패(詞牌)의 이름처럼 가을비 속에 긴 밤을 지새우는 여인의 긴 상사의 정을 그리고 있다.

전반부는 여인의 분장과 의복 차림을 세밀하게 묘사하여 여인의 아름다움을 그려내고 있는데, 당시의 유행하는 머리 모양인 높게 치켜세운 머리에 옥비녀를 꽂고 얇은 비단 적삼과 치마를 입은 여인은 눈썹 끝을 소라 모양으로 둥글게 그리고, 서시(西施)처럼 살짝 눈살을 찌푸리니 우아함 속에 또 다른 아름다운 매력이 있다. 이 전반부는 붓으로 가볍게 스케치한 한 폭의 소박한 미인도를 보는 것처럼 생동적으로 형상화되었다.

처음 시작 부분에서 여인의 머리 손질하는 모습을 세밀히 묘사한 작가는 중의법으로 머리와 손동작을 표현했다. '구름 같은 머리(云一緺)'에서 구름(云)은 여자의 머리카락을 지칭하며 '일왜(一緺)'는 머리를 둘둘 말아 소용돌이치게 하는 동태를 가리키는 말로 여자가 머리를 틀어 올리며 청색 끈으로 아름답게 묶은 후, '옥비녀(玉一梭)'를 머리에 꽂는데 여기서 '옥(玉)'은 미인의 아름다운 손을 일컬으며 동시에 옥비녀를 지칭하여 중의적으로 표현한 것이고 또 '베틀 북 같은 비녀(一梭)'는 북처럼 생긴 비녀로 중간이 뭉툭하고 양 옆이 가는 비녀인데 이것을 아름다운 여인이 섬섬옥수 예쁜 손으로 비녀를 꽂을 때 베틀의 북이 이리저리 재빨리 움직이듯이 민첩하게 손을 움직이며 머리에 비녀를 꽂는 손동작이라고 중의적으로 표현했다. 이렇게 머리를 손질하는 여인의 자태를 함축적으로 표현한 작가는 구름 같은 머리카락도 아름답고 옥 같은 손도 아름답고 옥비녀도 아름다우며 베를 짜듯이 민첩하게 머리를 틀어 올리는 여인의 손동작도 아름답다고 말하고 있다.

이어 작가는 여인의 의복에 대해 언급하면서 담담(澹澹)과 박박(薄薄)이라는 중첩된 형용사를 사용하여 겉으로는 단지 담담하고 산뜻한 색깔과 얇디얇은 명주 천만을 언급하면서 우리로 하여금 이 색깔에서 이 여인의 단아한 자태를 그리고 의복에서 그녀의 호리호리한 몸매를 상상하도록 했다.

여인의 화장과 옷차림에 이어 여인이 눈썹을 찡그리는 모습을 그렸는데 이것은 후반부와 연결시키기 위함이고, 여인이 누군가를 기다리며 그리워하면서 원망 어린 그윽한 눈길과 살짝 찌푸린 눈살로 밤에 시름으로 잠 못 이룸과 상관되게 포석해 놓았다.

여인은 가볍게(輕) 눈썹을 찡그리고 있지만 이것은 그녀 마음속의 강렬한 원망에 대한 반어적인 표현이다. 눈살을 잔뜩 찌푸리지 않고 가볍게 찡그린다(輕)는 말은 원망이 오히려 가볍지 않다는 의미이며 이 단어는 앞의 담담(澹澹)하고 산뜻한 빛깔과 얇디얇은(薄薄)과 호응시키기 위해 '가벼울 경(輕)'자를 쓴 것이며 우리는 이 3단어에서 여인의 전체적인 모습이 젊고 여리고 순수한 이미지임을 알 수 있다.

이렇게 아름답게 치장한 여인은 오로지 사랑받고 싶은 마음뿐이고 그래서 그렇게 정성을 다해 분장을 하지만 기다리는 사람은 이날 밤도 오지 않고 비바람만 부니 마음이 어지러워 잠을 이룰 수가 없는 것이다.

후반부는 공간적 배경과 주인공의 심정을 읊고 있는데 비바람에 지는 가을 밤 경물 묘사 속에 '이 밤을 어찌할거나'라는 한탄과 원망으로 애수의 정을 마음껏 드러내고 있다. 비오는 가을밤을 형상화함에 있어 작가는 '비바람이 분다(秋风多, 雨相和)'라는 단지 6글자로 비오는 가을밤을 생생하게 묘사했다. 가을바람 솨솨 불고 가을비는 주룩주룩 내리며 비바람 소리가 함께 들려 사람의 마음을 더욱 처량하게 한다. 바람이 비를 더욱 세차게 내리게 하는 양, 듣고 있노라면 비와 바람이 서로 호응하며 화답하고 있는 듯하다. 여기서 바람이 세차게 부는 것을 '많이 불고(多)'라고 한 것이나 비바람이 함께 하며 서로 호응하고 있는 것을 "서로 화답하고(和)"라고 표현하여, 후반부의 이 '다(多)'와 '화(和)' 두 글자가 화자의 마음을 울적하게 하고 번뇌케 해 잠을 못 이루게 하는 원인으로 표현됐다.

가을밤의 비바람 소리는 사람을 불안하게 하고 여기에 파초 잎에 떨어지는 빗방울 소리는 잠 못 이루는 사람의 정서를 더욱 불안정하게 만들며 이 비는 언제쯤 그칠 것이며 바람은 언제 잠잠해질 것인지 그리고 임은 언제쯤 오시려는지 홀로 지새는 이 긴 밤이 걱정스러워 여인은 '이 긴 밤을 나 홀로 어찌 할거나'라고 긴 한숨을 내뱉는다.

작가는 이 구절에서 단지 '주렴 밖의 파초 두세 그루(帘外芭蕉三两窠)'라고만 하여 서술구가 없어 비바람에 파초 잎이 흔들리는지 혹은 파초 잎에 빗방울이 뚝뚝 떨어지는 소리가 들리는지 알 수가 없는데 다음 구절에서 '이 긴 밤을 어찌 할거나(夜长人奈何)'로 연결시켜 파초 잎의 빗소리가 잠 못 이루는 여인의 심사를 괴롭힌다고 설명하고 있다. 긴 밤을 어찌 할 수 없다고 말하듯 자연스럽게 표현한 이 5글자로 인해 이 사는 더욱 서정적이 되었다.

이렇게 후반부에서는 경(景)으로 정(情)을 나타내고 경(景)으로 사람을 그려내면서 전반부와 후반부 전체에 인물과 배경과 자태와 심리가 한데 어울리도록 잘 조화시켜 놓았다.

이 사(詞)에는 형상과 색이 있고, 소리와 감정이 있으며 이 모든 것이 한데 어울려 세밀하게 묘사되면서 상사의 고통은 말하지 않으면서도 상사의 고통을 자연스럽게 내비치고 있으니 참으로 높은 경지의 사(詞) 작품이라고 할 수 있으며 언어 역시 간결하고 명료하면서도 함축미가 있다. 이 작품은 여성 화자의 어조로 말하고 있지만, 잠시 집을 떠난 남자가 자신을 기다리고 있을 여인을 상상하며 쓴 글이라고 생각된다.

謝新恩(櫻花落盡階前月)

櫻花落盡階前月,
象床愁倚薰籠。
遠似去年今日，恨還同。
雙鬟不整云憔悴,
淚沾紅抹胸。
何處相思苦?
紗窓醉夢中。

Yīnghuā luò jìn jiē qiányuè, xiàng chuáng chóu yǐ xūn lóng.
櫻花落尽阶前月，象床愁倚薰笼。

Yuǎn sì qùnián jīnrì, hèn huán tóng.
远似去年今日，恨还同。

Shuāng huán bùzhěng yún qiáocuì, lèi zhān hóng mǒ xiōng.
双鬟不整云憔悴，泪沾红抹胸。

Hé chù xiāngsī kǔ? Shāchuāng zuì mèng zhōng.
何处相思苦？ 纱窗醉梦中。

달빛 아래 계단에 흐트러진 앵두꽃잎들
슬픔에 겨워 상아 침대 위 향롱에 기대 바라본다.
오늘 하루가 먼 작년과 같고 그 한도 여전하다.
손질 않은 흐트러진 머리에 얼굴은 초췌해지고
눈물이 붉은 내의 속 가슴으로 흐른다.
상사의 고통은 사창가 취몽 중에 있는 듯하구나!

詞意

그리움으로 잠을 이룰 수 없어 창밖을 바라보니 달빛은 교교한데 창 밖 계단엔 앵두꽃이 가득 떨어져 쌓여 있다. 슬픔에 겨워 일어나 상아 침대에 기대어 향내 풍기는 따뜻한 향롱을 품고 임 생각에 젖는다. 시간은 왜 이다지도 더디 가는지 어제가 오늘처럼 멀리 느껴지고 기다림으로 인한 한은 더욱 깊어만 간다. 임도 없이 홀로 지새는 이 밤, 보는 사람 없어 양쪽 쪽진 머리 흐트러져도 내버려두고 정리할 생각도 않은 채 얼굴은 슬픔과 걱정으로 갈수록 초췌해져간다. 소리 없이 흐르는 눈물은 가슴으로 흘러내려 빨간 가슴 덮개를 적신다. 이는 빨간 내복만 적시는 것이 아니라 그녀의 마음 속 깊이까지 슬픔의 눈물이 내리고 있는 것이다. 그리워하는 이 고통은 도대체 어디에서 연유된 것인지? 어디에 상사의 고통이 숨어 있는지? 이렇게 그리워하며 괴로워 잠 못 이루는 것은 아마도 취한 듯 꿈꾸듯 취몽 간에 본 사창 밖의 달빛과 계단에 가득 떨어져 있는 앵두꽃과 늦봄의 슬픔 때문인 듯하며, 늦봄의 이 모든 경물이 슬픔을 일으키고 있는 듯하다.

단어

1. **앵화(樱花)** : 희고 작은 분홍색의 앵두나무 꽃

2. **낙진((落尽)** : 다 떨어지다.

3. **계전월(阶前月)** : 계단 앞에 달빛이 교교하다. 계단 앞에 달빛이 비치다.

4. **상상(象床)** : 상아로 장식한 침상. 이는 비싼 가구로 장식한 고급스럽고 화려한 방을 일컫는다.

5. **훈롱(薰笼)** : 고대 부귀한 집의 생활용품으로 향내를 풍기는 향로이다. 향로뚜껑에 구멍이 있어 그 안에 향을 태우면 연기가 뿜어나오며 향기가 퍼진다. 이 훈로(薰爐) 위에 직접 사람의 피부와 닿지 않게 뭔가를 씌워놓은 것이 훈롱(薰笼)인데 이는 옷을 말리거나 혹은 따뜻한 화로 대용으로 사람들이 기대기도 한다. 백거이(白居易)의 〈궁사(宮詞)〉에서도 "아름다운 얼굴 아직 늙지도 않았는데, 임금의 총애가 끝나 날이 밝도록 훈롱에 비스듬히 기대어 밤을 새운다"라고 했다.

6. **원사(远似)** : '매우 같다'라는 뜻이다.

7. **한환동(恨还同)** : 한(恨)은 예나 지금이나 여전히 같다.

8. **쌍환(双鬟)** : 두 쪽으로 말아 올린 젊은 여자의 머리 모양. 여기서 '환(鬟)'은 여자들의 머리를 둥글게 틀어 올린 모양을 말하고 있으며 이 '환(鬟)'자에는 머리털 빛깔이 먼 산의 검푸른 색과 비슷한 색임을 나타내고 있다.

9. **부정(不整)** : 정리하지 않는다. 손질하지 않는다. 엉클어진 채로 두다.

10. **운초췌(云憔悴)** : '초췌'는 속이 타서 여위고 파리해짐을 말하며 여기서는 머리칼도 윤택이 없고 얼굴도 윤택이 없어 앞에 '운(云)'을 덧붙여 얼굴에 구름 같은 초췌한 분위기가 나타나고 있음을 말하고 있다.

11. **누첨(泪沾)** : 첨(沾)은 젖다. 적시다의 의미로 '누첨(泪沾)'은 눈물에 젖다. 눈물로 적시다의 뜻이다.

12. **홍말흉(红抹胸)** : 가슴을 가리는 일종의 붉은 내복. 붉은 비단으로 만든 수놓은 여인네들의 가슴막이로 앞부분만 있고 뒷부분은 없는 오늘날의 브래지어와 같은 것이다. 마름모꼴을 약간 둥글게 말아 끈을 두개 만들어 목에 둘러 가슴을 가린다.

13. **하처(何处)** : 어느 곳. 어디에

14. **사창(纱窗)** : 깁을 바른 창. 지극히 얇고 가벼운 명주 같은 견직물을 바른 창으로 고귀한 부녀자의 창을 말한다.

15. **취몽중(醉梦中)** : 취하여 꿈을 꾸는 가운데

구절풀이

樱花落尽阶前月 象床愁倚薰笼 앵두꽃 이미 다 진 기운데 계단 앞엔 달빛만 교교히 비치고, 상아로 장식한 침대에 비스듬히 앉아 훈롱(薰笼)에 기댄다. '계전월(阶前月)'은 원래 계단 앞 달빛 아래 한가로이 거니는 것을 말하는데 여기서는 방 안에서 사창을 통해 계단 앞에 달빛이 흐르고 그 달빛으로 계단 위에 떨어진 앵두꽃을 보며 슬퍼한다는 말이다. 앵두꽃은 이미 다 져 봄이 가버려 슬프고 그대도 여기 없어 슬픈데, 월색이 과거를 생각나게 해 더욱 애상에 젖어 침대 위의 훈롱에 기대어 그대 생각에 잠긴다.

远似去年今日, 恨还同 멀리 작년의 일이 오늘의 일 같고 그 한은 여전히 같다. 아름다운 경치가 과거의 애수를 자아내고 이러한 이별의 애수는 이미 오래된 일로 작년과 똑같다. 상춘의 슬픔 속에 홀로 하는 적막감에 잠들지 못하는 원망이 들어 있는 구절이다. '恨还同'은 한은 여전히 똑같고 그 한은 작년의 한이나 금년의 한이 똑같으니 이별로 인한 홀로 하는 한(恨)은 늘 똑같은 것이라는 뜻이다.

双鬟不整云憔悴 泪沾红抹胸 두 쪽으로 구름처럼 둥글게 말아 틀어 올린 머리가 저녁이 되어 흩뜨려졌는데 찾아오는 사람 하나 없고, 보는 사람 없어 머리 손질하기도 싫고 정리하기도 싫어 그대로 둔다. 임 생각에 몸은 수척해지고 파리하고 핏기 없는 얼굴과 윤택 없는 머리카락으로 초췌하기 짝이 없다. 늘 울고만 있어 눈물이 붉은 내복을 적시고 이 눈물은 붉은 내복만 적시는 것이 아니라 이 여인의 가슴속까지도 적신다. 붉은 가슴막이 내복(红抹胸)은 지금도 볼 수 있고 살 수 있는 물건으로 주로 붉은 색인데 참으로 에로틱하게 만들어져 있다.

何处相思苦, 纱窗醉梦中 어디에 이 상사의 고통이 있어, 나를 애태우게 하는가? 무엇이 나를 이렇게 그리움의 고뇌와 번뇌에 빠뜨리게 하는 것인지? 아마도 술에 취해 잠시 꿈을 꾸는 가운데 사창에 비치는 달빛과 그 달빛 속 계단에 가득 떨

어져 있는 앵두꽃이 나를 이런 애상에 젖게 하는 것인지도 모르겠다. 꽃이 다 짐은 이 봄이 다 지나갔다는 것이고, 기다림 속에 나의 청춘도 이렇게 세월과 더불어 사라질 것이며 슬퍼서 취해 보지만 취몽 간에도 슬픔은 끊이지 않아, 작년의 한이나 올해의 한은 늘 같으니 내년의 한도 이와 같을 것임을 말하고 있다.

작품 배경

이 사는 후주가 궁중의 미인을 대신하여 홀로 밤을 지새우는 여인이 마음속에 품고 있는 사람을 그리워하며 밤에 잠을 못 이루며 슬퍼하고 있는 것을 그린 작품이다.

이 작품의 화자는 여성으로 궁녀일 수도 있고 혹은 이욱의 아내 아황일 수도 있다. 이욱과 아황은 신혼의 달콤함이 지난 후부터 아교를 붙여 놓은 듯 서로 붙어 떨어질 줄 모르고 모든 여가 시간을 함께 했다. 그들의 감정은 나날이 깊어만 갔고 아황은 한 순간도 그와 떨어져 있지 않으려고 했다. 아황은 다른 비빈들에게 매우 너그럽게 이욱을 양보하는 듯했지만 실제적으로 그녀는 언제나 남편과 함께 했다.

결혼 후 이욱과 잠시 떨어져 있게 되었을 때 아황은 큰 고통 속에서 남편의 존재를 더욱 크게 느꼈다. 온 땅에 벚꽃이 만발하고 밝은 달은 허공에 걸려있는데 그녀만 홀로 남아 독수공방을 하며 상아침대에 누워 오랫동안 종가(從嘉)를 그리워했으며 어떤 때는 온 밤을 잠 못 이루며 하염없이 눈물을 흘리기도 했다.

그녀는 멍하니 침대 위의 향로에 기대어 종가(從嘉)가 빨리 돌아오기만을 바라며 잠을 이룰 수가 없어 혼자서 술을 마셔본다. 술에 취해 슬픔을 잊어보려고 하나 취기 속에 꾼 꿈에서도 남편과 함께 했던 아름다운 일들로 인해 꿈에서 깨어나 그가 없음에 더욱 슬퍼진다.

도대체 이 슬픔과 고뇌는 어디서 오는 것일까? 날이 밝기를 기다리며 고통의 밤을 지새우며 해가 높이 떠 창가에 임해도 게으르게 머리도 빗지 않고 아침 화장도 하지 않은 채 때로는 구리거울을 만지며 거울 속의 헝클어진 머리와 수심에 찬 고통스러운 자신을 들여다보며 눈물이 붉은 속옷 사이로 흘러내리는 이 원망은 도대체 어디서 오는 것일까?

매년 떠나는 남편의 봄 여행이건만 작년의 일도 오늘의 일처럼 여전히 이별의 아픔을 느끼는 것은 사창 밖의 달빛과 사창 밖의 계단에 떨어진 벚꽃들로 이 모든 것이 늘 되풀이되는 일이기 때문이다.

그녀는 기다리던 종가가 그녀 곁으로 돌아오면, 와락 그의 품에 안기며 원망 반 애교 반으로 이번의 짧은 이별 동안 얼마나 많이 그리워했으며 고통스러워했는지를 호소했을 것이다. 이에 종가는 더욱 부드럽고 애정이 어린 말로 그녀를 위로하며 그녀를 위해 이런 사를 지었을 것이다.

그러나 이것은 확실한 일은 아니며 이 사(詞)에서 그리워하는 의중인(意中人)이 임금일 수도 있고 아닐 수도 있는데 디만 이 작품에서 알 수 있는 것은 궁궐의 젊은 여인들이 사랑하는 사람 주로 임금의 총애를 기다리며 그가 찾아오기만을 애타게 기다리며 상사의 정으로 잠을 못 이룬다는 것이다.

이욱은 늘 여성 화자의 입을 통해 궁중 여인들의 고통을 세밀하게 표현했는데 이욱만큼 여성들의 심리를 정확하게 파악하여 섬세하게 감정묘사를 한 사인도 드물 것이다.

작품 감상

이 사는 후주가 궁중의 미인을 대신하여 그리움으로 어찌할 바를 모르는 여인의 심정을 진솔하게 표현한 그의 중기 작품이다.

이 작품은 그다지 독창적이지는 않지만 궁중 여인의 애달픈 심정과 무료함 그리고 늘 찾아오는 그리움과 뜻 모를 슬픔을 나른하면서도 천천히 흘러내리는 애상의 감정으로 잘 표현했다.

상아로 조각한 아름다운 침대(象床)나 훈롱(薰笼), 사창(纱窗) 같은 단어를 사용하여 작중 인물이 고귀한 신분의 여인임을 드러내고 있으며 이러한 단어들을 사용함으로써 작품 전체가 우아해지고 품격이 고상해졌다.

첫 구절에 나타난 '애수(愁)'는 이별과 그리움의 애수지만 남당이 멸망하기 전에 당시 이욱이 즐겨 썼던, 그래서 그의 중기 작품에 빈번히 등장하는 그저 한가하면서도 무료한 생활 속의 '애수(愁)'와 '한(恨)'으로, 이는 특별한 의미 없이 무료하고 심심하고 답답해서 생긴 불안과 슬픔과 까닭모를 애상인 것이다. 이런 감상의 애수는 그가 송(宋)으로 붙잡혀 간 후의 '한(恨)'과 '슬픔(愁)'과는 그 뜻이 천양지판으로 다르다.

이욱이 늘 사용하는 시간상의 도치는 꿈에서 깨어난 후와 꿈꾸기 전, 현재에서 과거를 돌아보는 시점, 저녁의 일을 아침에 서술하는 방법 등 다양하게 사용되고 있는데 이 작품 역시 사창을 통해 본 밖의 경치에서 슬픔이 느껴지며 그래서 술을 마시다가 잠이 들었고 잠에서 깨어나니 또다시 밤이 되어 다시 달빛은 교교하게 창문으로 들어오고 그 달빛 아래 계단에 가득한 벚꽃들이 또다시 슬픔을 일으키고 이렇게 시간이 서로 얽히며 낮과 밤, 꿈과 현실이 교묘하게 교직되고 있다.

이는 작가의 의도대로 밤과 낮이 구분되지 않는 나른하고 게으르고 한가한 생활 속에 아침부터 이 여인은 하루 종일 아무 것도 하지 않고 그저 상사의 고통만을 맛보고 있는데 밤새 잠 못 이루다가 새벽녘에 살며시 잠이 들었고, 깨어나 보니 낮이고, 슬퍼서 술을 마시다가 잠깐 잠이 다시 들면 그 잠깐의 잠 속에서 사랑하는 사람을 만나는 꿈을 꾸다가 깨어나고, 깨어나 보니 어느새 밤이 되어 사창 밖으로는 교교한 달빛이 여전히 흐르고 있으며 계단엔 낙화만 쌓여가며 봄이 천천히 사라지고 있는데 이런 정경은 늦봄 내내 반복되는 일상으로 이 여인에게는 시간이 정지되어 있는 것이다.

이 정지되어 있는 시간은 작년에도 금년에도 마찬가지여서 다음 구절에서 '멀리 작년의 한이 금년의 한과 똑같다'라고 한 것이다. 여기서는 '멀리 원(远)'과 '여전히 그대로의 환(还)'이 서로 호응하면서 먼 옛일인 듯한 작년의 한이 지금도 여전히 같다고 말하고 있다.

무료한 생활을 나타내기 위해 작가는 '훈롱(薰笼)'이란 단어를 사용했는데 많은 시인들이 '훈롱(薰笼)'으로 기다림, 날을 샘, 상사의 고통, 무료하고 나른함을 대신했다. 백거이의 시에서도 '날이 밝을 때까지 훈롱에 기대어 앉아 있었다(斜倚薰笼坐到明)'라고 했는데 침대 위에 훈롱을 놓아두고 이것에 기대거나 품에 안으면 따뜻한 향내가 나서, 포근한 느낌이 들며 거기서 피어나는 향불을 바라보며 하염없이 시름에 잠겨 날을 새는 것이다. 그리고 하늘하늘 공중으로 날아오르는 향불을 한없이 바라보며 시간을 보낼 수 있으며 이 훈롱으로 인한 따뜻한 공기 때문에 나른해지며 졸리게 되어 훈롱은 여인의 유일한 동반자가 되어 함께 밤을 지새운다.

후반부에서는 상사의 고통을 구체적으로 묘사하고 있다.

'머리는 빗질도 잘 하지 않고 얼굴은 초췌해졌으며', '핏기 잃은 파리한 얼굴에 윤기 잃은 부스스한 머리카락'으로 여인의 얼굴엔 낮게 깔린 검은 구름처럼 초췌한 기운뿐이다 이 구절의 '운(云)'은 여인의 머리카락을 지칭하고 또 얼굴에 구름처럼 드리운 우울한 분위기를 가리키며 이중적으로 사용되고 있다.

여인의 이런 초췌한 얼굴과 헝클어진 머리는 밖으로 들어난 형상이고 안으로는 날마다 눈물로 세월을 보내고 있어, 하염없이 흐르는 눈물은 뺨을 타고 흘러 가슴으로까지 흘러내려 그녀의 붉은 내복을 적신다. 여기서 가슴을 가리는 '붉은 가슴 가리개(红抹胸)'는 매우 선정적인 단어로 여인의 웃옷을 벗기면 이 가슴 가리개가 보이고, 이때 여자가 살짝 부끄러워하며 고개를 숙이면 남자가 목 뒤로 묶여 있는 끈을 풀고서 함께 잠자리에 들기 때문에 이 단어 하나로 남녀 간의 사랑과 교합을 에로틱하게 형상화한 것이다.

그러나 그렇게 함께 할 사람이 없어 붉은 가슴가리개는 풀어질 날 없이 눈물만 적시는데 눈물에 젖은 붉은 내복은 더욱 붉은 진홍색이 되어 그녀의 피눈물과 그녀의 임 향한 일편단심과 그녀의 애끊는 마음으로 표현되었다.

그러나 그녀는 때론 정신을 찾자고, 그만 그리워하자고 생각하며 왜 그리움은 날로 더해가며 왜 그리움의 고통은 배가되는지 생각해본다. 그러다가 그녀는 이 모든 것이 늦봄의 상춘(傷春)임을 깨닫는다.

아름다운 봄 경치는 옛날의 좋았던 시절을 말하며 늘 추억을 불러일으키는 경물이지만 지금 봄이 사라져가는 춘모(春暮)는 자신이 현재 처하고 있는 상황과 같은 것이다. 봄을 잃을 슬픔 때문에 이런 심사가 되는 것이며 옛과 똑같은 경물이 슬픔을 일으킨 것이다. 달빛은 여전히 교교히 흐르고 때가 되니 벚꽃은 지고 낙화는 계단 위를 어지럽히는데 이것은 작년에도 그랬고 금년에도 그랬으며 내년에도 그러할 것이니 세월은 참으로 무정하고 자연 역시 무정한 것이다.

자연과 사물은 시간의 흐름에 따라 변하지만 궁궐의 여인에게는 시간이 정지되어 있는 것처럼 늘 같은 일상이 되풀이된다. 이들이 하는 일이란 마냥 님을 기다리는 일과 기다림에 지쳐 초췌해지고 나중에는 치장도 하지 않은 채 넋을 잃고 사는 일이다. 그리고 그들이 거처하고 있는 곳은 상아침대와 훈롱과 사창이 있는 아름답고 화려한 곳이지만 이런 아름다운 곳에 함께 할 사람은 없고 오로지 달빛과 훈롱(薰笼)만이 그들의 동반자가 되어 함께 밤을 지새우니 참으로 처량하고 서글픈 일이다.

이 작품은 늦봄의 슬픔과 홀로 하는 괴로움과 처량함, 그래서 잠 못 이루는 여인의 일상과 모습을 담백하게 그리고 있는데, 남당이 멸망하기 몇 년 전의 이욱의 작품에서 공통적으로 나타나고 있는 애수와 한이 짙게 배어나오고 있는 작품이다.

長相思(一重山, 两重山)

一重山，两重山，
山远天高烟水寒，
相思枫叶丹。
鞠花开，鞠花残，
塞雁高飞人未还，
一帘风月闲。

Yī chóngshān, liǎng chóngshān,
一重山，两重山，

Shān yuǎn tiān gāo yān shuǐ hán,
山远天高烟水寒，

Xiāngsī fēngyè dān.
相思枫叶丹。

Jú huā kāi, jú huā cán,
鞠花开，鞠花残，

Sài yàn gāo fēi rén wèi huán,
塞雁高飞人未还，

Yī lián fēngyuè xián
一帘风月闲

첩첩이 겹친 산, 산, 산
먼 산 하늘 높이 찬 안개 자욱하다.
그리움이 단풍잎을 붉게 물들였나
국화꽃 피고 지고 가을이 가니
가을 기러기떼 높이 날아 돌아오건만
사람은 돌아오지 않고
영창엔 무심한 바람과 달만 한가로이 비치네.

詞意

임이 계신 북쪽 변방은 산 넘고 물 건너 멀리 아득한 곳에 있다. 고개 들어 임을 향해 북쪽을 바라보니 보이는 것은 산 위에 또 산이 층층이 겹쳐 요원하게만 느껴지고 거기다 산봉우리에는 자욱한 찬 안개와 구름이 가려 더욱 볼 수가 없다. 이렇게 임 그리며 한참을 멀리 바라보다가 눈을 돌려 눈앞의 경치를 바라보니 가을 단풍이 땅에 떨어져 뒹굴고, 붉은 단풍잎은 마치 내 마음처럼 상사로 붉게 물들어 있다. 가을이 되어 핀 국화는 활짝 피었다가 어느새 또 다시 지려고 한다. 국화꽃이 피고 지면 또 한 해가 지나가는 것이다. 겨울이 오기 전에 철새들은 멀리 북쪽에서 날아오건만 기다리는 임은 돌아오지 않고 소식도 없다. 하루 종일 임 생각과 그리움에 빠져 있다가 문득 눈을 들어 창밖을 보니 어느새 저녁이 되어 맑은 바람 불고 밝은 달이 휘영청 떠 내 마음과는 상관없이 한가롭게 노닐고 있다.

단어

1. **양중산(兩重山)** : 두 산이 겹쳐 있다는 뜻으로 쭉 이어진 산들이 멀리까지 겹겹이 가로막혀 있다는 뜻이다. 산이 겹쳐 있어 거리가 멀다는 뜻을 나타내면서 사랑하는 사람이 계신 곳이 요원한 곳임을 알리고 있다. 그래서 돌아올 사람도 쉽게 오지 못하고 소식을 전하기도 어렵다는 뜻이 내포되어 있다.

2. **연수한(煙水寒)** : 멀리 산 너머 하늘 높은 곳에 찬 안개와 연기가 자욱하게 끼어 있다. 산이 겹겹이 쌓여 있어 멀리 바라보이는 것은 산봉우리 위의 자욱한 안개와 구름뿐이며 이곳과는 달리 요원한 북방은 날씨가 추울 것이므로 먼 산의 안개는 차가울 것이라는 뜻이다.

3. **풍엽단(楓葉丹)** : 단풍잎이 붉다. 붉게 물든 단풍잎은 일편단심 사랑한다는 상사의 마음을 나타낸다. 홍엽양매(紅葉良媒)는 붉은 낙엽을 주워 그 잎에 글을 주고받아 그것이 인연이 되어 결혼하게 된 고사인데, 그래서 붉은 단풍잎은 남녀 간의 상사와 뜨거운 사랑을 상징한다. 또 중국 고대 문학 작품에서는 열대 식물의 일종인 '홍두(紅豆)'로 남녀 간의 사랑을 표현하기도 한다.

4. **국화개(鞠花開)** : 국화꽃이 피고, 국화(鞠花)는 국화꽃(菊花)을 말하지만 또 국(鞠)이라는 글자는 '많은, 충분한'이란 뜻도 있어 '많은 꽃들, 백화'를 의미하기도 해 작가가 이를 중의적으로 사용하고 있는 듯하다.

5. **국화잔(鞠花殘)** : 국화꽃이 지고, 국화꽃이 시들어지고. '잔(殘)'은 멸하여 없어지거나 쇠잔하게 됨을 뜻하는 글자로 여기서는 꽃들이 시들어 사라진다는 의미이다. 그리고 국화꽃은 가을을 대표하는 꽃이기 때문에 국화꽃이 진다는 것은 가을이 끝나고 곧 겨울이 다가옴을 말한다.

6. **한안(寒雁)** : 찬 기러기떼. 변방의 기러기떼 등 철새를 뜻한다. 국경의 찬 기러기떼는 때가 되면 남쪽으로 날아가는데 사람은 때가 돼도 돌아오지 않음을 강조하기 위해 쓴 말이다.

7. **인미환(人未還)** : 사람은 아직 돌아오지 않는다.

8. **풍월한(風月閑)** : 맑은 바람과 밝은 달은 한가롭구나. 풍월(風月)은 청풍(淸風)과 명월(明月)을 말하며 자연의 좋은 경치를 뜻한다. 사람은 마음이 초조하여 번민하고 있어도 밝은 달과 맑은 가을바람은 그저 한가롭게 그대로 있다는 뜻이다.

구절풀이

一重山, 两重山 한 산 위에 또 다른 산들이 겹쳐 있고 이렇게 멀리까지 산들이 겹겹이 쌓여 있다. 이 말은 멀리 북방까지 많은 산들이 줄줄이 이어져 있고 또 산들이 이렇게 가로 막고 있으니 멀리 간 사람이 쉽게 돌아올 수 없음과 서로 소식을 주고받기도 어렵다는 의미다.

山远天高烟水寒 산 멀고 하늘 높은 그곳은 찬 안개만 자욱하게 깔려 있다. 임이 계신 곳을 바라보면 멀리 산만 보이고 하늘은 높기만 하며 산봉우리는 안개와 구름이 잔뜩 끼어 있어서 더욱 추운 느낌이 든다.

相思枫叶丹 단풍잎은 상사의 마음처럼 붉기만 하구나. 멀리 첩첩이 쌓인 산을 바라보다가 가까이 지고 있는 단풍잎을 보며, 붉은 낙엽이 마치 자신의 상사의 마음처럼 붉은 빛깔이라 상사의 마음이 더해진다.

鞠花开, 鞠花残 국화꽃 피고 지고. 즉 가을이 왔다가 금방 가을이 간다는 뜻이다. 꽃은 보통 봄에 피지만 국화는 가을꽃이라 국화가 피면 곧 가을이며 국화가 지면 곧 겨울이 되는 것이다. 또는 국화를 비롯한 가을에 피는 꽃들이 모두 활짝 피었다가 지는 것을 뜻하기도 한다.

塞雁高飞人未还 찬 겨울의 철새인 기러기들은 남쪽으로 높이 날아오건만 사람은 아직 돌아오고 있지 않다. 꽃 피고 철새가 날아오는 자연의 이치는 늘 제 때에 이루어지지만 사람의 일은 이와는 달리 알 수가 없는 일이다.

一帘风月闲 발을 걷고 밖을 보면 맑은 바람과 밝은 달은 한가롭게 노닐고 있다. 창문 밖의 가을 달은 유난히 밝고 투명하고, 소슬한 가을바람은 상쾌하기까지 하지만 무심한 청풍명월은 인간의 심사와는 관계없이 아름다운 정경만 보여주며 한가롭게 노닐면서 돌아올 사람을 기다리는 화자의 애타는 마음은 아랑곳도 하지 않는다.

작품 배경

이 작품 역시 규중의 여인이 가을 단풍을 보며 멀리 있는 사랑하는 사람을 그리워하며 한가로운 달을 원망하고 있는 글이다.

이 작품은 아내가 궁을 떠나 있을 때 이욱이 아내를 그리워하며 지은 듯하다. 이욱도 아황과 마찬가지로 아내가 이따금 떠나 있으면, 그도 아내를 그리워하며 헤어지기 싫은 심정이 되어 이런 사를 지었다고 할 수 있다.

아황(娥皇)이 친정으로 돌아갈 때마다 종가(從嘉) 역시 그녀가 없는 생활을 견딜 수 없어 그도 아황처럼 날마다 눈썹을 찡그리며 그녀를 그리워했으며 먹는 것도 맛이 없고 잠도 잘 못 잤으며, 아황이 궁으로 돌아오고 나서야 비로소 마음이 편안해지고 온 얼굴에 웃음이 활짝 피어났다.

어느 해 추석에 아황이 부모님과 친지들을 뵙고 돌아오자, 두 사람은 서로 이 말 저 말 물으며 기뻐 어쩔 줄을 모르다가 이욱은 아내가 없을 때의 외로운 자신의 심정을 그녀에게 말해줬다. 그대가 떠나간 곳은 산들이 겹겹이 쌓여 있고 그 사이 구름과 산과 물이 우리들을 가로막고 있었다. 산 멀고 물은 차며, 단풍은 붉게 물들고 국화는 노랗게 물들어 가는데 붉은 단풍잎을 보자, 상사의 고통이 더 커져만 갔다. 그대가 있는 곳을 향해 하늘가를 쳐다보면 기러기떼들이 날아가는데 그대는 왜 이렇게 돌아오지 않는지 보고 싶은 마음에 울적한 심사뿐이었다. 잠을 청해도 잠은 오지 않고 주렴 밖으로 비치는 달은 내 심정도 알아주지 않고 무심히 한가하게 떠있었다.

남편의 이런 고백을 들으며, 남편이 직접 지은 사를 아내를 위해 읊조려준다면 이 얼마나 낭만적인 일일지. 어쩌면 이에 호응하여 아황도 술을 따르고 비파를 타며 그의 흥을 돋았을지도 모르겠다. 시아버지 생신 때 비파연주로 축하를 드리자, 칭찬을 하며 이경통이 하사한 '소조(燒槽)' 비파를 꺼내와 요염한 자태로 남편을 위해 비파를 타는 그녀가 눈에 보이는 듯하다.

소조 기술로 정교하게 만든 이 악기는 동한(東漢)의 채옹(蔡邕)때부터였다. 채옹은 어떤 사람이 늘 벽오동 나무 장작으로 밥을 짓는 것을 보면서, 오동나무가 불에 타며 내는 음색이 맑고 낭랑함을 알았다. 채옹(蔡邕)은 여기에 착안하여 아직 완전히 연소되지 않은 오동나무를 잘 보존하여 공예기술이 뛰어난 기술자에게 부탁하여 섬세하게 비파를 만들도록 했으며 사람들이 시험 삼아 켜보니 비파 소리가 의외로 낭랑하니 듣기 좋았다. 열처리를 한 비파 재질은 타서 바삭바삭해져 그 시대 사람들은 이것을 '초미금(焦尾琴)'이라고 불렀다. 아황은 우연히 좋은 비파를 얻게 되자, 너무 기쁜 나머지 소조비파로 자주 음악과 무용을 좋아하는 종가를 위해 악보를 만들고 반주를 했다. 경쾌한 노래와 우아한 춤 속에 취해 사는 두 사람은 눈 내리는 밤이면 술에 취해 함께 춤을 추며 작품을 만들기도 했다.

그러나 이 작품은 아황이 주인공이 아닐 수도 있으며 하염없이 누군가를 기다리고 있을 궁녀의 늦가을에 대한 슬픔과 덧없는 세월을 상상하며 쓴 작품일 수도 있다.

작품 감상

상사의 정을 읊은 이 사(詞)는 깊은 가을날의 경물(景物)로 그리움을 이끌어내어 주제로 삼았으며, 북쪽의 기러기는 멀리서 날아오지만 먼 곳에 있는 사람은 돌아오지 않아 원망하는 규방 여인의 한탄을 그 소재로 삼았다.

이 작품의 어조는 극히 담담하나 함축이 많으며, 장황하지 않지만 그리움의 정은 깊고, 원망은 들어내고 있지 않지만 한(恨)은 안으로 한없이 깊어지고 있다.

이 사(詞)는 장상사(長相思 : 한없는 그리움)라는 사패의 이름과 사(詞)의 내용이 잘 부합된 작품으로 전반부는 산으로 시작되고 후반부는 꽃으로 시작되고 있다.

첫 구절에서 '산 위에 또 산이 겹치고, 그 산 위에 또 다른 산이 겹친다(一重山, 两重山)'라고 하여 면면히 이어지는 산봉우리들과 층층이 겹친 산들을 묘사하여 멀리 떠나간 그리운 사람은 저 멀리 요원한 곳에 가 있으며, 그와의 사이에는 이렇게 많은 산들이 가로막고 있다고 말한다. 그래서 만나보기 어렵기 때문에 그리운 정은 그 거리만큼이나 끝이 없다고 말하고 있는 것이다.

이어 이 산은 멀리까지 이어져 끝 간 데를 모르고 또 멀리 님 계신 곳을 쳐다보면 어찌나 먼 곳인지 하늘마저 높아 보이고 그 하늘 아래는 연기 같은 안개가 차디찬 수면에 깊이 잠겨 있어 그곳이 아득하게만 보인다. 몽롱한 안개 같은 찬 산봉우리는 보일 것 같지만 보이지 않고 잡힐 것 같지만 잡히지 않는데 작가는 이것으로 곧 돌아올 것 같은 임이 돌아오지 않는 막연한 분위기를 설명하고 있으며, 여기서 찬(寒) 것은 북방의 하늘이 차고, 계절이 차가운 것이며 더 나아가 그리워하는 사람의 처량한 마음이 차가운 것이다.

첫 구절에서 반복법으로 단어를 중첩되게 사용한 것도 상사의 정이 새록새록 깊어지고 이별의 시간이 길어질수록 그리움의 정이 더욱 깊어져 감을 말하고 있다. 그리고 양사 '하나(一)'와 둘(两)의 운용도 훌륭하고 중(重) 자의 중복도 빼어나다.

이렇게 먼 곳을 쳐다보며 그리운 임을 생각하다가 후반부에 들어서서는 근경으로 돌아와 눈앞에 보이는 단풍과 국화라는 가을 경물로 상사의 고통을 나타냈다. 헤어진 지 오래 되었고 상사(相思)의 날도 오래 되었는데 어느 덧 늦가을에 접어들어 바야흐로 단풍이 물드는 계절이 되니 임에 대한 그리움은 배가된다.

단풍과 국화는 가을의 상징이다. 단풍잎이 붉게 물드는 것은 계절의 흐름에 따른 자연현상이지만 임 향한 일편단심은 붉은 마음이요, 상사(相思)의 마음이며 상사(相思)로 인한 고통은 붉은 마음이라 이 모든 것을 붉은 단풍잎으로 상징했다.

홍엽양매(紅葉良媒)란 말이 있다. 당 희종(僖宗) 때 우우(于祐)라는 사람이 궁중 안에 있는 어천(御溝)에서 놀다가 단풍잎을 하나 주웠는데 그 단풍잎에 '흐르는 물살은 왜 그리 급한지? 깊은 궁궐은 온 종일 한가한데. 수줍은 마음 붉은 잎에 띄우네. 잘 흘러가 그분께 닿았으면(流水何甚急, 深宮盡日閒. 慇懃謝紅葉, 好去到人間)'이라는 글귀를 보게 되었다. 이에 우우(于祐)는 다른 붉은 잎 위에 '일찌기 잎사귀 위에 쓴 붉은 원망 듣고 잎사귀에 시를 쓴 이가 누굴지 궁금하네(曾聞葉上題紅怨 葉上題詩寄阿誰)'라고 써서 띄웠는데 결국 이로 인해 궁녀인 한(韓)부인과 결혼했다는 고사가 있다. 이로부터 단풍잎에 시를 쓰는 일이 유행했으며 붉은 단풍잎은 사랑과 열정과 상사의 대유물이 되었다.

단풍잎으로 상사의 정이 더해져 상사의 고통을 느끼는 화자는 국화꽃이 피었다 지는 것을 보며 국화가 지면 한 해가 지나가고 또 다시 다른 한 해가 돌아오며 세월은 꽃 피고 꽃 지는 것처럼 늘 반복되지만 그리운 임은 언제쯤 돌아오시려나 하는 원망의 마음이 생긴다. '국화꽃은 피고 지고(鞠花开, 鞠花残)'는 가을이 되어 국화꽃이 아름답게 피는가 싶었는데 어느덧 또 지고마니 세월의 무상함과 기약 없는 해후를 생각하게 된다. 그래서 고개 들어 다시 한 번 먼 하늘을 바라보니, 철새인 기러기떼들은 짝을 지어 높이 날며 남쪽으로 날아오는데 변방에 있는 그리운 임은 오히려 돌아오지 않고 있다. 여기에는 원망하는 마음과 기대하는 마음이 착잡하게 엉켜 있다.

기러기떼들이 떼를 지어 남쪽으로 날아가는 것을 보게 되면 변방에 나가 있는 남편을 둔 부녀자들은 흔히들 서둘러 솜옷이라도 짓고 싶어진다. 국화꽃이 지면 곧바로 겨울인데 변방의 겨울은 더 빨리 오는 법이라 아내는 남편의 건강과 추운 날씨를 걱정하게 된다. 그러나 산 멀고 물 건너 아득한 그곳으로 옷을 보낼 방법도 막연하고 소식을 전할 방법도 없어 기다리며 그리워하는 수밖에 달리 방법이 없다.

그래서 마지막 구절에서 적막한 생활에서 마주 대하고 있는 것은 '주렴 밖의 산들바람과 밝은 달' 뿐이라고 읊고 있다. 가을의 밝고 투명한 달은 아름다우나 상사의 고통에 가슴 아픈 여인에게는 무심한 달마저 원망스럽고 가을밤의 시원한 바람조차도 자신의 마음을 알아주지 않아 화자는 창밖의 한가로운 풍월이 무정하다고 푸념하고 있다.

이 작은 사(詞)는 경(景)으로 정(情)을 나타내면서 먼 산(山远), 안개 낀 강물(烟水), 국화(菊花), 가을 기러기(塞雁)로 깊은 가을을 청량하게 꾸며 놓았다. 이런 청량함이 가을 속 상사(相思)의 감정을 더욱 깊게 하고, 그리운 사람과 함께 하지 못하는 처량함과 적막함이 그윽한 원망이 되게 해 화자는 달과 바람까지도 원망하고 있는 것이다.

장상사(長相思)라는 곡에 이백(李白)을 비롯하여 많은 문인들이 글을 지어 넣었는데 백거이(白居易)는 '그리움은 한도 끝도 없고 안타까움도 끝이 없으니, 임이 와야 맺힌 한이 풀린다'고 했고 이백(李白) 역시 가을을 배경으로 '가을 귀뚜라미 우물가에서 울고', '휘장을 걷고 달을 보며', '푸르고 아득한 하늘과 넘실거리는 파란 물결, 그리고 아스라이 하늘 끝 먼먼 길 저편'으로 헤어져 있는 사람을 그리워하며 애간장이 녹는다고 했다. 그러나 이욱의 이 장상사(長相思)는 위의 작품들보다 더 간결하고 작은 사(詞)지만 임을 그리는 긴 상사(相思)의 감정이 더 애절하다. 아득히 보이는 수많은 산봉우리들, 그 산봉우리들보다 더 멀리 있는 임에 대한 그리움과 안타까움은 이 여인이 마주하고 있는 사물로 인해 그 원망이 더 커지고 있다. 국화꽃은 때가 되면 피고 지고 또 가을이 오면 단풍도 붉어졌다 사라지며, 기러기떼들은 남쪽을 향해 높이 날아갔다가 봄이 되면 다시 찾아오지만, 자신의 일편단심 그리운 마음은 변할 줄 모르고 그 감정은 나날이 더 깊어만 가는데, 무심한 풍월은 화자의 마음 아는지 모르는지 한가로이 거닐고 있다고 원망하고 있다.

清平樂(別来春半)

別来春半，觸目愁腸斷。
砌下落梅如雪亂
拂了一身還満。
雁来音信無憑，路遥歸夢難成。
離恨恰如春草，更行更遠還生

Bié lái chūn bàn, chùmù chóucháng duàn.
别来春半，触目愁肠断。

Qì xià luò méi rú xuě luàn,
砌下落梅如雪乱，

Fú liǎo yīshēn huán mǎn.
拂了一身还满。

Yànlái yīnxìn wú píng, lù yáo guī mèng nán chéng.
雁来音信无凭，路遥归梦难成。

Lí hèn qiàrú chūncǎo, gèng xíng gèng yuǎn huán shēng
离恨恰如春草，更行更远还生.

이별 후 봄은 또 반이나 지나갔고
눈에 보이는 것 모두가 슬픔이네.
계단 아래 매화 꽃잎 어지럽게 흩날리어
몸에 붙은 꽃잎은 털어도 다시 붙네.
기러기 돌아와도 소식 하나 없고
길이 멀어 꿈에서조차 돌아오기 어렵다네.
이별의 한이란 마치 봄풀 같아
가면 갈수록 더욱 자라기만 하네.

詞意

이별한 이래 봄은 이미 반이나 지나갔고 눈에 들어오는 경물과 경치는 보는 것마다 슬픔을 자아내 슬픔으로 창자가 끊어질 듯이 고통스럽다. 이별한지 얼마 되지 않은 듯한데 벌써 봄은 반이나 지나갔고 매화꽃은 마치 백설이 표표히 나는 듯 계단 아래로 어지럽게 떨어져 쌓이는데. 늦봄의 이런 정경이 마음을 상하게 한다. 매화나무 아래 계단에 내려서니 매화꽃이 떨어지면서 이리저리 흩날리다가 몸에 달라붙는다. 옷에 붙은 매화꽃을 털어내려고 해도 산들 바람이 불어오면 또다시 온 몸에 가득 달라붙으니 이는 끊이지 않는 나의 근심과 같다. 기러기는 이미 날아 돌아왔건만 멀리 간 사람으로부터는 소식 하나 없다. 길이 멀어 돌아오기 어렵고 이는 꿈속에서조차 돌아가기 어려울 만큼 불가능한 일이다. 이별의 한은 날이 갈수록 깊어만 지니 이는 마치 봄풀이 가도 가도 끝없이 이어지며 계속 자라나듯이 이별의 한 역시 시간이 갈수록 더욱 깊고 많아진다.

단어

1. **별래(別來)** : 이별한 이래로, 서로 헤어지고 나서
2. **춘반(春半)** : 반이나 지나간 봄. 봄이 벌써 반이나 지나가 이미 늦봄이다.
3. **촉목(觸目)** : 눈에 닿는 것마다, 눈에 보이는 것마다
4. **수장단(愁腸斷)** : 슬픔으로 창자가 끊어지는 것 같다. '매우 슬퍼함'을 형용한 말
5. **체하(砌下)** : 섬돌 아래.
6. **설란(雪亂)** : 눈이 흩날리듯 어지럽게 흩날리다.
7. **낙매(落梅)** : 떨어지는 매화꽃. 흰 매화꽃을 말하며 주로 밤에 활짝 핀다.
8. **불(拂)** : 털다. 털어 버리다.
9. **환만(還滿)** : 다시 가득 차다. 여전히 그득하다. 여기서 '환(還(hái)'은 '여전히, 또다시'라는 부사로 계속해서 여전히 가득 몸에 붙는다는 뜻이다.
10. **음신(音信)** : 편지, 소식, 기별
11. **무빙(無憑)** : 소식이 없다.
12. **요(遙)** : 요원하다. 아득하다.
13. **귀몽난성(歸夢難成)** : 꿈에서조차 돌아가기 어렵다. 꿈꾸기조차 어렵다.
14. **이한(離恨)** : 이별의 한, 이별의 슬픔
15. **흡여(恰如)** : 흡사 …와 같다. 바로 …와 같다.
16. **춘초(春草)** : 봄풀. 봄철의 부드러운 풀. 봄에 피는 온갖 잡초를 말하며 혹은 白薇꽃을 말한다 .
17. **환생(還生)** : 다시 또 생긴다.

구절풀이

別来春半, 触目愁肠断 서로 헤어지고 나서 벌써 봄이 반이나 지나갔다. 만물이 소생하는 봄이 되어 모든 것이 다 새로워졌는데 눈에 보이는 경치와 사물은 보는 것마다 모두 슬픔으로 창자가 끊어질 듯이 고통스럽다. 이별한지 오래되고 이미 봄도 반이나 지나갔는데 아름다운 경치는 함께 했던 추억을 불러일으켜 그리움만 사무치게 하고 슬픔으로 창자가 에이듯이 고통스럽다.

砌下落梅如雪乱 섬돌 아래로 떨어지는 하얀 매화꽃은 마치 눈처럼 어지럽게 흩날리는구나. 송무제(宋武帝)의 딸 수양공주(壽陽公主)가 처마 밑에 누워 있을 때 매화꽃이 그녀의 이마 위로 마구 떨어졌다는 이야기를 인용하였다. 매화꽃이 눈처럼 어지럽게 흩날리고 있다는 말은 매화꽃이 분분히 떨어지면 봄도 머지않아 끝날 것이며 가는 봄을 붙잡아 둘 수 없고 세월도 붙잡아 놓을 수 없으며, 멀리 떠나간 사람에 대한 그리운 감정만 시간에 비례하여 더욱 간절해짐을 말하고 있다.

拂了一身还满 털어내도 또다시 온 몸에 가득한 매화꽃. 매화꽃이 떨어져 분분히 날다가 온 몸 위로 떨어지는데 그 매화꽃을 손으로 털어내도 또 다시 매화꽃이 계속 달라붙어 온 몸에 가득하다는 말이다.

雁来音信无凭 기러기떼들(鴻雁) 날아와도 소식은 전혀 없다. 기러기떼들을 언급하여 멀리 떠나간 사람이 북방에 있음을 나타내고 있으며 기러기떼들은 남쪽으로 날아오는데 그리운 사람은 돌아오지 않을 뿐 아니라 소식 한 장 없음을 한탄하고 있다.

路遥归梦难成 길은 아득하여 꿈에서조차 돌아가기 어렵다. 산이 가로막고 물이 가로막은 머나먼 곳에서 돌아오는 길이 참으로 멀기 때문에 집으로 돌아오는 꿈조차도 꾸기 어렵다. 꿈을 꿀 수 있는지 없는지는 길이 멀고 가까운 것과 관계없지만 여기서는 길이 멀어서 꿈조차 꿀 수 없다고 돌려 말한 것이다.

离恨恰如春草, 更行更远还生 이별의 한은 마치 봄풀 같아서 가면 갈수록, 멀어지면 멀어질수록 또다시 자란다. 이별의 슬픔이란 마치 눈앞의 봄풀처럼 고향에서 멀리 떨어질수록 더욱 더 많아지는 법이다. 가도 가도 끝이 없는 봄풀은 여전히 다시 자라나고 이별의 한도 갈수록 많아지는 것이다.

작품 배경

이별의 정한을 그린 이 작품은 북으로 잡혀가 인질이 된 동생 종선(從善)을 그리워하며 쓴 작품이다. 이욱은 동복형제인 종선이 송(宋)의 수도 변량에 인질로 붙들려 있는 동안 늘 이 동생 때문에 눈물을 흘리며 괴로워했다.

이 작품은 왕년에 형제들과 시간이 다 하도록 시를 읊으며 즐거움을 나누었던 일과 서로 초청하여 호탕하게 술을 마시며 즐거워했던 일을 생각하며 지금은 눈이 빠지도록 기다리는 고통만이 있음을 떨어져 계속 옷에 달라붙는 매화로 그 근심을 비유해 끊이지 않는 슬픔을 애절하게 호소한 글이다. 이때 그는 '끝없는 하늘가 처량한 바람 불어 마음은 갈팡질팡 눈물만 흘리며 슬픔 속에 수만 가지 생각만 맴돈다"고 한탄하곤 했다.

겨울이 가고 봄이 왔으며, 이욱은 다사다난한 이 시기에 엄동을 뜬 눈으로 지새웠고, 태산 같은 근심 걱정 속에 암담한 봄날을 맞이했다. 어느 하루 공무를 마치고 정원 계단 밑 매화나무 아래를 거닐고 있는데, 때는 이미 봄이 반이나 지난 후라, 바로 꽃이 지는 시기였다. 이날은 만리 맑은 하늘에 가랑비도, 구름도 한 점 없었지만 나뭇가지 끝에 화려한 꽃잎들이 마치 겨울에 휘날리는 눈처럼 아무 소리도 없이 경쾌하게 날아 떨어지고 있었다. 그가 나무 아래 그리 오래 서 있지 않았는데 매화 꽃잎은 계속 떨어지며 그의 온 몸에 가득 달라붙었다. 가볍게 손으로 털어내도 계속 또 몸 위로 떨어지는 끝없는 낙화를 보면서 이욱은 왕년의 봄날 종선과 답청(踏靑)을 하며 꽃구경하던 정경을 떠올렸다.

바로 그때처럼 먼 하늘엔 또 한 무리의 기러기 울음소리가 전해 들려왔다. 이욱이 고개를 들어 바라보니, 한 무리의 기러기떼들이 "人"자를 이루며 정답게 떼를 지어 북에서 날아오는 것을 보고 변량(汴梁)에 억류되어 오랫동안 소식도 없고 꿈에서도 돌아오기 어려운 종선 생각이 더욱 났다. 그리운 정에 고개를 숙이며 괴로움을 참을 수 없어 땅을 바라보니 봄풀 하나하나가 모두 자신의 한처럼 자라나고 있었다. 천애에 홀로 떨어져 있는 이 봄풀들은 자신이 해소할 수 없는 이별의 슬픔과 이별의 한 같았다.

이런 울적하고 슬픈 심사로 나무 사이를 오래 배회하며 낮게 신음하다가 그는 저절로 이 〈청평악(淸平樂)〉을 완성한 것이다.

송(宋)의 조광윤은 늘 종선과 이욱을 이간질했다. 어느 때는 변량(汴梁)에서 종선이 조광윤이 하사한 아름다운 계집에게 홀려 하루 종일 주색에 빠져있다는 소식을 전해오기도 했으며 종선의 처는 이를 굳게 믿고서 궁으로 달려와 이욱에게 밤낮으로 독수공방하는 자신의 처참한 심정을 읍소하며, 이욱이 종선을 변량의 호랑이 굴로 보내지 말았어야 했다고 원망했다. 이욱은 종선의 비가 돌아간 후에도 오래도록 마음이 평정되지 않았으며 그녀가 봄날이 다해 가는 지극히 무료한 황혼녘에 난간에 기대어 홀로 저물어 가는 석양을 슬피 바라보고 있는 정경을 떠올렸다. 종선의 아내는 늘 이욱의 면전으로 와 큰 소리로 울었으며 이욱은 대답할 말이 없어 묵묵히 듣기만 했고 때로는 그녀를 피할 수밖에 없었다. 마침내 종선의 비는 우울해서 죽고 말았다.

작품 감상

이 사(詞)는 이별의 정한을 그린 것으로 여성 화자가 한가로운 봄날에 멀리 있는 사람을 그리워하며 슬퍼하고 있는 정서를 그린 작품이다.

첫 구절에서 여인은 문을 열고 멀리 산을 바라보며 벌써 봄이 반이나 지나갔다고 한탄하면서 유수 같은 세월을 원망하고 있다. 이렇게 전반부에서는 늦봄과 이별한 시간을 나타내면서 이별한지 얼마 되지 않은 듯하나 벌써 봄도 거의 다 지나가니 인간 심사와는 아랑곳없이 계절은 무심하게 왔다가 무심하게 가 버린다고 한탄한다. 여인은 밖으로 나와 아름다운 봄 경치를 바라보면서 사랑하는 사람과 함께 했던 봄날이 생각나, 보이는 것마다 추억에 목이 메고 창자가 끊어질 듯한 고통을 느낀다. 봄날의 아름다운 풍경이 아름다우면 아름다울수록 추억 때문에 마음 속 이별의 한은 깊어져 그리움이 배가된다. 춘반(春半)은 봄이 한창 무르익을 때인데 그러나 이 아름다운 경치가 오히려 여인의 애간장을 다 끊어내는 이유는 이별하고 헤어진 슬픈 정서 때문이다.

여인이 섬돌 아래로 내려서 매화나무 아래 서 보니 봄을 재촉하듯 매화꽃들이 분분이 떨어지며 온 계단에 가득하게 쌓인다. 여인의 옷 위로 마구 떨어지는 매화꽃은 털어도 털어도 계속 그녀 위로 떨어지는데, 이는 먼 곳으로 간 사람을 생각하는 여인의 걱정과 슬픔에 한이 없음을 나타낸 말이다. 작가는 '섬돌 아래(砌下)'와 '떨어지는 매화꽃 (落梅)'으로 그녀의 자태와 정신 상태를 그렸는데 계속 떨어지며 몸에 붙는 것은 생각이 끊이지 않음을, 그리고 어지럽게 날리는 것은 그녀의 생각과 마음이 어지러움을 나타낸 것으로 홀로 봄날을 보내는 여인의 고독을 섬돌 아래 내려선 자태로 묘사하고 그녀의 복잡하고 어지러운 생각을 바람에 날리는 매화꽃으로 비유하여 묘사했다. 즉 바람에 날리는 아름다운 매화꽃은 끝없이 어지럽게 흩날리고 있는 여인의 심사인 것이다.

후반부에서는 멀리 간 사람, 고향과 집을 떠나 멀리 간 남자, 사랑하는 사람으로부터 멀리 헤어져 있는 사람을 묘사하면서 소식조차 없어 밤낮으로 기다리고 있는 여인의 무료하고 슬프고 적막한 정서를 표현했다.

문득 하늘을 쳐다보니 기러기떼 날아오고 겨울에 남쪽으로 갔던 철새들은 봄이면 다시 돌아오는데 사랑하는 사람은 소식도 없고 돌아올 기미조차 보이지 않아 여인의 슬픔은 더해 간다. 너무 멀어서 소식이 없는지, 너무 멀어서 돌아올 수 없는지 안타까운 여인의 심정은 우수로 변하면서 그를 기다리는 것은 꿈도 꿔볼 수 없는 불가능한 일인지 암담하기만 하다. 이어서 이별의 한은 멀리 가면 갈수록 다시 생기는 봄풀처럼 끝도 없는 무변무제(無邊無際)라고 하면서 매화꽃과 봄풀이라는 두 소재로 슬픔의 고통과 처량함, 창자가 끊어질 듯한 아픔과 원한을 대신했다.

한 여인의 이별의 슬픔을 그리고 있는 이 작품은 변방으로 간 임을 그리는 여인의 원한을 읊고 있지만 실은 이욱이 그의 친동생인 종선이 송(宋)의 인질로 잡혀 돌아오지 않아 나날이 슬픔만 더해가는 정서를 그린 것이다.

'보는 것마다 창자가 끊어지는 듯한 아픔(触目柔肠断)'이라는 이 다섯 글자에 이욱의 동생에 대한 그리움의 고통이 여실히 드러나고 있으며 어려서부터 부친 이경통(李景統)과 여러 대신들이 함께 한 연회에서 시작(詩作)을 하며 여흥을 즐겼던 여러 가지 추억들로 작가는 남다른 감회로 더 슬픈 것이다.

동생은 북쪽에 자신은 남쪽에 있으며 산이 가로막고 물이 가로막아 찾아갈 수도 없는 상황은 송(宋)이 계속해서 이욱에게 송(宋)나라에 입조(入朝)하라는 압박 때문에 더더욱 갈 수가 없으며 또 송(宋)에 조공(朝貢)을 바치는 남당(南唐)으로서는 자유롭게 서신 왕래도 어려운 일이었다.

작가는 섬돌 아래 매화꽃이 분분히 날리며 털어도 또 다시 떨어지며 온 몸에 가득한 것으로 자신의 슬픔과 고통이 털어도 털어도 끊어지지 않는다고 했으며, 가도 가도 끝이 없이 다시 생기는 봄풀로 갈수록 많아지는 근심을 표현하여 사라지는 매화꽃이나 다시 생기는 봄풀처럼 생기고 사라지는 모든 것이 다 슬픔이라고 말하고 있다.

여기에는 일국의 군주로서 어찌해 볼 방법이 없는 안타까움이 있으며 이 안타까움을 떨어지는 매화꽃처럼 한이 없다고 표현했는데 이 '다시'라는 '환(還)'자에는 모든 감정이 다 내포되어 있어 예로부터 많은 사람들이 극찬하고 있는 글자다.

후반부에 들어서서는 자신의 관점에서 서술하여 동생의 소식이 없으니 어찌 걱정이 되지 않겠느냐고 한 다음 이어 상대방의 관점으로 동생이 있는 변량(汴梁)에서 이곳 금릉(金陵)까지의 길은 멀고도 멀어 돌아오고 싶어도 길이 멀어 동생은 꿈속에서조차 돌아오기 어렵겠다고 슬퍼하고 있다.

사람들이 제일 감탄하고 있는 마지막 구절에서 작가는 이별의 한이 늘 떠나지 않으며 또 이 한은 언제 끝날지 모르겠다는 절망감을 토로하면서 여기서 도처에 자라고 있는 봄풀(春草)로 이별의 애수와 이별의 한을 비유하여 한은 갈수록 깊이 쌓여만 간다고 했다.

특히 이 작품은 시작 부분에서부터 가슴 속의 회포를 직접적으로 토로하면서 마음속의 이별의 한을 조금도 숨기고 있지 않으며 "별(別)"자 한 글자로 생각을 불러일으키고 이어 "춘반(春半)"으로 '봄이 벌써 반이나 지나갔다'와 '서로 헤어진 후 또 봄이 한창일 때가 되었다'는 중의적인 표현으로 이한(離恨)의 정서를 심화시켰다.

이어 다음 구절에서는 '보는 것마다(触目)'라고 하여 '섬돌 아래(砌下)'나 '떨어진 매화꽃(落梅)'처럼 봄의 경물이 추억을 불러일으켜 자신의 마음을 어지럽게(乱)하고, 이 마음의 어지러움(心乱)은 계속 붙어와(拂) 몸에 가득(满) 달라붙고 또(还) 붙어 화자는 그리운 생각을 떨쳐낼 수가 없다고 말한다. 이렇게 전반부는 그리워하며 기다리는 심정을 그림처럼 묘사했으며 여기에는 허(虛)와 실(实), 동(动)과 정(静)이 적절히 잘 결합되어 있고 또 비유로 함축미를 더 했다. 그리고 마지막 구절에서 소식도 없는 이유는 길이 멀고 상황이 그러해서 꿈에서조차 이룰 수 없는 일이기에 마치 계속 자라는 봄풀처럼 슬픔의 한만 깊어진다고 한탄하면서 형제의 정을, 이별의 한을, 다시 만날 수 없는 어려움을 담백하게 그려내고 있다. 따라서 이 작품은 멀리 있는 사람에 대한 그리움보다는 그에 대한 근심과 걱정이 더 많이 담겨 있다.

阮郎歸(東風吹水日衔山)

呈郑王十二弟

東風吹水日衔山，春來長是閑。
落花狼籍酒欄珊，笙歌醉梦間。
佩聲悄，晚妆殘，凭誰整翠鬟？
留連光景惜朱颜，黄昏独倚欄。

Dōngfēng chuī shuǐ rì xián shān, chūnlái cháng shì xián.
東風吹水日衔山，春來長是閑。

Luòhuā láng jí jiǔ lán shān, shēnggē zuì mèng jiān.
落花狼籍酒欄珊，笙歌醉梦間。

Pèi shēng qiǎo, wǎn zhuāng cán, píng shuí zhěng cuì huán?
佩聲悄，晚妆殘，凭誰整翠鬟？

Liúlián guāngjǐng xī zhū yán, huánghūn dú yǐ lán
留連光景惜朱颜，黄昏独倚欄

동풍은 호수 위를 스치고
석양은 서산 넘어 뉘엿뉘엿
긴긴 봄날은 한가롭구나.
떨어진 꽃잎은 어지럽게 흩어지고
취몽 가운데 음악은 계속 되네
옥패(玉佩) 소리 사라지고 밤 치장도 흐트러지니
아름다운 봄 광경 속에 나이는 들어만 가는데
황혼 속에서 홀로 난간에 기대네.

詞意

봄바람이 호수 위를 가볍게 스치며 물결치고, 해는 뉘엿뉘엿 산을 넘어서려는 석양 무렵이다. 봄은 이렇게 꽃 피고 새 울며 바람이 불고 석양이 지며 한가롭게 지나간다. 해마다 늘 그렇듯이 긴긴 봄은 이렇게 한가롭게 왔다가 한가롭게 가버린다. 온 사방에 낙화가 흩날리며 봄은 사라져가는데 술에 취해 비몽사몽간에 음악소리를 듣는다. 꿈속에서 듣는 음악소리는 옛 좋았던 시절에 들었던 음악인지 취몽 중에 들었던 음악인지 알 수 없지만 꿈에서만은 즐겁게 옛 일을 회상한다. 찾아오는 사람 없고 갈 곳도 없어 하루 종일 꿈쩍도 하지 않으니 옷자락 스치는 소리나 패옥 소리도 점점 사라져간다. 아침에 한 화장이 밤이 되니 다 지워졌지만 볼 사람도 없으니 누구를 위해 몸단장을 하겠는가? 아름다운 봄 경치 속에서 한 해 한 해를 허송세월하고 있으니 봄 그림자처럼 아름답던 젊은 시절의 그 모습, 세월 따라 아리따움 사라져가니 마냥 서운하기만 하다. 황혼 속에 아무도 없는 난간에 홀로 기대어 시름겨워 하노라.

단어

1. **취수(吹水)** : 다른 책에는 "임수(临水)"라고도 되어 있다. 바람이 물 위로 불어오다. 바람이 수면에 가볍고 부드럽게 스쳐 주름지게 하는 동태적인 표현이면서 또 높은 곳에서 낮은 곳을 보는 정태적인 느낌도 있다.

2. **일함산(日衔山)** : 해가 산을 막 넘어가려고 하다. '함(衔)'은 '머금다, 품다'의 뜻이므로 해가 산을 머금은 때는 태양이 막 지려는 때를 말하며 산꼭대기에 황혼이 물들은 정경을 표현한 것이다.

3. **장시(长是)** : 늘, 줄곧, 언제나. '총시(總是)'와 같은 말이다 다른 책에는 "장자(长自)"로 되어 있으나 느낌상으로 "장시(長是)"가 사 전체의 풍격과 더 잘 어울린다.

4. **낙화(落花)** : 떨어진 꽃들. 위 구절의 '봄은 늘 이렇게 한가하게 오고(春来长是闲)'와 연결지어 이제 봄이 지나가며 떨어진 꽃잎들이 정원에 가득함을 설명하고 있다.

5. **낭자(狼藉)** : 난잡하게 어질러져 있다. 여기저기 흩어져 어지럽다.

6. **난산(阑珊)** : 세력이 점차로 줄어들다. 흥이 다 하다. 한창을 지나 쇠하여 가는 모양. 어지럽게 흩어지는 모양.

7. **취몽(醉夢)** : 술에 취하여 자는 동안에 꾸는 꿈, 취한 듯 꿈꾸는 듯한 상태를 말한다.

8. **패성(佩聲)** : 패옥(佩玉) 소리. 패(佩)는 환패(環佩)로 옛 사람들 옷의 옷 띠에 진주나 옥으로 장신구를 만들어 매달은 것을 말한다.

9. **초(悄)** : 고요하다. 조용하다. 쓸쓸하다. 여기서는 궁녀가 임금에게 불리지 못하고 그래서 움직이지 않아서 옥패소리가 안 들린다는 뜻으로 쓸쓸함을 말하고 있다.

10. **만장잔(晚妆残)** : 밤 화장도 지워지고

11. **빙수(凭谁)** : 누구를 위하여. 화장이 지워져도 다시 고칠 생각을 안 하고 머리조차 빗고 싶지 않은 것은 사랑하는 사람이 신변에 없기 때문에 그런 것이다. 그래서 누구를 위해서라고 한 것이다. 다른 책에는 '무인(无人)'이라고도 했다.

12. **취환(翠鬟)** : 아름다운 머리. 환(鬟)은 쪽진 여인의 묶은 머리를 말하며, 취환(翠鬟)은 머리카락의 빛깔이 먼 산의 검푸른 빛과 물총새의 깃털과 비슷한 쪽을 진 여인의 트레머리를 말한다.

13. **정(整)** : 정리하다. 가지런하게 하다. 추스르다.

14. **석(惜)** : 아쉬워하다. 애석해하다.

15. **유연(留連)** : (헤어지기가 섭섭해) 계속 머무르다. 좋아서 떠나기 싫다. 계속 지내다.

16. **광경(光景)** : 해 그림자. 여기서는 젊은 날의 좋은 시절을 일컫는다.

17. **주안(朱顔)** : 젊고 아름다운 용모. 불그레한 젊은 얼굴의 아름다운 모습

구절풀이

东风吹水日衔山, 春来长是闲 봄바람은 살랑 강물 위로 불어오고 해는 산을 머금은 채 지려고 하는 이 봄은 예전처럼 이렇게 늘 한가로이 오는구나. 이 구절은 작품의 시간적, 공간적 배경을 설명하고 있다. 계절은 봄이고 때는 석양이 지는 저녁 무렵으로, 높은 곳에서 강물을 바라보며 봄바람이 강물을 스치고 지나가는 것을 바라보고 있는 사람은 복잡한 심정인데 자연현상은 아랑곳하지 않고 늘 어김없이 한가로이 찾아온다는 뜻이다.

落花狼籍酒阑珊 笙歌醉梦间 한가로이 찾아온 봄은 이제 늦봄이 되어 서서히 물러나려 하고, 낙화는 정원 가득 낭자하게 흩어지고 주흥도 점점 사라져간다. 어디선가 들려오는 생황 노랫소리가 취몽 간을 오락가락하는데 취한 가운데 듣고 있는지 꿈속에서 듣고 있는지 잘 알 수가 없다.

佩声悄, 晚妆残, 凭谁整翠鬟 하루 종일 움직이지 않고 찾아오는 사람도 없어 패옥 소리조차 들리지 않고, 저녁 화장 지워졌어도 누구를 위해 머리 손질을 하겠는가? 아무도 찾지 않으니 헝클어진 머리에 얼굴도 매만질 필요가 없다는 뜻이다. 옥이나 진주를 매단 패옥은 걸어 다니면 옥이 서로 부딪치며 낭랑한 소리가 나는데, 홀로 무료히 나날을 보내고 있는 사람이 움직이지 않고 있어서 패옥소리 점점 사라진다고(悄) 한 것이다.

留连光景惜朱颜 黄昏独倚阑 좋은 시절은 떠나보내기 아쉽고 아름다운 얼굴 시들어짐이 서글퍼 황혼이 다할 때까지 홀로 난간에 기대어 멍하니 생각에 잠긴다. 이 구절은 청춘 시절이 속절없이 사라져감에 대한 아쉬움과 또 아름다운 얼굴, 젊음의 생기발랄함이 세월과 더불어 사라질 것을 걱정하고 있다. 한참 때 사랑하는 임과 헤어져 있거나 사랑하는 임이 찾아오지 않거나 하여 여주인공은 짧은 청춘이 헛되이 사라질까 두려워하고 있으며 기다리는 것 외에는 아무 것도 할 수가 없이 홀로 난간에 기대어 그리워하고 슬퍼하고 있을 뿐이다. 그래서 기다리는 마음과 애타는 마음이 이 구절에서 동시에 드러나고 있다.

작품 배경

이욱은 동복형제인 작은 동생 종선(從善)에 대해 각별한 사랑을 가지고 있었다. 아버지 이경통은 종선을 더 사랑하여 종선을 계승자로 거명한 적도 있었으며 종선은 아버지 재위 시 금군(禁軍) 통솔자로 막강한 권력을 임명받았다. 이욱은 동생이 왕위 계승자로 거명되었다는 사실을 전해 들었지만 이 일과 상관없이 여전히 동생을 사랑하였으며 동생이 송(宋)에 인질로 잡혀 있는 동안에는 늘 동생을 그리워하며 그를 그리워하는 많은 사를 남겼다.

남한(南漢)이 멸망한 초기에 이욱은 종선을 송(宋)에 사신으로 보내 송(宋)의 전승을 재빠르게 축하하려고 했다. 송 황제 조광윤(趙匡胤)은 이 기회를 빌려 종선을 태령군(泰寧軍) 절도사(節度使)로 임명하여 수도인 변량(卞梁)에 머물러 있게 하면서 변양방(卞梁坊)에 호화로운 주택을 하사했다. 조광윤은 종선에게 명하여 이욱에게 편지를 써서 그가 입조(入朝)하도록 권하라고 했다. 이것은 실제적으로는 종선을 연금시켜 인질로 삼은 것이었으나 이욱은 당시의 정세와 조광윤의 뜻하는 바를 아직 잘 모르고 있었다.

조광윤은 황제의 보좌에 등극한 그날부터 줄곧 그의 최후의 목표 - 즉 중국통일을 위해 분투하고 있었다. 후주(后周)의 세종(世宗)과 마찬가지로 그가 결정한 전국의 통일 방침도 선남후북(先南后北)이어서 남한(南漢)이 멸망한 후 남방의 네 나라도 차례로 평정되었고 신하로 칭한다는 표(表)를 올린 남당(南唐)만이 오직 독립 상태로 남아 있었다.

이전에 남방이 사분오열로 나누어져 있을 때, 조광윤은 이욱의 공손한 진공(進貢)에 만족했으며 또 당시로서는 아직 동시에 한꺼번에 남방의 오국(五國)을 멸망시킬 능력이 없어 이욱의 이런 행동을 용납하며 속국의 존재로 용인했던 것이다.

그러나 지금의 조광윤은 뒷걱정이 완전히 해소되어 이제 더 이상 이욱의 이런 반독립 상태를 두고 볼 수가 없었으며 오로지 남당을 멸망시킬 궁리만 하게 되었다. 그가 종선을 연금하여 이욱이 입조토록 청한 것은 처음에는 예를 갖추고 후에는 전쟁을 하자는 것에 불과하며, 그는 종선을 변량(卞梁)에 머물게 했을 뿐만 아니라 호화롭고 사치스런 대우까지 해줌으로써 유혹 반 위협 반으로 이욱이 입조한 후에도 호화와 사치를 잃지 않을 것임을 암시하려고 했다.

만약 이욱이 입조를 하면 북송(北宋)은 피 한 방울 안 흘리는 전쟁을 하여 남당을 점령하게 될 것이며 이는 남방을 완전히 통일시키는 일이었다. 만약 이욱이 입조하지 않으면 송(宋) 왕조는 남당(南唐)과 전쟁을 벌일 판이었다.

이욱은 자신이 입조(入朝)하지 않을 거라는 것을 완곡한 말로 돌려 거절했으며, 동시에 종선이 강남으로 돌아오도록 표(表)를 올려 청했다. 조광윤은 물론 응하지 않았다. 사서(史書)에는 이욱이 매번 종선을 생각할 때마다 항상 상한 마음을 억누를 수가 없어서 눈물이 소매를 적셨다고 기재하고 있다.

이 작품 역시 여성 화자의 목소리로 동생을 그리워하며 쓴 글이다.

작품 감상

이 사(詞)는 한가한 봄날의 규중 여인의 생활을 그린 작품이다.

첫 구절의 한 구는 보는 것으로, 두 번째 구는 느끼는 것으로 봄날의 정경을 그렸는데 여기서 봄바람이 물 위를 스치자 봄 강물이 일렁이며 주름 짓는 것으로 자기 내심의 근심을 나타냈고, 해가 산을 품는 '일함산(日銜山)'이란 말로 저녁이 다가오는 무렵이라는 시간적 배경을 나타냈다. 이런 저녁은 늘 가까운 사람이 그리워지며 생각나는 때이며, 기다리는 사람을 너무 오래 기다려서 이젠 그 감정을 어찌할 수 없음을 바람이 '불고(吹)'와 산을 '머금고(銜)'라는 두 동사를 사용하여 이 자연 현상이 오랫동안 반복되어 온 일상의 일처럼 자신이 늘 동생 생각을 하며 슬퍼하고 있는 것도 일상의 일이라고 말하고 있다.

작가는 이어 봄은 늘 그렇게 한가로이 온다는 말로 '한(閑)'자에 주안점을 두어 인간의 심사와는 관계없이 때가 되면 봄은 여지없이 다시 찾아오고 이런 봄은 아름다우나 자신에게는 별 다른 의미가 없다고 담담한 어조로 '봄은 늘 이렇게 한가로이 온다'고 하면서 '늘 그렇듯이'라는 '장(長)'자로 슬픈 정조를 나타냈다.

첫 구절에서 석양을 안고 있는 산 그림자라는 표현은 그 경지와 감정세계가 매우 넓다. 널따란 호수에 동풍이 불어 물결을 일으키고 붉은 태양이 먼 산 너머 점점 사라지는 모습은 낙양 속 산의 찬란한 장관을 보여준다.

'춘(春)'자는 계절을 나타내면서 봄날의 슬픈 심정을 함축시켰다. '장시한(長是閑)'은 여주인공의 생활 상태이기도 하고 심리상태이기도 하다. 한가한 사람은 고독한 정서를 가지기 쉽기 때문이다. '낙화(落花)'라는 구절은 원경으로부터 근경으로 전환되고 있으며 '낙화낭자(落花狼藉)'로 정원 안의 무수히 떨어진 꽃잎의 구체적인 경지를 보여주어, 이 구절로 춘광의 사라짐과 환경의 쓸쓸함을 더 명료하게 드러나게 했다.

'낙화(落花)'는 주인공이 볼 수 있는 것이고 '주란산(酒闌珊)'은 주인공의 느낌이다. 취기가 사라지고 머리가 조금 맑아져 이전의 일들을 기억하는데, 몽롱한 속에서 예전에 들었던 음악소리인지 아니면 지금 어디선가 들려오는 음악소리인지 취몽 간에 들려온다. '생가취몽간(笙歌醉夢間)'은 두 가지로 해석할 수 있으니 하나는 봄내 하는 일도 없고 음악이나 춤도 없어서 취중에 노랫가락의 환락을 찾는 것이고 다른 하나는 과거의 음악가락에 맞추어 즐거웠던 때를 생각하며 취중에 이를 기억해 보려고 하는 것이다.

전반부는 구조상에서 도치적 서술 방법으로 꿈에서 깨어날 때 보고 느낀 것을 나타낸 다음, 꿈이 깬 후의 상태를 그렸으며 주인공이 취해 잠이 들었다가 깨어난 후 거울을 보며 아침에 했던 화장이 다 어지러워졌음을 알게 되나 찾는 사람 없고 보는 사람 없어 매사가 다 귀찮다는 듯, 멍하니 생각에 잠겨 있는 모습을 그렸다. 낙화가 낭자한 늦봄에 느끼는 상춘(傷春)의 쓸쓸함이나 화장이 지워지며 어지럽게 된 여인의 모습이 같은 정조의 분위기로 묘사되면서 매우 쓸쓸하고 처량한 느낌을 나타냈다.

마지막 두 구절은 화자 자신을 묘사하여 한가로이 시간을 잘 보내고 있지만 자신의 청춘이 사라짐을 애석해 하고 세월의 흐름에 따라 아름다운 얼굴 또한 사라질 것을 걱정하고 있다. 정자 위에서 멀리 지는 해를 바라보던 여인은 땅거미가 질 때까지 멍하니 생각에 잠겨 있다가 홀로 난간에 기대어 저녁 풍경을 바라보며 쓸쓸해 한다.

이 사(詞)는 직접적인 정서가 표현되지 않고 마지막 '독(獨)'자로 사람들로 하여금 주인공의 고독한 처지와 마음을 알도록 했다.

한 규중 여인의 하릴없는 무료함과 한가함이 극명하게 드러나고 있는 이 작품은 동생 종선(從善)을 그리워하며 쓴 사(詞)라서. 화자는 이욱일 수도 있고 또는 규중의 여인을 빌어 말한 것일 수도 있으며 혹은 종선의 아내 입장에서 쓴 것일 수도 있다.

늦봄의 황혼녘 이욱은 홀로 난간에 기대어 멀리 있는 동생 종선을 생각한다. 그가 봄날에 바라보고 있는 것은 정원에 가득한 낙화와 지는 해뿐이어서 그는 '봄은 이렇게 또 한가롭게 왔다가 한가롭게 가버리며 그렇게 세월이 흘러가는구나'라고 한탄한다. 그리고 무료해서 마셔본 술로 비몽사몽간에 음악소리를 듣는다. 취몽 속에 음악을 들으며 화자는 꿈인지 현실인지, 옛 시절인지 알 수가 없다. 이러한 한가하고 무료한 생활은 한가롭다기보다는 공허하고 적막하다는 뜻이 더 짙게 배어 있으며 이때 남당은 이미 반이 넘는 강토를 송(宋)에게 빼앗긴 후라서 이때 쓴 이욱의 작품들은 대부분 무료하고 적막한 생활에 대한 것으로, 이 〈청평악〉이 바로 그런 정조를 대표적으로 나타낸 작품이다.

아내 아황(娥皇)이 죽고 소주후(小周后)와 결혼한 후 송(宋)에 멸망하기까지의 이욱의 생활은 자주권을 잃은 군주로서 무료하게 나날을 보내고 있었기 때문에 이 기간에 쓴 그의 작품 속에는 '한(閑)'자가 자주 보인다. 이는 너무 한가해서 어쩔 줄을 모르며 그래서 생각은 더 많아지고 늘 근심과 슬픔이 떠나지 않은 상태를 나타난 말이다.

전반부에서는 도치법을 사용하여 꿈에서 깬 후의 보고 느낀 바를 서술한 후 석양이 서서히 지고 꽃은 시들어가고 술기운도 다 해가는 정경을 그렸으며 후반부에서는 잠에서 깬 후 거울을 보며 지워진 화장과 엉클어진 머리를 정리할 생각도 하지 않고 홀로 난간에 기대어 멍하니 시름에 잠겨 있는 처량함과 권태감을 그렸다.

이 작품은 날마다 무료한 생활을 하고 있는 한 궁중 여인이 사랑하는 사람의 총애를 받고 싶어하지만 그가 찾아오지 않아 술에 취하여 취몽 간에 꿈을 꾸며 꿈속에서 즐겁던 옛 시절의 생황소리를 들으며 무료하게 봄날을 보내면서 자신은 이렇게 늙어가는구나라고 한탄하고 있는데, 종선의 아내가 바로 이런 심정이었을 것이며 작가는 이런 그녀의 심정을 이해하며 이 사를 지은 듯하다.

사 전체가 애상적이며 황혼녘의 적막과 고독의 슬픈 정서가 물씬 풍긴다.

이 작품에 대해 혹자는 이 사(詞)가 풍연사(馮延巳)의 작품이라고 하고 혹은 구양수(歐陽修)의 작품이라고도 하는데 이는 송조, 5대 초기에 흔히 일어나는 작가에 대한 혼동 문제이다. 당시의 사(詞)작품은 구어로 전포되어 널리 회자되어 작가의 이름이 종종 틀리게 인식되기도 했으며 또 안수(晏殊)나 구양수(歐陽修) 같은 사람들이 모두 풍연사(馮延巳)의 시와 남당 시기의 시작품들을 비교적 좋아해서 자주 남당의 시들을 베꼈기 때문에 이런 혼동이 자주 생겼다.

采桑子(亭前春逐红英盡)

亭前春逐红英盡，舞態徘徊。
细雨霏微，不放雙眉時暫開。
绿窗冷静芳音斷，香印成灰。
可奈情懷，欲睡朦朧入夢来。

Tíng qián chūn zhú hóng yīng jìn, wǔ tài páihuái.
亭前春逐红英尽，舞态徘徊

Xì yǔ fēi wēi, bù fàng shuāng méi shí zàn kāi.
细雨霏微，不放双眉时暂开。

Lǜ chuāng lěngjìng fāng yīn duàn, xiāng yìn chéng huī.
绿窗冷静芳音断，香印成灰。

Kěnài qínghuái, yù shuì ménglóng rùmèng lái.
可奈情怀，欲睡朦胧入梦来。

정원의 봄은 붉은 꽃 지자 사라지고
꽃잎은 춤추듯 배회하며 날아 떨어지는데
안개비 속에 찡그린 눈썹 펼 날이 없구나.
아름다운 창가엔 소식 하나 없어 고요하고
향불도 다하여 재가 되었으니
어지러운 마음 어찌해 볼 수 없어
잠을 청하니 꿈속까지 번뇌가 침노하는구나.

詞意

정원 안 정자 앞의 봄은 꽃이 짐과 동시에 끝나간다. 봄이 되면 꽃이 피기 시작하고 꽃이 다 지면 봄도 끝난 것이다. 아름다운 붉은 봄꽃들이 다 지니, 봄도 이들 따라 가버리려 한다. 꽃들도 떨어져 사라지기가 싫은 양 춤추듯 공중에서 빙빙 맴돌며 배회하다가 떨어진다. 봄날 자주 오는 보슬비는 자욱한 안개처럼 몽롱하기만 한데 이렇게 부슬부슬 내리는 안개비가 사람의 마음을 구슬프게 한다. 그래서 찡그린 얼굴 펼 날이 없고 늘 울적하고 슬퍼 눈살만 찌푸리고 있다. 규방의 아름다운 녹색 사창엔 찾아오는 사람 없고 소식이 끊긴지도 오래라서 늘 고요하고 적막하다. 홀로 지내는 낮엔 낙화가 심사를 울적하게 하고 봄을 잃은 상춘(傷春)으로 마음이 괴로운데, 아무도 없는 밤엔 향불만이 함께 한다. 하염없이 향불을 쳐다보며 사념에 잠겨보지만, 시간은 흐르고 흘러 마침내 향불마저 다 타서 재가 된다. 향불도 재가 되었으니 잠이나 청해 볼까 하는데 얼핏 든 잠 속의 꿈에서 이런 번뇌가 또 다시 들어오니 잠조차 들 수가 없다. 깨어 있어도 번뇌요 잠을 자도 번뇌니 슬픔은 영원히 떠나지 않는다.

단어

1. **정전(亭前)** : 정자 앞. 다른 책에는 '정전(庭前)'이라고도 되어 있어 '정원 앞, 혹은 후원에'라는 뜻이다.

2. **축(逐)** : 뒤쫓아 가다. 쫓아가다.

3. **홍영(紅英)** : '영(英)'은 꽃의 다른 이름으로 홍영(紅英)은 모든 붉은 색 꽃들을 말한다.

4. **진(盡)** : 다 하다. 죄다 없어지다. 끝나다.

5. **무태(舞態)** : 춤추는 자태로 꽃이 떨어질 때 마치 춤추듯 흔들리며 떨어진다는 뜻이다.

6. **배회(徘徊)** : 꽃잎이 떨어질 때 바람에 날리듯 이리저리 나붓거리다가 떨어진다.

7. **세우(細雨)** : 가랑비. 이슬비. 보슬비. 봄에 가늘게 안개처럼 내리는 비

8. **비미(霏微)** : 가랑비 또는 가랑눈이 오는 모양. 여기서는 안개비가 내리는 모양을 형용한 말로, 비나 눈이 부슬부슬 내리는 모양을 형용하는 비비(霏霏)와 같은 말이다.

9. **불방(不放)** : (눈살을) 펴지 않다. 언제나 눈썹을 찡그리는 울적하고 슬픈 모양을 나타낸 말이다.

10. **시잠개(时暂开)** : 때때로 잠시 (눈살을) 펴다.

11. **녹창(绿窗)** : 녹색의 사창으로 여인네들이 거하는 규방을 말한다.

12. **냉정(冷静)** : 쓸쓸하고 고요하다. 원래는 감정을 억누르고 침착한 모양을 나타내는 말이나 여기서는 찾아오는 사람 없어 냉랭하고 조용함을 뜻한다.

13. **방음단(芳音断)** : 편지는 끊어지고, 기쁜 소식 끊어지고. 방음(芳音)은 반가운 연인의 소식이란 뜻이지만 '방(芳)'자가 때때로 타인의 사물에 대한 경칭(敬稱)으로 쓰이고 있어 여기서는 기다리는 사람 즉 상대편의 반가운 소식을 뜻한다.

14. **향인성재(香印成灰)** : 향불은 이미 재가 되고. 향인(香印)은 인향(印香)이라고도 하는데 향에 제조한 곳의 도장이 찍혀있는 비교적 고급의 향을 말한다. 또 당나라 송나라 때 사람들은 이 향인으로 시간을 재기도 했다. 구리로

만든 접시 위에 '마음 심(心)'자를 새겨 넣은 후 이 위에 가는 향 가루를 집어넣고 태우면 '심(心)'자 대로 향이 타 들어가는데 이것이 다 타서 재가 되는 시간을 측정하여 시간을 쟀다. 그래서 많은 시에서 '향인이 재가 되고 새벽이 밝았다', '향인이 타면서 소나무, 전나무 향내가 온 방에 진동한다', '심(心)자가 쓰인 향은 다 타가고', '마음 심(心)자는 이미 재가 되고'라고 한 것이다.

15. **가내정회(可奈情怀)** : 감정을 어찌할 수가 없다 가내(可奈)는 '참을 수가 없다. 용인할 수가 없다'라는 뜻이고 정회(情怀)는 '심사, 기분, 감정, 심경'을 뜻한다.

16. **욕수(欲睡)** : 잠들고 싶다.

구절풀이

亭前春逐红英尽, 舞态徘徊 정원 정자 앞의 봄은 붉은 꽃들이 짐과 함께 다해가고 꽃들은 춤추듯 이리저리 나부끼며 떨어진다. 정원 안 정자 앞의 봄은 꽃들과 그 운명을 같이 하여, 붉은 꽃들이 피었다가 시들어 사라지면 봄도 마치 꽃들을 따라가듯 이 꽃이 떨어지고 지는 것과 함께 봄도 사라진다. 꽃들이 낙화하는 모습을 보면 마치 춤을 추듯 이리저리 나부끼며 나풀나풀 흔들거리다가 떨어진다.

细雨霏微, 不放双眉时暂开 늦봄의 보슬비가 부슬부슬 내리는데, 찡그린 두 눈썹은 잠시도 펼 날이 없다. 맑은 날에는 바람이 불어 꽃들이 떨어지고, 흐린 날에는 안개비가 사람의 마음을 울적하게 하니 늦봄은 한시도 쌍 눈썹을 펼 날이 없게 하며 언제나 눈썹을 찌푸리게 하는 슬픔뿐이다.

绿窗冷静芳音断, 香印成灰 아름다운 녹색 사창이 있는 규중은 냉랭하고 고요한데 반가운 소식은 끊기고, 밤새 켠 향불은 이제 다 재가 되었다. '녹창(绿窗)'은 녹색의 사창으로 아름다운 여인이 거처하고 있는 규방을 가리킨 말이며 '냉정(冷静)'은 홀로 있어 쓸쓸하고 고요하다는 뜻이다. '방음(芳音)'은 사랑하는 사람의 소식인데 이어지는 '단(断)'으로 소식이 끊겼다는 뜻이다. 찾아오는 사람 없고 소식도 끊겨 홀로 하는 밤에 멍하니 앉아 향을 피운다. 공중으로 피어오르는 향불 연기를 보며 사념에 젖어 밤을 지새우나 그 향불마저 다 타서 재가 되었으니 이는 밤이 깊어진 것이고 이젠 자리에 누워야 할 시간이다 .

可奈情怀, 欲睡朦胧入梦来 복잡한 감정 주체할 길 없어 억지로라도 잠을 자려고 하나 잠이 들락 말락 하면 이런 생각이 몽롱한 꿈속으로 다시 들어오니 또다시 잠이 들 수가 없다. 향불도 다 탔고 밤도 으슥해졌으니 슬픔과 번뇌는 이젠 그만 잊고 잠이나 자려고 하지만 잠이 막 든 비몽사몽간에도 이런 슬픔이 또 다시 꿈속으로 들어오니 잠을 자지 않아도 슬프고 잠을 청해도 꿈속에서조차 슬프다는 말이다.

작품 배경

꽃피는 아침과 달 밝은 저녁이 되면 이때가 사람의 마음을 가장 상하게 하는 때라 매번 이때마다 이욱은 감정이 격해졌다.

어느 해 섣달 그믐날 저녁 눈이 내린 후 밝은 달이 휘영청 하늘에 높이 걸려 있을 때 이욱은 마음 속 답답함과 울적함을 풀기 위해 홀로 요광전(瑤光殿) 계단 앞의 몇 그루 매화나무 아래 잠시 머물러 섰다.

그는 찬 달빛 속에서 밝게 빛나는 매화나무를 보면서 죽은 아내 아황 생각을 했다. 섣달 추운 날씨 속에 나뭇가지 끝을 보니 연지색의 꽃망울이 맺혀 있어 그는 아황의 향기인 양 깊이 숨을 들이키며 가지 끝 꽃망울의 맑은 향기를 맡았다.

이 매화나무는 이욱이 아황과 함께 옮겨 심은 것이다. 그는 아황과 함께 친히 이 나무를 옮겨 심고 강한 태양과 바람을 막으려고 차양도 씌어 주고 달밤에 물고를 터주며 꽃이 피자, 함께 감상하며 즐거워했는데 이제 아황은 가고 없는 것이다.

슬픈 심사의 이욱은 이때 그녀를 위해 매화시(梅花詩) 두 편을 읊조렸는데 '작은 난간 옆 둥근 화단에 열심히 옮겨 심고 다시 꽃 필 날을 함께 약속하며 활짝 피지 못할까 염려했었지. 바람을 막으려 장막도 쳐주고 달밤에 찬 샘물도 퍼다 주었는데 꽃도 피기 전에 아름다운 이가 가버릴 줄 그 누가 생각이나 했겠는가!'라고 슬퍼했다. 또 '꽃의 주인은 연기처럼 사라졌는데 햇빛 너는 알지 못하구나. 작년의 가지는 다시 자라났건만 아름다운 향기는 더욱 무슨 소용이 있으랴'라고 한탄했다.

겨울이 가고 봄이 왔으며, 미풍에 보슬비가 내리더니 푸른 버들가지에 물이 오르고 복숭아꽃은 붉게 물들기 시작했다. 이어 바람이 세차게 불더니 꽃들은 바람에 흔들리며 춤추듯 떨어져 정원에 낭자하게 흩날렸다.

사람을 번뇌케 하는 늦봄의 계절이 돌아오자, 이욱은 자연 과거 이만 때 그의 고민을 달래주던 아황 생각이 났고, 밤이 되자 꿈속에서 아황이 바람을 타고 돌아온 것 같아, 살아서 그녀와 교감하고 죽어서 이별한 그리운 정을 끊어낼 수가 없어 큰 슬픔과 깊은 고통을 느꼈다.

그러다 깨어나면 녹색 사창 밖으로 아무런 소식이 없음에 다시 고통스러워졌고, 잠 못 이루는 밤에 피워놓은 향불은 재가 되고 시간은 더디 가는 속에 그는 망연할 뿐이었다.

꿈속에서조차 번뇌가 침노하여 그는 고통과 회한 속에서 처를 애도하는 마음이 다시 생겼다. 그래서 붓을 들어 아황을 그리워하며 고통스런 마음을 〈채상자(采桑子)〉 곡에 맞춰 쓰기 시작했다.

쓰기를 마치자 그는 난간에 기대어 멀리 허공의 차가운 달과 매화나무를 바라보며 사물은 옛과 같은데 아름다운 사람은 없어 슬프고 상한 마음을 '저녁의 한 줄기 보슬비도 슬프고, 홀로 난간에 기대어도 슬프고 누각 위에 아름다운 자태 보이지 않아 슬퍼 눈물이 절로 흐른다'라는 〈감회(感懷)〉라는 시를 또다시 쓰기 시작했다.

작품 감상

이 작품 역시 남당이 망하기 전의 한가하고 무료한 속의 규방 여인의 애수를 그린 사다. 이욱뿐만 아니라 모든 시인들이 봄을 잃은 상춘(傷春)을 즐겨 시의 소재로 삼고 있다.

김영랑의 시에서도 봄을 잃은 슬픔이 충분히 우리의 가슴을 적시고 이욱의 많은 작품 속에서도 늦봄의 서글픔이 그의 중기 작품 속의 주된 선율이다. 봄은 낙화와 함께 가버리며 봄이 가면 우리의 청춘도 끝나고 그렇게 세월은 무심히 흘러가는 것이다.

전통적인 규방의 원사(怨詞)라고 할 수 있는 이 작품에서 화자는 꽃은 져버리고 가랑비 속에 남아 있는 봄의 정경은 사람의 가슴 속에 무한한 슬픔의 정서를 일으킨다고 하면서 홀로 하는 밤에 향불을 마주하고 있으면 멀리 있는 그리운 사람으로부터의 소식이 묘연하여 더욱 슬픔에 빠지게 된다고 말하고 있다. 그래서 하는 수 없어 침상에 들면 꿈에서까지 그리움이 밀려든다고 하며 그리움과 원망의 감정으로 늘 눈살을 찌푸린다고 말한다.

전반부에서는 '봄을 잃은 슬픔(傷春)'을 후반부에서는 '그리운 사람(怀人)'을 소재로 하고 있는 이 사는 '상춘(傷春)'과 임을 그리워하는 여인의 감정을 섬세하게 묘사했으며, 여인의 심경과 슬픔을 봄(春)으로 의인화하였다. 즉 실외에서는 비바람에 꽃이 지고 실내에서는 향불이 다 타 재가 되는데 이는 여주인공이 바로 비바람에 지는 꽃이며 다 타 재가 된 향불인 것이다. 이렇게 사람과 사물이 지는 봄과 함께 슬픔으로 사라진다고 말하며 화자의 신세가 한없이 처량하고 쓸쓸함을 드러냈다.

어느 늦봄을 시간적 배경으로, 녹색 사창이 있는 규방을 공간적 배경으로 한 이 작품은 궁중의 한 여인이 임을 기다리며, 소식이 묘연한 임 때문에 슬픔에 겨워하는데 늦봄의 바깥 경치가 더욱 그녀의 슬픔을 더해주고 있다는 슬픔과 무료함과 답답함을 읊은 사다.

첫 구절에서 작가는 '축(逐)'과 '배회(徘徊)'라는 두 단어를 잘 운용하여 사물의 의인화로 마치 봄이 움직이듯이 생동적으로 표현했다. 봄은 저절로 가는 것이 아니라 낙화(落花) 따라 가버린다는 독창적인 발상과 꽃이 떨어질 때 마치 떨어지기 싫은 양 한동안 바람에 이리저리 나부끼며 춤을 추듯이 휘날리다가 떨어진다는 형용은 참으로 훌륭하다.

이어 봄이라는 '춘(春)'자와 붉은 꽃이라는 '춘영(红英)'이란 두 단어로 봄의 활기를 드러내다가 다시 '다할 진(盡)'자를 사용해 봄이 끝나고 꽃들도 다해 간다고 하여 후반부의 '마음을 어찌해 볼 방법이 없다(可奈情怀)'는 구절과 호응하도록 했다.

전반부는 온통 여인의 애수를 그리고 있는데 봄이 가는 것도 슬프고, 꽃들이 지는 것도 모두 슬픈데 여기에 봄비는 꽃이 지는 것을 서두르고 있는 것 같아 이 봄비가 그녀의 슬픔을 배가시키고 있다. 여기서 끝없이 떨어지는 꽃잎이나 면면이 내리는 안개비는 그녀의 슬픔으로 비유되고 그 슬픔으로 그녀는 처량한 애수에 젖는다.

그래서 펴지지 않는 양 눈썹은 잠시도 펼 수가 없다는 말이 자연스럽게 흘러나오게 되고 한시도 마음 편할 날이 없으며 늘 그리워하는 마음이라고 하면서 이런 정서가 후반부에서 잠을 못 이루며 향불을 마주하게 됨으로 이어지게 했다.

후반부에서는 정면으로 주제를 드러내지 않고 녹색 사창 속의 여인에게는 아무 소식도 전해오는 것이 없어 고적(孤寂)하다고 '정(靜)'자 한 글자로 전반부의 움직이는 경물(景物)과 대응시켰고 '냉(冷)'자로 다음의 '향불은 다 타 재가 되고(香印成

灰)'와 연결시켰다. 여기서 '정(靜)'과 '냉(冷)'은 모두 '사랑하는 사람의 소식이 끊긴 것(芳音斷)' 때문이라고 말하고 있다. 향불이 다 타 재가 되도록 멍하니 사념에 젖어 있다가 이런 심정을 어찌해 볼 방도가 없어 잠이나 자려고 하지만 꿈속에조차 그리워하는 사람이 들어와 그녀를 더욱 그리움에 사무치게 하니 그녀는 자나 깨나 임 생각에서 벗어나지 못하고 있는 것이다.

이 작품은 전반적으로 진솔한 언어로 사물을 생동적으로 형상화했으며 궁중 여인의 어찌할 수 없는 심정을 심도 있게 잘 표현했다.

정자 앞의 봄은 낙화 따라가듯 낙화와 함께 사라진다. 떨어지는 꽃잎은 춤추는 자태로 배회하듯 이리저리 흩날리다가 떨어지는데 이것은 아름답기도 하고 슬프기도 한 정경이다. 온갖 꽃이 만발한 정자 앞, 봄바람은 살랑거리며 봄꽃들을 지게 하여 꽃잎들이 마구 흩날린 정원엔 낙화만 낭자한데 이렇게 꽃송이들이 다 지면 봄도 함께 끝나는 것이다. 떨어지기 싫은 꽃잎이 춤추듯 배회하며 어쩔 수 없이 떨어지는 봄날은 그렇게 슬프게 사라진다.

안개비가 소리 없이 내리는 것도 일종의 한가한 슬픔이고 늦봄에 좋은 경치 사라지는 것도 슬픔인데 부슬부슬 내리는 안개비가 사람의 슬픈 감정을 건드려 슬픔은 비처럼 끊임없이 가슴으로 흘러내린다.

늘 눈썹을 찌푸리지 않을 수 없는데, 잠시 눈살을 펴도 맑은 날에는 바람 따라 꽃들이 떨어지고 흐린 날에는 가느다란 안개비가 면면이 내려 사람의 심사를 어지럽히니 잠시도 눈살을 펼 수가 없고 늘 눈썹을 찌푸린 채 슬픔에 빠져 있는 것이다.

홀로 있는 규방엔 그리운 사람으로부터 소식 끊긴지 오래고 이 밤도 어찌할 방법이 없이 향불만 멍하니 쳐다보고 있다. 여기서 '이 심정을 어찌 할 수 없어'라는 구절은 위의 문장을 이어 다음의 문장으로 연결해 주는 훌륭한 역할을 하고 있다.

하는 일없이 향불만 바라보다가 시간이 흘러 향불이 재가 되고 그토록 오랜 시간 밤을 지새운 여인은 잠을 청해보나 꿈속에서까지 그리운 사람이 들어와 그녀의 심사를 어지럽히니 또다시 잠들 수가 없는 것이다.

풍연사(馮延巳)의 사와 품격이 비슷한 이 작품은 여인의 심리상태를 여실히 드러내고 있다. 여주인공은 늦봄의 경치를 보며 봄이 끝나감을 슬퍼하는데 꽃이 피고 꽃이 지는 자연 현상의 무정함에 슬픈 것이 아니라 마음에 슬픔을 품고 있기 때문에 그녀의 눈에 비친 늦봄의 정경이 그녀의 감정에 슬픔을 불어넣은 것이다.

'정자 앞의 봄꽃들이 떨어지면서 봄도 같이 가버린다'는 첫 구절은 의인법으로

이 여인 자신을 나타낸 것이며 '떨어지는 꽃들이 바람에 나부끼며 춤추듯 이리저리 배회하다가 떨어지는' 모습은 꽃이 춤추며 봄이 가는 것을 보는 이 여인의 내심의 그리운 정과 어지러움을 나타낸 것으로 이렇게 '배회(徘徊)'하고 있는 것은 겉으로는 꽃이지만 실은 이 여인의 마음인 것이다.

臨江仙(櫻桃落盡春歸去)

櫻桃落盡春歸去,
蝶飜輕粉雙飛,
子規啼月小樓西。
畵簾珠箔, 惆悵暮烟垂。
别巷寂寥人散後,
望殘烟草低迷,
爐香閑裊鳳凰兒。
空持羅帶, 回首恨依依。

Yīngtáo luò jǐn chūn guī qù,
樱桃落尽春归去,

dié fān qīng fěn shuāng fēi. Zǐguī tí yuè xiǎo lóu xī,
蝶翻轻粉双飞, 子规啼月小楼西。

huà lián zhū bó, chóuchàng mù yān chuí.
画帘珠箔, 惆怅暮烟垂。

Bié xiàng jìliáo rén sàn hòu, wàng cán yāncǎo dīmí.
别巷寂寥人散后, 望残烟草低迷。

Lú xiāng xián niǎo fènghuáng er.
炉香闲袅凤凰儿。

Kōng chí luó dài, huíshǒu hèn yīyī.
空持罗带, 回首恨依依

앵두꽃 다 떨어지니 봄은 사라지고,
나비들만 금가루 날리며 쌍쌍이 나네.
달밤에 작은 누각 서쪽의 소쩍새 울음소리
금박 입힌 발을 슬픔 속에 말아 올리네.
사람들 떠나간 뒤의 적막한 골목엔
연기처럼 낮게 깔린 몽롱한 봄풀만 처량하네.
봉황 이불 위 향로에 불은 피어오르는데
공연히 허리띠 들고 고개 돌려 슬퍼하네.

詞意

벚꽃이 다 지니 봄도 자연 물러간다. 늦봄의 나비들은 쌍을 지어 즐겁게 날며 노닐고 있다. 나비들은 서로 부딪치며 날개의 금가루를 분분히 날리며 짝지어 난다. 이런 낮이 지나 밤이 되면 서쪽 누각에서 들려오는 피 토하는 듯한 두견새 울음소리가 사람의 가슴을 에듯 아프게 한다. 망국 군주인 촉(蜀) 나라 왕의 혼령이 되어 돌아온 듯한 한 맺힌 두견새 울음소리는 망국을 예견해주는 것 같아 더욱 처량하게 들려온다. 밤이 들어 아름다운 채색 발을 걷어 말면서 발 사이로 바깥 경치를 바라보니, 해는 져서 사람들은 모두 집으로 돌아가 골목 안은 텅 비어 고요하고 적막하다. 남은 것은 오직 멀리 몽롱하게 보이는 연기 같은 봄풀이고 이 봄풀은 나의 근심 같아 더욱 슬프게 보인다. 자려고 침상으로 다가가니 봉황 수놓은 이부자리 위의 향로에선 향불 연기가 하늘하늘 위로 피어오른다. 잠이 들 수 있을지 걱정이 되지만 일단 옷을 벗어 허리띠를 손에 드니 다시 망연해져 어찌할 바를 몰라 그냥 고개 돌려 한없이 슬퍼한다.

단어

1. **앵도(櫻桃)** : 앵두꽃. 벚꽃

2. **낙진(落尽)** : 다 떨어지다.

3. **춘거취(春归去)** : 봄은 돌아가다.

4. **접번(蝶翻)** : 이리저리 날아다니는 나비

5. **경분(轻粉)** : 가볍게 분가루 날리며. '금분(金粉)'으로 기재된 책도 있는데 나비 날개의 금가루가 가볍게 날리는 것을 말한다.

6. **쌍비(双飞)** : 두 마리가 쌍으로 날다.

7. **자규(子规)** : 두견새로 피를 토하며 밤새 슬프게 우는 새다. 촉왕(蜀王) 두우(杜宇)가 나라를 잃은 후 그 한으로 그의 혼백이 자규가 되었다고 하는데 늦봄이 되면 마치 한을 품은 것처럼 처량하게 울어대는 새다.

8. **화렴주박(画帘珠箔)** : 그림이 그려진 위에 금색으로 채색을 한 아름다운 발로 이는 거실의 화려함을 형용하기 위해 사용된 표현이다. 구슬로 발을 꿰매기도 해 바람이 불면 패옥(佩玉)의 아름다운 소리가 나기도 한다.

9. **추창(惆怅)** : 실망, 낙망하는 모양. 실망하여 탄식함.

10. **모연수(暮烟垂)** : 늦은 봄 저녁에 연기가 깔리듯 모든 것이 축 늘어져 있음을 형용한 말로 발에 늘어지고 창밖의 정경이 어둠에 낮게 드리워져 있음을 말한다.

11. **별항(别巷)** : 동네의 작은 골목

12. **적료(寂寥)** : 고요하고 쓸쓸하다. 텅 빈 것처럼 적적하고 고요하다.

13. **망잔(望残)** : 다 사라지고 난 후의 남은 것을 바라본다.

14. **연초(烟草)** : 버드나무의 버들이 다 진 후 멀리서 바라보면 마치 연기처럼 보여 이렇게 표현한 것이며 이를 흔히 연류(烟柳)라고도 한다. 여기서는 멀리 바라보이는 봄풀이 안개에 싸여 몽롱하게 보인다는 말이다.

15. **저미(低迷)** : 멍한 모양, 헤메는 모양. 구슬프고 처량하여 처미(凄迷)라고도 한다.

16. **한료**(闲袅) : 향불이 향로에서 연기를 품고 하늘하늘 공중으로 피어오는 모양을 말한다. 여기서 뇨(袅)는 가늘고 부드러운 것이 하늘하늘 날아가는 모습을 나타내는 단어로 향불이 한들거리며 한없이 피어오르는 모양을 형용한 말이다.

17. **봉황아**(凤凰儿) : 봉황을 수놓은 이부자리. 즉 황제의 이부자리를 말한다.

18. **나대**(罗带) : 비단 허리띠

19. **의의**(依依) : 아쉬워하는 모양. 섭섭해 하는 모양.

구절풀이

樱桃落尽春归去 벚꽃이 다 떨어지면 봄도 끝나 돌아가 버린다. 봄이 사라짐을 눈으로 보면서 여기에 동반되는 늦봄의 분위기를 다음에 이어 묘사하기 위해 첫 서두를 낙화와 더불어 봄이 끝났다고 말한 것이다.

蝶翻轻粉双飞 子规啼月小楼西 나비들은 날개의 금가루를 날리며 쌍으로 떼를 지어 날고 두견새는 달밤에 서쪽 누각에서 구슬피 운다. '번(翻)'은 나는 모습을 형용한 말이고 '경분(轻粉)'은 나비들이 교합하며 서로 부딪칠 때 날개의 금가루가 분분히 떨어지며 날리는 것을 형용한 말이다. 달밤에 구슬피 우는 두견새는 서쪽 누각에서 들려오는데 이것은 달이 서쪽으로 기울면서 날이 지고 있음을 나타낸 말이기도 하고 또 송군(宋軍)이 서쪽으로부터 침공을 해 와 이렇게 묘사하고 있는 듯도 하다.

画帘珠箔, 惆怅暮烟垂 구슬 장식이 되어 있는, 금박으로 채색한 화려한 발을 걷으면 늦봄 저녁의 연기처럼 발이 축 늘어져 슬픈 마음이 든다. 이는 밤이 되어 발의 옥 걸이를 걷을 때, 발이 밑으로 축 쳐지는 것이 마치 저녁 무렵의 연기처럼 힘없이 고요하고 적막하게 느껴져 슬픈 마음이 생긴다는 뜻이다. 이 구절을 다른 책에서는 〈玉钩罗幕 惆怅卷金泥〉라고 되어 있는데 이것 역시 비단 장막의 옥 걸이를 내리고 금박을 한 아름다운 발을 말면 슬픔이 가득 밀려온다고 하여 그 뜻은 비슷하다.

别巷寂寥人散后, 望残烟草低迷 골목길은 텅 빈 것처럼 적막하고, 사람들이 흩어져 간 후의 빈 공간을 바라보면 멀리 연기처럼 희미하게 늘어진 버드나무 가지와 끝없이 무성하게 자라고 있는 봄풀만 보여 슬픔에 망연해진다.

炉香闲袅凤凰儿 향로의 향불이 봉황 이불 위에서 한가롭게 하늘로 피어오른다. 향롱은 봉황 이불 위에 피어둔 향로로 여기 기대어 수심에 잠겨 있는 모습을 그린 것이다.

空持罗带, 回首恨依依 곧바로 침상에 들지 못하고 부질없이 비단 허리띠를 들고 고개 돌리며 한(恨)에 서러워한다. 잠을 자려고 옷의 허리띠를 풀어서 들고 있으면 후회와 불안과 서글픈 감정이 교차되면서 어찌할 바를 몰라 고개를 돌리는 모습을 그린 것이다.

작품 배경

이 사는 사서(史書)에 의하면 송군(宋軍)이 금릉을 포위하여 성이 곧 함락되기 전의 위급한 상황에서 이욱이 이 글을 지었다고 기재하고 있다.

중국 역사상 일찍이 여러 번 속국(屬國)이 생긴 일이 있었지만 이욱(李煜)처럼 송(宋) 황제에게 전심전의로 속국 노릇을 한 예는 보기 드물다. 이욱은 송(宋) 나라가 남당을 공격하려는 것을 분명히 예감했지만 끊임없이 바치는 조공과 온 국민과 자신이 열심히 드리는 불공으로 요행을 바라며 아무런 전쟁 준비도 하지 않았을 뿐더러 송이 새 지도를 만든다는 핑계로 남당의 지도를 요구하자 그는 오히려 솔선해서 자기 나라 군사 지도까지 적에게 바쳤다.

그러나 송은 진군을 했고 거의 일 년 동안이나 금릉성을 포위했다. 조광윤은 이욱이 투항하길 바라며 계속 성루를 포위하고 있었으며, 남당의 힘이 약해졌을 때 진공할 계획을 했다. 그러나 이 진공도 그리 쉽지 않아 송군은 먼저 남당의 각 현부터 공격하기 시작했다.

금릉성 안에 양식이 없어서 구슬프게 우는 소리가 사방으로 퍼지자 송(宋) 장군 조빈(趙彬)은 사람을 보내 이욱에게 "이미 일이 이 지경이 되었으니 성안의 백성들이 귀순하길 바라며 조만간 송군이 이 성을 점령할 것이니 군주는 이제 살 길을 바란다"고 했다.

개보(開寶) 8년인 975년 11월 27일은 송군이 성을 공격한 삼일째 되는 날이었다. 해가 정오를 지나자 죽음을 눈앞에 둔 이욱은 한동안 아무 할 일이 없어 무료한 가운데 책상에 엎드려 초여름날에 쓰다 만 〈임강선(臨江仙)〉을 다시 꺼내 보았다.

이 사에서 이욱은 송군이 바로 눈앞에 임박해오고 나라가 극히 위급한 상태인 그런 슬픈 지경을 읊었다. 창가에서 자신의 슬픔을 해소해보려 하나 해가 지면서 저녁연기가 낮게 드리우자 슬픔이 더욱 크게 엄습해 왔다. 그는 봄이 다 지나 앵두로 종묘사직에 제사드릴 수 없는 고통을 느꼈다. 낮에 본 바깥 경치는 아무것도 모르는 나비들이 꽃 사이에서 분분히 날며 즐거워하는 모습이었고 저녁이 되자, 두견새의 슬픈 울음소리가 서쪽에서 들려 왔다. 즐거운 광경이나 슬픈 광경 모두가 그에게는 불안과 후회와 회한일 뿐이었다.

그는 전반부를 끝내고 후반부 두 구절만 고치며 되는데, 내시가 혼비백산하여 들어와 아뢰기를 '성 안도 이미 공격당했으며 송군이 바로 궁 안으로 들어오려고 한다'고 했다.

이욱은 이 소리를 듣고 멍하니 붓을 내던지고 급히 유관부서에 명하여 가까운 신하들을 징심당(澄心堂)으로 모이도록 전하라고 하여 앞으로 조빈(曹彬) 군영에 어떻게 옥쇄를 헌납하고 어떻게 웃통 벗고 항복해야 할지를 상의했다. 책상 위에는 아직 완성되지 않은 그의 필적이 남아 있는 시 한 수가 놓여 있었다.

역사의 기록에 의하면 이때 그의 책상 위에 붓으로 쓰다가 지운 흔적이 있는 글들이 발견됐는데 이 중에는 이태백의 시를 베껴 쓴 것도 있어, 우리는 이욱이 평소에 이렇게 대시인들의 시를 베껴 쓰면서 각운이나 전고를 공부했음을 알 수 있고 또 이 시작 공부와 함께 베껴 쓰면서 서예 연마도 했음을 알 수 있다.

작품 감상

이 사는 송군(宋軍)이 남당의 수도 금릉(金陵)을 포위하고 있을 때 쓴 작품이라 위급한 가운데 지은 작품이어서인지 여러 군데 글씨가 빠졌고 그래서 판본도 여러 가지다.

마지막 끝부분이 미완성이라고 하지만 내용상으로는 그 뜻이 완결되어 있으며 망국 군주의 비통함이 그대로 드러나 있는 훌륭한 작품이다.

새 울음소리에 그림자 어지럽고 날은 이제 막 저물어가는(鴉啼影亂天將暮) 그런 망국 직전의 분위기가 잘 드러나고 있는 이 작품은 늦봄의 상춘(傷春) 속에 보이는 것 모두가 온통 한(恨)을 자아낸다고 토로하고 있다.

첫 구절의 낮 정경과 두 번째 구절의 밤의 정경을 대비하여 아름다운 꽃들이 지고 나비들이 쌍으로 나는 낮보다는 저녁이 되고 밤이 되어 서쪽 누각에서 두견새 울음소리 들리면 그 슬픔과 한(恨)이 배가된다고 하면서 낮과 밤, 과거와 현재를 대조하고 있다.

벚꽃이 다 지면 봄은 사라지고 좋은 시절도 다 지나가 버리며, 우리의 젊음도 그리고 한때 부유했던 나라도 그 끝이 보이면 다 사라져버리는 것이다. 꽃이 지고 나비가 쌍쌍이 나는 늦봄의 정경 중 봄을 상징하는 '앵두'나 '나비' 그리고 '두견새'는 봄의 아름다움을 나타내는 대표적인 사물이지만 늦봄에 봄을 잃을 상춘(傷春)에 시름겨워할 때는 좋았던 만큼 더 애상에 젖게 하고, 특히 어스름 녘에 발을 내리려고 할 때 들려오는 피를 토하는 듯한 한 맺힌 두견새의 처량한 울음소리는 자신의 심정을 대변해주는 듯하여 더욱 슬프다.

옛 한나라의 혜제(惠帝)는 궁 밖에서 앵두를 맛보고 맛이 좋아 앵두를 따서 종묘사직에 올렸다고 하는데 이때 이욱은 앵두를 따서 바칠 여유와 종묘사직에 제사를 지낼 겨를은 있었을는지. 어쩌면 앵두꽃 다 떨어져 앵두도 조상께 바칠 수 없고 종묘도 보존하기 어려운 상황임을 그 자신이 더 잘 알고 있었을 것이다.

시간의 흐름에 따라 추보식으로 서술하고 있는 이 작품은 낮에서 밤으로, 실외에서 실내로 작품의 배경이 이동하면서 화자의 심리도 이에 따라 변하고 있다. 낮에 바라본 정경은 낙화와 나비로 한때 좋았던 시절이 사라짐을 애석해하는 마음이었다가 밤이 되어 두견새 슬피 울면 화자의 마음은 더욱 울적해지고 근심 속에 불길한 예감이 든다.

밤이 들어 발을 내리려고 창가에 서면 저녁이 되어 사람들은 모두 집으로 돌아가 골목은 텅 비어 적막하고 눈을 들어 멀리 바라보면 보이는 것이라고는 몽롱하게 보이는 수양버들의 축 늘어선 모습과 멀리까지 퍼져있는 잡초들이 연기에 쌓여 있는 것처럼 뿌옇게 보이니, 이런 조용한 바깥 풍경으로 마음은 더욱 처량해진다.

방 안은 바깥 풍경과는 달리 화려한 휘장과 아름답게 그려진 그림 위에 금박까지 입힌 발이 늘어져 있고 침상 위에는 봉황을 수놓은 호화로운 궁중의 이부자리가 펼쳐져 있으며 그 이부자리 위에 향불을 켠 훈롱이 은은한 향내를 풍기며 방안을 따뜻하게 해주고 있다. 봉황을 수놓은 이부자리 위로 향 연기가 한가로이 하늘하늘 올라가면 하염없이 향불 연기를 바라보며 상념에 빠져 있던 화자는 곧바로 침상에 들지도 못하고 하릴없이 옷의 허리띠를 풀어 손에 들고 고개 돌려 서러움과 한(恨)으로 한동안 망연히 서 있다.

전반부는 외경을 묘사하면서 시선은 안에서 밖으로 향하고 있으며 시간적 배경은 낮에서 황혼녘까지다. 그리고 후반부는 내경을 묘사하면서 시선은 밖에서 안을 향하고 있으며 시간적 배경은 황혼에서 밤까지다.

또 전반부에서 그리고 있는 황혼에서 밤이 들 때까지의 한적한 골목 역시 시간이 흘러 저녁이 되어 인적이 끊겼으며, 사람들이 흩어져 집으로 돌아가는 것은 날이 저물어 집으로 돌아간다기보다는 성이 포위되어 있는 전쟁 상태이기 때문에 골목이 텅 비고 한산하다는 의미로, 이 구절은 다음 구절의 멀리 연기처럼 낮게 깔려 있는 연초(煙草)가 몽롱하게 보이는 쓸쓸하고 암울한 분위기로 이어지고 있다.

진회 강가의 화려한 누각과 배에선 불야성을 이루며 밤새 음악소리 끊기지 않았는데 지금 처한 상태는 불안 속에 예측할 수 없는 앞날만이 기다리고 있어 작가는 '망잔(望殘)'이라고 하여 이제 남아 있는 경치라고는 오로지 멀리 어렴풋이 보이는 저녁연기와 축 늘어진 수양버들과 아득히 이어진 봄풀만이 침울하게 가라앉아 있다고 묘사했다.

발을 걷어 내리고 자리에 누우려고 해도 여전히 망연하여 앉지도 눕지도 못하는 화자는 옷의 허리끈을 풀어 손에 들고서 멍하니 향불의 연기만 바라본다. 한가로이 공중으로 피어 올라가는 향불을 보며 화자는 무슨 생각을 했을까? 전쟁에 져서 포로가 되면 이런 봉황을 수놓은 이부자리 같은 것은 없겠지. 포로가 되면 자신의 앞날은 어찌될는지. 사랑하는 소주후와 궁녀들의 앞날은 또 어찌될까? 변량에서 남은 생을 마쳐야 하며 늘 죽음의 위협이 도사리고 있는 수인(囚人)의 생활을 견디어 낼 수 있을는지…… 화자는 만감이 교차하는 가운데 하늘하늘 피어오르는 향불 연기 속에서 소주후의 얼굴과 또 봉황이 날아가 버리는 듯한, 자신의 끝을 환영으로 보았을지도 모르겠다.

이 작품은 전반부에서의 '봄이 돌아가고(春歸)'와 후반부에서의 '사람들이 멀어져가고(人杳)'를 대비시켰고 또 전반부가 낮으로 상춘(傷春)의 슬픔이라면 후반부는 밤으로 적막을 나타내 서로 대비했다.

이 작품의 전반부는 완정(完整)이 되었으나 후반부 마지막 16자는 후세 사람들이 보완한 것이라고 한다. 이 사의 전체적인 정조는 '한(恨)'이며 화자의 어찌할 바를 모르는 절망과 슬픔이 이 작품의 구절구절마다 층층이 묘사되었다.

아내 생각이나 궁녀들의 처량한 신세를 연민의 감정으로 읊은 앞의 세 수(首)의 사에서는 따뜻한 애정과 낭만에 푹 빠져 있는 청년의 그림자만을 볼 수 있었으며, '사창(紗窓)', '상아 침대', '향로' 같이 화려한 생활 속에서의 공허한 애상과 '청담한 색깔의 저고리에 얇은 비단 치마', '파초', '앵두꽃', '빨간 속내의' 같은 소녀적 취향의 애수가 깊이 없이 읊어졌지만, 이 작품은 이욱이 남당의 황제로서 마지막으로 통탄하며 회한의 감정을 읊은 것이라서 작품 속의 '애수'와 '한'은 그의 진실한 감정이며 진정한 의미의 한이며 나라를 잃은 황제의 마지막 절규다.

후세 사람들이 망국의 소리(亡國之音)라고 평하고 있는 이 작품에서 우리는 속수무책으로 망연히, 부질없이 허리띠를 들고 서있는 이욱의 처량한 모습을 보는 듯하다.

남당(南唐)의 기인(奇人) 한희재(韓熙載)

한희재(韓熙載)는 풍부한 경륜과 재능이 넘쳐흐르는 남당의 노신(老臣)이다. 그러나 젊었을 때부터 그는 방탕하기 짝이 없었고 성격이 대범하여 구속받지 않는 생활을 추구하는 것이 탈이었다. 한때 젊었을 때 그는 '남당(南唐)이 나를 재상으로 기용하면 중원을 평정하겠다'고 호언하였건만 늙어서는 이를 회피할 방법만 찾았다.

이욱이 즉위한 9년째 되는 해부터 이욱은 망국을 예감했는지 이때부터 불교에 더욱 깊이 빠지며 원칙 없는 국사로 나라를 엉망으로 만들고 있었지만 그는 한희재의 충언만은 늘 잘 따랐다. 어느 날 청룡산(青龍山)에서 사냥을 하고 돌아와 피로가 극심했는데도 그는 친히 대리사(大理寺)에 가서 안건을 심리하고 불교에서 살생을 금한다는 이유로 죄인들을 가볍게 처벌하려고 했다. 이에 한희재는 '심리 안건은 유관 부문의 일이니, 황제께서는 친히 옥(獄)으로 가서는 안 된다'는 간언(諫言)의 상소문을 올렸고 이욱은 그의 말대로 했다.

한희재가 강을 건너 남하했을 때 그의 친구 이곡(李谷)은 그를 위해 주연을 베풀어주며 가는 길을 배웅했다. 술이 한창일 때 한희재는 '만약 남당이 나를 재상으로 기용한다면 나는 남당을 위해 출병하여 중원을 평정하겠다'고 자신의 지향(志向)을 밝혔다. 이에 이곡도 질세라 '중원이 만일 나를 재상으로 쓴다면 출병하여 강남을 취하기는 손바닥을 뒤집는 것처럼 쉽다'고 대답했다.

비록 그들의 대화가 농담 반 진담 반이었다고 할지라도 한희재의 조우(遭遇)는 이곡에 대할 바가 못 되었다. 이곡은 후에 후주(后周)의 한 몫을 맡은 명장이 되었으며, 후주와 남당과의 전쟁에서 큰 실력을 보여주었으니 이곡의 맹세는 실현되었다고 할 수 있다.

그러나 한희재는 계속 남당에서 중용되지 못하고 있었다. 거란인이 중원에 들어 와 후당(后唐)을 멸망시켰을 때 한희재는 이경통(李景通)에게 "폐하께서는 조부의 큰 뜻이신 천하를 회복하려는 뜻을 가지고 계신데 지금이 가장 좋은 기회입니다. 지금 출병하지 않고 거란인이 북으로 돌아가기를 기다리신다면 중원에는 새로운 주인이 나타나니 그때 손을 쓰기에는 이미 때가 늦습니다"라고 말했다. 그러나 이경통은 듣지 않고 민국(閩國)과의 전쟁을 계속했다. 후주(后周)가 건립되자 남당의 군신들은 이제야 북벌에 대한 문제를 토론하기 시작했으며, 한희재는 "저는 본래부터 북벌을 주장한 사람이지만 그들은 국경을 튼튼하게 잘 수비하고 있습니다. 지금 우리가 출병하면 공(功)도 없고 자칫 잘못하면 재앙을 불러일으킬까 걱정됩니다."라고 하였으나 이경통은 이번에도 한희재의 건의를 거절하여 강북의 14개 주를 잃은 것이다.

그러나 이욱은 한희재를 중시하여 그를 늘 재상의 자리에 앉히고 싶어했다. 북쪽 산동 지역에서 남당으로 옮겨온 그가 북쪽의 정세에 정통하리라 생각한 이욱은 그에게 중임을 맡기려 했으나 한희재는 이를 교묘히 피하기만 했다. 그는 중서시랑(中書侍郞)을 거쳐 재상의 자리에까지 오르게 되었지만, 말년의 그는 이미 나라가 기울고 있음을 잘 알고 있었기 때문에 집안에서 온 종일 기녀들과 즐기며 정치에는 관심이 없음을 나타냈다.

그의 집에는 노래하는 기녀가 40여 명이나 있었고 모두 천하절색이었다. 한희재는 거리와 면해 있는 집 담 벽에 가로 창을 만들어 얇고 성성한 비단 망을 씌워서 집 안에서 밖을 내다볼 수 있게 만들어 그들이 바깥 구경하는 것을 묵허했다. 처음에는 말없이 밖을 훔쳐보기만 하다가 나중에는 갈수록 대담해진 기녀들은 공공연히 사창을 열고 과일이나 과자 같은 간식과 여자들이 쓰는 일용품을 사기 시작했다. 그러다 결국 밖의 사람들과 서로 희롱하며 물건을 주고받았으며 급기야는 그들을 집 안으로 끌어들여 집에서 남자 손님들과 잡거하고 혼숙을 했는데도 한희재는 이를 용인했다.

한번은 한희재가 누더기 승복을 입고 대나무 밥통을 등에 짊어지고서 그의 식객들에게 그들을 위해 죽반을 치라고 명하고는 자신은 밥을 구걸하는 노래를 부르고 그의 가기들은 정원으로 내려가 밥을 구걸했다. 이런 일련의 작태는 풍자성이 강해 조야의 강력한 반향을 일으키며 많은 사람들이 그를 공격했다. 그의 절친한 친구가 그에게 행동을 좀 조심하라고 권했을 때 한희재는 탄식을 하면서 "나는 일부러 이렇게 자신을 비천하게 만들어 재상에 오르는 것을 피하고 있네. 나는 이제 늙었고, 늙어서 망국의 재상이 되어 천하의 웃음거리가 되고 싶지는 않네"라고 자신의 진심을 털어 놓았다.

한희재는 면직을 당하면 곧바로 가녀들을 다 쫓아 내보내고, 이욱이 그에게 관직을 다시 되돌려주면 또다시 가기들을 불러 모아 부양하기 시작했다. 이욱은 이를 탄식하면서 한희재에 대해 이젠 자신도 어쩔 수 없음을 깨달았다.

한희재의 이런 괴이한 생활을 보여주는 〈한희재 야연도(夜宴圖)〉는 궁중화가인 고굉중(顧閎中)이 한희재 집안의 밤 연회 장면을 그린 것이다. 현재 북경 고궁박물관에 소장되어 있는 이 인물화 걸작품은 높이 28cm에 총길이 336cm의 비단 두루마기에 그린 채색화로 병풍처럼 칸을 나누어 이날 밤 연회의 다섯 장면을 그리고 있다.

음악을 듣는 장면, 춤을 구경하는 장면, 휴식을 취하는 장면, 바람을 쐬고 있는 장면, 헤어지는 장면 등 서로 독립된 5개의 장면을 담고 있는 이 작품에는 총 46명의 여러 인물들의 형상이 보이는데, 매 장면마다 한희재의 모습이 보인다.

그러나 매장면마다 그의 표정이나 동작은 모두 다르다. 다른 인물들의 묘사도 매우 세밀하고 정교하며, 그들의 서로 다른 신분과 지위, 그리고 그들의 성격특징이 잘 표현되어 있다. 이 그림에는 인물 외에도 의자나 탁자, 침상 같은 가구들과 식기도구, 악기 등 당시의 풍물들을 한눈에 보게 해준다.

이 그림은 당나라 의상과 당시 여인들의 머리치장, 비파 타는 기녀들, 무희를 쳐다보는 남자들의 시선과 표정, 침상에 앉아 부채를 들고 있는 한희재, 노란색 옷에 북채를 들고 붉은색 북을 치고 있는 한희재, 손뼉을 치면서 박자를 맞추고 있는 손님들, 옆에서 웃고 있는 스님, 여자 무희들과 침상에 앉아서 휴식을 취하고 있는 한희재, 하인이 가지고 온 물에 손을 씻고 있는 손님, 손을 흔들며 손님과 작별을 표하는 한희재 등 세심한 필치에 선명한 색채와 전체적인 조화가 잘 이루어진 당시의 풍속화라고 할 수 있다.

슬픔 위에 또 다른 슬픔 끝없이 흐르네 슬픔 위에 또 다른 슬픔 끝없이 흐르네 슬픔 위에 또 다른 슬픔 끝없이 흐르네

6 포로로 수인(囚人)생활을 하며

烏夜啼(昨夜風兼雨)

昨夜風兼雨，簾幃颯颯秋風。
燭殘漏斷頻倚枕。起坐不能平。
世事漫隨流水，算來一夢浮生。
醉鄉路穩宜頻到，此外不堪行。

Zuóyè fēng jiān yǔ, lián wéi sàsà qiūshēng.
昨夜风兼雨，帘帏飒飒秋声。

Zhú cán lòu duàn pín yǐ zhěn. Qǐ zuò bùnéng píng.
烛残漏断频倚枕。起坐不能平。

Shìshì màn suí liúshuǐ, suàn lái yī mèng fúshēng.
世事漫随流水，算来一梦浮生。

Zuìxiāng lù wěn yí pín dào, cǐwài bùkān xíng.
醉乡路稳宜频到，此外不堪行。

간밤 비바람에 창밖엔
솨솨하는 가을바람 소리
촛불은 다 타고 시계소리마저 그쳤는데
잠 못 이뤄 베개에 기대 엎치락뒤치락
세상만사 천천히 흐르는 물 따라 흘러가고
모든 것이 허망한 꿈일 뿐
언제나 술 취한 길만 편안하니 자주 가야겠네.
그 밖에는 갈 곳도 없으니

詞意

어제 밤에 가을을 재촉하듯 비바람이 몰아쳤다. 발에도 휘장에도 가을바람 소리 솨솨 들리는데 잠을 이룰 수가 없어 베개에 기대어 엎치락뒤치락한다. 켜 놓은 촛불도 거의 다 타들어가 녹아 없어지고, 물시계의 물마저 끊어지며 밤은 점점 깊어만 간다. 잠을 못 이루며 이 생각 저 생각, 생각도 많은데 문득 인생 무상함을 느낀다. 흐르는 물처럼 우리의 인생도 물 따라 흘러가고, 어제의 영화도 오늘의 고통도 시간만이 해결해주며 세월은 이렇게 흘러간다. 인생은 일장춘몽이요, 덧없이 왔다가 덧없이 가는 뜬 구름 같은 것이니 그저 술에 취해 세상만사 잊는 것이 가장 좋고 편안한 방법이다. 그래서 이렇게 별천지 같은 술에 취한 세상에 빠져 있어야만 편안하고, 그 밖의 것들, 보고 듣는 모든 것들은 모두 시름을 자아내는 것들뿐이니 다 잊고 오로지 술 세계에만 빠져들고 싶다.

단어

1. **작야(昨夜)** : 어젯밤

2. **풍겸우(風兼雨)** : 비바람. 바람과 비. 바람을 동반한 비

3. **삽삽(颯颯)** : 솨솨, 쐬쐬 바람소리. 바람이 갑자기 불어옴을 형용하는 의성어. 비바람 부는 소리

4. **추성(秋聲)** : 가을 소리, 가을바람 소리

5. **촉잔(燭殘)** : 초가 거의 다 타들어가 남은 부분이 없다. 시간이 많이 흘러갔음을 말한다.

6. **루단(漏斷)** : 루(漏)는 일종의 물시계로 '루단(漏斷)'이란 물시계의 물도 거의 다 끊어졌다는 뜻으로 시간이 많이 흘렀다. 밤이 깊어졌다는 의미다.

7. **빈(頻)** : 자주, 여러 번

8. **의침(倚枕)** : 베개에 기대다. 슬픔과 한으로 잠 못 이루며 베개에 기대어 몸을 엎치락뒤치락할 때 자주 쓰는 표현이다.

9. **기좌(起坐)** : 앉으나 서나, 일어나 앉다.

10. **불능평(不能平)** : 마음을 평정할 수 없다. 이 말은 잠도 제대로 잘 수 없고 앉으나 서나 불안하다는 의미다.

11. **세사(世事)** : 세상사, 세상의 모든 일들

12. **만수(漫隨)** : 헛되이 사라지다. 인생이 물처럼 흘러 사라진다는 뜻이다.

13. **산래(算來)** : …인 셈이다. …로 간주되다.

14. **일몽(一夢)** : 한바탕의 꿈

15. **부생(浮生)** : 덧없는 인생

16. **취향로(醉鄕路)** : 술에 취해 별천지로 가는 길. 당나라의 문장가 왕적(王績)이 지은 〈취향기(醉鄕記)〉에 당시의 이름난 학자인 완사종(阮嗣宗), 도연명(陶淵明) 등 수십 명이 함께 취향(醉鄕)에 놀러갔다는 말이 있다. 여기서 '취향(醉鄕)'이란 기분 좋게 취한 상태로 만취 상태로 들어가기 전의 '적당히 취한 상태'가 계속되는 몽롱한 정신 상태를 말한다. 그래서 취향은 인간 속세에 있는 천당 같은 곳을 말한다.

17. **온이(穩宜)** : 당연히 편안하다. 술로 자신을 마비시키는 곳이니 응당 편안한 곳이라 자주 가게 된다는 말이다.

18. **불감행(不堪行)** : 갈 수 없다. 차마 갈 수가 없다. '불감(不堪)'은 '견딜 수 없다, 할 수 없다'의 뜻으로 좋지 않거나 불유쾌한 일에 쓰인다.

구절풀이

昨夜風兼雨, 簾幃颯颯秋聲 어제 밤 비바람 불고 창문 발 사이로 들려오는 솨솨하는 가을 바람소리. 이 구절은 어제 밤이라는 시간과 가을이라는 계절을 말하고 있으며 의성어 솨솨(颯颯) 소리는 창 밖에서 들려오는 비바람 소리로 방 안에서 이 소리를 듣고 있는 사람의 처량한 심정을 나타낸 것이다.

燭殘漏斷頻倚枕, 起坐不能平 촛불은 다 타 남지 않고 물시계의 물도 다 끊겨 가는데 베개에 기대어 일어나기도 앉기도 어려워 자주 몸만 뒤척거린다. 초는 거의 다 타 없어지고 물시계의 물도 다 끊겨간다는 것은 이미 시간이 많이 흐른 늦은 시각임을 말한다. '루(漏)'는 '루각(漏刻)'으로 시간을 재는 물시계다. 여러 가지 생각으로 잠을 이룰 수가 없어 전전 반측하며 밤늦도록 오랫동안 베개에 기대어 계속 몸을 뒤척인다는 뜻이다.

世事漫隨流水, 算來一夢浮生 세상사란 흐르는 물 따라 서서히 흘러가는 것과 같으니 한바탕 꿈같은 덧없는 인생인 셈이다. 인간 세상의 일이란 시간의 흐름에 따라 자연스럽게 흘러가는 것이며 또 흐르는 물처럼 한 번 가면 다시 돌아오지 않는다. 세상사는 정한 바가 없어 우리의 인생은 덧없는(浮生) 한 바탕의 꿈같다고 할 수 있다.

醉鄕路穩宜頻到, 此外不堪行 술 취한 별천지로 들어가기는 쉬운 일이라 자주 가게 되고 그 밖의 곳으로는 갈 수가 없구나. 괴롭고 생각하기도 싫은 과거를 잊기 위해선 술에 취해 있는 상태가 가장 좋기 때문에 자주 취향을 찾아가게 되고 술을 마시며 자신을 마비시키는 일 외에는 어떤 것도 할 수가 없다는 뜻이다. 왜냐하면 보는 것마다 과거를 생각나게 해 슬픔은 더 커지고 말짱한 정신으로 있으면 과거에 대한 후회와 자책으로 괴롭기만 하니 이 모든 근심과 슬픔을 잊으려면 술에 취해 있는 상태가 가장 좋기 때문이다.

작품 배경

이욱은 잠 못 이루는 밤이면 항복하던 그 날의 수치와 모욕을 잊을 수가 없었고 지금 처량한 수인(囚人)이 된 현실 앞에선 술만이 큰 위로가 되었다.

당시 군영 밖에는 이미 두 줄로 큰 상과 의자가 준비되어 있었으며 사방 둘레에는 무장한 무사들이 질서정연하게 서 있었다. 위풍당당한 전방의 투항식을 거행할 때 포로들은 '웃통을 벗고' 투항을 하는 것이다. 남당의 군신들은 두렵고 놀라면서 나라의 관직 서열에 따라 차례로 줄을 지어 예측할 수 없는 앞으로의 처분을 기다리고 있었다. 그들은 똑같이 청색 옷에 작은 모자를 썼으며 가벼운 옷차림이었다. 이른 바 '웃옷을 벗어버리고'라는 것은 원래 옛사람들이 제사를 지내거나 혹은 사죄를 할 때 겸허와 두려움을 나타내기 위한 형식으로 최초에는 옷을 벗겨 발가벗기었으나 후에는 점점 간단하게 관모와 도포만 벗어버리고 가볍고 입기 편한 복장 차림으로 전쟁에서 진 자가 승리자에게 굴복하고 투항함을 나타냈다.

이욱이 죽고 싶은 마음으로, 항복한 비참한 왕으로서의 생활을 지내고 있는 동안, 그가 유일하게 할 수 있는 것은 오로지 술로써 그 슬픔을 달래는 것뿐이었다. 한번은 취한 후, 창호지에다 아무렇게나 두 구절의 "예부터 인생은 죽는 것에 불과하니, 취해서 장지(葬地)에 가면 높은 언덕이 있지 않겠느냐"라는 시를 쓴 적이 있었다. 후에 깨어나서 그는 자신이 이렇게 불길한 뜻이 담겨 있는 시를 지은 것에 대해 후회했지만 얼마 지나지 않아 그는 또다시 술에 절은 취한 생활을 계속했다.

심지어 송 태조(太祖) 조광윤도 이욱이 술을 목숨보다 중요시하고 손에 술잔이 떠나지 않음을 알고서 유관부서에 특별히 명을 내려 이욱에게 매일 좋은 술을 서 말씩 주라고 했다. '만사는 손에 술잔 든 것만 못하고, 짧은 인생에서 달을 볼 수 있는 때가 몇 번이나 되느냐'는 식으로 그는 술 속에 파묻혀 살았다.

태조 조광윤은 이욱이 술을 지나치게 마셔 건강을 해칠까 봐 한동안 술을 보내지 않았는데 태종 조광의는 즉위하자마자 술을 보내 달라는 이욱의 간청을 즉각 들어주며 그가 술 속에 파묻혀 폐인이 되길 바랐다. 술이 공급되지 않으면 그는 상소까지 하여 술을 보내 달라고 애걸했다.

태조 조광윤은 그래도 이욱을 비교적 관대하게 대접했으나 그의 동생 태종 조광의는 질투심이 강하고 비열한 사람이라 이욱을 시기하며 미워했다. 처음 이욱이 잡혀 왔을 때도 조광의는 이욱을 죽여야 한다고 그의 형에게 적극 주장했던 사람이다. 조광의는 이상하게도 이욱과 취미가 같아 그를 질투했으나 이욱은 조씨 형제들의 시문이 천박하고 조야하여 그들을 지극히 멸시했다.

술은 이욱에겐 없어서는 안 될 진통제였으며 쓰라린 고통과 번뇌를 해결해주는 친구였으며 과거를 회억하는 매개체였다.

작품 감상

이 사는 참기 어려운 생활에 대한 울분과 비분을 토로한 작품이다.

전반부에서는 근심과 고통을 일으켜주는 비바람이 어제 밤에 계속 불어와 긴 밤 잠을 잘 이룰 수가 없었다고 하면서, 바람 소리가 솨솨하고 들리고 여기에 빗소리까지 곁들여 근심과 울적한 심사로 나날을 보내고 있는 화자는 괴롭고 슬퍼 밤새 전전반측하며 마음을 안정시킬 수가 없었다고 토로한다.

가을비는 또 한 해를 재촉하고 타향에서 듣는 가을비 소리와 바람소리는 화자의 마음에 서글프고 처량한 기분을 불러 일으켜 '솨솨(飒飒)'라는 의성어는 아름다운 가을 소리(秋声)가 아니라 가을을 재촉하는 불안한 소리로, 화자는 이 소리와 함께 밤새 적막한 공간에서 잠을 못 이룬다.

어젯밤의 비바람이 가을을 재촉한다는 말 속에는 비바람이 송(宋)의 핍박을 대신한 말일 수도 있고 이런 핍박 속에서 또 한 해가 흘러간다는 말로 확대 해석될 수도 있다. 그래서 근심 걱정이 많은 화자는 밤새 비바람 소리와 동무하며 잠을 못 이루며 마음이 평온하지 못했다고 말한 것이다. 시간은 흘러가고 밤도 점점 깊어가는데 꼬리를 문 생각들과 자신의 현 처지에 대한 울분과 불안 등으로 화자는 몸을 뒤척이며 잠을 이룰 수가 없다. 일어나 보기도 하고 앉아 보기도 하지만 도저히 평정을 유지할 수가 없다고 말하고 있는 화자는 밤을 새며 괴로워하고 있다. 켜놓은 촛불도 이제 다 타들어 가 거의 남아 있질 않고 물시계의 물은 위에서 아래로 거의 다 떨어져 소리도 들리지 않게 된 늦은 시각까지 화자가 잠을 못 이루는 것은 수많은 복잡한 생각과 후회와 자조 때문이다.

이어 후반부에서 자포자기하는 심정으로 모든 일을 운명에 맡겨버리고 술에 취해 있는 상태에서 깨어나길 원치 않는 화자는 세상만사는 아무 것도 아니며 한갓 부질없는 꿈에 불과해 흐르는 물 따라 가버리는 것이라고 스스로를 위로한다. 그래서 꿈처럼 흘러만 가는 자신의 나날도 잠시 잠깐의 일이며 허망한 일일 뿐이라 매일매일 취향을 찾아가 술에 취해 마음속의 고통에서 벗어나고 싶다고 읊고 있다. 마지막 구절에서 술에 취한 별천지로 가는 것 외에는 그 어느 곳으로도 갈 수 없다는 말은 망국 군주가 되어 포로 생활을 하는 화자의 속수무책한 진솔한 감정이 그대로 드러나고 있다.

이 사의 전반부에서 '염위(簾幃)'라고 하여 발이라는 염(簾)과 장막이나 휘장을 뜻하는 위(幃)자를 함께 써서 창에 드리운 커튼이나 침대에 쳐놓은 휘장이 아무리 크고 웅장한 것이라 할지라도 비바람 소리가 방안까지 크게 들려 와 근심 걱정이 많은 화자를 불안케 하고 그래서 잠도 이룰 수 없다고 과장되게 말하고 있다.

여기에 이어 시간이 많이 흐르고 밤도 깊어졌다는 표현을 초와 물시계를 함께 등장시켜 촛불은 끝나가고(烛残) 물시계의 물 떨어지는 소리도 끊긴(漏断) 한 밤중이라고 하여 화자의 긴 시간 동안 잠 못 이룬 전전반측을 강조했다.

다음 구절의 만사를 잊기 위해 술에 취하는 수밖에 없다고 한 '취향(醉鄕)'이란 말은 취중의 경지를 이상향에 비겨서 표현한 밀이다. 왕적(王績)의 〈취향기(醉鄉記)〉에 의하면 그곳은 중국과 거리가 몇 천리나 떨어져 있으며, 광대한 그 땅에는 구릉도 없고 기후는 매우 따뜻하다고 한다. 사람들의 풍속이 어느 곳이나 다 비슷하며 그곳 사람들은 매우 청렴하다고 했는데 이른바 이곳은 술 취한 사람들의 천국이라 할 수 있는 곳이다.

이는 늘 술에 절여 있는 작가의 생활 단면을 보여주는 말이며 술로 자신의 괴로움을 잊고자 하는 작가의 심정을 여실이 드러내주는 말이다. 비록 송나라에서 강남풍의 저택을 내어주며 대접을 잘 해 준다고 하지만 사실상으로 작가는 연금된 상태이며 자유로이 사람들과 왕래도 할 수 없는 지경에 처해 있다. 일국의 제왕이 포로가 되어 하루 종일 하는 일 없이 시간을 보내는 일은 참으로 고통스러운 일이며 그 많은 시간에 하는 일이란 과거에 대한 그리움과 후회와 울분뿐이니 이를 생각하지 않으려면 술에 취해 자신을 마비시키는 방법밖에 없는 것이다. 그래서 마지막 구절에서 '이것 외에는 아무 것도 할 수 없구나(此外不堪行)'라고 절망과 자조의 한탄을 내뱉게 된다.

굴욕적인 수인생활을 하는 화자는 비바람 몰아치는 가을밤, 불안감을 조성하는 솨솨하는 바람 소리에 잠을 이룰 수가 없다. 하루 종일 울적한 마음을 풀 데가 없었던 화자는 잠이 오지 않아 망국의 한을 곱씹어보고 있다. 이런 밤에 비가 내리고 바람이 불어 문들이 울고 휘장들이 흔들리며 화자의 마음과 정신을 흔들어 더욱 애수와 애상에 젖게 한다. 가을밤 바람은 한기까지 느끼게 하는데 이것은 육체적인 한기라기보다는 심리적인 한기로 슬프고 처량한 화자를 더욱 고독과 절망감에 빠뜨린다. 밖은 비바람이 몰아치는데 실내에는 촛불이 흔들거리며 거의 다 타들어가고 있고 물시계의 물 떨어지는 소리도 그쳐간다. 촛불도 물 떨어지는 소리도 다 끝나가 화자는 더욱 좌불안석으로 어찌할 바를 모른다. 단조로운 물 떨어지는 소리는 기계적으로 들려오며 화자에겐 이렇게 시간은 정확하게 흘러가는 것이라고 일깨어 주는 듯하다.

누웠다가 일어났다가 베개에 기대었다가 하며 온 밤을 지새우는 이유는 마음을 평정할 수 없기 때문이다. 그래서 "不能平"이란 세 글자가 후반부의 핵심어인 것이다. 이 마음을 평정할 수 없다는 심사에는 지금의 생활과 신분의 낙차, 번민, 굴욕감, 울분, 분노, 자괴감 등이 덩굴처럼 얽힌 복잡한 심정이 모두 내포되어 있다. 그러나 작가는 이런 복잡한 심사에 대해서는 아무런 설명도 하지 않고 단지 "평정할 수가 없구나(不能平)"라는 한 마디 말로 함축시켰다.

전반부에서 엄혹한 현실에서 어찌해 볼 방도가 없음을 토로한 후 후반부에 이르러서는 인생무상으로 자신을 위로한다. 세상만사는 흐르는 물 따라 흘러가니 한바탕의 꿈이고 덧없는 우리네 삶이라고. 그리고 물이 밤낮으로 쉬지 않고 흘러 사라지듯 어제의 번화와 번성도 흘러가 사라지며 오늘의 불행도 다 흘러 지나갈 것이니 이것저것 생각 하지 말고 술의 세계로 들어가 취한 상태에서 정신적 해탈을 하고자 하는 작가의 고통이 전해온다. 그리고 화자는 술밖에 자신을 구제할 수 없어 술 속에 빠져 살고 싶다고 하지만 결국 술조차 그의 번뇌를 다스릴 수 없다고 한탄하고 있다.

望江梅(閑夢遠，南國正芳春)

閑夢遠，南國正芳春。
船上管絃江面綠，
滿城飛絮滚輕塵，
忙煞看花人!

閑夢遠，南國正淸秋。
千里江山寒色遠，
蘆花深處泊孤舟。
笛在月明樓。

Xián mèng yuǎn, nánguó zhèngfāng chūn.
闲梦远，南国正芳春。

Chuánshàng guǎnxián jiāngmiàn lǜ, mǎn chéng fēi xù gǔn qīng chén,
船上管弦江面渌，满城飞絮滚轻尘，

Máng shà kàn huā rén!
忙煞看花人！

Xián mèng yuǎn, nánguó zhèng qīngqiū.
闲梦远，南国正清秋。

Qiānlǐ jiāngshān hánsè yuǎn, lúhuā shēn chù pó gū zhōu.
千里江山寒色远，芦花深处泊孤舟。

Dí zài yuè míng lóu
笛在月明楼

무심히 꿈속에서 멀리 뵈는
강남은 바야흐로 꽃피는 봄이었다.
배 위의 음악소리 푸른 강물에 흐르고
버들 솜 흩날리는 온 성안 가득
꽃 보기에 바쁜 구경 나온 사람들.

무심히 꿈속에서 멀리 뵈는
강남은 바야흐로 맑은 가을이었다.
천리강산 멀리 차가운 가을 빛, 갈대 숲 깊숙이
외로운 조각배 하나 놓여 있고,
달 밝은 밤 멀리 누각에서 들려오는 은은한 피리소리

詞意

꿈속에서 본 고향은 마침 꽃피는 춘삼월이었다. 겨우내 집에 있던 사람들은 봄을 맞아 봄나들이 하러 산으로 강으로 나와 구경들을 하고 있다. 강 위에는 화려하게 채색한 배들이 떠있고 배에서는 아름다운 음악소리가 흘러나온다. 성안은 버들 솜이 봄바람에 날려 솜처럼 눈처럼 흩날리고 사람들은 이제 갓 피기 시작한 온갖 아름다운 꽃들을 구경하느라 정신이 없다. 꿈속에서 본 고향은 맑은 가을날이었다. 맑은 가을 날씨와 맑고 드높은 하늘, 온통 가을 색 속의 갈대밭엔 조각배가 정박해 있고 달 밝은 밤에 누군가가 부는 누각에서 들려오는 은은한 피리소리가 나그네의 객창을 더욱 서글프게 한다. 이렇게 강남은 아름다운 곳이다.

단어

1. **한몽(閑夢)** : 한가하다는 뜻의 '한(閑)'은 '쉴 겨를'이라는 '한(閒)과 같은 의미이다. 여기서의 '한(閑)'은 '한가로이, 무료히, 무심히'라는 뜻과 '사이, 동안'이라는 뜻이 함께 쓰인 것이다. 한몽(閑夢)은 구금생활의 적막함과 무료함으로 몽상만 생긴다는 뜻이다.

2. **남국(南國)** : 남당(南唐) 옛 땅을 일컫는다.

3. **방춘(芳春)** : 아름다운 봄날. 온갖 꽃이 피는 봄

4. **관현(管絃)** : 관현악. 관악기(취주악기)와 현악기

5. **비서(飛絮)** : 서(絮)는 "버들 솜, 버들 꽃"이란 뜻으로 봄에 하얀 버들 솜들이 흩날리는 것을 말한다.

6. **곤경진(滾輕塵)** : 곤(滾)은 '구르다, 뒹굴다'라는 뜻으로, 먼지처럼 가볍게 흩날리는 버들 솜이 공중에서 흩날리기도 하고 땅 위에 떨어져 먼지처럼 바람에 구르기도 한다는 의미다.

7. **망살(忙煞)** : 너무 바쁘다. 살(煞)은 '죽일 살(殺)'과 같은 의미로 형용사 뒤에 붙어 극단적이고 과장된 표현에 쓰인다. 즉 "바빠 죽겠구나!"의 의미다.

8. **청추(淸秋)** : 맑은 가을

9. **한색원(寒色遠)** : 한색(寒色)은 가을이라는 추색(秋色)을 말한다. 가을이면 산야의 초목들이 암녹색을 띠우며 맑은 공기 속에서 더욱 선명하게 보여 그 검푸른 색이 차가운 느낌을 주게 한다는 말이다. "멀 원(遠)"은 다른 책에서는 "모(暮)"로 되어 있어, 천리강산 멀리까지 온통 가을빛이라는 뜻과 가을빛이 저물어간다는 두 가지 뜻으로 풀이할 수 있다.

10. **노화(蘆花)** : 갈대꽃

11. **박고주(泊孤舟)** : 외로운 조각배 정박해 있고. "박(泊)"은 배를 물가에 대어 정박시키는 것을 말한다.

12. **적(笛)** : 피리

구절풀이

閑夢遠, 南國正芳春 무심히 꿈속에서 멀리 고국으로 돌아가니 강남은 바야흐로 꽃피는 아름다운 봄이구나. 이 구절 중의 '한(閑)'은 표면적으로는 수인(囚人) 생활을 하니 한가하고 무료하다는 뜻이지만 내심에서는 무료한 생활 중에 늘 깊은 시름에 잠겨 있음을 말하고 있다. 그래서 단지 꿈속에서만 옛 아름다운 시절을 회억할 수 있는데, 꿈속에서 먼 곳(夢遠)에 이르니 강남은 바야흐로 꽃피는 아름다운 춘삼월이었다. 작가는 '봄 춘(春)'자 앞에 아름다운 '방(芳)'자를 덧붙여 고국에 대한 사랑과 애착을 강하게 보여주고 있다.

船上管絃江面綠, 滿城飛絮滾輕塵 놀이 배에서 흘러나오는 관현악 음악소리는 푸른 강물 위로 퍼지고, 성안 가득 버들 솜들이 흩날리며 땅 위를 구른다. 이 구절은 날이 풀려 밖으로 봄 구경하러 나온 사람들이 보는 정경을 그리고 있다. 배에서는 취주악과 현악이 흘러나오는데 사람들은 음악을 들으며 벽옥같이 아름다운 남빛 강물을 구경하고 있다. 그리고 그들의 머리 위로, 옷 위로 땅 위로 버들 솜들이 바람에 이리저리 흩날리며 뒹굴고 있다.

忙煞看花人! 꽃구경 나온 사람들 정말 바빠 죽겠구나. 아름다운 경치가 너무 많아 이것저것 둘러보기가 정말 바빠 죽을 지경이라는 의미다.

閑夢遠, 南國正淸秋 무심히 꿈속에서 멀리 고국으로 돌아가니 강남은 바야흐로 맑은 가을이구나. 남국의 아름다운 가을을 예찬하고 있다.

千里江山寒色遠, 蘆花深處泊孤舟 천리 강산은 멀리까지 온통 가을빛이고, 갈대꽃 우거진 강가 깊숙이 외로운 조각배 하나 정박해 있다. 자신의 조국은 사방으로 수천 리에 달하고, 그 넓고 아득한 강산 멀리 멀리까지 찬 가을빛이 가득한데 갈대꽃들이 우거진 강가 깊숙한 곳에 외로운 돛단배 하나가 밤을 지내기 위해 정박해 있다.

笛在月明樓 달 밝은 밤에 멀리 누각에서 들려오는 피리소리. 달은 밝은데 누군가가 멀리 누각에서 피리를 불고 있다. 이 밤 잠 못 이루는 누군가가 누각 위에서 달빛을 감상하며 피리를 불고 있고, 멀리 객창에서 잠 못 이루고 있는 사람도 은은하게 들려오는 피리소리를 들으며 떠나온 집 생각을 한다.

작품 배경

이욱은 왕공(王公), 후비, 백관들을 거느리고 강변의 부두에 모여 명을 받들어 배를 타고 북상했다. 이날 하늘은 구름이 낮게 깔려 어두웠으며 가랑비가 보슬보슬 내리고 있었다. 이욱은 선창에 우두커니 서서 오랫동안 남쪽 강 언덕을 바라보며 고향을 등지는 슬픔과 앞으로 어찌해야 좋을지 모르는 망연함 속에 아연해 하고 있었다.

이렇게 송에 투항한 후부터 이욱의 일 년 사계절은 '오직 석양뿐이고 오로지 눈물로 세수를 할 뿐인' 그런 굴욕적이고 비참한 생활로 점철된다. 그는 마치 금실로 짠 둥지 속에 갇힌 새처럼 집은 비록 화려했지만 행동에는 그 어떤 자유도 없었다.

그는 온 종일 조그만 누각에 거하며 누각 밖은 높은 담 속의 깊은 정원과 삼엄한 경비뿐이며 새조차 날기 어려운 형편이었다. 송 왕조 황제의 허락 없이는 사사로이 손님을 맞을 수도 없었다. 일찍이 높은 제왕의 보좌에 앉아 신민을 호령했던 이욱으로 말하자면 이것은 천당에서 지옥으로 떨어진 것 같았으니 그가 어찌 이런 하늘이 무너지고 땅이 갈라지는 거대한 낙차를 견딜 수가 있었겠는가!

생활상의 고적함과 암담함, 두려움과 실망, 시시각각으로 애간장이 끊어지는 듯한 살고 싶지 않은 고통 속에서 그가 이 우울하고 울분에 찬 마음을 나타낼 수 있는 것은 오로지 눈물의 사뿐이어서 그는 사를 지어 눈물을 대신했다. 이때 이욱은 인간 세상에 대해 시사(詩詞) 이외의 모든 것에는 철저히 냉담했다.

봄날의 봄바람과 봄비, 봄풀과 봄꽃들은 인생의 애상(哀傷)감만을 자아내며, 그에게 이미 잃어버린 과거의 봄을 연상케 해주고 특히 금릉에서 '봄바람에 말발굽 달리며 하루 종일 장안의 꽃들을 두루 구경했던' 아름다운 세월과 대조적으로 지금 눈앞의 현실은 '새벽 오경에 슬픔에 젖어 외로운 베개에 기대어 남은 촛불의 촛농을 홀로 바라보는' 그런 슬픈 고통의 시간만 있을 뿐이었다.

낮에 많이 생각하면 밤에 반드시 꿈에 나타나는 법이라, 꿈속에서 이욱은 이 비참한 포로 신세에서 벗어나 자신도 모르게 푸른 하늘 높이 올라 구름을 헤치고 날다가 산 맑고 물 맑은, 푸른 풀과 붉은 꽃이 만발한 금릉으로 돌아가게 된 것이다.

꿈속에서 고국으로 돌아가니 때는 바야흐로 봄철이었다. 백화가 만발하고 따뜻한 공기가 금릉성을 맴도는 아름다운 계절을 맞이하여 겨우내 움츠렸던 백성들은 봄 경치를 구경하러 모두들 성안으로 나들이 나와 있었다. 진회 강가의 아름다운 배 위에선 아름다운 음악소리 끊이지 않고 성 안은 여인네들의 웃음소리와 아이들이 즐겁게 뛰노는 소리가 이곳저곳에서 들리며, 푸른 강가의 버드나무 가지에선 버들 솜이 눈처럼 분분히 날리고 있는 고국의 정경은 그렇게 아름다웠다. 꿈속에서 다시 가을철로 들어가니 온 강산이 추색으로 파랗게 빛나고 있었으며 유람 온 사람들은 강가 갈대숲에 조각배를 대어놓고 하룻밤을 지내려고 하는데 맑은 가을 하늘의 휘영청 떠있는 달과 그 달빛 속에서 멀리 누각에서 들려오는 피리소리에 여수(旅愁)에 잠기는 그런 아름다운 강남이었다.

작품 감상

이 작품은 송(宋) 태종 조광의(趙光義)가 즉위한 후, 이욱을 위명후(違命侯)에서 농서공(隴西公)으로 봉후를 강등시킨 후 울적한 마음에서 쓴 작품으로 갈수 없는 나라, 고국 강산에 대한 그리움과 단지 꿈에서만 볼 수 있는 고국산천을 봄, 가을로 나누어 비교적 담담한 어조로 읊고 있다. 이 작품을 연장체(聯章體)로 보고 한 사패(詞牌)로 묶어 상하를 한 작품으로 기재한 책이 있는가 하면, 봄가을의 두 수를 나누어 두 작품으로 기재하고 있는 책도 있는데 상편은 봄을 하편은 가을을 배경으로 고국의 가장 좋은 계절의 가장 아름다운 풍경을 그렸다.

꿈속에서 한가로이 멀리 고국으로 돌아가 보니 때는 바야흐로 꽃피는 봄철이었다. 첫 구절에서 작가는 고국이 그립다는 말은 하지 않은 채 잠에서 깨어나 강남의 봄날을 기억하고 그리워한다고만 했다. 봄날의 고국, 뱃놀이하는 배 위에선 아름다운 관현악 음악이 흘러나오고 강물 위 초록 물결은 봄바람에 살랑거리며 빛나고 있었다. 온 성 안은 화창한 날씨에 봄나들이하는 사람들로 붐비고 눈 같은 하얀 버들 솜은 온 천지 가득하게 공중에서 땅에서 춤추듯 흩날리고 있었다. 놀러 나온 사람들은 꼬리를 물고 이리저리 꽃구경을 하는데 서로 아름다움을 뽐내는 온갖 꽃들이 너무도 아름다워 어느 것부터 감상을 해야 좋을지 몰라 하고 있었다. 작가는 이때를 "꽃이 한창일 때의 봄"이라고 하여 '방춘(芳春)'이라고 표현했으며 이것을 상편 마지막 구절인 "(꽃구경하기) 바빠 죽겠구나!"라는 일상적인 구어와 연결시켜 봄의 아름다움을 극찬했다. 이 "바빠 죽겠구나(忙殺)"라는 자연스런 표현은 조금도 과장되지 않고 그야말로 '아름다운 봄(芳春)'에 딱 알맞은 표현이 되었다.

상편에서 초록색(綠) 강물을 어떤 책에서는 '아주 맑은 물'이라는 '록(淥)'자로도 기재하고 있다. 봄날의 강물이 푸르고 투명하게 빛나고 있는 가운데 공중에 나부끼는 흰 버들 솜과 빨강, 분홍, 노란색의 온갖 꽃들, 그리고 울긋불긋 아름답게 채색한 용주(龍舟)와 배 위에서 나부끼고 있는 화려한 깃발 등 현란한 색채가 상편 전체를 채색하며 아름다운 봄을 시각적으로 형상화하고 있다.

두 번째 구절의 '관현(管弦)'은 관악기와 현악기를 통칭한 말로 퉁소와 거문고 비파를 가리킨다. 듣고 볼 수 있는 이 아름다운 봄날에 화자는 자유롭게 봄나들이 할 수도 없고 더군다나 고국으로는 갈 수도 없는 신세라 그저 머릿속에서나 꿈속에서만 이를 그려보는 것이다. 그래서 작가는 상편과 하편의 시작 부분을 모두 "閑"자로 시작하여 어찌할 방법이 없어 그저 '한가로이, 무료히' 생각만 한다고 했다.

따라서 이 "閑"이라는 단어는 아름다운 봄날에 봄나들이하는 바쁜 사람들과 한가로이 생각만 하는 처량한 신세를 대조시켜 화자의 고국에 대한 그리움을 배가시키고 있다.

하편 역시 강남 고국에 대한 그리움을 그리면서 적국에서의 가을날에 생각하는 고국에 대한 그리움을 '멀리서 한가로이 꿈을 꾸니(閑夢遠)'라고 시작하고 있다. 상편과 대구를 이루고 있는 하편에서는 맑은 가을의 정경을 읊고 있다

높은 하늘과 상쾌해지는 기분을 '청(淸)'자를 써서 가을날 소슬 바람이 부는 상쾌한 느낌을 맑다(淸)고 했으며, 푸르디푸른 탁 트인 하늘을 맑다(淸)고 하여 드높은 하늘과 상쾌한 날씨를 함께 표현했다. 또 천리강산이 모두 가을색이라는 말을 '한색(寒色)'이라고 하여 날이 차가워질 때의 자연의 모든 색, 온갖 풀들이 찬 기운을 머금은 색, 가을의 산과 들의 초목이 청록색으로 검푸르게 보이는 색의 뉘앙스로 가을 강산의 아름다움 속에 적막과 고독을 깔아놓았다.

맑고 아름다운 운치 있는 남국의 가을을 빌어 고국에 대한 자신의 그리움을 토로하면서 작가는 온 강산 멀리까지 온통 가을 색이라고 말한 다음 근경으로 돌아와 저녁에서 밤으로 시간 이동을 하고 있다. 가을을 상징하는 강가의 갈대꽃이 우거진 깊은 곳에 외로운 돛단배 하나 정박해 있는 풍경은 고국 진회강(秦淮江)에 대한 아름다운 추억 중의 하나이다. 섬세하고 세밀하게 정경을 묘사한 이 구절은 위의 찬 푸른색과 갈대의 흰 색을 대비해 희고 찬 창백한 색으로 가을 색을 나타냈다.

멀리까지 온통 가을 빛 속에 흰 갈대꽃들이 만발해 있고 그 안에 돛단배 하나 정박해 있는 가을 색깔 위에 마지막 구절의 소리까지 보태어 이 작품은 구슬픈 가을과

객창의 서글픔을 그림처럼 잘 조화시켜 놓았다. 밝은 달은 작은 누각을 비추는데 누각 위의 사람들은 달을 구경하고 있으며 그날 밤 아직 집으로 돌아가지 못한 객들은 객지에서 처량하게 들려오는 구슬픈 피리 소리에 다시금 집이 그리워진다.

이 사는 일 년 중의 두 계절인 아름다운 봄과 맑은 가을을 소재로 하여 고국의 가장 아름다운 정경을 묘사하면서 작가의 고국에 대한 그리움을 절절하게 표현한 작품이다. 이 사의 특징은 상 하편 모두 자신의 그리운 심정은 숨기고 단지 꿈속에서 본 고국의 풍경이라고만 표현한 점이다. 상 하편의 첫 구절을 모두 '한가로이 꿈 속 멀리(閑夢遠)'라고 하여 아무렇지도 않은 듯 담담하게 시작하고 있지만 여기에는 이와는 상반되게 작가의 연금생활 중의 처량함과 서글픔이 배어나고 있으며, '閑夢遠'이란 세 글자로 할일 없는 자신의 무료함(閑)과 현실에서는 찾아볼 수 없는 고국의 아름다운 정경을 꿈(夢)에서만 볼 수 있고 고국인 남국은 참으로 멀리(遠) 있는 곳이라 그저 옛날과 옛 고국을 그리며 눈물을 흘릴 수밖에 없다고 강조하고 있다.

작가는 고국 강산의 아름다움을 표현함에 있어 그냥 봄이 아닌 '꽃피는 봄(芳春)'이라 하여 온갖 꽃들이 피는 아름다운 봄 경치 속에 꽃들이 풍기는 향기까지 내포시켜 시각적 후각적 이미지로 봄날의 아름다움을 부각시켰고, 고국의 가장 번화한 곳인 진회 강가의 수많은 용주(龍舟)들의 화려한 모습과 배 위에서 들려오는 음악 소리와 사람들의 웃음소리 위에 흘러가는 푸른 강물, 봄나들이 나온 성 안 사람들의 명랑한 모습 등으로 밝은 색조의 봄을 시각적, 청각적으로 그렸다. 하편에서는 일망무제 온통 가을빛 속에 밤이면 적막하고 서글픈 분위기 속의 갈대밭 깊숙이 외로운 배 하나 정박해 있고 나그네 마음 서글프게 하는 달빛과 누각 위에서 들려오는 구슬픈 피리소리로 가을을 처량한 색조로 그렸다.

이 작품에는 계절의 정경 외에 사람도 있어 작가는 고국과 그의 백성들, 잃어버린 그 옛날의 모든 것을 그리워하고 있다.

望江南(多少恨，昨夜夢魂中)

多少恨，昨夜夢魂中
還似舊時遊上苑，
車如流水馬如龍
花月正春風！

多少淚，斷臉復橫頤。
心事莫將和淚說，
鳳笙休向淚時吹；
腸斷更無疑！

Duōshǎo hèn, zuóyè mèng hún zhōng.
多少恨，昨夜梦魂中。

Huán sì jiùshí yóu shàng yuàn, chē rú liúshuǐ mǎrúlóng;
还似旧时游上苑，车如流水马如龙；

Huā yuè zhèng chūnfēng!
花月正春风！

Duōshǎo lèi, duàn liǎn fù héng yí.
多少泪，断脸复横颐。

Xīnshì mò jiāng hé lèi shuō, fèng shēng xiū xiàng lèi shí chuī;
心事莫将和泪说，凤笙休向泪时吹；

Chángduàn gèng wúyí!
肠断更无疑！

얼마나 많은 한인가!
어젯밤 꿈속에 본 상원의 봄놀이 예전과 똑같구나.
끊이지 않고 몰려드는 수레와 말들
때는 바야흐로 꽃피고 봄바람 부는 춘삼월!

얼마나 많이 흘렸던 눈물인가!
턱으로 흘러내리는 눈물은 볼에 골을 만든다.
마음 속 말은 눈물 흘리며 말하지 말고
눈물 흘릴 땐 생황도 불지 마라
창자 에이는 슬픔은 더욱 말해 무삼하리오.

詞意

꿈속에서 고국으로 돌아가 보니 때는 바야흐로 꽃피고 달 밝은 춘삼월이었다. 어화원에 봄맞이 나들이 나온 신하들이 타고 온 수레와 말들은 끊이지 않고 몰려들고, 꿈에서 군신이 함께 웃으며 서로 즐겁게 환담하니 그 옛날 그 시절과 똑같아서 깨어난 후 더욱 한이 맺혔다. 그래서 참으로 많은 눈물을 흘렸으며 눈물 흘린 자국으로 볼에 골이 패였다. 눈물이 흘러나오면 자연 마음속의 울분과 분노가 솟구쳐 올라 함부로 말하기 쉬우니 조심해야 하고, 슬플 때는 악기를 연주하거나 글도 짓지 말아야 한다. 생황소리 들으면 좋았던 옛 시절 생각이 더욱 나니 울고 싶을 땐 생황도 불지 말도록 해야 한다. 왜냐하면 그 소리가 창자를 에이는 듯한 슬픔은 불러일으키니까.

단어

1. **다소(多少)** : 얼마나, 얼마나 많이

2. **몽혼(夢魂)** : 몽혼, 꿈속의 혼령. 옛 사람들은 자면서 꿈을 꿀 때 영혼이 육체를 떠난다고 생각했다.

3. **환사(還似)** : 여전히 ……같이

4. **상원(上苑)** : 궁궐 안에 있는 후원. 어원(御苑)

5. **차여유수(車如流水)** : 수레들이 흐르는 물처럼 계속 이어지다.

6. **마여용(馬如龍)** : 수레에 멘 말들이 용처럼 길게 꼬리를 물고 있다.

7. **화월(花月)** : 아름다운 꽃과 밝은 달. 가장 좋은 시절. 음력 2월의 다른 이름

8. **정(正)** : 마침, 바로 막

9. **춘풍(春風)** : 봄바람. 따뜻한 바람

10. **단검복횡이(斷臉復橫頤)** : 눈물 자국으로 뺨이 패이고 눈물이 턱을 가로질러 흐른다. 눈물이 종횡으로 흐르는 모양. 눈물이 뺨을 가르고 턱으로 흘러내림을 말한다.

11. **심사(心事)** : 심사. 걱정거리, 시름, 마음속으로 바라는 일

12. **봉생(鳳笙)** : 관악기의 일종인 퉁소나 생황을 일컫는 말. 진나라 목공(穆公) 때 그의 딸 농옥(弄玉)이 퉁소를 불면 그 소리가 청아하고 아름다워 봉황이 날아왔다고 한다. 그래서 후세 사람들은 '봉(鳳)'자를 써서 퉁소와 생황 같은 악기를 아름답게 일컫게 되었다.

13. **장단(腸斷)** : 창자가 끊어질 듯 비통하다. 몹시 슬퍼서 창자가 끊어질 듯하다. 극도의 비통함을 나타낼 때 쓰는 말이다. 〈세설신어(世说新语)〉에 보면 서기 346년 진(晋)의 장수인 환온(桓溫)이 촉(蜀)나라를 공격하려 군대를 이끌고 양자강을 거슬러 올라가는데 배가 삼협(三峽)에 이르자 부장 한 사람이 원숭이 새끼 한 마리를 잡아왔다. 이 광경을 본 어미 원숭이는 배를 따라 강 언덕을 달려 따라오며 처량하게 울부짖었다. 백 여리를 배를 따라 좇아오다가 배가 무협(巫峽)에 당도하자 어미 원숭이는 온 힘을 다해 배에 뛰어오른 후 기진맥진하여 그 자리에서 죽고 말았다. 죽은 어미 원숭이의 배를

갈라보았더니 창자가 모두 마디마디 다 끊어지고 갈라져 있어 환온은 화가 나 원숭이 새끼를 잡아온 부장을 면직시켰다. 부모가 자식을 잃은 마음처럼 창자가 끊어질듯이 아프다는 말은 여기서 유래한 말이다.

14. **무의(無疑)** : 의심할 바 없다. 틀림없다. 두말할 것 없다.

구절풀이

多少恨, 昨夜夢魂中 還似舊時遊上苑, 가슴 속 한이 얼마나 많은지 아는가! 어젯밤 꿈속에서 본 광경은 그 옛날 그 시절 어화원에서 놀던 때와 여전히 똑같았다. 지금은 나라를 잃고 포로가 되어 돌아갈 수 없는 고국에 대해 감히 입 밖으로 말할 수도 없는 그런 처지이기 때문에 단지 꿈이나 꾸며 꿈속에서만 과거를 회상하며 그리워하고 있는 것이다. 꿈속에서조차 한이 맺히고 한에 시달린 작가의 심정이 여실히 드러나고 상원(上苑)이란 말로 작가의 신분을 나타내고 있다.

車如流水馬如龍, 花月正春風! 꽃피고 봄바람 부는 아름다운 봄날, 어화원에 나들이 온 사람들이 타고 온 마차와 말들은 용의 꼬리처럼 끊이지 않고 몰려든다. 이 구절은 한창 번창한 시절의 고국에서 아무 근심 없이 봄나들이 온 신하들과 즐겁게 환담했던 아름다운 광경을 회억한 것이다. 그리고 때는 바야흐로 꽃 피고 봄바람 살랑 부는 가장 좋은 계절인 춘삼월인 것이다. 마차들이 흐르는 강물처럼 끊임없이 오가고 말은 꼬리를 문 용 같이 긴 대열을 이룬다는 표현은 복잡한 거리에 사람과 차량이 꽉 찬 시끄러우면서도 활기찬 모습을 그리는데 늘 사용되는 표현이다. 그러나 여기서는 고관대신들이 타고 온 화려하고 아름다운 마차가 끊이지 않고 몰려든다는 의미다.

多少淚, 斷臉復橫頤 얼마나 많은 눈물을 흘렸던가! 흘린 눈물이 얼마나 많았는지 뺨은 눈물자국으로 두 쪽으로 갈라진 듯 골이 세로로 깊게 패였다. 눈물이 흘러내리며 계속 같은 자리로 흘러내리니 눈물이 흘러내린 곳은 깊게 골이 파여 볼을 갈라놓은 것 같다는 말이다.

心事莫將和淚說, 鳳笙休向淚時吹 마음속의 일은 눈물로 말하려고 하지 말고 눈물 흘릴 때는 피리도 불지 마라. 마음속의 울분과 분노, 그리고 한이 극도로 느껴질 때는 절대로 그 마음을 드러내지 말라는 뜻이다. 지나치게 격앙되어 분노와 고통을 눈물로 호소하거나 글로 표현하는 일은 자칫 화를 자초하기 쉬우며, 울고 싶은 마음을 악기로 풀어내려고 하면 자연 그 소리 속에 자신의 마음이 드러나기 쉬우므로 이것 역시 조심해야 한다. 슬플 때 듣는 생황소리는 더욱 슬프니, 이때는 음악소리도 잠시 멈추어야 한다.

腸斷更無疑 창자가 끊어질 듯한 아픔에 대해 더 말해 무엇하겠는가! 눈물을 흘리며 슬퍼하여 눈물이 얼굴에 골을 패이게 할 정도면 그 슬픔의 크기는 상상할 수 있을 것이니 이 고통을 창자가 끊어질 듯이 아프다고 구태여 설명하지 않아도 알 것이다.

작품 배경

이욱은 현재의 고통을 잊으려고 술로 나날을 보내며 취몽 간에 늘 고향으로 돌아가는 꿈을 꾸었다.

조광윤은 처음부터 남당과 싸울 마음이 없었으며 후한 예우를 하여 이욱이 스스로 입조(入朝)하기만을 바랐다. 그는 이욱과 그의 비빈들이 항복 후 쾌적한 생활을 하며 고향을 그리워하지 않게 하기 위해 미리 준비를 하여 훈풍문(熏風門) 밖 황성(皇城) 남쪽 변수빈(汴水濱)에 황실 궁전의 화원식 저택을 지어 "예현댁(禮賢宅)"이란 이름을 하사하고 이욱을 대접하기 위해 그 화원을 비워두었다. 그는 주관 관원에게 특별히 부탁하여 저택의 규모는 본 조정 재상의 저택을 넘어서야 하며 이욱의 금릉 궁실과 비견할 만해야 하고, 외관은 정교하고 아름답게 치장하도록 했다. 또 건물은 웅장함과 위엄을 드러내게 만들고, 건축 양식은 반드시 강남 원림의 특색을 드러내게 하라고 했다. 특히 후원에는 연못을 파고 가산(假山)을 만들고 정자와 누각을 세운 후 기이한 꽃과 돌들을 옮겨 놓아 남당의 몽롱한 산색을 재현시켜야 한다고 했다. 그리고 물결에 햇빛이 반사되어 반짝이게 하고 작은 다리 아래로 물이 흐르고 구불구불한 회랑이 있는 경관을 만들어 이욱의 이를 보며 기쁜 마음으로 세월을 보내며 자신의 고국산천을 완전히 잊어버리도록 하라고 했다.

"예현댁(禮賢宅)"이 준공된 후 조광윤은 종선에게 계속 편지를 쓰게 해 이욱이 하루 빨리 항복하여 땅을 바치고 입조(入朝)하도록 권하라고 했다. 이욱은 비록 겁이 많고 나약했지만 그도 항복한 왕의 생활이 얼마나 어려운지는 깊이 알고 있었다. 조광윤이 수만 가지 묘책을 써도 이욱 역시 자신의 원칙이 있어 온갖 지혜를

다 짜내어 입조(入朝)를 질질 끌었다. 조광윤은 왕이 거하는 왕궁과 그 규모가 거의 비슷한 아름다운 예현댁(禮賢宅)을 이욱이 입조한 후 거주할 집임을 분명히 밝혔지만 이욱이 이에 대해 조금도 마음을 움직이지 않고 입조를 미루기만 해 조광윤은 하는 수 없이 솔선하여 땅을 바치고 입조한 오월왕(吳越王) 전숙(錢俶)에게 이 집을 하사했다.

남당이 망한 후 투구와 갑옷을 입은 한 무리의 군대와 휘달리는 깃발 속에 위풍당당한 조빈(曹彬)이 군영의 큰 문에 당도했을 때 이욱은 황색 비단에 싼 옥쇄를 두 손으로 들고 '죄인인 자신이 자식들과 관료들과 권속 등 45명을 친히 이끌고 와 웃통 벗고 투항을 청하며 공손히 원수(元帥)의 생살여탈을 기다리고 있다'고 말했다. 조빈은 승리자의 여유로움을 보이며 성상(聖上)께서 마련해 놓으신 변하(汴河) 강가의 아름다운 경치 속의 사택에서 편안히 쉬며 여생을 보내라고 말했다.

송(宋)이 마련해 준 사택이 아무리 좋다고 하더라도 꿈에서 본 조국 강남 어화원에서 고관대신들과 함께 모여 환담하며 꽃놀이를 즐겼던 아름다움과는 비교할 수가 없는 것이다. 이욱 자신이 관여하며 만들었던 어화원의 각종 기이한 수목과 수많은 꽃들이 한창 만발한 좋은 시절의 봄 경치를 꿈에서 보며 그는 눈물로 이 사를 지은 것이다.

작품 감상

이 작품 역시 〈망강매(望江梅)〉처럼 상하편으로 나누어 아름다운 고국에 대한 회억과 고국에 대한 그리움을 그리고 있다.

첫 구절의 핵심어는 한(恨)으로 그 무게를 말로 표현할 수 없는 자신의 원(怨)과 한(恨)을 화자는 한이 얼마나 되는지 아느냐고 설의법으로 물으면서 지극히 많은 한이라고 대답하고 있다. 상편에서 화자는 지금 자신이 처한 상황이 고통스럽다거나 견디기 어렵다는 설명은 전혀 하지 않은 채 전날 밤 꿈에서 본 옛 번영하던 때의 아름다운 시절에 대해서만 언급하고 있다. 봄이 되면 황궁에선 가까운 신하들을 불러 모아 봄맞이 꽃구경을 하며 잠시 정사를 잊고 군신이 함께 담소하며 즐거운 시간을 보낸다. 황궁 나들이에 오는 대신들이 탄 수레와 말은 꼬리를 물고 이어지고 사람들은 삼삼오오 떼를 지어 어화원을 돌아다니며 꽃구경을 한다. 꿈에서 본 광경이 자신이 그 옛날 신하들과 어화원에서 놀던 그 때와 똑같았다는 말은 그때의 정경을 아직도 생생히 기억하고 있어서 꿈에서도 그대로 재현되었다는 말이며 작가가 꿈을 빌어 옛날을 회상하고 있다는 말이기도 하다. 그리고 이것이 화자의 상상이 아니라 직접 체험했던 일이라는 것을 강조하기 위해 이를 '여전히 같다(還似)'라고 표현하고 있다.

상편에서는 첫 구절과 마지막 구절을 대조시켜 한(恨)을 극대화시키고 있는데, '꽃피고 달 밝고 봄바람 부는 바로 춘삼월(花月正春風)'이라는 말로 세상에서 가장 좋은 때와 과거의 가장 아름다웠던 시절을 드러내 지금의 처지를 한(恨)으로 부각시켰다. 만물이 소생하고 나뭇가지엔 물이 오르고 대지엔 향긋한 풀냄새와 살랑거리는 봄바람 그리고 활력이 넘치는 춘삼월이라는 자연현상에 아름다운 경물과 특별한 감정색채를 섞어서 이보다 더 좋은 세월, 더 아름다운 시절은 없다고, 최고의 행복과 즐거움을 표면에 내세우고 이와 대조되는 현재의 고달픈 삶은 긴 설명 없이 그저 '얼마나 많은 한인가(多少恨)'라고만 말하여 화자의 깊은 슬픔과 한은 안으로 숨기며 그 뜻을 강하게 했다.

화자에겐 한의 원인이 된 과거의 화려하고 사치스럽고 번영했던 세월은 이미 다 지나가버렸고 지금은 갈 수도 없으며, 그 아름다운 시절을 말로도 나타낼 수 없는 신세로 전락하여 한이 이렇게 많은 것이다. 이 한은 망국의 한으로 고국으로 다시 되돌아갈 수 없는 한이며, 좋고 아름다운 시절은 절대 다시 오지 않으리라는 한, 그리고 포로의 신세가 되어 받는 온갖 굴욕에 대한 한과 자신을 자책하는 통회의 한인 것이다. 이런 한이 어제 밤 꿈속에서의 꿈의 경지를 통해 극명하게 밝혀졌으며 화자는 꿈속에서 당시 상원에서 즐겁게 놀던 때로 돌아가 꿈에서 깬 후 여전히 옛 시절에 대한 미련과 고국에 대한 그리움을 이 '한(恨)' 속에 모두 풀어놓았다.

상원(上苑)이란 황궁 안의 어화원을 일컫는 말로 화자의 신분을 나타내주는 말이며 여기에 '물같이 흐르는 수레와 용의 꼬리 같은 말의 행렬' 역시 고관대작의 행렬을 일컫는 말이라 이 작품 속의 인물들과 자연경관은 모두 특수층과 특수 환경임을 말해준다. 또 화려하고 아름다운 수레가 끊이지 않음은 좋았던 시절의 좋았던 군신관계를 나타내준다.

상편에서는 이렇게 아름다운 과거 시절을 최상으로 표현한 후 '그 얼마나 아름다운 춘삼월인가!'라는 구절로 문장이 갑자기 끝나고, 이어 하편에서는 기세가 꺾인 듯 눈물로 살아가는 현재의 슬픔과 처량함을 드러냈다. 이렇게 상편과 하편을 상호 연관시켜 하편의 슬픔을 극대화시켰는데, 이를 위해 상편의 좋고 아름다운 과거를 크게 부각시킨 후 하편에 이르러 대조적으로 눈물의 세계를 그려, 화자의 슬픔과 고통을 강하게 드러냈다.

꿈속의 지극히 즐거웠던 일은 꿈이 사라지면서 서서히 사라지고 남은 것은 끝없는 한과 끝없는 눈물뿐이다. 꿈에서 깬 후 화자는 고통의 현실로 돌아와 눈물도 소리 없이 흘려야 하고 마음속의 말도 자유롭게 할 수 없으며 마음대로 음악에 맞추어 글을 지어낼 수도 없다. 꿈에서는 속박을 받지 않으니 마음속의 말들을 자유롭게 토로할 수 있으나 현실에서는 포로의 신세이므로 함부로 슬픔을 드러낼 수도 없고 음악에 맞춘 사도 자유롭게 지어낼 수 없는 것이다. 하물며 창자가 에이는 것 같은 고통과 아픔은 더더군다나 말하면 안 된다. 화자는 이를 '더욱(更)'이라는 한 단어로 제약받고 있는 수인(囚人)의 생활을 모두 이 안에 함축시켰다. 창자가 끊어질 것 같은 슬픔은 '더 말할 나위가 없다(更无疑)'라고 표현한 것은 작가의 말년의 불안 심리를 반영한 것으로 이때 이욱은 자신이 술에 취해 말실수를 하고 글로도 실수를 할까봐 자신을 도와 글을 대필해 줄 사람 하나를 원했고 조광의는 이 청을 들어주었다.

상편의 대구로 '얼마나 많이 흘렸던 눈물인가(多少淚)'로 시작되는 하편은 상편과는 그 분위기가 퍽 다르다. 눈물이 뺨으로 흘러내려 턱으로 고여 뚝뚝 떨어지는 광경을 '눈물로 뺨에 골이 패여 볼이 둘로 끊어진 것 같다(断脸)'라고 하고 또 이 눈물이 '턱을 가로질러 흐른다(横颐)'라고 표현했는데 여기서 '뺨(脸)'과 '턱(颐)' 두 글자로 얼굴 전체가 눈물범벅이 됨을 생생하게 표현했다. 얼마나 눈물을 많이 흘렸으면 얼굴이 눈물자국으로 골이 패일 정도였는지 가히 상상할 수 있게 자신의 처량한 신세를 빼어나게 묘사했다.

한과 눈물에 대해서 어찌 말하지 않을 수 없으련만 포로의 신세로 남의 집에 기탁하고 있는 처지에서는 함부로 이런 한과 울분과 눈물에 대해 말해서는 안 되는 것이다. 그래서 마음속의 말은 울면서 말하지 말고, 피리 가락에 맞추어 노래하거나 글을 지어서도 안 되며 더더욱 그 고통을 말해서는 안 되는 것이다. 그저 눈물만 자유롭게 흘릴 수 있는 것이다.

지난 날 어화원에서의 화려한 봄나들이 연회를 회상하면서 그 아름다운 옛 시절을 "때는 바야흐로 꽃피고 달 밝은 춘삼월이었다!"라는 말로 뭉뚱그려 지금의 처지를 한(恨) 밖에 없다고 말문을 튼 이 작품은 질문과 대답으로 현재 생활을 한과 눈물로 규정하고 있다. 여기에는 구체적인 한과 눈물에 대한 설명은 없지만 꿈속에서 본 정경이 일으킨 과거와 현재의 낙차에 대한 한으로, 한 때문에 흘린 눈물이 얼마만 한지 아느냐고 물은 후 참으로 눈물을 많이 흘렸다고 대답하며 작가의 피눈물 나는 생활을 반영했다.

상원(上苑)과 대신들이 타고 온 수많은 화려한 수레와 말들, 함께 했던 대신들은 지금 뿔뿔이 헤어져 다시는 만나볼 수 없고 아름다운 시절도 다시 올 수 없음을 처절하게 읊고 있는 이 작품은 전반부와 후반부의 극단적인 대조로 주제를 선명하게 부각시켰다.

謝新恩(冉冉秋光留不住)

冉冉秋光留不住,
滿階紅葉暮。
又是過重陽, 臺榭登臨處。
茱萸香墮, 紫菊氣, 飄庭戶,
晚煙籠細雨。
雍雍新雁咽寒聲,
愁恨年年長相似。

Rǎnrǎn qiūguāng liú bù zhù, Mǎn jiē hóngyè mù.
冉冉秋光留不住, 满阶红叶暮。

Yòu shì guò chóngyáng, tái xiè dēnglín chù.
又是过重阳, 台榭登临处。

Zhūyú xiāng duò, zǐ jú qì, piāo tíng hù, Wǎn yān lóng xì yǔ.
茱萸香堕, 紫菊气, 飘庭户, 晚烟笼细雨。

Yōng yōng xīn yàn yè hán shēng,
雍雍新雁咽寒声,

Chóu hèn nián nián cháng xiāng sì.
愁恨年年长相似。

가을빛 점점 사라져가도 붙잡을 수 없고
저물녘 계단엔 붉은 단풍 가득 쌓이누나.
또다시 중양절 맞아 높은 곳에 올라보네
산수유 향기 사라지자 자색 국화 향기
뜰 안 문으로 날아드네.
자욱한 저녁연기 속의 보슬비
옹옹거리는 기러기떼의 슬픈 울음
슬픔은 해가 갈수록 쌓이는 듯하네.

詞意

가을은 점점 깊어가고 가을 경치도 차차 사라져 가는데 아름다운 이 가을을 붙잡아 놓을 수는 없는 일이다. 보이는 건 계단에 잔득 쌓인 붉은 단풍잎들뿐이고, 저물어가는 가을 저녁, 보슬비 내려 더욱 슬프다. 또 다시 타국에서 중양절을 맞아 높은 곳에 올라 보니 사방에서 산수유 향기가 그윽해 옛날 고국에서의 중양절 생각이 난다. 산에 올라도 기쁘지 않아 밑으로 내려오니 이젠 온통 국화꽃 향기다. 정원 문을 통해 자색 국화꽃 향기 안으로 풍겨오는 가운데 보슬비 내리고 그래서 연기 속같이 몽롱하게 보이는 저녁 풍경이 또 슬픔을 자아낸다. 하늘가에선 새로 날아온 기러기떼들이 옹옹거리며 구슬픈 울음소리를 내며 날아가는데, 처량한 기러기 울음소리와 몽롱한 안개 속의 저녁 풍경이 서글픔과 한과 원망의 감정을 새롭게 하니 이런 슬픔은 언제쯤 끝나려는지. 그러나 이 슬픔과 한은 해마다 더해 가고 있는 것 같다.

단어

1. **염염(冉冉)** : (털, 나뭇가지, 잎 따위가) 부드럽게 아래로 드리운 모양, 한들거리는 모양, 천천히 움직이는 모양, 천천히 나가는 모양. 세월이 흘러가는 모양. 여기서는 빛이 점점 사라지는 것을 형용한 말이다.

2. **추광(秋光)** : 가을 빛, 가을 색, 가을 경치, 가을 햇빛

3. **유부주(留不住)** : 붙잡아 두지 못하다. 만류하지 못하다.

4. **홍엽(紅葉)** : 단풍나무처럼 가을에 나무의 잎들이 붉은 색으로 변하는 것을 홍엽(紅葉)이라고 통칭해 부른다.

5. **중양(重陽)** : 중양절. 음력 9월 9일. 9는 양수(陽數)인데 9가 두 번 거듭되는 날이라 이렇게 불렀다. 위진 시대 이후부터 이날 높은 곳에 올라 연회를 베풀고 노는 습속이 있었으며, 국화술을 마시며 산수유를 심는 습속도 있었다.

6. **대사(台榭)** : 고대(高臺)와 망루(望樓), 누대 위의 정자. 대(臺)는 높고 위가 평평한 정방형 의 건축물이며 사(榭)는 높은 대 위에 지은 목조 건축물을 지칭한다. 그리고 그 사면에는 흔히 물이 있다.

7. **수유(茱萸)** : 수유나무. 열매는 약재로 쓰인다.

8. **타(墮)** : 빠지다. 떨어지다.

9. **정호(庭戶)** : 뜰에 마련된 문

10. **만연(晩煙)** : 저녁연기 또는 저녁 놀

11. **롱(籠)** : 자욱하다. 덮어씌우다. 뒤덮다.

12. **옹옹(雍雍)** : 소리가 느긋하고 온화한 모양. 여기서는 기러기가 서로 화답하며 우는 '옹옹'하는 소리를 형용하고 있다.

13. **인(咽)** : 삼키다. 목이 메어 소리가 막히다.

14. **한성(寒聲)** : 차가운 소리. 구슬픈 소리. 처량한 소리

15. **수한(愁恨)** : 시름과 한. 근심하여 원망함

16. **상사(相似)** : 닮다. 비슷하다. 서로 비슷하다.

구절풀이

冉冉秋光留不住 가을날은 점점 사라져 가는데 붙잡아 둘 수가 없구나! 염염(冉冉)은 세월이 앞으로 나아가는 것을 형용하거나 천천히 흐르는 것을 형용한 말이다. 여기서는 가을빛과 가을 경치가 서서히 사라져 가는 것을 의미하며 '留不住'는 '머물러 있게 할 수 없다, 붙잡을 수 없다'란 뜻으로 점점 사라져가는 아름다운 가을 경치를 못 가게 붙잡아 둘 수 없다는 말이다.

滿階紅葉暮 계단엔 다 진 붉은 낙엽이 가득하다. 홍엽(紅葉)은 단풍든 모든 나무의 잎사귀를 대신한 말이며 '모(暮)'는 '해가 질 저물녘, 일정한 계절이 다 지나가는'의 뜻이다. 이 구절은 단풍도 이제 다 끝나가는 늦은 가을, 마지막 붉은 낙엽들이 계단을 가득 뒤덮고 있음을 말한다.

又是過重陽, 臺榭登臨處 또 다시 중양절을 지내며 높은 누각에 올라가 본다. 여기서 '또(又)'는 이 명절을 지내고 싶진 않지만 부득불 또 지낼 수밖에 없음을 말하고 있다. 예부터 9월 9일 중양절에는 높은 곳에 올라 서로 국화주를 나누는 풍속이 있었으며 옛 시에는 이날 누각에 올라 멀리 헤어져 있는 형제를 생각하는 시들이 많이 있다. 그리고 산수유나무를 심는 습속도 있었다.

茱萸香墮, 紫菊氣, 飄庭戶 수유나무 향기 떨어지자, 자색 국화 향기가 뜰 문밖에서 날아 들어온다. '수유나무 향기 떨어지고(茱萸香墮)'란 수유나무 가지를 머리에 꽂거나 손에 들지 않고 그냥 땅에 떨어지게 놔둔다는 뜻으로 도무지 흥이 나지 않은 심정을 말하며, 또 수유나무 향기가 지나가고 나면 국화꽃 향기가 뜰 문안으로 날아온다고 하여 수유나무는 멀리 높은 곳에 있어 그 향기가 멀리서 전해오고, 가까운 곳에서는 국화꽃 향기가 가득 풍겨, 사방에서 꽃향기가 풍긴다고 해석할 수 있다. 혹자는 국화 향기(紫菊氣)를 국화술 향기라고도 말하고 있는데 이는 중양절 날 재앙을 피하기 위해 국화술을 마시는 습속에서 연유된 듯하다.

晚煙籠細雨 저녁연기 속의 부슬비. 저녁연기(晚煙)란 저녁놀이 지면서 집집마다 밥 짓은 연기와 날이 지려고 할 때의 어슴푸레한 푸른색을 띤 뿌연 공기를 말한다. 여기에 보슬비까지 뿌려 몽롱하게 보이는 저녁 무렵의 슬픈 색조를 표현한 말이다.

雍雍新雁咽寒聲 옹옹거리는 기러기떼들의 구슬픈 울음소리. 옹옹(雍雍)은 기러기 울음소리의 의성어이며, 한성(寒聲)은 찬 가을 하늘에서 들리는 기러기 울음소리가 더욱 차갑게 느껴져 구슬프게 들린다는 말이다.

愁恨年年長相似 근심과 한은 해마다 점점 더 길어지는 것 같다. 장(長)은 길다라는 뜻이지만 여기서는 시름 걱정이 더 많아진다는 뜻이다. '상사(相似)'는 마치 그런 것 같다라는 뜻이라 '장상사(長相似)'는 더 길어지는 것 같다는 뜻이다.

작품 배경

이욱은 강남에 있을 때부터 멀리 변량(汴梁)에 억류되어 있는 동생 종선(從善)을 걱정하며 늘 그리움 속에서 살았다. 특히 중양절이 되면 왕유(王維)가 형제들을 그리워했던 심정과 똑같이 형제들 생각이 더욱 간절했고, 또 함께 높은 데 올라 먼 곳을 바라보며 놀던 정경을 떠올리곤 했다. 그는 종선이 자기 곁에 다시는 돌아올 수 없을 것 같아 무척 상심했다.

어느 해 중양절 전날 밤 일부 가까운 신하들이 그의 근심을 덜어줄 아름다운 생각으로 이욱에게 하루 조정을 파하고 가을 놀이를 하며 높은 곳에 올라 멀리 바라보며 술을 마시고 국화를 감상하자고 연명으로 상소를 했다. 이 말에 그는 만당(晩唐) 시인 왕유(王維)의 7언 절구인 〈9월9일 산동의 여러 형제를 그리며(九月九日懷山東諸兄弟)〉라는 시를 떠올렸다. "홀로 타향에서 나그네가 되어 매번 명절이면 가족 그리움이 배가된다. 멀리 형제들과 높은 곳에 올라 산수유를 꽂는데 한 사람이 부족하구나"

이런 생각 속에 그도 〈각등고부(却登高賦)〉라는 시 한 수를 지어 대신들의 권유를 사양했다. 그는 이 시 속에서 "옥술잔에 맑은 술, 쟁반 가득 아름답게 차려진 안주들, 산수유 꽃망울의 뜨거운 기운, 국화꽃 향기는 빼어나다.", "화원 안의 국화꽃 향기가 코를 찌르고 대신들은 높은 곳에 올라 아름다운 가을 구경하자고 한다", "그 옛날엔 나도 달밤에 꽃밭에서 시를 읊으며 시작에 심취했고 예인(藝人)을 불러 그들의 연기를 보거나 채색 비단으로 놀이 배들을 연결시키며 놀았고, 금단(錦緞)으로 성벽을 바르거나 술 찌꺼기를 산처럼 쌓으며 놀았다", "호화롭고 사치스러운 생활 속에서 시간이 날아가 버렸으니, 이렇게 세월을 소모할 줄 그 누가 알았겠는가", "지금 어렵게 이룬 나라가 비참하게 되어, 친인(親人)들과 이별하니 처량하기 그지없다", "높은 산에 올라 먼 곳을 바라보며 친인(親人)이 돌아오길 바랄 뿐, 지금 나의 형제는 돌아오지 않으니 이 얼마나 슬픈 일인가!", "하늘은 이처럼 푸르고 찬바람은 이처럼 처량한데 내 슬픈 마음 멈출 수가 없어 저절로 눈물이 온 얼굴을 적신다. 그 어떤 즐거움은커녕 가슴 속에 무수한 슬픔만 맴도는구나", "이런 옛 일을 생각하며 그대들의 건의는 실로 내가 할 만한 일이 아니라네".

이욱은 송(宋)의 포로가 된 후에도 중양절만 되면 같은 땅에 살고 있지만 서로 만나보기 어려운 동생 종선을 그리워하며 형제들과 즐겁게 보냈던 시간과 또 눈이 빠지도록 동생을 기다리며 고통의 나날을 보냈던 강남 시절을 생각하곤 했다.

종선은 인질로 잡혀 있었을 때도 송의 후한 대접을 받았고, 남당이 망한 후에도 그와 그의 아들들은 높은 관직에 별 고통 없이 지냈지만, 이욱은 이 동생에게 늘

죄스런 마음을 가지고 있었다. 이제 모든 것을 포기한 수인(囚人)의 삶 속에서 중양절을 다시 맞이한 그는 옛 격앙된 목소리가 아니라 담담한 어조로 기러기 울음소리 처량하고 가랑비 내리는 몽롱한 가을 저녁에 한만 깊어간다고 호소하고 있다.

작품 감상

이 작품은 단락을 나누지도 않았고 본 곡조에도 맞지 않아 이 곡조에 이렇게 사를 지은 사람은 한 사람도 없다. 원본의 종이가 다 헤어지고 찢어져 나중에 이를 베낀 사람이 빠지고 틀리게 기록했다는 의심이 든다.

이 사(詞)는 깊은 가을의 정경을 묘사하면서 중양절 낮에는 산에 올라 형제를 그리워하고 저녁에는 기러기 울음소리 처량하게 들린다고 하며 자신의 상한 마음을 드러냈다.

작품 전체가 전국시대 말엽 초(楚)나라 궁중시인이었던 송옥(宋玉)의 가을을 슬퍼함(悲秋)과 그 정조가 매우 흡사하다. '가을이 오니 마음은 슬프고, 소슬 바람은 초목을 흔들며 지게 하니 애처로운 마음으로 먼 길 사람을 보내듯이 떨리는구나. 높고 적막한 하늘과 가을의 찬 기운, 맑고 고요한 강물, 온 몸을 감싸는 싸늘한 찬 기운에 더욱 처량한 기분이 든다'처럼 이 작품에서도 타국에서 맞는 중양절이 더욱 슬프게 느껴져 한은 해마다 점점 더 늘어난다고 읊고 있다.

화자는 계단에 가득 떨어져 있는 붉은 낙엽을 보면서 가을색이 사라져도 막을 수 없고 세월의 흐름도 막을 수 없다고 하면서 탄식과 애석의 마음을 강하게 나타내고 있다. 이어 '또다시 중양절을 지낸다'고 하면서 '또다시(又)'라는 단어로 이 명절을 지내고 싶진 않으나 부득불 지낼 수밖에 없다는 의미를 마지막 구절의 '해마다(年年)'와 호응되게 연관시켰다.

예로부터 9월 9일 중양절에는 높이 누각에 올라 산수유를 심고 국화꽃을 감상하고 국화술을 마셨으며 붉은 수유를 넣은 주머니를 차고서 사기(邪氣)를 피하는 습속이 있었다. 그러나 왕유(王維)가 중양절에 형제를 그리워하는 부(賦)를 지은 후부터 중양절은 높은 곳에 올라 멀리 있는 친척을 그리워하는 의미로 바뀌게 되었다.

지금 먼 이국에서 유폐생활을 하고 있는 작가에겐 중양절은 자신의 과거와 현재 삶의 궤적을 생각나게 해주며 이 좋은 명절조차 달갑지 않고 내년의 중양절도 기약할 수 없어 두보의 '내년 이 날에는 누가 건재해 있을지 알 수 없어 취해 산수유를 자세히 들여다본다'와 같은 심정이 된 것이다.

'자색 국화 향기 정원 문 안으로 퍼지고'는 과거의 정경을 회억케 하고 '저녁의 몽롱한 가랑비 속의 처량한 기러기 울음소리'는 현재의 서글픈 처지를 말해준다. 그래서 작가는 이 슬픈 느낌을 '목이 메어 우는(咽)', '기러기떼들의 찬 울음소리(寒聲)'라고 하여 찬 배경과 슬픈 심리 상태를 같은 정조로 묘사했다. 이 차갑고 처량한 울음소리는 화자 자신의 울음소리이며 또 해마다 슬픈 한이 길어지기만 한 것은 작가 자신의 고국을 그리는 심정이 해마다 깊어진다는 말이다.

이 작품은 가을의 한(恨)을 붉은 낙엽과 자색 국화, 새로 날아온 기러기떼, 안개비 같은 정경으로 묘사하여 화자의 형제간의 이별에 대한 그리움, 무정한 세월에 대한 원망, 처량하게 울고 있는 자신의 모습을 훌륭하게 형상화하였다.

전편이 온통 가을의 슬픔이라 첫 머리에서부터 가을을 붙잡아 둘 수 없다고(留不住) 시작하면서 세월의 흐름에 대한 한없는 애석한 마음을 드러냈고, 이어 '온 계단에 듬뿍 쌓인 붉은 낙엽들'로 가을이 조급하게 서둘러 사라지는 것을 애타는 심정으로 그렸다. 여기에 쓰인 '모(暮)'자는 가을이 끝나가는 때와 하루가 저물어 가는 때를 동시에 가리키며 가을날의 서글픈 분위기를 조성하고 있다.

중양절이 다시 돌아왔다고 하여 계절을 밝히면서 첫 구절의 가을빛(秋光)에 호응시켰고, 누각 위의 아름다운 정자가 있는 대사(臺榭)에 오른다고 하여 공간적 배경으로 아름다운 경치를 드러내면서 화자는 이 중양절도 기쁘지 않음을 후반부와 연결시켰다.

중양절이면 으레 산수유 가지를 심기 때문에 산수유가 언급되면서 산수유 향기 땅에 떨어진다고 했는데(茱萸香墮) 높은 곳에 오르니 자연 그 옛날 함께 했던 사람들이 생각나 슬픈 마음에 산수유 가지를 머리에 꽂지도 않고 손에 들지도 않고 산수유 열매 그냥 땅에 떨어지게 해 그 진한 향기가 땅에 떨어졌다고 표현한 것이다. 아름다운 누각에 올라도 아무런 흥취도 일지 않고 슬픈 생각만 들어 누각에서 내려오니 이젠 국화 향기가 온 천지에 퍼지며 정원 가득 꽃향기 풍긴다고 하여 산수유와 국화 이 두 가지로 가을의 향기를 대신하며 이것조차 슬픔이라고 했다.

전반부에는 붉은 낙엽과 붉은 산수유 열매 그리고 자줏빛 국화꽃 같은 선명한 색채로 지는 가을을 아쉬워했으며 후반부에서는 이와는 대조적으로 안개 같이 몽롱한 연기와 부슬부슬 내리는 보슬비, 기러기의 찬 울음소리 같은 암울한 색조로 화자의 처량한 마음을 드러냈다.

저녁 무렵 자색 국화꽃 향기가 정원에 흩날리는 것은 쇠락의 정취다. 그래서 다음에 이어지는 구절에 자욱한 저녁연기 속에 안개비가 내린다고 한 것이다. 봄을 무르익게 재촉하는 봄날 가랑비와는 달리 가을날 해질녘의 안개비는 으슬으슬한 찬 기운이 동반된 처량하고 구슬픈 비다. 여기에 호응하듯 새로 날아온 기러기떼들이 '용용'하며 목이 멘 듯 흐느끼며 차갑게 우는데 이것은 추워서 생기는 슬프고 고통스런 울음이며 또 화자의 서러운 울음이다. 화자 역시 목메어 울고 싶은 것이다.

석양 속에 온 천지는 가을빛이 한창 짙어가고 있다. 눈을 들어 바라보면 계단 위에 수북이 쌓인 붉은 단풍잎들은 가을이 사라짐을 애석해 하고 있지만 어찌 가는 세월을 붙잡을 수 있겠는가. 조용조용 떨어지는 붉은 낙화는 적막 속에서 가을을 재촉하고, 계절이 이렇게 급히 사라짐은 또 한 해가 무상이 흘러가 버림을 의미한다.

또 다시 중양절이 돌아와 누각에 올라 멀리 바라보며 고향 생각과 헤어진 형제들 생각을 한다. 형제들과 호탕하게 즐기고 놀았던 중양절과 동생이 인질로 잡혀 있었을 때의 중양절 그리고 지금 포로가 되어 연금 상태에서 맞이하는 중양절을 보내며 화자는 해마다 더 슬플 뿐이고 해마다 더 한만 깊어진다고 말한다.

산수유 향기 이렇게 짙게 퍼지는 가을날, 화자의 형제들도 산수유를 보며 눈물 흘리며, 객지 타향에서의 처량함과 고독감을 맛보고 있을는지.

송(宋) 태조(太祖) 조광윤(趙匡胤)

907년, 당나라의 절도사 주전충은 기울어질 대로 기울어진 당 왕조를 무너뜨리고 후량(後梁)을 세웠으며 이 왕조는 17년 후 후당(後唐)으로 교체되었고, 후당은 14년 만에 다시 후진(後晋)으로, 후진은 11년 만에 후한(後漢)으로, 후한은 4년 만에 후주(後周)로 바뀌었다가 마침내 전국을 통일한 송(宋) 나라가 되었다.

후주의 태조 곽위(郭威)는 훌륭한 개혁정책과 인화 단결의 정치로 부국강병의 후주를 건립하여 천하 통일의 기초를 다졌다. 그러나 불행히도 곽위는 아직 그 장대한 뜻을 다 펼쳐보지도 못한 채 서기 954년에 돌연 병으로 죽었다. 그의 양자 진왕(晋王) 시영(柴榮)이 즉위하여 후주(后周)의 제2대 황제가 되어 세종(世宗)이 되었는데 이때 시영(柴榮)은 중년의 나이로 천하를 평정할 풍운아가 되려고 결심하여 "10년은 천하를 개척하고 10년은 백성을 기르고 10년은 태평을 이루겠다"는 웅대한 마음으로 통일대업에 착수했다.

시영(柴榮)의 남정(南征)은 대대적인 승리를 거두었으며, 조정으로 돌아온 그는 아직 여독이 채 풀리기도 전에 다시 북벌을 시도하여 거란(契丹)을 쳐서 연운(燕云) 16주 실지(失地)를 되찾으려고 했다. 서기 959년 3월 그는 다시 갑옷을 입고 친히 수만의 보병과 기병을 거느리고 거란이 삼켰던 변경을 향해 진군했다. 후주 장병들의 투지는 하늘을 찌를 듯했고, 용맹하게 선전을 했으며 파죽지세로 몰고 나가 연이어 삼관(三關)을 회복한 후 계속 북진하여 요(遼)의 남경(南京 : 지금 北京市)을 공략했다. 전투가 첫 승리를 거두었을 때 시영은 돌연 중병을 앓게 되어 하는 수 없이 변량(汴梁)으로 돌아와 병을 치료했으나 병세가 급속도로 악화되어 6월 중순 그는 아직 완성하기 못한 통일대업과 겨우 일곱 살인 왕위 계승자 시종훈(柴宗訓)을 남겨 둔 채 세상을 떠났다. 임종 전에 그는 재상인 범질(范質)과 왕사, 금군 통사(禁軍統師) 조광윤(趙光胤) 등 중신들을 옆으로 불러 최선을 다해 힘껏 어린 군주를 보필하고 그의 유지를 계속 완성할 것을 재차 당부했다.

그러나 그 이듬해 신춘 전전도점검(殿前都点劍) 조광윤이 황실의 어린 황제를 이전에 곽위가 당시 후한(后漢)의 왕위를 찬탈하고 후주를 세운 방법 그대로 자신이 '황포를 걸치고' 왕위 찬탈을 한 것이다.

그 해 정초 후주(后周) 문무백관들이 새 옷을 차려 입고 궁에 들어와 새 황제인 시종훈(柴宗訓)에게 신년 축하인사를 올릴 때, 별안간 북쪽 국경지대인 진주(鎮州), 정주(定州)에서 북한(北漢)과 거란(契丹)이 연합하여 군대를 이끌고 쳐들어온다는 급보가 날아왔다. 조광윤은 금군(禁軍)을 거느리고 나가 침략군을 격파하라고 명을 내렸으며, 이날 밤 이 군대는 경성에서 49리 밖에 안 되는 진교역(陳橋驛)에서 행군을 멈췄다.

진교역은 당나라 때 판교(板橋)라고 불렀는데 관리나 귀한 사람들이 경성을 드나들며 전송과 마중을 할 때 반드시 거쳐야 하는 곳이다. 조광윤이 진교역을 택하여 군대를 주둔시키고 전진하지 말라고 한 것은 정변을 일으키고자 한 계획 때문이었다. 공모자인 조보(趙普)와 병권을 손에 쥔 석수신(石守信)과 왕심기(王審琦)가 후주(后周)의 어린 황제인 시종훈을 위협하여 '왕위를 찬탈하고' 후주 천하를 손에 쥐게 되었을 때, 조광윤은 장병들의 배웅 속에서 금군(禁軍)을 거느리고 다시 변량(汴梁)으로 돌아와 황위에 올랐다.

정월 5일 숭원전(崇元殿)에서 그는 정식으로 황제에 등극하였으며 연호를 건륭(建隆)으로 바꾸고 국호를 송(宋)으로 정했다. 이것은 조광윤이 일찍이 후주 귀덕군(歸德軍) 절도사를 역임하고 있을 때 다스렸던 곳이 송주[宋州 : 지금 하남 상구(商丘)]여서 역사에서 송(宋) 혹은 북송(北宋)이라 부르게 된 것이다.

조광윤은 927년, 후당의 수도 낙양에서 근위장교 조홍은(趙弘殷)의 맏아들로 태어났다. 낙양(洛陽)의 협마영(夾馬營)이란 군영(軍營)에서 태어나 군영 속에서 자란 조광윤은 원래는 유력한 가문이었으나, 당시는 가난한 군인의 아들로, 21세 때 집을 나와 천하를 떠돌아다니다가 절도사 곽위의 부하가 되었으며, 죽을 위기에 처한 세종을 구하고 전투를 승리로 이끌어 명성을 날린 후 절도사로 임명되었다.

조광윤은 소탈한 성품으로 부하들이 잘 따랐으며 술을 좋아하는 비교적 후덕한 황제였다. 그는 즉위 후 자신에게 제위를 넘겨준 어린 황제를 비롯한 전 왕조의 황족을 정중히 대접했으며, 자신의 후손들에게도 후주의 왕족을 보호하도록 엄명을 내렸다. 송(宋)이 금나라에 쫓겨 강남으로 이주, 남송이 된 후에도 후주의 왕족을 보호하며 그 제사가 끊어지지 않게 했으니 왕위를 양위한 왕족이 300년에 걸쳐 여전히 우대받은 것은 역사상 그 유례를 찾아 볼 수 없는 일이다.

송 태조 조광윤의 정치는 한마디로 인덕과 관용의 정치라 할 수 있다. 조광윤은 죽을 때까지 검소함을 실천했으며 자신은 비록 무인 출신이었지만 사대부들을 적극적으로 조정에 받아들이며 문민정책을 시행했다. 그는 과거제도를 강화하여 인재를 발굴, 중용했으며 오랜 분열과 혼란을 극복하고 통일왕조를 세운다는 사명을 훌륭히 완수했다.

또 그는 절도사들의 독자적인 군지휘권을 빼앗아 그들의 독자세력화를 막아, 지방의 반란 가능성을 배제시켰으며 황제의 권력을 강화시켜 왕권을 튼튼히 하는 한편, 통일사업에도 열중하여 송나라의 영역을 넓혀갔다. 그는 북방의 거란에 대해서는 무력보다는 많은 공물로 회유하는 방식을 취했다. 그는 백성들의 생활을 안정시키기 위해 가렴잡세를 폐지하고 식수조림의 농림사업과 황무지 개간 등으로 나라의 근간 사업을 충실히 펼쳐나갔다.

천하가 통일됨에 따라 귀속해 오는 많은 군왕들도 관대하게 대하여 항복한 군주의 저택은 모두 수도에 놓아두고 그 자제들과 신하들은 전부 지방에 직책을 주어 병민(兵民)을 다스리도록 했다. 그의 생존 시 투항한 정권의 군주 일족이나 중신들은 한 사람도 숙청되지 않았다. 그는 통일 과정에서 거의 피를 흘리지 않았으며 백성을 위하고 평화를 사랑하는 황제로 그의 천하를 포섭하는 큰 도량은 일세를 풍미했다.

송 태조 조광윤은 비록 군사 쿠데타로 새로운 왕조를 세웠지만 문벌귀족이 사라진 시대에 신의로 새로운 정치문화를 이루었으며, 중국의 모든 사가들은 인덕이 넘치는 군주로 그를 평가하고 있다. 조광윤은 개보 9년(976년) 50세를 일기로 돌연히 생을 마감했으며 그의 돌연한 사망원인에 대해서는 지금까지도 천고의 미스터리로 되고 있다. 후세 사람들은 왕위를 물려받은 그의 동생 조광의가 독살했다고 의심하고 있다.

7 아내를 기다리며 잠 못 이루며

相見歡(無言獨上西樓)

無言獨上西樓,
月如鉤。
寂寞梧桐, 深院鎖淸秋
剪不斷, 理還亂。
是離愁,
別是一番滋味在心頭

Wú yán dú shàng xī lóu, Yuè rú gōu.
无言独上西楼, 月如钩。

Jìmò wútóng, shēn yuàn suǒ qīngqiū.
寂寞梧桐, 深院锁清秋。

Jiǎn bùduàn, lǐ hái luàn,。
剪不断, 理还乱。

Shì líchóu, Bié shì yī fān zīwèi zài xīntóu.
是离愁, 别是一番滋味在心头。

말없이 홀로 서쪽 누각에 오르니
하늘엔 갈고리 같은 조각달 걸려있네.
오동나무 성긴 그림자 속, 적막한 깊은 후원엔
맑고 차가운 가을이 갇힌 듯 잠겨 있네.
잘라내려 해도 끊어지지 않고
간추리려 하면 더욱 엉키는 것
이것이 바로 이별의 슬픔이런가.
뭐라 말로 할 수 없는 이런 야릇한 느낌이
마음속을 빙빙 맴도네.

詞意

아내는 어디론가 불려나갔고, 아내를 기다리는 화자는 잠을 못 이뤄 홀로 뜰을 거닐다 서쪽 누각으로 오른다. 적막한 가을밤, 사위는 조용하고 화자 혼자인데, 문득 하늘을 쳐다보니 자신이 혼자인 것처럼 달조차 원만한 둥근 달이 아니고 일그러진 그믐달이다. 등 뒤에 서 있는 오동나무는 잎이 떨어져 성긴 그림자 드리우고, 정원엔 온통 가을 색뿐이니 가을도 자신처럼 이 후원에 갇혀 있는 것 같다. 여러 가지 슬프고 어지러운 생각들을 끊어내려 하지만 잘 끊어지지 않고, 그럼 어디서부터 잘못된 것인지 생각을 정리해보려 하면 생각은 더욱 엉클어지기만 한다. 이 모든 것이 이별로 인한 수심인데, 한때 일국의 제왕이었던 자신이 이제 포로의 신세로 전락하여 겪는 또 다른 특별한 감정은 그 누구도 겪어보지 못한 어떤 아주 특별한 슬픈 감정일 것이다.

단어

1. **월여구(月如钩)** : '구(钩)'는 갈고리 모양을 말하며, '월여구(月如钩)'는 갈고리처럼 구부러진 달로 그믐달(잔월殘月)을 지칭한다. 그믐달은 문학작품 속에서 흔히 밤늦게 잠 못 이루는 사람들이 볼 수 있는 달로 표현되고 있으며, 여기서는 원만하고 둥근 보름달이 아닌 일그러진 달이라고 하여 아내와 함께 하지 못하고 홀로 보는 외로운 달이라는 뜻이다.

2. **오동(梧桐)** : '오동이 낙엽지면 온 천하가 가을임을 다 안다'는 옛 말이 있듯이 오동은 낙엽이 지는 가을이 왔음을 나타낸다.

3. **쇄(锁)** : 잠그다. 봉쇄하다. 가두다.

4. **청추(清秋)** : 맑은 가을날. 혹은 음력 8월의 딴 이름이기도 하다.

5. **전(剪)** : 가위, (가위로) 자르다. 끊다. 전단(剪斷) : 베어 끊음

6. **리(理)** : 정리하다. 다스리다.

7. **이수(离愁)** : 이별의 슬픔, 이별의 수심

8. **별시(别是)** : 혹은, 어쩌면, 형편에 따라서는. 좀 다른 것은, 남과는 좀 색다른 심정을 갖다.(어떤 책에는 "别有"로 되어 있기도 하다.)

9. **일번(一番)** : 한번, 또 하나의, 한 차례(어떤 책에는 "一般"으로 되어 있기도 하다.)

10. **자미(滋味)** : 좋은 맛, 재미, 흥취, 심정, 감정

11. **심두(心头)** : 마음속, 마음

구절풀이

无言独上西楼 말없이 홀로 서쪽 누각에 오르다. 이욱(李煜)의 사(詞)에 자주 나오는 '무언(无言)'은 같이 말할 사람이 없어, 이야기를 나눌 수 없는 울분을 나타내고 있다. 그래서 다음에 나오는 '홀로'라는 '독(独)'자는 '말없이(无言)'의 이런 상태를 구체적으로 설명하는 말이다.

月如钩 누각에 올라 하늘을 쳐다보니 '갈고리 같은 달(月如钩)'이 떠있는데, 진주처럼 하얀 달이 활처럼 구부러져 있는 모습을 보며 보름달처럼 그득한 달이 아닌 이런 이지러진 달은 혼자인 자신의 처지 같아서 더욱 서글픔을 느낀다.

寂寞梧桐深院锁清秋 오동나무가 있는 한적한 뜨락에 적막한 가을이 잠겨 있다. 그가 머물고 있는 곳은 바로 오동나무가 있는 깊은 후원 안이며, 사람의 왕래도 없는 아주 깊은 곳, 한적한 곳이다. 이런 깊은 후원에 오직 맑고 차가운 가을만이 가득 잠겨 있다. '쇄(锁)'는 열쇠로 대문이 굳게 잠겨 있는 연금 상태에서 마음대로 출입을 할 수 없음을 말하고 있으며, 여기서는 화자 자신이 갇혀 있는 상태를 가을이 후원 안에 잠겨 있다고 말하고 있다.

剪不断剪不断, 理还乱, 是离愁 이별의 슬픔과 고통을 생각하지 않으려고 그 생각을 잘라내려고 하지만 잘라내 지지 않고, 도대체 어디서부터 잘못된 것인지 그 실마리를 찾아내어 정리를 해보려고 엉클어진 실타래를 풀어보듯 생각을 정리해 보면 뭐가 뭔지 더욱 엉클어지기만 한다. 즉 지금의 상황을 생각하며 괴로움과 후회와 회한을 모두 잊으려고 하지만 그 생각들이 끊어지지 않고 계속 그를 괴롭히고 있다.

别是一番滋味在心头 어쩌면 이 모든 것들은 마음속의 또 다른 별다른 특별한 감정일지도 모르겠다. 이런 감정은 누구나 갖는 단순한 이별의 슬픔이 아니고, 망국(亡國)의 군주로 송나라의 포로가 되어 연금생활을 하는, 과거의 군주가 맛보는 어떤 특별한 감정이다. 한 나라의 군주에서 포로 신세로 전락한 사람이 갖는 이런 특별하고 쓰라진 감정은 일반 사람들이 맛볼 수 없는 또 다른 특별한 맛일 것이다.

작품 배경

송(宋) 태조 조광윤에 이어 왕위를 계승한 송 태종 조광의(趙光義)는 군왕다운 너그러운 태도라곤 전혀 찾아볼 수 없는 소인(小人)으로 정복한 왕으로서 할 수 있는 온갖 모욕과 굴욕을 이욱에게 서슴지 않고 자행했다.

태종 조광의는 자신의 독서벽이 대단하다고 자부심을 느끼며 때때로 이욱을 숭문원(崇文院)으로 불러 이욱이 남당 시절 애써 수집한 책들을 보여 주며 "경이 강남에 있을 때 독서를 좋아하고 책을 소장하길 좋아했다고 들었는데 이 중의 고본(孤本), 선본(善本) 대부분은 경이 사랑했던 책들이다. 그런데 경이 우리 조정에 귀순한 후 이 서원을 자주 애용하는지 모르겠군"이라고 말하며 조롱하곤 했다. 이욱은 눈앞에 보이는 한때 자신의 책이었던 장서들과 거기 찍힌 인장과 책 위아래 빈 여백에 자신이 주를 달아 적어 놓은 필적들을 바라보며 오장육부가 찢기는 듯한 고통을 느꼈다.

그러나 이보다 더 고통스런 일은 아내가 자주 조광의에게 불려 나가는 일이었다. 조광의는 이욱과 함께 살고 있는 그의 아내 소주후(小周后)를 입궁시켜 연회에 배석하도록 했으며, 정국부인(鄭國夫人)으로 봉해진 소주후는 다른 귀부인들과 함께 연회 배석과 심지어 침실 시중까지 들었다. 한 번 가면 여러 날 돌려보내지 않음으로써 그는 이욱을 고통 속으로 몰아넣었으며, 소주후는 매번 입궁 후 돌아오면 이욱의 품 안으로 뛰어들며 울면서 남편에게 조광의가 그녀에게 염치없는 협박과 야만적인 행동으로 잔혹하게 자신을 대했다고 하소연하곤 했다. 이욱은 그녀가 굴욕과 고통으로 눈물 그렁그렁 흐느끼며 한탄하는 것을 바라보며 탄식과 부끄러움과 자신에 대한 질책으로 그녀를 따라 소리 없이 눈물을 흘리곤 했다. 그는 사랑하는 아내의 몸과 마음을 보호해 줄 수 없는 자신의 무능함에 절망하며 분하고 한이 맺혀 잠을 이룰 수가 없었다.

이 작품 역시 불려나간 아내가 새벽이 되어도 돌아오지 않아 그녀를 기다리다가 무료하여 밖으로 나와 거닐다가 서쪽 누각으로 올라가 바라본 경치를 읊은 것이다. 온 세상이 고요해진 가을 밤, 마음이 어지럽게 흩어진 이욱은 늘 밤에 잠을 이루지 못한다. 깊은 밤, 잠을 이룰 수 없는 그는 무료하고 쓸쓸해 일어나 웃옷을 걸치고 침실 밖으로 나가 낭하를 걸어본다. 누각에 올라 달을 보니 처량한 그믐달이 서쪽 하늘에 걸려있고 그 차가운 빛이 오동나무 가지에 비쳐 땅에 희미한 그림자를 드리우는 암영을 보면서 그의 심정 역시 잿빛처럼 어두워진다. 이런 정경과 이런 감정을 옛날 궁중생활의 화려함과 당시의 행복과 비교해보면서, 왜 이런 처지로까지 전락하게 되었는지 곰곰이 생각해본다. 엉켜진 실타래 같은 복잡한 생각이 머릿속 가득하지만 어디서부터 잘못된 것인지 알 수가 없고 생각할수록 머릿속이 더욱 복잡해지기만 한다. 그래서 하는 수 없이 내버려 둘 수밖에 없으며 이런 감정은 망국 군주만이 느낄 수 있는 특별한 감정일 것이라고 생각한다.

이 작품은 고아한 사람이나 속된 사람 모두가 좋아하는 작품으로 망국 군주가 된 이욱이 자신의 심경을 가장 진실하게 그린 작품이다.

작품 감상

이 작품은 이욱이 포로가 되어 변량의 한 고적한 곳에 갇혀 연금생활을 하던 중에 쓴 글이다. 조그만 저택에 유폐된 그는 아무도 찾아오는 이 없는 외롭고 적막한 환경 속에서 슬픔과 고통으로 밤낮으로 눈물만 흘리는 생활을 한다. 일찍이 최고의 권좌에 앉아 온갖 부귀영화를 누렸던 일국의 군주가 포로 신세로 전락하니, 지금 처한 상황은 다른 사람들은 도저히 상상도 할 수 없을 만큼 견디기 어려운, 그 누구도 감당하기 힘든 쓰라림과 비참함뿐이다. 작가는 이를 '그 어떤 특별한 감정'이라고 표현하고 있는데 이것은 화려했던 과거 생활과 지금 처한 처지의 격차는 경험해보지 못한 사람들은 상상조차 할 수 없는 그 어떤 감정인 것이다.

여기에 그의 아내 소주후(小周后)는 때때로 밤이면 송(宋) 태종(太宗)에게 불려나가 밤늦도록 돌아오지 않으니 이욱은 홀로 밤을 새우며 온갖 상상을 하며 자신을 괴롭힌다. 그는 심장을 도려내는 듯한 아픔 속에서 그녀가 돌아오기만을 기다린다.

이 사(詞)는 이별의 슬픔을 주제로 하여 전반부에서는 경(景)으로 깊은 곳의 모든 경물(景物)이 자신처럼 짙은 고독과 처량함에 쌓여 있음을 나타냈다. 즉 말이 없는 사람, 외로운 발걸음, 흐릿한 누각, 갈고리 같은 그믐달, 소슬한 가을 공기, 깊고 깊은 정원, 고독한 오동나무가 모두 화자의 심정을 대변하는 경물로, 침울한 색채의 오동나무는 처량한 가을밤에 홀로 말없이 서 있고, 잎이 떨어져 성긴 잎사귀 그림자가 정원 뜨락에 짙게 드리우고 있는 모습은 홀로 누각에 올라가 멍하니 달을 바라보는 사람의 예술적 축소판이며 끊임없이 고통 받고 있는 이의 정신세계다. 이렇게 화자의 시선이 달과 성긴 오동나무 잎사귀의 그림자와 굳게 잠긴 문으로 이동하면서 외로운 경물들로 자신의 심정을 말하다가 후반부에 들어서서는 정(情)으로 이별의 슬픔을 극대화시키며 경(景)과 정(情)이 절묘하게 매치되어 이 작품을 최고의 예술적 경지로 이끌었다.

'말없이 홀로 서쪽 누각에 올라 달을 보니 갈고리 같은 그믐달이 떠 있구나'에서 우리는 밤늦도록 잠 못 이루며 정원을 배회하다 홀로 누각에 오르는 초췌하고 고독한 한 그림자를 볼 수 있다. 홀로 달을 쳐다보는 사람의 깊은 슬픔을 '말없이(無言)'라는 두 글자로 '마음 속 감정을 표현할 적절한 언어를 찾지 못해 말없이'라는 의미와 '말할 사람도 없고, 나를 이해해 줄 사람도 없어 말없이'라는 의미로 중의적으로 표현했다.

답답한 심정에 '서쪽 누각(西楼)'에 '홀로 오른(独上)' 사람은 그러나 그의 눈앞에 보이는 자연경관으로 인해, 답답함을 풀어보려는 마음이 오히려 더 침울해지고 복잡한 심정이 되면서 한없는 고독과 슬픔을 맛본다. 누각에 올라 바라본 '갈고리 같은 그믐달 (月如钩)'은 상심한 사람의 눈에는 달조차 둥글지 않아 인간만사 유감을 나타내고 있는 것처럼 느껴진다. 이 '갈고리 같은 그믐달'은 배경을 나타내고 있지만 또한 누각에 오른 사람의 외로운 심정과 일치하고 있다. 누각에 오른 화자는 하늘 가득한 별도 보았을 것이나 그는 오로지 '잔월(殘月)'만을 그려, 달과 자신을 같은 처지로 놓고 묘사했다.

다시 고개를 돌려 적막한 뜨락을 내려다보니 차가운 달이 쓸쓸한 뜰 안 깊은 곳의 오동나무 성긴 그림자와 또 깊게 잠긴 중문을 비추고 있다. '오동나무가 있는 적막한 깊은 뜰 안에는 차가운 가을이 가득 잠겨 있는데'는 실은 깊은 뜨락의 낙엽이 지기 시작한 오동나무가 적막한 것이 아니고 화자 자신이 적막함 속에서 쓸쓸함을 느끼고 있는 것이다. 또 '맑은 가을이 잠겨 있는(锁清秋)'에서 잠겨 있는 것은 '맑은 가을(清秋)'이 아니고 역시 화자 자신이 갇혀 있는 것을 말한다. 깊은 뜨락에 갇혀 있는 사람은 슬픔만 가득한 사람이며, 단지 싸늘한 가을 밤하늘만을 상대하고 있으니, 이 어찌 적막함이 배가되지 않겠는가! '말없이', '홀로 누각에 오르는' 것도 적막함이요, '깊은 뜨락의 오동나무'도 적막이며, '가을이 가두어져 있는(锁清秋)' 것은 더욱 적막한 것이다. 여기서 작가의 처지를 상징하는 '가두다'라는 '쇄(锁)'의 사용이 이 사(詞) 전반부에서 가장 무게가 있는 단어다. 이는 작은 뜨락만 잠겨 있는 것이 아니고, 차가운 가을도 가두어 놓고, 더욱 사람의 마음조차 잠구어 놓아,

모든 것이 자신처럼 갇혀 있다고 강조하고 있다. 이렇게 사(詞)의 전반부에서 작가는 눈앞에 보이는 모든 것을 쓸쓸하고 처량한 색채로 그리며, 자신의 고독과 슬픈 마음을 경물로 형상화했다.

후반부에서 작가는 괴로운 심정과 가슴에 품고 있는 생각들을 아무 수식 없이 직선적으로 토로하고 있다. '가위로 잘라내려 해도 끊어지지 않고', '마음을 다스리려고 하면 더욱 엉클어지기만'한 것이 이별의 슬픔이다. 도대체 왜 이런 지경이 되었는지 처음부터 정리를 해보려는 마음을 엉클어진 실타래와 비교한 것 역시 독창적인 발상이다. 엉클어진 실타래를 풀기 위해서는 가위로 싹둑 단번에 잘라버리든지 아니면 천천히 실의 갈래를 찾아 풀어보든지 해야 한다. 화자는 이별의 슬픔을 생각하지 않으려고 엉클어진 실타래를 가위로 단번에 잘라버리려고 하지만, 이별의 슬픔이 깊은 만큼 실타래도 두터워 잘 잘라 내지지 않는다. 그래서 한번 천천히 생각을 정리해 보려고 실타래의 갈래를 찾아보지만 찾아볼수록 더욱 엉클어진다.

화자는 이때 천만 가지 슬픈 감정과 과거의 온갖 추억들, 현재의 상황과 상한 마음, 예측할 수 없는 앞날에 대한 불안 등 보이지 않는 수백 가지 감정의 실타래들이 그를 칭칭 감고 있어 정리해 보려고 해도 정리가 안 되고, 잘라내려고 해도 잘라내 지지가 않는 것이다. 작가는 우리들 마음속의 한 추상적인 감정인 '이별의 슬픔'을 형상을 통해서 눈에 보이듯 그 감정을 생생하게 묘사하고 있는데, 이렇게 이별의 슬픔을 절절하게 묘사할 수 있는 작가는 흔치 않다.

맨 마지막 구절인 '뭐라고 다른 말로는 도저히 표현해 낼 수 없는 감정'은 말로는 정확하게 표현해 내기 어려운 뭔가 특별한 감정인 것이다. 이는 진정으로 이별의 슬픈 고통을 맛본 사람만이 가장 절실하게 느낄 수 있는 그런 감정으로 특히 가장 높은 권좌에 앉았던 사람이 수인(囚人)으로 전락한 일은 인간 세상의 그 누구도 맛보기 어려운 감정인 것이다. 작가는 마음속에 또 다른 회포와 고통을 '자미(滋味)'라고 하여 어떤 맛과 어떤 감회, 어떤 감정을 모두 한꺼번에 내포시켰다. 유폐생활 중의 고독과 이별의 슬픔을 자연물에 의탁하여 묘사하면서 입에서 자연스럽게 흘러나오는 대로 간결하고 소박한 일상 언어로 이렇게 청신하게 묘사할 수 있는 사람은 오직 이후주뿐이다.

喜遷鶯(曉月墜, 宿雲微)

曉月墜，宿雲微，無語枕頻欹。
夢回芳草思依依，天遠雁聲稀。
啼鶯散，余花亂，寂寞畵堂深院。
片紅休掃盡從伊，留待舞人歸。

Xiǎo yuè zhuì, sù yún wēi, wú yǔ zhěn biān yǐ.
晓月坠，宿云微，无语枕边倚。

Mèng huí fāng cǎo sī yīyī, tiān yuǎn yàn shēng xī.
梦回芳草思依依，天远雁声稀。

Tí yīng sàn, yú huā luàn, jìmò huà táng shēn yuàn.
啼莺散，余花乱，寂寞画堂深院。

Piàn hóng xiū sǎo jìn cóng yī, liúdài wǔ rén guī.
片红休扫尽从伊，留待舞人归。

새벽달은 희미하게 기울어가고
어젯밤 짙게 드리웠던 구름도 흩어져 가는데.
말없이 베개에 기대어 뒤척이네.
꿈에서 돌아오니 그리운 사람 더욱 그립고
하늘 멀리 기러기 소리마저 점점 사라져가네
꾀꼬리 소라 흩어지자 남은 꽃들 어지럽게 흩날리는
한적한 화당(畵堂)의 적막한 뜨락
마당 가득 떨어진 붉은 꽃잎일랑 쓸지 말고
춤추는 사람 돌아올 때까지 그대로 남겨두렴.

詞意

밤늦도록 잠을 못 이루다가 잠깐 잠이 들었는데, 사랑하는 사람과 함께 했던 꿈에서 깨어나니 그녀가 더욱 그립기만 하다. 창 밖 새벽달은 기울고 어젯밤 짙게 드리웠던 구름도 흩어지며 여명의 빛이 밝아온다. 홀로 뜬 눈으로 밤을 지새우다가 잠이 든 후 깨어나, 말없이 베개만 뒤척이는데, 꿈 속 생각으로 마음은 여전히 어지럽다. 문득 멀리서 희미하게 들려오는 기러기 울음소리를 듣다가 기쁜 소식을 전해 주는 기러기 소리가 점점 멀어지자 그녀 소식 묘연함에 또다시 불안해진다. 날이 밝아오자, 뜰 안의 꾀꼬리 울음소리 들리고 늦봄의 남은 꽃들은 새 울음소리에 분분히 흩날리며 땅에 떨어져 뜰 안 가득하다. 아무도 없는 적막강산 깊은 화당에서 오직 새와 꽃만 바라보고 있는 화자는 사랑하는 사람을 기쁘게 해주기 위해 뜰에 떨어져 있는 낙화는 쓸지 말고 그대로 두어 그녀가 돌아올 때 사뿐히 즈려밟고 오길 희망한다.

단어

1. **효월**(晓月) : 새벽달. 해가 막 뜨면서 날이 밝아올 때의 달

2. **숙운**(宿云) : 어젯밤 구름

3. **침빈의**(枕频欹) : 베개 위에서 이리저리 자주 뒤척이다. 계속 엎치락뒤치락하다. '빈(频)'은 자주, 여러 번이라는 뜻이며 '의(欹)'는 기울이다, 한쪽을 높이 세우다는 의미로 베개를 자주 옮기며 이리 뒤척이고 저리 뒤척이면서 잠 못 이루고 있는 모습을 말한다.

4. **사의의**(思依依) : 두고두고 그리워하다. 사무치게 그립다.

5. **방초**(芳草) : 향기로운 풀. 아름다운 여자. 여기서는 마음속에서 그리워하고 있는 여자. 사모하는 여자를 뜻한다.

6. **안성희**(雁声稀) : 기러기는 소식을 전한다고 하는데, 여기서는 소식 얻기가 매우 어렵다는 뜻이다.

7. **제앵**(啼莺) : 맑고 낭랑한 꾀꼬리 울음소리

8. **여화**(余花) : 봄이 끝날 무렵의 남은 꽃들

9. **화당**(画堂) : 채색으로 장식된 아름다운 규방. 한적한 별채에 있는 화려한 집

10. **편홍**(片红) : 땅에 떨어진 꽃잎들이 도처에 깔려 있다.

11. **휴소**(休扫) : 쓸지 마라

12. **진종이**(尽从伊) : 그냥 내버려 둬라. '이(伊)'는 "이, 그, 저"라는 대명사로 여기서는 이것 즉 땅에 가득한 꽃잎을 말한다.

구절풀이

晓月坠, 宿云微, 无语枕频欹 새벽달 기울고 어젯밤 구름은 흩어져 가는데 잠 못 이루고 뒤척이다. '효월(晓月)'은 날이 밝아올 때의 새벽달이며, '타(坠)'는 지다, 떨어지다의 의미로 날이 밝아왔다는 의미이다. '미(微)'는 날이 밝아오면서 구름이 점점 흩어지며 사라져 '구름이 옅다'라고 했으며, '말없이'의 '무어(无语)'는 같이 이야기를 나눌 사람이 없어 고독하다는 것을 의미하면서 잠을 못 이루는 이유를 말하고 있다. '베개에 기대어 뒤척인다'의 '침빈의(枕频欹)'는 일찍 잠에서 깼으나 여러 번 엎치락뒤치락하면서 다시 잠들기 어려움을 말한다.

梦回芳草思依依, 天远雁声稀 꿈속에서 그녀를 마냥 그리워하다가 잠에서 깨니, 멀리서 기러기 울음소리 희미하게 들려온다. '향기로운 풀'이라는 '방초(芳草)'는 아름다움을 지칭하는 말로 '푸른 치마를 입은 그대를 기억하며 도처의 芳草를 사랑한다'는 말에서 연유하여, '그리운 이'를 지칭한다. 사랑하는 이를 꿈속에서 만났는데, 잠에서 깨어나니 더욱 그녀가 그립고, 문득 멀리서 들리는 기러기 울음소리는 점점 희미해지는데, 기쁜 소식을 전한다는 기러기 소리가 점점 멀리 사라지니 사랑하는 사람이 돌아온다는 소식이 없을까봐 불안해한다.

啼莺散, 余花乱, 寂寞画堂深院 꾀꼬리 울음소리 흩어지자, 낙화가 어지럽게 떨어지고, 화당 깊은 뜨락은 적막하기 그지없다. '제앵산여화난(啼莺散, 余花乱)'은 늦봄의 정경을 나타내고 있으며, 아무도 없는 화당(画堂) 깊숙히 한적한 곳에 적막함이 가득하다는 것은 홀로 있음을 나타낸 말이다.

片红休扫尽从伊, 留待舞人归 꽃잎일랑 쓸지 말고 춤추는 아름다운 사람이 돌아올 때까지 그대로 두렴. '편홍(片红)'은 땅에 떨어져 가득 쌓인 꽃잎들을 말하며 '휴거(休扫)'의 '휴(休)'는 '말다, 그만두다'의 의미로 '休扫'는 '쓸지 말라'의 의미다. 춤추는 사람인 '무인(舞人)'은 앞의 '방초(芳草)'와 같은 의미로 사랑하는 사람을 말하며, 혹은 소주후(小周后)를 의미할 수도 있다. 소주후는 춤을 매우 잘 추었다고 한다.

작품 배경

소주후가 조광의에게 불리어 입궁하는 일은 피할 수도 없는 일이었으며 항의할 수 있는 일도 아니었다. 소주후가 매번 입궁의 명을 받을 때마다 이욱은 제정신이 아니었으며 좌불안석, 잠을 이루기 어려워 한 곳을 뚫어지게 응시하며 멍하니 밤을 지새우곤 했다.

조광의는 소주후의 아름답고 요염한 자태에 침을 흘리며 늘 그녀를 후궁(后宮)으로 들게 했다. 소주후는 이 뻔뻔하고 비열한 남자의 모욕과 치욕을 하는 수 없이 참아야 했으며, 마음대로 야수 같은 욕정을 발산하고 변태적인 만족을 하게 내버려 둘 수밖에 없었다. 그녀는 자기 때문에 남편에게 죽음의 화를 입히고 싶진 않았다. 조광의의 이런 작태는 이욱을 괴롭히려는 마음이 다분히 있었으며, 마음과 영혼 깊이 상처받은 이욱은 이 극렬한 고통을 강인하게 참는 것 외에 그저 오랜 시간 소주후를 안고서 흐느끼는 일 밖에 할 수가 없었고 분노를 억누르고 소주후의 원망을 말없이 회피하는 수밖에 없었다. 변태적인 조광의는 궁 안의 사람들에게 자신이 소주후를 희롱하는 광경을 보게 했으며 또 궁중 화가를 불러 그들의 성희롱 장면을 그리도록 했다. 후에 원나라 사람 장종숙(張宗橚)이 그린 〈태종핍행소주후도(太宗逼幸小周后圖)〉라는 시화의 제목에 "한 번 궁문을 따라 들어가면"과 같은 광경이 벌어진 것이다.

소주후가 없는 늦은 봄날 밤에 이욱은 서글픈 마음으로 말없이 베개에 기대어 먼 하늘에 새벽달이 서쪽으로 기우는 것을 바라보며 잠 못 이룬다. 새벽이 다가와 저녁 구름 흩어지고 먼 하늘가 기러기떼의 처량한 울음소리가 들리면 여명에 소주후가 곧 돌아올 것 같아 그녀 생각에 그녀가 더욱 그립다.

창 밖에 그의 귀에 익은 소주후의 돌아오는 발걸음 소리가 들리듯 해서 얼른 몸을 일으켜 창문을 통해 화당 깊은 마당 안을 둘러보나 소주후의 날 듯한 선녀 같은 모습은 보이지 않고 단지 땅에 가득 떨어진 붉은 꽃잎들만 보게 된다. 그러나 그는 여기서 실망하지 않고 여전히 기대하는 말로 조용히 혼자 말을 한다 "하인들에게 정원에 가득 떨어져 있는 낙화를 쓸지 말도록 하여, 나의 소주후가 여명 전에 돌아와 이 '붉은 금실을 땅에 입힌 옷' 같은 꽃잎을 사뿐히 즈려밟고 오기를 바란다"고.

이욱은 젊었을 때, 사서(史書)에 열중했으며 남조(南朝), 진(陳)의 마지막 황제인 진숙보(陳叔寶)의 사적(事跡)을 읽었을 때 경멸하며 그를 조소했다. 그는 이 진(陳)의 천자와 오늘날의 자신이 그렇게 비슷할 줄은 예전에는 전혀 생각지도 못했는데 이제 망국의 군주가 되어보니 이제서야 진(陳) 후주(后主)의 심정을 이해하게 되어 밤마다 아내를 기다리며 역사 속의 모든 망국의 군주들 생각을 자주 하곤 했다.

작품 감상

이 사(詞)는 정조, 분위기, 감정 등이 매우 잘 어우러져 있는 아름다운 작품이다.

전반부에서 화자는 꿈속에서 지나간 옛일을 꿈꾸다 깨어나 이별의 슬픔 속에서 마음 속 깊이 사랑하는 사람을 그리워하고 있다. 꿈속에서의 지난 옛날에 대한 아득한 생각이 전반부의 주조를 이루고 있는데, 꿈에서 깬 후에도 꿈속의 일들이 아직 생생하게 눈앞에 어른거려 '사무치게 그립다(思依依)'고 하였는데 여기서 '사(思)'는 깊이 생각하며 그리워하는 것이고 '의의(依依)' 역시 사모하는 것이니, 이 두 단어의 중첩으로 더욱 그리움이 강하게 전달되고, 단어 자체에 묘한 여운이 있다.

후반부에서는 자신의 생각과 바라는 바를 토로하며, 기다리고 있는 정인(情人)에 대한 애틋한 마음을 사물을 빌어 나타내며, 그녀가 빨리 돌아오기를 기대하고 있다.

이 사(詞) 역시 전반부는 경(景)으로 자신의 마음을 나타내고 있는데, 꿈에서 깨어난 후의 정경만을 그리면서, 꿈속에서 얼마나 많은 일들이 있었는지에 대해서는 한 마디도 언급하지 않은 채, 단지 '사랑하는 사람이 더욱 그립다'라고만 말하고 있다. 꿈에서 깨어난 후의 어렴풋한 꿈의 잔흔과 꿈인지 깨어난 상태인지 확실하지 않은 몽롱한 속에서 화자는 사라져가는 기러기 울음소리에 서서히 의식이 돌아오며 현실을 깨닫게 된다.

꿈같기도 하고 깨어있는 것 같기도 한 몽롱한 상태와 꿈에 대한 아쉬움, 그리고 혼자 있다는 적막감이 이 사(詞) 전반부의 주된 정서다. 어젯밤 늦게까지 잠 못 이루다 설친 잠 끝에 꿈속에서 옛날 사랑하는 사람과 다시 만나고 헤어진 일로, 꿈에서 깬 후에도 잠깐의 만남과 이별의 슬픔 때문에 아쉬운 마음이 들고, 다시 잠을 청하려 해도 꿈속의 일들이 생생하여 잠들지 못하는 화자의 괴로움이 전반부의 내용으로 작가는 그리움의 공간을 확대하여 이별의 정한을 강조했다.

잠 못 이루며 베개 위에서 엎치락뒤치락 뒤척이고 있는 시각은 '새벽달은 기울고'라는 여명의 시간이고 '어젯밤 구름은 희미해지고'는 어젯밤에서 오늘 아침까지 이어진 시간 상태를 말하면서 저녁부터 새벽까지라는 시간을 강조하여 화자의 불면을 두드러지게 했다. '새벽'과 '저녁', 그리고 '달이 지고'와 '구름이 흩어지고'는 대구법으로 호응시켰고 또 '기울고'라는 '타(坠)'자는 서쪽으로 기우는 높은 곳의 새벽달이 밑으로 가라앉는 듯한 뉘앙스로 뜻을 더했으며, '어젯밤의 구름(宿云)'은 커다란 경(景)을 '적어지다'라는 '미(微)'자로 작게 축소시켜 단어의미에 변화를 주어 사용했다. '달은 지고 구름은 엷어지는' 여명의 시간에, 꿈에서 깬 후에도 생각은 꿈속을 그리며 이별의 정한이 계속 마음속을 맴돌고 있으며 창 밖 '먼 곳에서 들려오는 기러기 소리'는 구슬프고 처량한 느낌을 주어 슬픔을 확대했다.

세 번째 구절에 이르러, '말없이 베개에 기대어 뒤척이는 사람'이 나타난다. '말없이'는 다음에 이어지는 '여러 차례(频)'로 이어지면서 전전반측하는 화자의 마음이 어지러운 심리상태를 드러냈다.

그리고 네 번째 구절과 다섯 번째 구절은 그의 생각과 들은 바를 그리고 있는데, '꿈에서 깬 후에도 방초(芳草)에 대한 그리움은 더욱 깊어지고'라고 하여 '그리움이 사무치다(思依依)'라고 표현했는데 이 '사의의(思依依)'의 '의의(依依)'는 보통 버들가지 같은 가는 나뭇가지가 바람에 한들거리는 모습이나, 이별을 아쉬워하며 마냥 섭섭해 할 때 쓰는 단어로 사모와 그리운 정이 내포되어 있는 형용사다.

다섯 번째 구절 '하늘 멀리 기러기 울음소리는 희미해지고' 역시 경(景)으로 자신의 그리운 심정을 나타냈는데, '하늘 멀리(天远)'는 거리상의 요원함을 말하며, '기러기 소리 희미해지고'는 아무 소식이 없음을 의미하고 있다.

전반부는 시작에서 두 장면 즉 하나는 창문 밖의 경(景)으로 새벽달이 지고 어젯밤 구름이 옅어지고 흩어지면서 날이 밝아오는 시간을 그렸고, 또 다른 하나는 실내 배경으로 침대 위에서 화자가 말없이 베개에 기대어 전전반측하는 모습을 그려, 실내와 실외 두 경(景)으로 새벽의 외로움과 화자가 잠 못 이룸을 동시에 그려냈다.

후반부에서는 먼저 경(景)을 쓴 후, 나중에 서정을 읊었는데, 첫 구절 '꾀꼬리 소리 흩어지고'와 '남은 꽃들이 어지럽게 떨어지네'로 서경을 그린 후 세 번째 구절인 '적막한 화당, 깊은 뜰'로 처량함과 쓸쓸함과 고적함의 서정을 나타냈다. 후반부 첫 구와 둘째 구인 '제앵산(啼莺散)'과 '여화난(余花乱)'은 전반부 첫 구와 둘째 구인

'효월타(晓月坠)'와 '숙운미(宿云微)'와 대구되고 있다. 늦봄 처량한 후원에서의 '꾀꼬리 우는 소리'라는 '제앵(啼莺)'이라는 두 글자는 작가의 빼어난 글 솜씨로 매우 인상적이며, 사(詞) 전체에 강한 인상을 부여하고 있다. 또 네 번째, 다섯 번째 구절에서는 적막한 사람의 깊은 축원과 바램을 드러내어 '땅에 어지럽게 깔린 꽃잎들일랑 쓸지 말고 그대로 두어, 춤추는 사람이 돌아올 때까지 남겨 두라'고 했다.

이 사(詞)는 밤에 꿈에서나마 그리운 사람을 만나고, 그녀를 그리워하는(梦思) 정경을 그렸으나 오히려 이를 거꾸로 뒤집어 버린데 그 묘미가 있다. 꿈속에서도 깨어난 후에도 이별의 상심으로 슬픔과 근심은 여전하다. 잠에서 깬 후 조용히 창문 밖을 쳐다보니 새벽달은 점점 기울어가고, 어젯밤의 구름도 차차 엷어져 가는데 이 흐릿한 풍경이 꿈에서 깬 몽롱한 상태와 또 꿈속의 슬프고 침울한 이별의 감정과 그 감정으로 인한 애수의 분위기와 잘 부합되고 있다.

이 사(詞)의 또 다른 특징은 '꾀꼬리 소리, 어지럽게 떨어지는 꽃잎들, 적막한 화당의 정원'에서의 침실과 화당, 정원 같은 외부의 현실적인 정경이 화자 자신의 내심의 외로움과 쓸쓸함을 투영시키며, 이 심정이 외부의 꾀꼬리 소리와 낙화와 대비를 이루고 있다는 점이다. 그리고 이 사(詞)는 전반부에서 먼저 새벽녘 날이 밝아 오는 정경을 그리다가 다시 그가 밤을 새우며 잠깐 든 꿈속에서 만난 사람에 대한 애절한 그리움과 고통을 그리며 새벽에서 어젯밤으로 역순적 서술을 하고 있으며, 후반부에서는 경(景)과 정(情)으로 텅 빈 화당의 적막함과 쓸쓸함을 '땅에 가득한 꽃잎(片红)'이란 두 글자를 사용하여 무의식중에 연인이 돌아오길 기대하는 상상으로 마무리 지었다. 꿈속에서 사랑하는 사람을 그리워하다 꿈에서 깨니 그녀가 더욱 그리운 화자는 자신의 바람으로 그리움을 대신했다.

搗練子令(深院靜，小庭空)

深院靜，小庭空，
斷續寒砧斷續風。
無奈夜長人不寐，數聲和月到簾櫳。

Shēn yuàn jìng, xiǎo tíng kōng,
深院静，小庭空，

duàn xù hán zhēn duàn xù fēng.
断续寒砧断续风。

Wúnài yè cháng rén bù mèi,
无奈夜长人不寐

shù shēng hé yuè dào lián lóng.
数声和月到帘栊。

깊은 후원은 고요하기 그지없고
작은 정원의 뜨락은 텅 비어 있구나.
끊어졌다 이어졌다 들리는 차디찬 다듬이 소리
바람소리도 끊어졌다 이어졌다 하네.
잠 못 이루는 긴 밤은 어찌해 볼 수 없고
간간이 들리는 다듬이소리, 바람소리만
달과 함께 창가로 스며드네.

詞意

가을이 되어 소슬한 바람이 부니 가족들은 집 떠난 사람 생각이 더욱 난다. 날이 차지니 사람들도 일찍이 처소에 들어 인적이 끊긴 후원은 조용하기만 하다. 여름내 무성했던 초목들도 잎이 떨어져 가지만 앙상하고 꽃들도 다 지고난 정원은 아름다움을 찾아볼 수가 없어 뜰이 텅 비어 있는 것처럼 느껴진다. 가을밤 끊어졌다 이어졌다 간간히 들려오는 바람 소리 따라 멀리 여인네들의 다듬이 방망이질하는 소리도 들렸다 끊어졌다 한다. 방망이질하는 여인네들은 멀리 변방에 있는 사랑하는 사람을 위해 방망이질을 하고 새 솜옷을 만들기 위해 이 밤 분주히 다듬이질을 한다. 그러나 할일 없는 무료한 사람은 이 밤이 길기만 하고 잠을 이룰 수가 없어 어찌할 바를 모른다. 잠 못 이루는 사람은 차가운 다듬이질 소리가 끊겨 이제 밤도 으슥해져 그들도 방망이질을 그만 두려나 하고 생각하면 또 다시 바람결에 방망이 소리가 들려온다. 그래서 다시 귀 기울이고 온 신경을 그 소리에 쏟으며 밤을 새운다. 교교한 달빛이 바람 소리, 다듬이 소리를 동반하여 창가로 찾아와 불면의 밤을 보내는 사람과 함께 하며 번뇌에 찬 사람을 더욱 고통스럽게 한다.

단어

1. **심원(深院)** : 깊은 정원. 한적한 후원

2. **정(靜)** : 조용하다. 고요하다. 잠잠하다. 여기서는 청각적인 이미지로 쓰였다.

3. **단속(斷續)** : 끊어지다가 이어지고, 이어지다가 끊어진다.

4. **한침(寒砧)** : 차디찬 다듬잇돌. 침(砧)은 다듬잇돌을 말한다. 옛날 부녀자들이 옷을 다듬질할 때 쓰는 도구로 부녀자들은 옷을 다듬질하여 새 옷을 만들어 멀리 떨어져 있는 임에게 보낼 생각을 하며 그리워했기 때문에 옛 시인들은 상사의 정을 나타낼 때 이 다듬질을 즐겨 소재로 사용했다.

5. **야장(夜長)** : 밤이 길다. 긴 밤. 밤이 깊어간다.

6. **무나(無奈)** : 어찌할 도리가 없다. 할 수가 없다.

7. **불매(不寐)** : 잠을 이루지 못하다.

8. **수성(數聲)** : 몇 가닥 소리들. 즉 다듬이 방망이 소리(砧聲)가 간혹 들린다는 말이다.

7. **염롱(簾櫳)** : 창. 창문의 격자 염롱은 커튼이 쳐진 창문

구절풀이

深院静，小庭空 깊은 후원은 고요하고 작은 정원 뜨락은 텅 빈 듯하다. 이 구절은 후원은 사람의 인적이 없어 조용하기 그지없고, 작은 뜨락은 초목의 잎들이 모두 떨어져 앙상한 나뭇가지와 꽃도 다 지고 없어 마치 텅 빈 것처럼 느껴진다는 말이다. 정(靜)은 청각적 이미지를, 공(空)은 시각적 이미지를 나타내고 있으며, 뜻이 같은 단어인 원(院)과 정(庭)을 대구법으로 나누어 쓴 것도 이 구절의 큰 묘미다.

断续寒砧断续风 고요하고 텅 빈 가을밤, 정원으로 끊어졌다 다시 이어지는 다듬이 방망이 소리 들려오고 찬 다듬이 소리와 더불어 바람 소리도 끊어졌다 다시 이어지곤 한다. 다듬이 방망이질하는 때는 늦가을이므로 가을이란 계절을 드러냈

고 다듬잇돌은 차가운지라 그 소리도 차갑게 들리는데, 이것은 다듬이질하는 부녀자도 임 생각에 상사의 고뇌로 처량한 심사고, 이를 듣고 있는 잠 못 이루는 사람에게는 더욱 구슬프게 들려 그의 번뇌를 가중시킨다는 말이다. 바람 소리가 끊어졌다 이어졌다함에 따라 다듬이질 소리도 끊어졌다 이어졌다하는데 이 구절에서는 끊어졌다 이어지는 소리를 찬 다듬잇돌과 차가운 바람 앞에 중복하여 사용하고 있다. 그리고 끊어졌다 다시 이어지는 바람 소리와 다듬이질 소리는 계속 쉬지 않고 들리는 소리보다 더 사람을 애타게 하고 온 신경을 그 소리에 집중시키게 한다.

无奈夜长人不寐 밤은 길기만 한데 어찌할거나, 잠을 이룰 수가 없으니. 근심이 많은 사람은 잠을 이룰 수가 없어 전전반측하고, 시간은 더디 가고 밤은 길기만 하니 이를 어찌할지 모르겠다는 말이다. 하루 종일 한가하고 무료하게 생활을 하는 사람은 잠을 이루기 어렵고 또 근심과 번뇌가 많은 사람도 잠을 이루기 어렵다. 가을이 되니 밤은 길어지고 번뇌하는 사람에게는 이 밤이 길게만 느껴지지만 어찌해 볼 방법이 없다.

数声和月到帘栊 긴긴 밤 잠 못 이루는 가운데 가끔씩 들려오는 몇 가닥 소리가 달과 더불어 창가로 찾아든다. 이따금씩 들리는 바람 소리와 다듬이 방망이 소리가 끊어졌다 이어졌다 들리기 때문에 몇 가닥 소리(数声)라고 했으며, 이 소리들이 창가로 날아드는데 달까지 창가로 비쳐들어 달이 이 소리들을 데리고 함께 온 것처럼 아름답게 표현했다. 이 구절은 밤이 깊었다는 것과 달빛이 교교하다는 것을 동시에 말해 주며 이 가운데 잠 못 이루는 인물, 즉 이 밤에 홀로 깨어 있는 우수에 찬 인물까지 등장시키고 있다.

작품 배경

종선이 변량(汴梁)에 억류되어 있는 동안 조광윤은 또다시 이간질을 하여 종선으로 하여금 이욱이 남당의 명장 임인조(林仁肇)를 죽이도록 하여 나중에 송(宋)이 강남을 공격할 때의 큰 장애물을 없애려고 했다.

임인조(林仁肇)는 신체가 매우 장대하고 완력이 남보다 뛰어났으며 앞가슴에 맹호 무늬의 문신을 하여 사람들이 "임호자(林虎子)"라고도 부르는 남당 굴지의 몇 안 되는 용감하고 싸움을 잘하는 호랑이 장군이었다. 졸병 출신인 이 명장은 사병들과 동고동락했기 때문에 군대의 많은 사람들이 우러러 그를 따랐다. 그는 혁혁한

공을 세운 후 윤주(潤州) 절도사가 되었으며 양자강 중류의 요충지인 무창(武昌)에서 강을 사이에 두고 송(宋)을 막는 중임을 맡고 있었다. 이욱이 그를 계속 연임하며 신임하자 조광윤은 임인조를 죽여야 송이 승전할 것이라고 생각했다. 임인조는 이욱에게 송(宋)이 연이어 출병하여 형남(荊南)과 초(楚)를 평정하고 후촉(后蜀)을 격파하고 남한(南漢)을 취하는 등 천리 정벌 전쟁으로 회수(淮水) 남쪽은 방비가 허술하니 자신이 정예병 수만을 거느리고 강을 건너 가 북벌을 하겠으며 우선 수주(壽州)를 근거로 하여 현지의 남당을 그리워하는 백성들로부터 식량을 거둬들여 회남(淮南)의 각 주를 수복하고 그 다음에 군대를 확충하여 회수(淮水)를 건너 북상하여 변량(汴梁)을 공격하겠다고 간곡히 청했다. 그러나 이욱은 조광윤을 두려워하여 행여 화를 자초할까봐 그를 홍주(洪州)로 전근을 보내 남도유수(南都留守) 남창윤(南昌尹)으로 발령냈다.

조광윤은 이런 임인조가 두려워 그를 암살할 계획을 세웠다. 조광윤은 남당에 몰래 첩자를 보내 큰 돈을 주어 임인조의 초상을 구하게 했다. 조광윤은 종선을 불러 임인조의 초상화를 내보이며 혹시 아는 사람이냐고 물었다. 종선은 놀라 우물쭈물하면서 알 듯 하나 성씨와 신분은 정확히 알 수 없다고 대답했다. 이에 조광윤은 웃으며 "이 사람은 그 이름도 드높은 무장 임인조가 아니오? 그는 이미 짐과 항복할 날짜를 정했고 이 초상을 신용의 표를 삼은 것이오. 짐은 그가 우리 조정에 일편단심으로 충성이니 변양방(汴陽坊)에 특별히 아름다운 저택을 하사하여 상을 주려고 하오. 경은 알고 있었오?"라고 말했다. 종선은 이 말을 듣고 놀라, 숙소로 돌아온 후 말 같지 않은 이 이야기를 밀신(密信)으로 급히 금릉으로 보냈다. 이욱은 밀신을 받고 고민하며 망설였으며, 결정을 내릴 수가 없었다. 임인조가 참으로 배반을 했다는 것도 믿을 수 없고, 또 종선이 임인조를 모함했다고는 더더욱 생각할 수도 없었다. 결국 추밀부사(樞密副使) 장자(張洎)의 감언이설에 이욱은 그에게 "불충불의(不忠不義)"라는 죄명을 씌워 독주를 내려 그를 황천길로 보냈다.

가을은 "장안의 한 조각 달 속에 집집마다 다듬이 방망이소리"가 들리는 계절이다 소주후가 없는 이 밤에 원근 농가 부녀자들이 달빛 아래 다듬이질하는 소리를 들으며 이욱은 후회와 통한 속에 충신 반우와 임인조를 죽인 생각에 괴로워했다. 모든 것은 자신의 자만 때문이었고 자신의 우유부단함이었다고 생각하며 돌이킬 수 없는 실책에 괴로워 잠을 이룰 수가 없어, 그는 날이 새도록 통한 속에서 괴로워하며 이런 심사를 사로 짓곤 했다.

작품 감상

이 작품은 잠을 이루지 못하는 사람이 다듬이 방망이 소리를 들으며 자신의 내심의 초조와 번뇌를 서정적으로 묘사하면서 그 배경을 화자의 불안한 심정과는 대조적으로 그윽하고 적막한 가을밤의 후원으로 삼아 화자의 공허하고 처량한 심사를 더 크게 부각시켰다.

첫 구절부터 작가의 절묘한 어휘 운용이 보이는데 첫 구절의 두 구를 대비와 중복으로 적막한 공간을 참으로 훌륭하게 표현했다. 동의어인 후원(院)과 정원(庭)을 나누어 중복해 썼고 고요하고(靜) 공허한(空)을 대비하면서 정(靜)은 청각적 이미지를 공(空)은 시각적 이미지로 사용했다. 그러나 이 두 단어는 실제로 귀로 듣고 눈으로 보는 것이 아니라 마음속에서 느끼는 텅 빈 공허하고 조용한 뜨락을 본 것처럼 써서 화자가 현재 처한 곳과 처한 상태와 화자 내심의 적막과 무료를 함축시켜 놓았다.

깊은 정원(深院)이나 작은 뜨락(小庭) 역시 사람들이 소란하게 떠드는 곳이 아니라 규방 여인네들이 거처하는 곳인 후원이거나 아니면 유폐된 사람이 살고 있는 한적한 곳을 말하고 있으며 그래서 규방의 여인이 변방에 나가 있는 남편 생각을 하며 다듬이질하는 소리와 연금 상태의 화자가 이 소리를 듣는 것을 모두 원(怨)과 한(恨)으로 짜깁기한 것이다.

세 번째 구절이 이 작품의 핵심인데, 다듬질 방망이 소리는 예로부터 부녀자 혹은 정인들이 서로 그리워하는 상사의 소재로 늘 사용되어 왔다. 이백의 〈자야오가(子夜吳歌)〉의 가을편에서는 "집집마다 다듬이질 소리, 가을바람 불어 그치지 않으니 모두 옥문관으로 향하는 정이여, 임은 언제쯤 오랑캐 평정하고 원정에서 돌아오시려나"라고 했고, 두보는 〈도의(擣衣)〉에서 "변방에서 수비하는 임이 돌아올 수 없음을 잘 알고 있지만 가을이 가까워오면 다시 다듬잇돌 씻고, 오래도록 보지 못한 임 생각에 다리미질하며 피곤을 무릅쓰고 온 힘을 다해 옷을 지어 멀리 변방으로 보낸다"고 했다.

이 두 사람의 사에서는 모두 다듬이질 하는 부녀자의 상사의 고통을 그리고 있는 것에 반해 이욱의 이 작품에서는 다듬이 방망이 소리를 듣고 있는 화자를 내세워 규방 여인의 한을 빌어 작가의 고국을 그리워하는 심정을 덧붙여 놓았다.

문장이 수려하고 구성이 탄탄하며 어휘의 운용도 적절한 이 훌륭한 작품에서 작가는 소리로 사의 정취를 살리고, 소리로 사의 의미와 경지를 창조하여 예술성이 빼어나게 작품을 조화시켰다.

이 사는 원래 사패 이름처럼 다듬이질 하는 것이 주 내용인데 작가는 이를 소재로 하여 번뇌로 잠 못 이루며 고통스러워하는 인물을 이끌어 내어 자신의 망국의 한을 그렸다.

첫 구절에서는 깊은 후원, 작은 정원의 고요하고 적막함을 내세운 후, 이어 먼 곳에서 들려오는 다듬이 방망이 소리와 바람 소리를 그리고, 그리고 나서 다듬이 소리와 바람 소리가 화자의 정서에 끼친 영향을 서술해 나갔다.

정원 안은 고요하여 텅 빈 것 같고 그래서 다듬이 방망이 소리는 더욱 맑고 낭랑하게 울린다. 매미 소리가 숲의 정적을 도둑질하고 새 울음소리가 산을 더욱 그윽하게 하듯이 이렇게 동(動)과 정(靜)이 작품 속에 은연중에 깔리고 소리와 바람과 달과 사람이 층층이 서로 연결되면서 작가는 이 안에 가을밤의 슬픔과 처량감을 겹겹이 표현했다.

이 작품의 핵심어인 '끊어졌다 이어졌다(斷續)' 하는 소리는 바람이 때론 세게 불고 때론 약하게 불어 여기에 맞춰 다듬이 소리도 끊어졌다 이어졌다 하지만 또 다듬이질은 쉬지 않고 계속되는 것이 아니며 여기에는 박자가 있고 강약이 있어 마치 바람 소리도 이에 호응하듯 쉬었다 불었다 하는 것처럼 묘사했다.

우리가 흔히 듣는 늦가을의 다듬이질 방망이 소리는 대개 이불 호청을 백옥같이 빨아 다듬질하여 깨끗한 이부자리를 준비하는 것에 비해, 고 시가에서의 다듬이질은 백련(白練)이라는 마전한 흰 명주를 다듬잇돌 위에 놓고 방망이로 두들겨 평평하고 매끈매끈하게 만든 후 겨울옷을 짓는 것이다. 다듬이질 하는 부녀자들은 이 소리에 한을 실어 보냈고, 또 박자를 맞춘 다듬이질 소리로 잠시 시름을 잊기도 했으며 이를 듣는 사람은 가을날의 처량함 속에서 정원을 하릴 없이 배회하기도 했다.

차가운 다듬이 소리가 맑고 쟁쟁할수록 바람 소리는 더욱 날카롭고 처량하게 들리며 잠을 잊은 사람은 더욱 견디기 어려운 법이라 작가는 이 다듬이 소리와 바람 소리와 사람의 심사를 층층이 연결시킨 후, 마지막 구절에 이르러 화자가 잠 못 이루는 결과에 대해 그 원인을 청각과 시각 형상으로 결합하여 새로운 예술적 경지를 만들어냈다.

가을밤 청랑한 공기 속에 달은 더욱 투명하게 빛나고 그 달빛 아래 찬바람 소슬하게 부는 정원엔 사람도 없고 아름다운 경치도 사라져, 참으로 고요하고 적막하여 정원 안이 텅 빈 것 같다. 이는 마치 화자의 심정과 같아, 화자의 내심도 텅 빈 것처럼 공허하고 뜨락의 고요함처럼 화자의 내심에도 홀로 하는 적막감과 처량함이 가득하다.

이렇게 텅 빈 정원으로 다듬이 방망이 소리 들려오고, 고독하고 쓸쓸한 화자에게도 이 소리가 끊어졌다 이어졌다 들려오는데 간간히 함께 들려오는 바람 소리, 방망이 소리가 화자의 마음을 어지럽힌다. 단조로운 다듬이 방망이 소리와 교교히 빛나는 달빛이 화자의 심사를 어지럽히는 것은 그가 고독하며, 그가 번뇌에 쌓여 있으며, 그가 잠 못 이루며 어쩔 줄을 몰라 하고 있기 때문이다.

작가는 이에 대해 전혀 수식어를 사용하지 않고 오로지 "끊어졌다 이어졌다(斷續)"라는 말을 두 번 중복하여 고요 속의 소리로 어지러운 마음을 나타냈고 "어찌할 방도가 없다"라는 "무나(無奈)"라는 두 글자로 화자의 어지러운 마음과 잠을 이룰 수 없는 심사를 표현했다. 이 작품은 첫 구절부터 표현이 아름답고 훌륭하지만 마지막 구절은 더욱 예술성이 강하다. 다듬이 소리가 주(主)고 달이 객(客)인데도 작가는 달이 소리를 이끌고 창가로 함께 날아든다고 하였으며 창가로 달빛이 스며드는 정경 위에 소리가 있게 했다.

화자는 소리를 들으며 달을 바라보았으며, 달을 바라보니 고향이 그리워지고 여기에 부부간의 상사의 정을 불러일으키는 다듬이 방망이 소리까지 들려와 사랑하는 사람과 고향에 대한 그리움으로 감정은 더욱 복받치고 그래서 잠을 이룰 수가 없는 것이다. 이런 복잡한 감정을 작가는 극히 절제된 언어로 의미를 함축시켰고 적절한 어휘 사용으로 풍부한 정서와 정감을 최대로 발휘했다.

송(宋) 태종(太宗) 조광의(趙光義)

서기 976년, 중국의 통일 사업을 추구했던 조광윤(趙光胤)이 세상을 떠나고 그의 동생 조광의(趙光義)가 즉위했다. 그가 즉위했던 기간의 정국은 중국 역사상 가장 찬란한 문화사업이 진행된 때였으며 이 업적은 그를 수백의 천자(天子) 가운데, 상위의 서열로 올려놓았다.

조광의는 독서를 좋아한 황제로, 이것은 역대 제왕 가운데 참 보기 드문 일이다. 그는 일찍이 "짐은 평생 다른 취미는 없고, 오로지 독서벽이 있을 뿐이다. 짐이 책 읽기를 좋아하는 것은 독서 가운데 고금의 성패를 고찰하기 위함이며, 선을 택하고 악을 경계함으로써 치국평천하를 하려 함이다"라고 말한 적이 있다.

그는 즉위 후 숭문원(崇文院)을 지어 옛 구관인 소문관(昭文館), 집현전(集賢殿), 사고(四庫)의 장서를 모두 이곳으로 운반해 왔다. 사관(史館)의 책들은 또 경(經), 사(史), 자(子), 집(集)의 사고(四庫)로 나누어 여기에 소문(昭文) 집현(集賢), 두 서고를 합해 육고(六庫)가 되게 하였으며, 육고(六庫)에는 모두 정, 부본의 도서 8만 권이 있었다.

그는 재위 기간 중 송에 항복한 남당 문인, 학사 등 재인(才人)들을 총망라하여 편찬사업에 몰두하도록 하여, 그의 3대 거작(巨作)인 〈태평어람(太平御覽)〉 1000권과 〈문원영화 (文苑英華)〉 1000권, 그리고 〈태평광기(太平廣記)〉 500권을 편찬했다. 이 거대한 서적이 탈고된 후 그는 또 사관(史館)에서 매일 3권의 책을 들여오게 해 단 일 년 동안의 시간에 〈태평어람(太平御覽)〉을 다 읽어버릴 정도의 독서광이었다.

태종은 형 조광윤이 실시한 과거제도를 내실화하며 교육을 중시했다. 한편 중국은 그 어느 때보다 철저하게 중앙집권적 지배체제를 강화하여 황제에게 모든 권력을 집중시켰다. 지방 행정제도에서는 지방의 최고 행정구역으로 로(路)를 설치했으며, 전국을 15로로 나누어 각 로에 민정의 최고장관으로 전운사(轉運使)를 파견했다. 태종의 재위 말년에는 송의 지배체제가 확립되었고 문화적·경제적으로 번영을 구가하기 시작했다.

그러나 조광의에게는 형 조광윤을 살해했다는 의구심이 늘 제기되고 있다. 사서에는 그 기록이 없지만 야사에서는 많은 설들이 분분하다. 전하는 말에 의하면 조광윤은 출세하기 전에 일찍이 한 이름 없는 도사(道士)와 교분을 맺고 술친구가 되어, 두 사람은 늘 허심탄회하게 이야기를 나누며 흥에 취해 함께 마시고 노래했다고 한다. 한 번은 이 도사가 크게 취해 손발을 흔들며 노래를 불렀는데 그 노래 가사 속에 "금 원숭이 호랑이 머리 넷인데 진짜 용이 그 자리를 얻는다"라는 가사가 있었으나 당시에는 무심히 흘러들었다. 그러나 서기 960년 음력 정월 초나흘 황포를 몸에 걸치고 나서야 그 뜻을 알게 된 조광윤은 급히 조서를 내려 도사를 입궁시켜 큰 상을 내리려고 하였으나, 경내를 샅샅이 뒤져도 도사의 흔적은 찾아볼 수가 없었다. 18년 후 조광윤은 낙양을 순시 중, 뜻밖에 길에서 도사와 해후를 하게 되었다. 조광윤은 기쁜 나머지 도사를 궁으로 모셔와 상빈(上賓)으로 대하며, 예전처럼 술을 마시며 옛일을 회고했다. 술좌석에서 조광윤은 도사에게 자신의 수명에 대해 물었다. 도사는 "관건은 금년 10월 20일 밤이며 만일 그날 날씨가 맑으면 폐하의 수명은 일기(一紀 : 12년) 을 연장할 수 있으나, 그렇지 않다면 폐하께서는 속히 후사를 정하셔야 한다"고 대답했다.

조광윤이 도사의 말대로 10월 20일 밤 태청각(太淸閣)에 올라가 천상을 관찰해 보니 맑은 하늘엔 별들이 총총하여 마음속으로 기쁨을 금치 못했다. 그러나 생각지도 못하게 좋은 광경이 갑자기 사라져버리며 순식간에 날이 흐리고 천지가 돌변하며 우박이 쏟아져 내렸다. 조광윤은 개봉(開封) 부윤(府尹)에 조서를 내려 진왕(晉王) 조광의(趙光義)를 입궁시키도록 명을 내려 그와 후사를 의논하려고 했다. 조광의는 명을 받고 급히 달려왔으며, 두 형제는 침전에서 황위 계승의 큰일에 대해 비밀모의를 했다. 먼 곳에 서서 침전을 수위하던 시위(侍衛)는 창호지 위의 그림자로 조광의가 몇 번 자리를 떠나 방에서 왔다갔다하는 것을 보고서 그들이 격렬한 쟁론을 벌였다고 생각했다. 얼마 지나지 않아 또 국면이 완화되었다. 이때는 삼경을 이미 지난 후였고 전각 밖은 큰 눈이 조용히 내리고 있었다. 두 사람의 교담이 끝난 후 조광윤은 조광의를 전 밖으로 내보냈다. 헤어질 때, 조광윤은 옥이 박힌 검(劍)을 눈이 쌓인 땅 위에 내리꽂으며, "스스로 알아서 잘 하라!"고 동생에게 당부하고서 다시 전으로 돌아가, 사람을 불러 옷을 갈아입고 취침을 했는데 얼마 후 코고는 소리가 났다. 그날 밤 조광의는 자기 집으로 돌아가지 않고 궁에서 유숙했다. 날이 오경이 가까워지자 궁 안은 아무 소리도 없이 조용한데 돌연 조광윤이 죽었다는 좋지 않은 소식이 들려왔다. 조광의는 소식을 듣자마자 즉시 영전으로 달려와 조광윤의 '유서'를 내밀며 곧바로 황제에 올랐다.

여기에 대해 후세 사람들이 가장 많이 회자하고 있는 설은 '도끼 소리와 촛불 그림자' 다. 즉 조광의는 형이 가장 총애하던 후궁인 후촉의 화예부인 비씨(費氏)를 마음에 품고 있었는데 마침 전에서 간호하고 있던 그녀를 만나게 되었고 조광윤이 잠이 들자 그녀를 희롱하다가 갑자기 잠에서 깬 형이 화가 나 던진 도끼 소리가 밖에까지 들렸으며, 둘이 다투는 그림자가 창호지에 비쳤다는 것이다. 그러나 사서에는 오직 두 사람만이 침전에 있었다고 기재되어 있어, 두 사람 사이에 의견충돌이 있었음은 틀림없으나, 후궁 희롱은 틀린 말이다.

조광의는 형의 뒤를 이어 황위에 오르자 다음해가 되기도 전에 서둘러 연호를 반포했다. 새 황제가 즉위하면 통상적으로 다음해 정초에 새로운 연호를 반포하는데 그는 2개월 밖에 안남은 '개보(開寶) 9년'을 '흥국원년(興國元年)'으로 바꾸어 버린 것이다.

송 태종 조광의는 훌륭한 치적에도 불구하고 형을 독살하고 왕위에 올랐다는 오명과 그가 황위에 오른 후 막내 동생과 조카인 태조의 친아들을 잔혹하게 대하여 자살에 이르게 했다는 오명, 그리고 사(詞)의 제왕인 남당 후주 이욱(李煜)을 독살했다는 오명으로 어진 황제였다고는 할 수 없다. 평생을 독서에 열중하고 이욱과 같은 애호를 가지고 있었던 조광의는 이욱의 재능을 뛰어넘고자 부단히 노력했으나 역사서의 평가처럼 그는 단지 훌륭한 황제였을 뿐, 그의 문학적 재능은 영원히 이욱을 뛰어넘지 못했다.

슬픔 위에 또 다른 슬픔 끝없이 흐르네 슬픔 위에 또 다른 슬픔 끝없이 흐르네 슬픔 위에 또 다른 슬픔 끝없이 흐르네

8 죽음을 재촉하는 사를 쓰며

浪淘沙(往事只堪哀)

往事只堪哀，對景難排。
秋風庭院蘚侵階。
一任珠簾閑不卷，終日誰來?
金鎖已沈埋，壯氣蒿萊。
晚凉天淨月華開。
想得玉樓瑤殿影，空照秦淮!

Wǎngshì zhǐ kān āi, duì jǐng nán pái
往事只堪哀，对景难排。

Qiūfēng tíngyuàn xiǎn qīn jiē.
秋风庭院藓侵阶。

Yīrèn zhū lián xián bù juǎn, zhōngrì shuí lái?
一任珠帘闲不卷，终日谁来？

Jīn suǒ yǐ chén mái, zhuàng qì hāo lái. Wǎn liáng tiān jìng yuè huá kāi.
金锁已沉埋，壮气蒿莱。晚凉天净月华开。

Xiǎng dé yùlóu yáo diàn yǐng, kōng zhào qínhuái!
想得玉楼瑶殿影，空照秦淮！

지난 일은 모든 것이 슬픔뿐이니
아름다운 경치로도 풀 수가 없네.
가을바람 부는 정원 계단엔 이끼만 가득하고
한가로워 발조차 걷지 않는데 종일 누가 오겠는가?
전장의 쇠사슬들도 이미 물 속 깊이 잠겼고
사나이 기상도 황초 속에 묻혔는데
차가운 저녁 하늘엔 달빛만 교교하네.
옥루춘 아름다운 그림자
저 달은 여전히 한가로이 진회강을 비추고 있겠지.

詞意

지난 일들을 돌이켜보면 모든 것이 다 슬플 뿐이다. 아름다운 경치를 보아도 슬픔 가눌 길 없고, 해소할 길 없는 애통함 속에 찾아오는 사람조차 없어 종일 발 한 번 걷는 일도 없다. 송과의 전쟁에서 마지막으로 용기를 내어 일전을 했건만 하늘마저 져버렸는지 전쟁에 져 포로가 되었으니 그때 사용했던 쇠사슬도 이젠 강물 깊이 잠겼고, 그때 보였던 사나이 대장부의 기상도 이젠 쓸데없어 잡초 속에 다 묻혀 버렸다. 이런 망국의 한을 아는지 모르는지 달은 차가운 밤하늘에서 아름답게 빛나고 있다. 교교한 달빛 속에 문득 눈앞을 스치는 옛 고국의 아름다운 궁전 옥루춘(玉樓春)과 요광전(瑤光殿)의 그림자. 저 달은 나의 슬픔과는 무관하게 여전히 한가롭게 고국 진회 강가를 비추고 있겠지.

단어

1. **왕사(往事)** : 옛 일, 지나간 일. 여기서는 즐거웠던 옛 일이 아닌 망국의 한인 지난 일이다.

2. **대경(對景)** : 경치를 대해도. 여기서 경(景)은 경치 외에도 경관, 모습 등 보이는 것 모두를 뜻한다.

3. **난배(难排)** : 풀기 어렵다. 해소하기 어렵다. '배(排)'는 '배제하다, 내보내다'라는 뜻으로 풀길이 없다. 그 어떤 방법으로도 해소하기 어렵다는 의미이다.

4. **선침개(藓侵階)** : 이끼가 계단을 침범하다. 섬돌엔 온통 이끼가 끼었다. '선(藓)'은 이끼이며 '침(侵)'은 '침노하다, 침범 당하다'의 뜻으로, 오가는 사람이 없어 계단을 이끼가 온통 차지하고 있다는 뜻이다.

5. **일임주렴(一任珠簾)** : 주렴(珠簾)은 방이나 창에 친 문 발을 말하며 '임(任)'은 다른 책에서는 '홍(洪)'으로 되어 있어 크다는 '홍(洪)'의 뜻에서 높이 쳐놓은 발을 뜻한다. '홍(洪)' 대신 '형(桁)'자로 기재되어 있는 이본도 있는데 '형(桁)'자는 기둥과 기둥 위를 건너지르는 나무를 뜻하므로 발을 거는 나무로 이 글자가 적합하다고 주장하는 사람도 있다.

6. **불권(不卷)** : 말지 않다. (발을) 걷어 올리지 않다. 말아 올리지 않다.

7. **수래(誰來)** : 누가 오겠는가? '수(誰)'는 '누구, 아무'라는 의문대명사로 불특정인을 말한다.

8. **금쇄(金鎖)** : 철 쇠사슬. 삼국시대 오(吳)나라는 쇠사슬을 엮어 양자강에 가로질러 서진(西晋)을 막으려고 했으나 실패했고 남당 역시 송군이 만든 부교를 없애기 위해 뗏목을 만들어 대항했으나 실패한 일을 비유한 말이다.

9. **심매(沈埋)** : 깊이 묻히다.

10. **장기(壯氣)** : 사나이 대장부의 기개. 대장부의 왕성한 기운

11. **호래(蒿萊)** : 거칠게 자라서 무성한 풀. 황초(荒草) 또는 황초가 우거진 곳

12. **만량천(晩涼天)** : 차가운 밤하늘

13. **월화(月華)** : 달빛, 달무리

14. **옥루(玉樓)** : 옥루. 옥으로 장식한 누각. 남당 궁궐에 옥루춘(玉樓春)이란 별전이 있었으며 여기에서 자주 연회를 열곤 했다.

15. **요전(瑤殿)** : 화려하고 아름다운 궁전으로 이욱 부부는 요광전(瑤光殿)에 거했다.

16. **공조(空照)** : 공중에서 비추다. 한없이 비추다 '공(空)'은 '텅 비다'라는 뜻도 있지만 '공허하다. 쓸데없다. 헛되다. 덧없다'와 '가없다. 한량없다' 그리고 '하늘, 공중'이라는 뜻도 있다. 그래서 부질없이 비추고 있다, 덧없이 비추고 있다. 높은 하늘에서 비추고 있다의 뜻이다.

17. **진회(秦淮)** : 남경성 안을 흐르는 작은 강.(예전에 이 강 일대에 기루(妓樓)가 많아 환락지대로 유명했다)

구절풀이

往事只堪哀, 对景难排 옛 일들은 온통 슬픔뿐이니 그 어떤 아름다운 경치로도 이를 해소시킬 수가 없다. 지난 일들에 대해 말하라고 한다면 오로지 슬픔뿐이라고 밖에 말할 수가 없다. 눈앞에 보이는 아름다운 경관들을 봐도 여전히 슬프니 그 어떤 것으로도 슬픔을 풀길이 없다.

一任珠帘闲不卷, 终日谁来? 높이 매단 발 한 번 걷는 일이 없이 한가롭기 짝이 없는데 종일 기다려도 누가 나를 찾아오겠는가? 이렇게 연금된 상태니 만나러 올 사람이 없는 것이다. 그래서 하루 종일 발도 걷지 않고 슬퍼하고만 있다.

金锁已沉埋, 壮气蒿莱 철 쇠사슬은 이미 강물 깊이 파묻혀 버렸고 마지막으로 펼쳐 보려던 웅대한 기상도 그대로 꺾이고 말아 지금은 포로가 되어 그 기상마저 잡초 속에 묻혀 있는 것과 같다. '금쇄(金鎖)'는 철로 만든 사슬로 삼국시대부터 전쟁용으로 사용되었다. 오(吳)나라 사람들이 적을 막기 위해 모래톱에 쇠사슬을 묶어 가로 지르고 또 회하(淮河) 입구 강물 속에 많은 나무와 목재들을 잠겨 두고 수레바퀴에 쇠사슬을 묶어 물의 흐름을 막아 적의 배가 못 들어오게 했으나 결국 전쟁에 져 오나라 왕 손호(孫皓)는 망국의 군주가 되었다. 이에 대해 유우석(劉禹錫)은 "오나라의 천길 쇠사슬 강 속에 잠기고 한 조각 항복의 깃발이 석두(石頭)성에 내걸렸다"라고 읊고 있다. 그래서 이 '금쇄(金鎖)'는 오나라가 진 나라와의 싸움에 져 그때 사용했던 쇠사슬은 이미 강 밑으로 잠겼고, 남당 역시 화공전(火攻戰)에 실패하여 그들이 사용했던 쇠사슬이 지금은 모두다 강물 밑에 잠겨 있다는 뜻이다.

晩凉天凉月华开 가을밤 쌀쌀한 하늘엔 씻은 듯이 맑은 달이 뜨고. '월화(月華)'는 '달빛, 월색'을 뜻하며 '차가운 량(凉)'과 '깨끗한 정(凉)'은 맑고 차가운 밤하늘과 씻은 듯이 깨끗하고 투명한 달을 말한다. 날씨가 차고 하늘이 맑으니 달빛이 더욱 투명하고 교교하게 비친다는 뜻이다.

想得玉楼瑶殿影, 空照秦淮! 아름다운 옛 궁궐 옥루춘과 요경전을 생각하며, 저 무심한 달도 옛 고국의 아름다운 궁전을 한가롭게 비칠 것이라고 생각한다. 자신은 달을 보고 고국 생각을 하며 애통해 하고 있는데 아름다운 달빛은 망국의 한으로 슬퍼하고 있는 화자의 심정도 모른 채 한가로이 남경성 진회강을 여전히 비추고 있을 것이다.

작품 배경

서기 975년 음력 5월 어느 날 이욱은 문득 말을 타고 재상 은숭의(殷崇義)를 배동하여 성에 올라 순시를 했다. 그는 성 밖 멀리 강 언덕에 수많은 후주(后周) 군대의 깃발과 수많은 전함을 보고 장군 황보계훈(皇甫繼勛)이 거짓 보고를 했음을 알게 되었다. 이욱은 그를 오문(午門) 밖으로 끌어내 엄벌에 처했으며, 백성들과 장병들은 황보계훈에게 돌을 던지며 그를 찢어 죽였다. 성이 포위되어 있는 상황에서 이욱은 변복한 신하를 홍주(洪州)로 보내 홍주 절도사 주령빈(朱令贇)에게 군대를 이끌고 북상하여 금릉을 구하라는 명을 내렸다. 이욱이 15만 병사를 내주며 남도 홍주를 지키게 한 조령빈은 당시 남당에서 가장 실력이 뛰어난 장수였으며 그의 통솔 하에 있는 장병들은 가장 충성심이 강했다.

금쇄(金锁)란 철로 만든 사슬로 삼국시대부터 전쟁 중 사용되었는데 남당의 명장 주령빈도 이 방법으로 최후까지 목숨 던져 나라를 구하려고 한 충신이었다. 주령빈은 파양호(鄱陽湖)에서 서둘러 만든 수백 척의 큰 뗏목에 무거운 것을 실어 길을 연 다음 아래로 순조롭게 내려가 벽력같은 기세로 송군이 만들어 놓은 채석(采石) 부교를 끊어버려 송군의 남하를 막으려고 계획했다. 그러나 송의 조광윤은 정탐꾼을 통해 이 사실을 알아내어, 주령빈 부대가 있는 곳의 하류인 주저(洲渚) 사이에 돛대만한 큰 말뚝을 세워 남당 수군의 진입을 막으라는 명을 내렸다. 천 명이 탈 수 있는 거대한 전함에, 길이가 백 길이나 되는 뗏목을 거느리고 채석(采石) 부교를 향해 호준주(虎蹲洲) 근처에 다다른 주령빈은 주저(洲渚)와 사초(沙草) 사이에 큰 나무 막대기로 쌓아놓은 장애물에 부딪쳐 더 이상 앞으로 나가지 못하게 되자, '화유기(火油機)'로 부교를 불태워 버리기로 결정했다. 화유기란 배 안에 건초를 가득 채운 후 기름을 흠뻑 적셔 놓아 불에 타기 쉽게 만든 목선을 말하는데 배에 불을 점화하면 바람을 타고 배가 적진으로 뚫고 들어가 적을 섬멸하는 일종의 수상 전술에 사용되는 작은 배로 그 관건은 바람의 방향을 잘 파악하는 것이다.

호준주(虎蹲洲)의 강면에는 대체로 서남풍과 동북풍이 부는데 이튿날 마침 하늘이 도와서 서풍이 불기 시작해 남당은 화공(火攻)의 유리한 기회를 맞게 되었다. 주령빈이 갑판에서 화유기를 내보내라고 명하자, 맹렬하게 불타오르는 목선이 강렬한 서남풍을 타고 송군의 전함을 향해 돌진했다. 송군은 이 상황에 크게 놀랐으며 주령빈의 부대는 승리를 확신하며 화공(火攻) 후의 남은 국면을 수습할 준비를 했다. 그런데 갑자기 바람의 방향이 돌변하여 동북풍이 크게 불더니 불길이 화유기 쪽을 휘감으며 반대 방향으로 돌아섰다. 주령빈의 함대 옆에는 돛대가 밀집해 있었고 수많은 대나무 뗏목들이 막고 있어 한 배에 불이 붙기 시작하자 빠르게 다른 배에 옮겨 붙어 남당의 수군은 삽시간에 불바다 속에 빠지게 되었다. 전화위복이 된 송군은 이 혼란한 기회를 이용하여 부근 수역에 미리 숨겨둔 수십 척의 작고 빠른 배에다 오동나무 기름을 적신 건초를 가득 싣고 순풍을 이용하여 역 화공(火攻)을 했다. 결국 남당의 수군 전함은 모두 전멸하여 사나운 파도 속에 침몰했으며 장군 주령빈(朱令贇)과 왕휘(王暉)는 강에 몸을 던져 죽고 말았다.

작품 감상

이 작품은 서기 976~978년간 이욱이 송나라의 포로가 되어 송의 수도 변량(汴梁)에서 연금생활을 하던 기간 중 마지막 해에 쓴 작품으로 지난날에 대한 후회와 더 이상 살고 싶지 않은 마음을 토로한 글이다. 이전 작품에서의 옛일(往事)이란 화려한 궁중 생활에서 누리던 환락, 사치스러움이 지금의 처지와 비교해 큰 낙차가 있어 이런 슬픈 감정으로 옛 일을 추억하는 것임에 반해 이 작품에서의 옛일이란 일국의 군주로서 나라를 망하게 한 후회와 자책으로 돌아본 과거의 일이다. 지난 일들을 돌이켜 보면 오로지 슬픔과 비통뿐이며 지금 송나라에서 마련해 준 사택이 비록 남당 궁전과 비슷하게 꾸며져 있다고 해도 이곳은 여전히 남의 나라이며 자신은 영원히 고국으로 돌아갈 수 없다는 절망으로 그 어떤 아름다운 경치나 사물을 봐도 슬픔은 해소되지 않는 것이다.

전반부와 후반부의 시간적 배경을 낮과 밤으로 나눈 이 작품에서 전반부에서는 한가하고 무료한 생활, 조용하고 적막한 환경, 과거에 대한 자책과 후회의 감정을 토로했으며 후반부에서는 이렇게 하릴없이 생각에 잠겨 있다가 어느덧 시간이 흘러 달이 떠오르는 저녁으로 시간이동이 된다. 찬바람 부는 가을저녁, 가을의 청량함 속에 달빛은 더욱 교교하게 빛나는데 달을 쳐다보자 달 속에 옛 궁전의 별전들 그림자가 보이는 듯하며 저 달은 화자의 수심과는 관계없이 여전히 한가로이 자신의 조국을 비칠 것이라는 생각이 든다. 그래서 화자는 더욱 서럽고 그립고 처량한 심정이 된다. 고국을 생각할 때 자신이 처했던 궁전과 또 백성들이 사는 궁전 밖이 생각나 늘 연회가 베풀어졌던 옥루춘(玉樓春)과 아내와 함께 즐거운 나날을 보냈던 요광전(瑤光殿)을 언급하고 궁궐 밖은 늦은 밤까지도 음악소리 요란하고 노래 소리 끊이지 않던 남경성 안의 번화한 진회강(秦淮江)을 드러냈다.

처음 시작부터 지난 일은 온통 슬픔뿐이라고 탄식을 하면서 자신이 현재 처하고 있는 방 안(內景)과 방 밖(外景)의 적막함을 표현했는데 가을바람 부는 가을 정원엔 찾아오는 사람 없어 계단엔 이끼만 가득한 바깥 풍경과 찾아오는 사람 없어 문 앞의 발조차 걷는 일 없는 방안 풍경으로 작가의 적막하고 무료한 수인(囚人) 생활을 생생하게 그렸다.

'종일 찾아오는 사람 하나 없는' 수인(囚人) 생활에서는 오로지 생각만 할 뿐이다. 과거 아름답던 궁궐생활, 수려한 조국강산, 그리고 후회와 자책, 그리움과 서글픔, 온갖 감정이 뒤섞인 화자는 비통 속에 슬퍼하며 괴로워하고 있다. 그리고 일국의 군주로서 좀 더 용기 있게 사나이 대장부의 기상을 펼쳐보지 못했던 것을 후회한다. '쇠사슬은 이미 강물 깊이 묻혔고 장대한 사나이 기상도 맥없이 사라져 버렸다'라고 동오(東吳) 손호(孫皓)의 전고를 인용하여 자신을 책망하는 마음을 나타냈다. 손호는 비록 혼군(昏君)이었지만 왕준이 거느린 진(晋) 나라 수군 누선을 상대로 쇠사슬로 강물을 가로막아 진나라 수군의 공격을 막으려 했던 것이다. 그러나 결국 성공하지 못해 동오(東吳)는 망하고 말았다. 이욱은 자신의 처지를 생각할 때마다 늘 손호(孫皓)가 처한 상황을 생각하며 같은 망국 군주의 쓰라림을 맛보곤 했다. 남당 역시 후주(后周)군이 양자강에 설치한 부교를 없애려고 강에 쇠사슬을 묶어 막으려 했으나 오히려 전멸당했는데 그때만 해도 사나이 대장부의 기상이 있었건만 이젠 그나마 힘도 없어 조국을 다시 되찾을 길은 전혀 없는 암담한 심정을 토로하고 있다.

이 작품은 이욱의 사 가운데 유일하게 호방한 색채를 띠고 있다. 이렇게 호쾌한 개탄의 소리를 터뜨리고 있는 이 작품에서 우리는 처음으로 작가의 군주다운 면모를 볼 수 있으며 그래서 조국을 다시 되찾을 수 없는 그의 암담한 심정이 더욱 절실하게 느껴진다. 쇠사슬은 이미 강물 깊이 묻혀있고 사나이 호방한 기세는 이미 잡초 속에 묻혀 있어 이제는 그저 운명에 맡기는 수밖에 없어 하루하루 하릴없이 죽을 날만 기다리고 있는 것이다. 이때부터 작가는 이미 살고 싶은 마음이 없음을 드러내고 있다.

맑은 가을 저녁 소슬 바람이 불고 달빛이 교교하게 비치는 광경은 아름다운 광경이다. 그런데 이 달빛이 그에게 더욱 처연한 심정을 불러일으킨다. 세월이 흐르고 처한 상황은 변했는데 달은 여전히 밤하늘에 씻은 듯이 맑은 얼굴로 세상을 비추고 있다. 저 달은 지금 화자를 비추고 있고 또 멀리 고국 진회강도 비추고 있을 것이다. 달그림자 속에 지난날이 스쳐 지나가고, 저 달은 아름다운 추억이 가득한 옥루춘(玉樓春)과 요광전(瑤光殿)도 비추고 밤에도 번화한 진회강(秦淮江)도 여전히 비추고 있을 생각을 하니 고국이 더욱 그립고 더욱 간절히 돌아가고 싶은 심정이 된다.

이 작품에는 경물(景物)에 대한 묘사가 있고, 현실생활의 대비가 있으며 또한 과거 호탕한 감정을 개탄하기도 하여 옛 사람들이 "이 작품은 이욱이 변경(汴京)에서 금릉을 그리워하며 쓴 것으로 차마 끝까지 읽어갈 수가 없다"라고 평할 정도로 지극히 비통한 작품이다.

특히 전반부의 '침(侵)'자와 '한(閑)'자의 운용은 절묘한 필치로 이끼가 '가득하다'라고 하지 않고 이끼가 '가득 뒤덮였다. 가득 차지했다'라고 '침(侵)'자를 써서 정원 안의 온갖 아름다운 경치는 눈에 들어오지 않고 오직 가득 낀 이끼만 언급하며 찾아오는 사람 없는 적막한 정황을 강조하고 있다. 그래서 혼자 있는 나날들이 한가하고 무료해서 '한(閑)'자로 이에 호응한 것이다. 지나간 일들은 오로지 애통할 뿐, 눈앞에 어리는 것들로도 뿌리쳐 버릴 수가 없다. 고국에 대한 지나간 일들 특히 망국의 일들은 너무도 비통하여 스스로 깊이 추회(追悔)해 보는 것 말고는 달리 할 일도 없는 것이다! 눈앞의 경색(景色)들은 더욱 화자 내심의 답답함을 더해 줄 뿐이며, '가을바람 스치는 정원엔 이끼가 계단을 차지하고 할 일 없이 무료한 나날 속에 그 누구도 찾아오지 않아 종일 발을 걷지도 않는데'라는 몇 개의 경물 묘사로 화자의 처량한 심경을 강조하여 드러냈다.

전반부의 경물 묘사에 이어 후반부에서는 사의 감정이 더욱 애절하고 비통하게 묘사되고 있다. 화자의 지난날에 대한 후회와 고국에 대한 그리움에 초점을 맞춘 후반부에서는 '맑은 하늘 차가운 밤 달빛 훤하게 비치는'이란 구절로 맑은 하늘이라는 가을과 차가운 밤이라는 적막한 곳의 시간과 공간에 이중적인 의미를 담아내고 있다. 아름다운 달빛은 과거 좋았던 시절 고국에서 보았던 달과 지금 가을밤에 북쪽에서 바라보는 달, 그리고 지금 갇혀 있는 변량(汴梁)을 비추는 달과 지금도 여전히 진회강을 비추고 있을 달을 그려 과거와 현재, 고국과 연금된 곳을 대비하여 그의 그리움과 추억을 강조하면서 고국 생각에 흐느낌뿐인 심정을 진솔하게 표현했다.

浪淘沙(簾外雨潺潺)

簾外雨潺潺，春意闌珊。
羅衾不耐五更寒。
夢里不知身是客，一晌貪歡。
獨自莫憑欄，無限江山，
別時容易見時難。
流水落花春去也，天上人間。

Lián wài yǔ chánchán, chūnyì lánshān.
帘外雨潺潺，春意阑珊。

Luō qīn bù nài wǔ gēng hán.
罗衾不耐五更寒。

Mèng lǐ bùzhī shēn shì kè, yī shǎng tān huan.
梦里不知身是客，一晌贪欢。

Dúzì mò pínglán, wúxiàn jiāngshān, bié shí róngyì jiàn shí nán.
独自莫凭栏，无限江山，别时容易见时难。

Liúshuǐ luòhuā chūn qù yě, tiānshàng rénjiān.
流水落花春去也，天上人间。

발 밖 주룩주룩 내리는 봄비에
봄기운 다해 가니
새벽녘 추위는 비단 이불로도 견디기 어렵네.
꿈속에선 객지에 있는 몸인 줄 잊고
잠시 동안 즐거움에 빠져 보았다네.
해질녘 홀로 난간에 기대어 고국생각에 젖네.
헤어지긴 쉬우나 다시 만나긴 어렵구나!
낙화가 흐르는 물 따라 가버리듯 봄도 가니
인간 만사 늘 같지 않구나!

詞意

늦은 봄, 봄을 재촉하듯 발 밖엔 봄비가 주룩주룩 내리는데 문득 새벽녘의 한기에 잠에서 깬다. 빗소리는 봄이 감을 재촉하고 아직 봄인데도 새벽녘에는 여전히 한기가 느껴져 얇은 명주 이불로도 추위를 견디기가 어렵다. 방금 전 꿈에서는 옛 고국으로 돌아가 잠시나마 예전처럼 즐거웠었다. 꿈 생각으로 하루 종일 고국 생각을 하다가 해질녘에 밖으로 나가 멀리 고국 쪽을 바라본다. 강 건너 멀리 있는 강남의 아름다운 산천, 고국을 떠나올 때 왜 그리 황망하게 떠나왔는지. 헤어지는 일은 그렇게도 쉬었건만 다시 고국으로 돌아가 옛 사람들을 만나기는 극히 어려운 일이다. 꽃이 떨어져 흐르는 물 따라 가버리듯 봄도 이렇게 사라지니 우리 인생의 지나온 시간과 자금의 이 시간 사이에는 참으로 큰 격차가 있다.

단어

1. **잔잔(潺潺)** : 주룩주룩 비 오는 소리. 비가 오는 모양. 시냇물이 졸졸 흐르는 소리

2. **춘의(春意)** : 봄기운. 이른 봄에 만물이 소생하려고 하는 기운

3. **난산(闌珊)** : 세력이 점차 줄어들다. 쇠잔하다. 조락하다. 시들다. 영락하다. 한창을 지나 쇠하여 가는 모양. 어지럽게 흩어지는 모양

4. **나금(羅衾)** : 얇은 비단 이불

5. **불내(不耐)** : 견디지 못하다. 견딜 수가 없다.

6. **오경한(五更寒)** : 새벽녘의 추위. 오경(五更)은 오전 3시부터 5시 사이로 새벽 추위가 가장 심하게 느껴지는 때라서 오경한(五更寒)이라 표현한 것이다.

7. **신시객(身是客)** : 내 몸이 손님인 줄 알았다. 여기서는 자신이 송나라 변경(汴京)에 잡혀 있는 포로로 이 나라의 주인이 아니고 객(客)인 줄을 몰랐다는 뜻이다.

8. **일상(一晌)** : 잠시, 잠깐 동안. 한참, 한동안

9. **탐환(貪歡)** : 즐거움을 탐하다. 환락을 즐기다. 여기서는 꿈속에서 즐기던 환락을 말한다.

10. **빙란(憑欄)** : 난간에 기대어. 난간을 의지하여

11. **막(莫)** : 해서는 안 된다. 그러나 문학작품에서는 '모(暮)'의 뜻과 혼용되고 있어 저녁, 해질녘의 뜻이기도 하다.

12. **무한강산(無限江山)** : 끝없이 넓고 아득한 강산. 여기서는 남당에 속하는 산과 강을 말한다.

13. **유수낙화(流水落花)** : 흐르는 물 위로 떨어지는 꽃잎들. 여기서는 봄기운이 다해 감을 말하고 있다.

14. **천상인간(天上人間)** : 하늘나라와 인간 세상. 처지나 환경이 서로 완전히 다르다. 하늘의 신선과 지상 인간의 처지는 판이하게 다르듯 모든 것이 확연히 다르다는 뜻이다. 또는 꽃도 시들어 흐르는 물 따라 흘러가며 봄이 사라지는 것이 마치 사람과 하늘이 서로 떨어져 있는 것처럼 그 어디에도 매달릴 수 없이 막연하다는 뜻이기도 하다

구절풀이

帘外雨潺潺, 春意阑珊 문 앞 발 밖으로 봄비가 주룩주룩 내리며 봄기운이 서서히 물러나고 있다. 문 발 밖에서 들려오는 주룩주룩 비 내리는 소리를 들으며 화려했던 봄이 시들어 사라지고 있음을 느낀다.

罗衾不耐五更寒 명주 이불로도 새벽의 추위를 견뎌낼 수가 없구나. 비록 봄이지만 아직도 새벽의 한기는 여전해 얇은 비단 이불로도 그 추위를 견딜 수가 없다.

梦里不知身是客, 一晌贪欢 꿈속에서는 자신이 포로의 신세로 이곳에 객(客)으로 와 있는 것을 알지 못해 잠시 즐거움에 젖어본다. 타향에서 객지 생활을 하고 있는 자신이 꿈속에서는 이것도 알지 못하고 다시 옛날 좋았던 시절로 돌아가 그때의 아름다웠던 생활과 환락을 즐기며 잠시나마 거기에 빠져 본다는 뜻이다.

独自莫凭栏, 无限江山, 别时容易见时难 봄이 끝나가는 무렵의 황혼녘에 홀로 난간에 기대어 조국의 끝없이 드넓은 강산을 생각하며 헤어지긴 쉽지만 다시 만나기는 참으로 어렵다는 생각을 한다. 난간에 기대어 먼 곳을 바라보며 고국산천을 생각하니 무한한 상감(傷感)이 든다. 해질 무렵의 눈에 보이는 강산은 자신의 조국이 더욱 요원하게 느껴지며 이렇게 황망히 조국을 떠나와 이별은 참 쉽기도 하더니만, 이제 다시 찾아가기는 참으로 어려운 일이라는 것을 절감한다. 그래서 혹자는 이곳과 조국 사이에는 무한한 산과 강이 가로막혀 있어 더욱 돌아가기 어렵다고 해석하기도 한다.

流水落花春去也, 天上人间 떨어지는 꽃들이 흐르는 물 따라 가버리듯 봄은 이렇게 또 무상하게 사라지니 어제와 오늘을 비교해볼 때 하나는 천상에 있는 것 같고 하나는 지상의 인간 세상에 있는 것처럼 크게 달라졌다는 의미이다. 이 구절은 '봄기운이 서서히 사라지고(春意阑珊)'와 서로 호응하고 있는 구절로 은연중에 자신의 앞날도 얼마 남지 않았음을 암시하고 있다.

작품 배경

이욱은 죽기 얼마 전부터 자신이 충신들을 죽이고 그들의 간언을 듣지 않아 나라가 망했다고 자신을 늘 자책하곤 했다. 그는 특히 반우(潘佑)와 이평(李平)을 죽인 일을 크게 후회했는데 당초 반우의 주장대로 소수의 정예부대를 상인으로 변장시켜 배를 타고 형남(荊南)으로 들어가 송군이 갈대밭에 숨겨놓은 천 척의 전함을 불 질러 조광윤(趙光胤)이 다리 대신 배로 도강하여 남쪽을 정벌하려는 계획을 어지럽히겠다는 반우의 계책을 받아들였다면 남당이 패하는 국면을 조금이나마 뒤로 늦출 수 있었을 것이라고 후회했다.

중서사인(中書舍人) 반우는 문장 실력이 뛰어나 조정의 대부분의 문서는 다 그의 손으로 쓰였다. 반우는 남당이 갈수록 기울어가고 이욱 주변의 신하들은 불교에 심취하여 소찬(素餐)이나 하면서 나라 일은 뒷전으로 미루고 있는 일에 분개하며 짧은 기간 동안 연이어 7번이나 시대의 폐단을 예리하게 분석한 상소문을 올렸다. 그가 올린 여덟 번째 상소문에서는 군주가 간신배들을 취하여 나라가 패망할 정도로 어지러워졌다고 비난했는데 이 말에 이욱 신변의 조정 대신들은 격분하며 그를 중죄로 다스려야 한다고 이구동성으로 목소리를 높였다.

이욱은 우선 반우와 막역한 친구인 이평부터 죄를 물었는데 그 이유는 그가 일찍이 숭산(嵩山)의 도사(道士)가 되어 도교의 신선과 수양에 관한 도술을 잘 알고 있어 자신의 불교와는 어긋났을 뿐 아니라 두 사람이 매우 가깝게 지내고 있어 반우가 이평의 사주를 받은 것이 아닌가 의심했기 때문이다. 여기에 이평이 행한 농사 개혁이 부유층에게는 불이익이 되어 부유층 관리들의 원성까지 사 그는 궁지에 몰리게 된 것이다.

이평이 이렇게 재화를 입은 지 얼마 안 돼 반우도 투옥됐다. 그는 고통을 이겨내기 위해 도교 사상에 몰입했으며 깊은 명상 끝에 육합호환(六合浩瀚) 대우주의 진리를 깨닫게 되자, 조용히 붓을 들어 한 장의 유서를 남기고 대들보에 목을 매달아 자살하고 말았다.

이 불길한 소식을 전해들은 이평 역시 정신적인 고통과 억압을 견뎌내기 어려워 반우의 뒤를 이어 곧바로 옥중에서 목매어 죽었다. 충신 요거소(寥居素)도 이욱에게 자주 간언을 하며 그가 국사의 방침을 바꾸기를 기대했으나 전혀 소용이 없던 차에 반우와 이평의 죽음으로 그도 극도의 상심과 절망감에 빠진 나머지 문을 닫아걸고 절식을 하다가 예복을 갈아입고 의관을 정제한 후 우물 안에 빠져 죽었다. 그는 유서에 "나의 죽음은 나라가 망하고 군주가 욕을 당하는 것을 차마 볼 수 없음이다"라고 썼다.

이욱은 이렇게 언로(言路)가 막히고 간언을 거부하고 충신들을 억울하게 죽여서 종묘사직을 잃어버리게 되었는데 나라가 망하고 송에 포로가 되어서야 이 일을 후회하며 특히 반우와 이평 두 사람을 죽인 일을 크게 후회했다.

이욱은 죽기 얼마 전 충신 서현을 만났을 때, 이 두 사람을 죽인 일을 가장 후회한다고 말했다. 〈낭도사(浪淘沙)〉, 〈우미인(虞美人)〉 같은 그의 마지막 작품에서는 모두 자신의 잘못을 후회하며 이미 살기를 포기하는 심정을 읊고 있어 그의 죽음을 예감케 한다.

작품 감상

이 작품은 봄을 잃은 슬픔과 봄과의 이별에 대한 슬픔을 그리고 있지만 고국을 회억하며 느끼는 화자의 슬픈 마음을 그린 것이다. 서정성이 강한 이 사는 뜻이 명징(明澄)하면서도 함축이 깊다.

포로의 신분으로 전락한 이욱의 만년 풍경은 참으로 암담하고 절망적이다. 그는 온 종일 굴욕과 슬픔 속에서 지난 세월에 대한 회상으로 자신을 옭죄고 있었다. 깨어 있을 때는 늘 고통과 슬픔뿐이라 꿈속에서나 시름을 잊어보려고 한다. 이 사에서는 꿈속에서는 객지의 나그네임도 알지 못하고 옛날 즐거웠던 추억 속에 빠져 본다고 했는데 이 말은 반어적으로 현실의 고통이 너무나 크다는 것을 역설적으로 나타낸 말이다.

전반부는 시간적으로 도치하여 서술하고 있다. 먼저 꿈이 깬 후의 정경과 느낌을 쓰고 다음에 거꾸로 방금 꾼 꿈속을 그렸다. 꿈을 꾼 곳이나 꿈에서 깨어난 곳은 모두 같은 장소이지만 두 세계는 확연히 다르다. 꿈속이 과거라면 깬 후는 현재이며 꿈속이 아름다운 시절이라면 깬 후는 고통과 슬픔뿐인 괴로운 현실이다.

이어 꿈에서 깬 후의 실내와 실외를 묘사했다. 문 발 밖에서는 주룩주룩 봄비 오는 소리가 들리며 새벽녘의 빗소리는 온 몸에 한기를 느끼게 한다. 실내는 여전히 추위가 가시지 않아 명주 이불로도 추위를 견딜 수가 없는데 안과 밖 모두 추운 것은 자연현상 때문이지만 작가는 꿈에서 깬 후의 그가 느끼는 처량한 느낌을 더욱 춥게 느끼고 있는 것이다. 봄이 갈 때면 늦봄이라 따뜻할 때이지만 비가 오는 새벽이라 따뜻하지 않은 것이다. 작가는 봄날의 찬 기운을 '따뜻하지 않다(不暖)'라고 하지 않고 '춥다(寒)'라고 하여 자신의 심정을 여기에 투영시키고 있다. 오경이 되어 어두컴컴한 바깥은 봄비 속에 더욱 슬퍼 처량한 감정을 불러일으키고 화자는 추워서인지 아니면 빗소리 때문인지 새벽녘에 잠에서 깨어 슬픔 속에 망연해 있다. 여기서 "한(寒)"자는 처량하고 비참한 고통을 부각시키기 위한 것으로 현실생활에서 시시각각으로 압박을 받고 있는 연금 생활에서의 두려움과 굴욕과 그리고 슬픔과 처량한 감정 상태를 나타낸 말이다.

후반부는 날이 밝은 후의 정경이다. '홀로 난간에 기대어'라는 구절은 난간에 기대어 멀리 바라보고 싶어서인데 곧 이어 난간에 홀로 기대지 말자고 다짐한다. 난간에 홀로 기대노라면 그 옛날 상원에서 놀던 때의 아름다웠던 난간이 생각나고 고국산천은 너무나 멀리 떨어져 있어 다시 돌아가기 어려워 더욱 슬픈 감정이 생기기 때문이다. "莫"자는 '暮'자와 같은 뜻으로 쓰이므로 봄날 저녁 무렵 난간에 홀로 기대어 멀리 아득한 고국을 바라본다는 뜻으로도 해석할 수 있고, 또 '하지 말라'는 부사의 뜻으로 사용되어 '아득한 고국산천을 바라보기 위해 홀로 난간에 기대지 말라'고 해석할 수도 있다. 홀로 난간에 기대어 한없이 고국을 그리워하는 것은 얼마나 처량하고 서글픈 일인가. 그래서 그렇게 하지 말라는 뜻인 것이다. 다음에 이어지는 '무한강산(无限江山)'은 멀리 떨어져 있는 고국을 말하며 그 고국과 이곳 사이에는 무한한 강과 산이 가로 막고 있다는 중의가 있으며 고국 '무한강산(无限江山)'과의 이별이란 망국 후 고국을 다시 볼 수 없는 비애의 감정을 지칭한 말로 이것 역시 감히 난간에 기대지 못하는 원인이기도 하다. 이어 '이별은 쉽고 만나기는 어렵다'라는 당시 유행하던 말인 극히 평범한 구어로 인생의 느낌을 이렇게 풍부하고 자연스럽게 표현해 냈다. 조국 강산을 잃고 이별한 쓰라린 느낌을 작가는 이 구절에서 강산을 한 번 잃으니 영원히 다시 돌아갈 수 없다며 후회의 한과 끝없는 절망으로 토로하고 있다.

마지막 구절인 '낙화는 흐르는 물 따라 흘러가고 봄도 이렇게 가는데'에서 작가는 '흐르는 물(流水)'과 '떨어진 꽃(落花)', '봄은 가고(春去)'의 물과 꽃 그리고 봄이란 세 가지 자연물로써 한번 지나가 버린 것은 결코 다시 돌아오지 않는 듯 자신의 화려했던 과거생활과 잃어버린 강토도 되돌아올 수 없다는 절망감을 자조적으로 읊고 있다.

'천상인간(天上人間)'이란 이 세상엔 천당과 지옥, 환락과 고통의 대립적인 양극의 세계가 있듯이 화자에게도 과거의 좋았던 생활과 현재의 암담한 생활의 격차가 있으며, 이 낙차가 너무도 크다는 것을 설명하면서 여기에 또 꿈속과 꿈에서 깬 후의 격차 또한 크다는 의미를 함께 내포시켰다.

옛 일에 대한 그리움과 미련을 처연하게 그린 이 작품은 슬픔(悲)이나 애수나 근심(愁)이란 단어를 직접적으로 쓰지 않고 감정을 안으로 숨기며, 작품 전체에 비애와 고통의 감정이 간접적으로 드러나게 했다. '봄기운이 쇠잔해가고(春意闌珊)'는 아름다웠던 옛일이 모두 사라진 것처럼 비속에서 봄도 사라지고, 자신의 운명도 머지않아 봄처럼 사라질 것임을 말하고 있으며, '새벽녘의 봄추위는 비단 이불로도 견딜 수 없다(罗衾不耐五更寒)'라는 말은 이젠 자신의 운명도 어찌할 수 없는 처지가 됐다고 처량하고 침통한 어조로 망국 군주의 견디기 어려운 생활을 한탄한 말이다.

낙화가 강물 따라 흘러가는 것은 봄이 가는 것이며 자신의 인생도 가고 인생의 봄날도 끝나가는 것이다. 그래서 여기서 "거(去)"字는 특별한 의미가 된다. 여기에는 그리움과 애석함, 애통함과 온갖 시련 끝의 체념 같은 것은 모두 다 사라질 것이며 또 사라진 모든 것들은 지난날 군주로서의 지위와 오늘날 수인으로서의 불행이 마치 하늘과 땅 사이의 격차처럼 느끼게 해주는 것들이다. '낙차, 격차'라는 뜻의 천상인간(天上人间)이라는 말은 예와 지금이 같지 않는 인생의 경계를 말하며 이 짧은 구절로 자신은 예전으로 돌아갈 수 없다는 최후의 귀숙을 말하고 있다.

이 사는 비참과 고통과 죽고 싶은 마음과 나라를 잃은 설음이 절절이 느껴지는 작품으로 뜻이 명정(明净)하고 함의가 깊으며 서정성이 강하다. 이 사에서 작가는 '莫(暮)'자로 자신의 마지막 인생을 암시하며 끝나가는 자신의 인생을 낙화가 흐르는 물 따라 사라지는 것으로 비유하며 인생무상을 말하고 있다.

글자마다 침통하여 마치 눈물이 방울방울 매달려 있는 듯하고 비장하면서도 뜻이 깊은 속에 강한 서정성까지 있어 이 사는 천고의 슬픈 문장이라고 할 수 있으며. 작가의 진지한 감정이 진솔하게 표현되고 있어 더욱 우리 마음을 저리게 한다. 봄비로 시작하여 봄비가 내려 꽃이 지는 것으로 끝을 맺는 수법도 훌륭하고 경(景)과 정(情)을 잘 혼합하여 망국 군주의 형상을 생동적으로 잘 묘사한 점도 훌륭하다.

相見歡(林花謝了春紅)

林花謝了春紅，太悤悤。
無奈朝來寒雨晚來風。
臙脂淚，留人醉，幾時重，
自是人生長恨水長東。

Lín huā xiè liǎo chūn hóng, tài cōngcōng,
林花谢了春红，太匆匆，

Wúnài zhāolái hán yǔ wǎn lái fēng.
无奈朝来寒雨晚来风。

Yānzhī lèi, liú rén zuì, jǐshí chóng,
胭脂泪，留人醉，几时重，

Zì shì rénshēng cháng hèn shuǐ cháng dōng.
自是人生长恨水长东。

수풀 속 꽃들은 빨리도 지네!
아침 찬비와 저녁의 세찬 바람에
어찌할 수가 없구나.
연지 같은 꽃잎들은 비에 젖어 우는데
그 아름다움 취한 듯 남아 있고
이 아름다움 다시 볼 날 또 있을까.
인생의 긴 한은 강물이 동으로 흐르듯
끊이지 않고 흐르는구나.

詞意

수풀 속의 봄꽃들은 너무도 빨리 지는구나! 이렇게 아름다운 것들이나 좋았던 시절은 쉽게 사라진다. 그러나 아름다운 꽃들을 지게 하는 아침에 내리는 찬비와 밤에 몰아치는 세찬 바람을 그 누가 막을 수 있겠는가. 땅 위에 떨어진 아름다운 꽃잎은 마치 예쁘게 연지를 바른 미인들이 울고 있는 양, 비에 젖어 더욱 산뜻해진 빛깔이 아름답기 그지없다. 궁궐의 아름다운 궁녀들은 지금 모두 다 어디에 있는지. 그들도 땅에 떨어진 꽃잎처럼 울고 있는 것은 아닌지. 이렇게 사람을 취하게 하는 그 아름다운 시절은 언제 다시 오려나. 인생에서 아름다운 시절은 짧고, 반면 인생의 한(恨)은 마치 봄 강물이 동쪽으로 끊이지 않고 흐르는 것처럼 늘 길게만 이어진다. 강물이 동쪽으로 그치지 않고 흘러 다시 돌아올 수 없는 것처럼, 한(恨) 또한 회한(悔恨)이 되어 다시 돌이킬 수도 없고, 또 없어지지도 않는다.

단어

1. **임화(林花)** : 숲 속의 꽃들. 숲과 들판의 아름다운 꽃들

2. **사(謝)** : 시들다, 시들어지다, 떨어지다.

3. **춘홍(春紅)** : 봄꽃

4. **총총(悤悤)** : 급하고 빠르게

5. **무나(無奈)** : 어찌할 도리가 없다. 할 수 없다. 달리 방법이 없다. 부득이 하다.

6. **연지루(臙脂淚)** : 연지 바른 입술이 울고 있구나. 꽃을 의인화하여 붉은 꽃들이 비에 젖은 모양을 연지를 바른 아름다운 여인의 입술로 비유하여 낙화가 비를 만나 젖었다는 것을 형용한 말이다. 즉 비에 젖은 봄꽃들을 아름다운 여인이 눈물을 흘려 연지와 눈물이 뒤범벅된 형상으로 비유한 말이다.

7. **유인취(留人醉)** : 사람을 취하게 하는구나. '상류취(相留醉)'라고 쓴 책도 있는데 같은 뜻이다. 즉 '우리를 도취하게 한다, 넋이 빠지게 한다, 심취하게 매혹시킨다'라는 뜻이다. 또 다른 해석으로는 미련과 슬픈 한과 슬픈 이야기(哀史)가 그대로 남아 있어, 늘 그 속에 취해 있고, 늘 그 생각 속에 잠겨 있다는 뜻이다.

8 **기시중(幾時重)** : 언제 다시 만나려나. '기시(幾時)'는 '어느 때'라는 의미이고 '중(重)'은 '재차, 다시, 다시 만나다'의 의미로 '언제 다시 만날 수 있겠는가'라는 뜻이다.

9. **자시(自是)** : 당연히, 으레, 자연히, 필연적으로 그렇다.

10. **장한(長恨)** : 긴 한, 오래도록 잊지 못할 원한

구절풀이

林花谢了春红, 太匆匆 수풀의 꽃들이 시들어 떨어지고, 아름다움이 사라짐은 참으로 빠르기도 하구나! 임화(林花)는 숲이나 들판에 있는 나무나 풀꽃들을 지칭한다. 봄꽃이 다 붉은 것은 아니지만 붉은 색이 특히 산뜻하고 아름다워 붉은색을 대표로 하여 춘홍(春红)이라고 했다. '총총(匆匆)'은 분주하고 총망하며, 황급한 모양을 나타내는 단어로 여기서는 봄꽃들이 빨리 지는 것을 애석해 하며, 이를 한탄하고 있다.

无奈朝来寒雨晚来风 붉고 아름다운 봄꽃들이 급히 사라지는 것은 아침의 찬비와 밤에 불어오는 바람 때문인데, 그러나 누가 이 비바람을 막을 수 있겠는가? 이런 불가항력적인 힘에는 도저히 어찌해 볼 도리가 없다. '무나(无奈)'는 '어찌해 볼 도리가 없다'라는 뜻으로 아침에 내리는 찬비와 저녁에 부는 바람은 인간의 힘으로는 도저히 당해 낼 수가 없다는 뜻이다. 이 사(詞) 속에서 애석해 하고 있는 것은 수풀의 꽃들이지만 작가는 꽃을 빌어, 자기의 슬픔을 애통해 하며, 강대한 나라의 공격은 피할 수 없었음을 암시하고 있다.

胭脂泪, 留人醉, 几时重 땅에 떨어져 비에 젖은 꽃잎들은 연지를 바른 아름다운 미인들이 울고 있는 듯하고, 그렇게 사람의 마음을 취하게 했던 아름답던 그 시절은 언제 다시 오려나? 비에 젖어 더욱 선명하게 아름다워진 꽃의 색깔을 연지에 비유하면서, 꽃들이 울고 있는 것 같다고 말하고 있다. 연지는 옛 시절의 아름다운 궁녀들을 지칭하며 연지 같은 붉은 꽃들이 사람의 마음을 취하게 하던 그런 시절은 언제쯤 다시 오려는지. 그러나 그런 일은 불가능하다는 것을 잘 알고 있기에 더욱 절망스럽다는 의미이다.

自是人生长恨水长东 인생은 긴긴 한(恨)의 연속이라, 마치 봄 강물이 동쪽으로 흐르며 그치지 않는 것처럼 우리 인생에 끝없는 한(恨)만 있는 것은 당연한 일이다. '장한(长恨)'은 끊이지 않고 면면히 이어지는 한(恨)을 말하는데 강물이 동쪽으로 흘러 다시 돌아올 수 없는 것처럼 인생은 언제나 이별뿐이며 이어지는 이긴 한(恨)은 사라지지 않고 계속 되기만 한다. 여기서는 그 옛날의 아름다운 사람들을 다시 만날 수 없는 한(恨)과, 미인이 있는 고국으로 다시 돌아갈 수 없는 한(恨)을 그치지 않고 흐르는 강물에 비유했다.

작품 배경

남당이 멸망한 후 이욱은 극히 소수의 비빈들만 데리고 변량으로 왔다. 그는 때때로 궁녀들 생각을 했다. 고통 중에 그가 그래도 웃으며 생각할 수 있는 여인 중에 진약란(秦弱蘭)이 있었다.

서기 958년 남당이 후주에게 신하로 칭하며 받든지 한 달이 채 못 되어 후주는 병부시랑(兵部侍郎)인 도곡나(陶谷那)를 금릉으로 보내와 명목상으로는 육조(六朝) 비문을 관찰하며 서예를 연구한다고 하면서 실제로는 남당을 정탐하여 이후 강남 출정을 모색했다. 도곡나는 대단히 교만하고 오만방자하여 그의 안하무인격인 행동은 이욱과 한희재의 분노를 샀다. 두 사람은 도곡나의 버릇없는 기염을 꺾으려고 모의를 하여 미인계를 쓰기로 했다. 한희재는 거문고와 바둑에 능한 빼어나게 아름다운 가기(歌妓)를 그의 숙소로 보내 잠자리 시중을 들게 했으나 그는 이를 거절했다. 한희재는 이 계책이 실패한 후 이욱과 의논하여 궁중교방의 진약란을 객관의 잡역부로 변장시켜 들여보냈다. 진약란은 수수한 차림에 화장도 하지 않았지만 그녀의 천생 자색은 감출 수가 없었다. 그녀는 우연을 가장하여 도곡나와 정원에서 만나게 되면 빗자루로 땅을 쓸면서 가냘프고 아름다운 뒷모습만 보여주며 도곡나로 하여금 궁금증을 불러일으키게 했다.

그러던 어느 날 갑자기 비가 내려 그녀가 낭하에서 비를 피하고 있을 때 도곡나는 지나가다가 그녀의 젖은 푸른 머리 수건이 흘러내리며 그녀의 부용 같은 얼굴을 보게 되었다. 절세미인의 청순미 속에 뭔가 슬픔이 있는 것 같은 그녀를 보고 측은지심이 생긴 그는 다가가 그녀의 신세를 물어보았다. 진약란은 자신은 객관 역졸의 딸이며 남편이 젊은 나이에 죽어 친정집으로 돌아와 객관에서 잡일을 한다고 대답했다. 도곡나는 위로의 말로 동정심을 표했고, 나중에는 애모의 정까지 토로하게 되었다. 이 일이 있은 지 얼마 되지 않아 그가 다시 조정으로 돌아간다는 말에 진약란은 어느 날 밤 살며시 그의 방으로 들어가 사랑을 나누고 이튿날 밤 또 다시 찾아가 작별 후의 그리움과 쓰라림을 위로할 말을 써달라고 부탁했다. 이에 도곡나는 끊어진 현이 다시 이어지길 바란다고 썼다.

이 말을 들은 이욱은 즉각 이 소령을 교방에 연습시키고 진양란에게 도곡나의 송별연에서 그 노래를 부르라고 했다. 전송 잔치에서 아름답게 치장한 진약란이 그에게 술을 권하며 그가 지어준 "좋은 인연, 나쁜 인연 그저 역관에서의 하루 밤,

신선과 작별하고 비파 소리에 그리움을 토로해보지만 마음 알아주는 사람은 적구나. 끊어진 현을 다시 이을 수 있을 때는 그 언제일까?"를 낭랑한 소리로 노래 불렀다. 자신이 속은 것을 안 도곡나는 창피하고 분해 다음 날 한희재 관사에 사람을 보내 당장 북으로 돌아가겠다고 알렸다. 이욱은 한희재의 뜻에 따라 작은 관리 두 사람을 보내 10리 장정(長亭)까지 배웅하라고 했다. 이런 차디찬 냉대는 처음 도곡나가 이곳에 와서 백관들 앞에서 열렬한 환영을 받은 것과 비교해 보면 천양지판이었다. 이욱은 이에 한술 더 떠 변량으로 친서를 보내 도곡나의 금릉에서의 도색 추문과 그 소령을 널리 알려 퍼지게 했으며 이 일로 변량에서 이름을 떨치게 된 도곡나는 창피하고 분해 어쩔 줄을 몰랐다.

작품 감상

이 작품은 짧은 소령(小令)으로 말하는 것처럼 쉽게 쓰였고, 또 그 뜻이 명백하여 그냥 자연스럽게 이해할 수 있는 작품이다. 이 사(詞)는 늦은 봄, 구금 상태의 작가가 봄꽃이 빨리 지는 것을 애석해 하며 자신도 그렇게 빨리 나라를 잃어 버렸던 긴 한(恨)과 다시는 나라를 회복할 수 없는 회한(悔恨)을 그리고 있다.

첫 구절에서 그저 '임화(林花)'라고만 하여 어느 수풀 속의 꽃인지 또 어떤 꽃들인지 전혀 알 수 없으나, 다음에 이어지는 '춘홍(春紅)'으로 봄 수풀 속의 붉고 아름다운 꽃들이 다 졌음을 알 수 있다. 그리고 '춘홍(春紅)'이라는 두 글자로 봄꽃을 대유(代喩)하여 작고 귀엽고 사랑스러운 꽃들이 안타깝게도 총총히 서둘러 저버렸다고 한탄한다. 꽃이 일정 기간 아름답게 피어 있다가 자연스럽게 서서히 진다면 이를 자연의 섭리라고 생각하고 다시 오는 봄을 기다리겠지만, 아침저녁의 비바람에 끊임없이 시달려 오다가 어느 날 아침 온 정원에 가득 떨어져 있는 붉은 꽃잎들을 보게 되면 마치 미인이 요절한 것처럼 가슴 아프다. 그리고 이것은 계속 핍박해 오는 송(宋) 왕조에 견디지 못하고 개국한지 얼마 되지도 않아 자신의 나라가 하루아침에 망해 버렸다는 뜻도 내포하고 있다. 그래서 '태(太)'자를 써서 '지나치게, 너무나도' 빨리라고 말한 것이다.

다음 구절에서 이것은 아침에 내리는 찬비와 밤에 휘몰아치는 바람 때문이라고 원망하며 비분강개하고 있지만 그러나 이런 불가항력적인 일들은 어찌할 도리가 없다(无奈)고 비탄한다. 매우 쉬운 문장으로 쓰였지만 이 구절은 어휘마다 무게가 있으며 작가의 비탄과 감회가 짙게 묻어나고 있다.

후반부의 모두 세 글자로 된 "胭脂泪, 留人醉, 几时重"에서 앞의 두 구는 압운(押韻)이고 뒤의 한 구는 측운(仄韻)이라 이 3글자로 중첩된 구절 속에는 읽을 때 또 다른 묘미가 있다. '연지 같은 꽃잎들이 비에 젖어 울고 있구나(胭脂泪)'는 두보(杜甫)의 시 '수풀 속 꽃들이 비를 맞고 연지처럼 젖어 있구나(林花著雨胭脂濕)'를 변용하여 '연지처럼 젖어 있다(胭脂濕)'를 '연지처럼 울고 있다(胭脂泪)'라고 하여 훨씬 더 생동적이고 정감 있게 표현했다. '젖어 있는(濕)' 것은 정태(靜態)요, '울고 있는(泪)'은 동태(動態)여서 여기에 감정이 들어가게 된 것이다.

이런 아름다운 정경은 사람의 마음을 도취시키는 것(醉)들이다. 그런데 이 아름다운 것들은 언제 또 다시 볼 수 있으며, 아름다웠던 그 시절은 언제 다시 돌아올 수 있을는지.

마지막 구절의 9글자는 전반부의 9글자 속의 '朝来', '晚来'와 호응하여 '长恨', '长东'이란 단어로 긴 구절의 박자를 맞췄다. 아름다운 꽃들이 지듯이 우리의 인생도 필경은 사라질 것이며, 우리의 인생에는 끊이지 않은 긴 한(恨)이 있어, 강물이 동쪽으로 한 없이 흘러가듯 우리의 한(恨)도 끝이 없다.

이 사(詞)의 가장 두드러진 특징은 비유와 상징으로 자신의 마음을 표현한 것이다. '임화(林花)'는 작가 자신이고, '연지(胭脂)'는 꽃잎을 비유하여 궁 안의 궁녀들을 가리킨 것이며, 더 나아가 이 궁녀들이 있는 자신의 궁궐과 자신의 조국을 말하고 있다. 연지루(胭脂泪)는 비에 젖은 꽃들이 울고 있는 모습인데 작가는 마치 미인의 얼굴에 칠한 연지가 눈물에 젖은 것처럼 표현하여 자신이 떠나올 때 말없이 울던 궁녀들 생각과 지금도 조국에 남아 눈물짓고 있을 궁녀들을 생각하며 슬픈 마음이 든다. 그리고 이것이 자기 탓은 아니라는 듯이 자신을 위로하며 '아침의 찬 비와 밤에 부는 바람'은 그 누구도 막을 수 없는 일이니 나로서도 어찌해 볼 수가 없지 않겠느냐고 스스로 변명도 해본다. 이 비바람은 외세의 압박을 의미하며 송(宋) 왕조의 오랜 핍박을 말한다.

그리고 춘홍(春紅)은 아름다운 시절, 아름다운 사람을 비유한 것이고, 이런 아름다움은 쉽게 사라지며(太悤悤), 다시 돌아오기 어렵다. 그래서 '谢了(다 졌구나)'라고 말하며 완료의 뜻을 나타내는 '료(了)'자를 써 어조를 무겁게 했다.

또 다른 특징으로는 단어를 중첩시키고 이를 전반부와 후반부가 호응토록 한 점이다. '아침(朝)'과 '저녁(晩)'에 번갈아가며 '바람(風)'과 '비(雨)'가 무정하게 내리쳤으며, 이런 참혹한 박해에는 '어찌할 도리가 없다(无奈)'고 했고, 또 '아침에 불어오고(朝来)', '밤에 불어오고(晩来)', '긴 한(长恨)'은 '길게 동쪽으로 흐르고(长东)' 같이 단어끼리 호응시켜 음률이 반복되면서 아름다움이 더해져 강한 음악성이 느껴진다. 특히 비바람을 견디고 있는 춘홍(春紅)의 참담한 모습을 '연지 같은 꽃잎들이 울고 있다'고 표현한 "연지루(胭脂泪)."는 매우 구체적인 형상으로 두보(杜甫)보다 뛰어나다.

'유인취(留人醉)'에 대한 또 다른 해석은 사람이나 꽃이나 모두 짓밟힌 상태에서 아름다움에 대한 미련과 슬픈 한, 슬픈 일들(哀史)이 남아 있을 수밖에 없고(留), 이것은 아무리 뿌리쳐 잊으려고 해도 잊히지 않고 그대로 남아 있으며, 사람들은 거기서 벗어나지 못하고 그 속에 늘 도취되어 옛 일에 대한 회상과 추억에 잠겨 있다는 뜻으로 해석할 수 있다. 여기서 이 취(醉)자의 쓰임이 매우 절묘한데, '취할 취(醉)'자의 뜻이 아니고, 애절함과 처참함, 자신에 대한 측은지심이 극에 달하여 마치 옛 일에 미혹되어 취해 있는 상태를 말하고 있다. 그래서 자연 이런 것을 다시 맛볼 수 있는 날은 언제일지(幾時重) 자문하게 된다. 이 의문구는 다시 봄을 맞이하고 싶은 바람은 크나 다시 만나기는 어렵다는 것을 근심하고 있는 것으로, 떨어진 꽃이 다시 가지에 붙을 수는 없듯이, 잃어버린 나라를 다시 찾는 일도 어려워서 작가는 비통, 비분의 심정으로 어쩔 수 없다고 절망의 한탄을 내뱉고 있다.

마지막 구절은 주제를 선명하게 나타내는 구절로, 앞의 '어쩔 수가 없다(无奈)'라고 표현한 것처럼 인생이란 '으레 이런 것이다(自是)'라고 인생의 고통을 이미 다 체득한 자의 목소리로 '우리 인생의 한(恨)은 끝이 없으며 강물이 계속 동쪽으로 흐르는 것이 자연스러운 일'인 것처럼 우리의 한(恨) 또한 계속 끝없이 이어지고 있다고 말한다.

이 사(詞)는 가슴에서 우러나오는 자연스러운 감정의 토로여서 문장의 구조나 어휘선택에 얽매임이 없이 맑은 물속의 원앙의 그윽한 흐느낌 같은 천연의 유려한 아름다움이 있다. 내용상으로는 비장미가 있으나 전체적인 음조는 명쾌하고 매끄러우며 매우 음악적이라서 봄날의 샘물이 흐르는 듯하다.

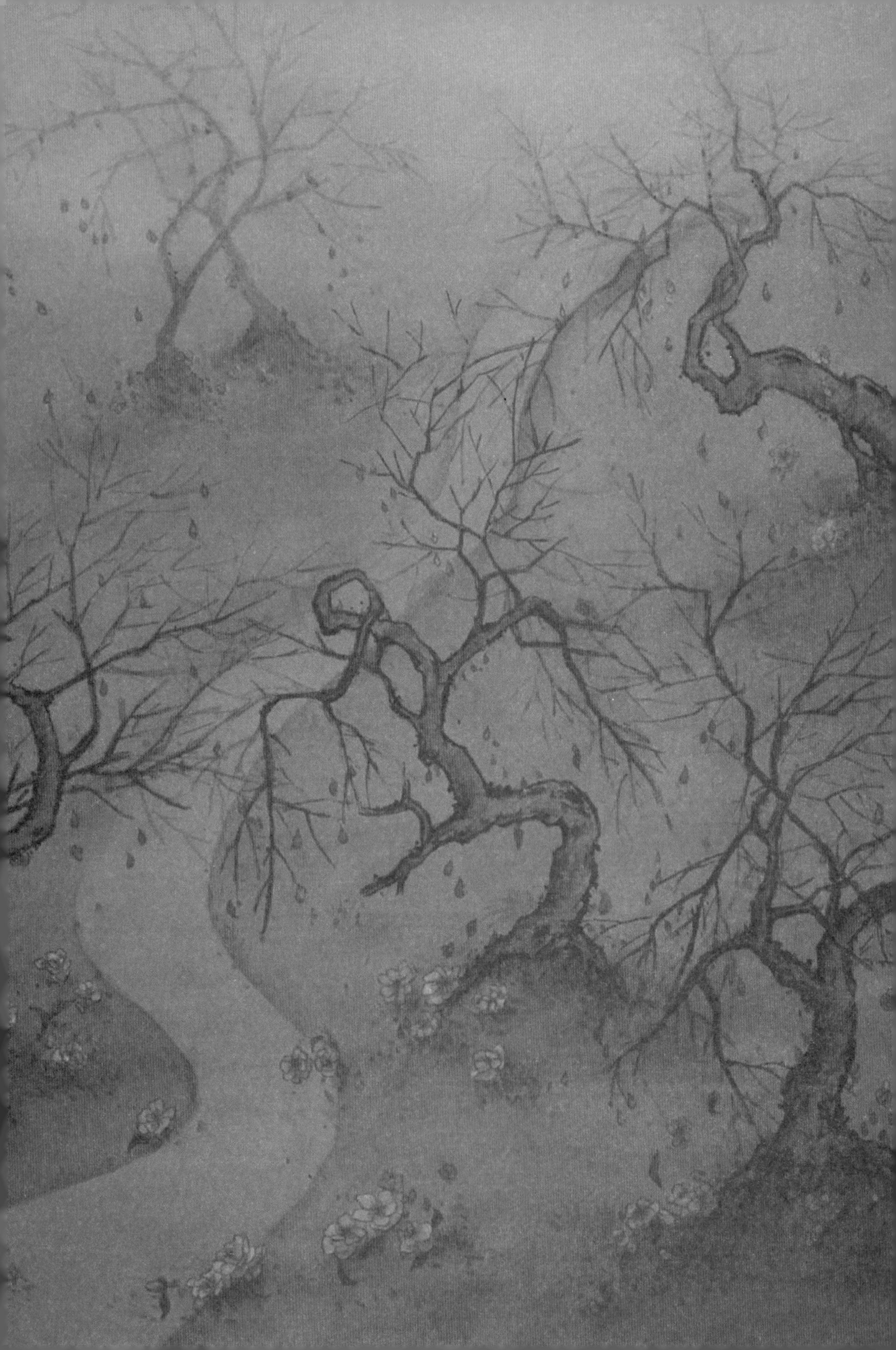

虞美人(風回小院庭蕪綠)

風回小院庭蕪綠,
柳眼春相續。
憑欄半日獨無言,
依舊竹聲新月似當年。
笙歌未散尊前在, 池面冰初解。
燭明香暗畫樓深,
滿鬢淸霜殘雪思難任。

Fēng huí xiǎo yuàn tíng wú lǜ, liǔ yǎn chūn xiāng xù.
风回小院庭芜绿, 柳眼春相续

Píng lán bànrì dú wú yán, yījiù zhú shēng xīn yuè shì dāngnián.
凭阑半日独无言, 依旧竹声新月似当年。

Shēnggē wèisàn zūn qián zài, chí miàn bīng chū jiě.
笙歌未散尊前在, 池面冰初解。

Zhú míngxiāng àn huà lóu shēn, mǎn bìn qīng shuāng cánxuě sī nán rèn.
烛明香暗画楼深, 满鬓清霜残雪思难任。

봄바람이 스치니 다시 정원이 푸르러지고
버들눈 사이로 봄은 계속되는데
우두커니 난간에 기대니 한나절이 시름겹네.
초승달과 대나무 소리만 예전 그대로구나.
생황소리는 아직 술잔 속에 남아있는데
연못 위 얼음장 벌어지는 소리.
은은한 향기 속 촛불 밝은 깊은 화당
서리 같은 백발 성성하니 생각조차 하기 어렵구나.

詞意

봄이 오니 봄바람이 다시 정원으로 불어와 정원의 수목과 초목들을 푸르게 한다. 버드나무 새싹들이 하나 둘 이 가지, 저 가지에서 번갈아 가며 움을 트며 이렇게 봄은 계속 된다. 시름에 젖어 하루 종일 말없이 난간에 기대어 우두커니 생각에 잠겨본다. 어제의 좋았던 아름다운 시절 다 지나가 모든 것이 변한 지금도 초승달은 여전히 다시 떠오르고 바람에 흔들리는 대나무 소리와 음악소리는 그때와 똑같이 아름답게 들려온다. 하릴없어 술잔을 기울이고 있으면, 연못 위의 얼음이 녹는 소리 들려오나 화자의 마음 속 얼음은 풀리지 않는다. 밤이 되어 밝은 촛불 밝힌 깊은 화당으로 돌아오면 방안은 은은한 향기 풍기고 밝은 촛불 아래 거울에 비친 자신의 모습을 보니 머리가 온통 서리 같고 잔설같이 하얗게 세어 있다. 왜 이렇게 빨리 머리가 세었는지는 생각해 보기도 싫고 쳐다보기도 싫으며 그냥 한없이 슬픈 마음만 들뿐이다.

단어

1. **풍회(風回)** : 바람이 돌아오다. 여기서는 삭풍이 지나고 동풍인 봄바람이 다시 돌아왔다는 말로 봄이 다시 찾아옴을 이른다.

2. **정무(庭蕪)** : 정원 안의 풀들이 무성하다. '무(蕪)'는 잡초가 무성하다. 풀이 우거지다. 잡초가 무성히 우거진 정원이라는 뜻이다.

3. **유안(柳眼)** : 버들 눈. 버드나무 새싹

4. **반일(半日)** : 한나절

5. **의구(依舊)** : 여전하다. 예전대로다.

6. **죽성(竹聲)** : 대나무가 바람에 흔들거리며 내는 소리. 혹은 대나무로 만든 악기의 소리. 옛 음악의 8개 음악 중의 하나. 대나무로 만든 관현악기로 퉁소(簫), 생황(笙), 피리(笛) 같은 것을 일컫는다.

7. **신월(新月)** ; 새로 나온 달. 초승달. 삭월(朔月)

8. **존전(尊前)** : 술잔, 주기(酒器). 어떤 책에는 존뢰(尊罍)로도 되어 있는데, 항아리 같은 술잔으로 입구가 작고 배가 불룩하고 뚜껑이 있다.

9. **향암(香暗)** : 은은하게 타오르는 향

10. **만발청상(滿鬢清霜)** : 서리 같은 흰 머리가 머리에 가득하다.

11. **잔설(殘雪)** : 아직 녹지 않고 남아 있는 눈

12. **사난임(思难任)** : 생각하가조차 어렵다. '난임(难任)'은 받아들이기 어렵다는 말로 '난감(難堪)'과 같은 뜻이다.

구절풀이

风回小院庭芜绿, 柳眼春相续 봄바람은 다시 돌아와 정원의 풀들을 푸르게 하고 버들눈은 이 가지 저 가지에서 번갈아 싹트며 봄을 이어간다. '풍회(風回)'는 두보의 시에서 '시월의 북풍은 아직 다시 돌아오지 않았다(十月北風風未回)'에서 인용한 말로 여기서는 봄바람이 다시 돌아와 분다는 뜻이다. 봄바람이 불자 작은 정원의 온갖 초목이 푸르러졌으며 버드나무 싹을 비롯한 모든 나무의 싹이 움트며, 작년에 이어 봄은 이렇게 계속 된다는 뜻이다.

凭阑半日独无言, 依旧竹声新月似当年 한나절을 말없이 난간에 기대어 시름에 잠기는데 모든 것은 다 변했지만 봄바람에 흔들거리는 대나무 부딪치는 소리와 저녁녘에 떠오르는 초승달만은 예전 그대로다. 오후 내내 난간에 기대어 멍하니 앉아 있다가 저녁이 다가오자 일찍 떠오른 초승달을 바라보며 때가 되면 다시 떠오르는 달과 대 나무 흔들거리는 소리만이 변하지 않고 예전 그대로라고 생각한다. 신월(新月)은 초승달로 포천(鮑泉)의 시에서도 "봄의 새 나무에 새 꽃이 가득하고 초승달은 아름답고 맑게 빛난다(新花滿新樹, 新月麗淸輝)"라고 했다.

笙歌未散尊前在, 池面冰初解 생황소리 술잔 속에 아직 남아 있는데 연못 위의 살얼음은 이제 막 녹기 시작한다. 누군가가 부는 생황소리 들으며 술잔을 들어 술을 기울이고 있는데 어둠이 깔리자 조용한 연못 위의 얇은 얼음이 해동을 하려는지 찍찍 얼음 깨지는 소리가 들린다. 술잔을 기울이며 피리소리 들으며 어두워질 때까지 앉아 있는 외로운 그림자를 보는 듯하다.

烛明香暗画楼深, 满鬓清霜残雪思难任 촛불은 밝고 향은 은은하게 타오르는 깊은 화당에서 자신의 모습을 바라보니 온 머리가 흰 서리 같고 잔설 같이 하얗게 세어 있어 슬픔을 견디기 어렵고 이런 생각을 더 이상하기도 싫다. 황혼녘까지 난간에 기대어 있다가 달이 뜨자 술 한 잔 기울이고 안으로 들어오니 방 안은 촛불이 밝게 타오르고 은은한 향기가 난다. 밝은 불빛 속에 문득 거울에 비친 자신의 모습을 보니 온 머리에 흰 머리카락 성성하여 견디기 어렵고 왜 이렇게 머리가 빨리 세는지 알아보고 싶지도 않다.

작품 배경

남당을 망하게 한 것은 결정적으로 번약수(樊若水)의 활약이었다. 진사 시험에 합격하지 못한 번약수는 격분 끝에 나라를 팔아 영광을 구하는 비겁한 보복 행위을 했다.

번약수는 북으로 올라가 송(宋)에 큰 공을 세워 송의 중시를 받을 수 있는 남당 멸망에 대한 구체적인 방법을 연구했다. 남당의 군사력은 송(宋)에 비해 비교할 수 없을 정도로 약하고 남당이 의존하고 있는 것은 오직 양자강의 험한 지형이라는 것을 잘 알고 있는 그는 송(宋)이 도강하여 남하하려면 양자강에서 남당과 수전을 할 수 밖에 없는데 남당은 수군이 우세하여 수전(水戰)에서 송군(宋軍)이 싸워 반드시 이긴다는 보장이 없었다.

당시 남당은 기본적인 기마병도 없었으며, 남당에는 말(馬)이 나지 않아 전마(戰馬)는 중원에서 수입해 오고 다른 한편으로는 남한(南漢)과 교역해서 얻었는데, 조광윤이 장강 연안의 각지에 강남에 사사로이 말을 팔 수 없다고 명령을 내렸기 때문에 남당의 말은 오직 남한에만 의지하고 있었다. 남한이 멸망함에 따라 전마의 공급이 완전히 끊긴 상태에서 남당은 송을 이길 수가 없으나 관건은 송의 군대가 어떻게 강을 건너 남당으로 들어가느냐는 것이었다. 그래서 번약수는 부교(浮橋)를 만들 생각을 했다. 장강의 하류는 다른 강하와는 달라서 부교를 만드는데 가장 큰 어려움은 강면이 너무 넓고 수심은 깊으며 풍랑이 센 점이었다.

이런 점을 감안한 번약수는 오랫동안 고심한 끝에 문제의 관건은 양자강 어느 한 곳의 양쪽 언덕까지의 거리를 정확히 측정하는 것에 달려 있음을 알게 됐다. 그는 금릉 서남쪽 채석기(采石矶)로 내려갔다. 채석기(采石矶)는 하늘에 가로 걸려 있는 듯한 양자강의 한 돌산으로 그 건너편 언덕에는 천문산(天門山)이 강을 끼고 서로 마주하고 있으며 산세가 웅장하고 험준하며 양자강물이 이곳으로 흘러들 때 잠시 강면이 좁아지는 곳이다. 그는 처음 채석기로 내려와 의지할 곳이 없어 송(宋)이 심어놓은 첩자인 소장로(小長老)가 있는 절에 식객으로 몸을 의지하면서 그와 결탁하여 일을 진행해 나갔다. 그는 남당이 스님들 예우한다는 점을 이용하여 중이 된 다음 장강 남쪽 해안에 석탑 하나를 세워놓고 밤이면 낚시를 한다는 핑게로 양자강 양안을 왕래하며 강 너비를 측정했다. 번약수는 몰래 비단 줄을 석탑 위에 매어 놓고 그 줄을 잡고 강을 건너가 그 끈의 길이로 장강의 너비를 측정했으며, 정확한 수치를 얻기 위해 여러 번 왕래했다.

번약수의 이런 매국적 행위로 조광윤은 부교를 만들어 천연요새를 넘어와 금릉을 취할 수 있었던 것이다. 조광윤은 팔작사(八作使) 학수준(郝守濬)으로 하여금 병사들과 공장(工匠)들을 배에 태우고 수천 척의 황흑색 용주(龍舟)를 거느리게 한 후 큰 대가지로 만든 굵은 밧줄과 목재들을 군함에 실어 압송하여 석비구(石碑口)로 배를 몰아 부교를 만들도록 했다. 조빈(曹彬)은 채석을 점령한 후 현지의 수문(水文) 지리를 잘 알고 있는 번약수에게 이를 도우라고 했다. 이때가 양자강의 물이 마르는 계절이라 강 수심이 얕아 단 이틀 밤낮으로 송군은 대 밧줄을 이용하여 수 천 척의 배를 한데 묶어 큰 길을 만든 부교를 설치한 것이다.

작품 감상

이 사는 초봄의 어느 하루, 석양 속에 난간에 기대어 시름겨워하다가 저녁 초승달이 뜬 후 안으로 들어와 자신의 머리가 근심으로 하얗게 센 것을 보고 슬퍼하는 하루 동안의 일과를 그린 작품이다. 누각이 있는 화당(畵樓)이라고 하여 화자는 적막한 작은 누각에 거하고 있으며, 첫 구절에서 봄이 왔건만 하루 종일 말없이 홀로 난간에 기대고 있었다고 하여 자신의 무료한 생활을 말하고 있다.

'겨울이 가고 봄이 오니 동풍은 다시 돌아왔고, 봄바람은 정원의 수목들을 푸르게 한다'라는 첫 구절은 아름다운 정원의 봄을 그리면서도 여기에 '황량할 무(蕪)' 자를 써서 정원의 풀들이 푸르러 아름다워도 찾아오는 사람 없고 봐주는 사람이 없어 정원이 황량하고 쓸쓸하다고 이 글자를 덧붙여 쓴 것이다.

봄바람은 정원의 나무들이 싹이 트는 것을 도와주며 이 나무 저 나무의 싹이 트는 동안 봄은 계속되는데, 버들눈이 이어간다는 말은 대유법으로 '버드나무 새싹(柳眼)'을 정원 안의 모든 초목의 눈으로 말하여 나무들이 번갈아 가며 움이 트며 봄은 움 속에서 계속된다고 말한다. 봄이 와 대자연이 활기를 띠지만, 화자는 오히려 더 슬프다. 과거 아름다운 궁전에서의 봄날과 지금의 봄날은 같지 않아 상한 마음으로 홀로 난간에 기대어 말없이 먼 옛날을 회상하며 강산의 주인이 바뀌었음을 통감하며 슬퍼한다.

해가 기울자 초승달이 떴고 화자는 초승달을 보며 모든 것이 다 변했지만 대나무가 바람에 스치는 소리와 새 달만이 예전과 똑같다고 생각한다. 작가는 변하지 않은 것을 오직 두 가지 사물로만 표현하여 변한 것은 참으로 많으나 다 형용해 낼 수 없어 말하지 않고 변한 것 두 가지만 강조하였는데 이 둘은 보고 듣는 것 중 가장 아름다운 자연물이다. 생황 같은 악기 소리는 과거의 추억을 불러일으키지만, 바람에 스치는 대나무 소리는 언제 들어도 새롭고, 원만한 둥근달이나 처량한 그믐달이 아닌 초승달은 달이 바뀌면 수줍게 저녁 동산에 떠오르며 늘 변함없이 새 얼굴을 보여준다.

사의 전반부에서는 춘경(春景)을 그리면서 봄의 경치로 따뜻함을, '대나무 소리와 떠오르는 초승달'로 차가움을 대비하여 경물과 화자의 마음을 대조했다. 즉 천만 가지 슬픈 정서와 말없는 현실을 대조하면서 따뜻한 경치와 차가운 마음을 대비하고 있다.

후반부에 들어서면 시간이동과 공간이동이 보인다. 화자는 술잔을 들고 연못 근처로 옮겨와 생황소리를 들으며 술잔을 기울이고 있는데 여기서 생황소리를 듣는 것은 공상과 현실 사이의 모호함과 과거와 현재의 모호함을 드러내고 있다. 가까운 궁녀들이 생황을 부는 가운데 술잔을 기울이듯이 또 과거 좋았던 시절에 비빈들과 생황소리 속에 술을 기울이듯이 착각을 일으키며 생황소리 아직도 귓가에 맴도는 것 같은 그 경계가 분명하지 않으며 시간이 흘러 술을 다 마시기도 전에 날이 저물고 연못 위의 얇은 얼음은 이제 막 녹기 시작하며 얼음 녹는 소리가 들려온다.

마지막 구절은 연못의 얼음 녹는 소리에 밤이 이슥하여 깊은 화당인 자신의 처소로 돌아가 방안을 밝게 비추는 촛불과 하늘하늘 공중으로 날아오르는 향불연기를 하염없이 바라보다가 문득 촛불 속 거울에 비친 자신의 초췌한 모습을 보게 된다. 작가는 초췌한 자신의 모습 중 오직 백발이 성성해졌다는 한 가지 사실만 드러내며 이런 처지가 서글퍼 견딜 수가 없고, 이런 저런 생각도 하기 싫다고 말한다.

이 작품은 선명한 대비 속에 진실감이 있다. 봄 경치와 겨울의 감정 대비, 천만 가지 슬픈 정서와 말없는 현실과의 대비, 푸르른 정원의 초목과 자신의 흰 머리와의 색채의 대조가 있으며 글자마다 피눈물이 흐르고 있다. 또 첫 구절의 아름다운 봄과 마지막 구절의 처량한 흰 머리와의 대조로 봄이 왔지만 화자는 여전히 추위를 느끼며, 연못의 물은 녹기 시작했지만 화자의 마음은 아직 녹지 않고 있음을 선명하게 드러냈다.

이 가운데 오늘과 옛 것의 갑작스런 변화가 있고 모든 것이 다 변했지만 작가는 변한 것보다는 안 변한 것 둘 즉 '여전히 대나무 소리 새 달은 당년과 똑같다'라고 하여 변한 것이 더 많음을 강조했다. 또 '음악 소리 술좌석에 아직 흩어지지 않다'고 말한 것은 술이 있고 음악이 있고 정원의 춘경과 밝은 촛불과 은은한 향기가 퍼지는 화당이 있어 과거와 달라진 것이 없어 보이지만 그러나 변한 것은 '국군

(國君)'과 '수인이 된 죄인'의 신분이라고 말한다.

마지막 구절의 슬픈 애수의 감정은 온 종일 상한 감정에 젖어 있다가 밤에 문득 보게 된 '온 머리 백발'에서 감정이 폭발된다. 정원 연못의 얼음은 녹기 시작했으나 그의 마음은 여전히 얼어붙어 있고, 날이 갈수록 번뇌와 슬픔, 우울과 한이 화자의 마음을 더욱 초췌하게 해, 불과 40이라는 나이에 이미 백발이 귀밑머리를 덮고 있어 화자는 만사가 다 귀찮고 생각도 하기 싫은 심정이 된다.

이 작품에는 정원의 푸른색과 새 달의 차가운 백색의 대비, 아침공기와 저녁공기의 대비, '밝은 촛불과 은은한 향기'의 명암의 대비가 있어 사람들에게 색깔과 빛을 대조하여 아름답고 은은한 유암(幽暗)으로 슬픈 정조를 자아내게 했다.

촉한의 후주 유선은 망국 후 위나라의 서울 낙양에서 위나라가 내려준 봉작에 만족하며 여명을 이어갔다. 어느 날 진왕(晋王) 사마소(司馬昭)가 잔치를 베풀고 유선에게 고국 생각이 나지 않느냐고 물으니 그는 풍악소리가 즐거울 뿐이지 촉 생각은 나지 않는다고 대답했다. 후세 사람들은 이런 유선을 비웃고 있지만 그는 목숨을 부지할 수 있었고 이욱은 그의 마지막 생에 돌아갈 수 없는 고국을 그리워하는 자신의 감정을 숨길 수도 없고 조절할 수도 없어 결국 죽음의 길을 가게 된 것이다. 망국은 그를 끝까지 고통 속으로 몰아넣는 추억이고 악몽이었다.

虞美人(春花秋月何時了)

春花秋月何時了，往事知多少。
小樓昨夜又東風。
故國不堪回首月明中。
雕欄玉砌應猶在，只是朱顏改。
問君能有幾多愁？
恰似一江春水向東流。

Chūnhuā qiūyuè hé shí liǎo, wǎngshì zhī duōshǎo.
春花秋月何时了，往事知多少。

Xiǎo lóu zuóyè yòu dōngfēng,
小楼昨夜又东风,

Gùguó bùkān huíshǒu yuè míng zhōng.
故国不堪回首月明中。

Diāo lán yù qì yīng yóu zài, zhǐshì zhū yán gǎi.
雕栏玉砌应犹在，只是朱颜改。

Wèn jūn néng yǒu jǐ duō chóu,
问君能有几多愁？

Qiàsì yī jiāng chūnshuǐ xiàng dōng liú.
恰似一江春水向东流。

봄꽃과 가을 달 아름다운 시절은 언제 끝나려나.
그대는 또 옛일을 얼마나 알고 있는가.
작은 누각엔 어젯밤 또 동풍이 불어오니
달빛 아래 차마 고국을 향해 고개조차 못 돌리누나.
조각된 난간과 옥 섬돌은 여전히 그대로겠으나
고운 얼굴들만 늙어서 변했겠지.
슬픔은 얼마만한 것인지 그대에게 묻노니
마치 봄 강물이 동쪽으로 한없이 흐르는 것 같겠지.

詞意

봄이 되면 아름다운 꽃 피고 가을이면 밝은 달이 뜨는 변함없는 계절은 언제쯤이면 끝나게 될 것인가? 과거 지나온 세월에 대해 그대는 얼마나 알고 있는가. 자신이 거처하는 작은 누각엔 봄을 재촉하듯 어젯밤 또다시 봄바람이 불었고 달이 밝아 고국 쪽을 향하여 그리운 마음으로 바라보고 싶어도 죄인이기에 그리고 돌아갈 수 없는 슬픔에 차마 그쪽으로 머리조차 돌릴 수가 없다. 마음속으로만 고국을 그리워하는 화자는 화려하게 조각된 난간과 옥으로 만든 섬돌을 떠올리며 세월이 흘러도 그것들은 여전히 그대로 남아 있겠지만 젊고 아름답던 궁녀들은 세월의 흐름에 따라 아름다움도 시들어 늙어갔을 거라고 생각한다. 아무 희망도 없고 사는 보람도 없는 세월 가운데 그대에게 슬픔이란 얼마만한 것인지 묻고 싶다. 슬픔이란 슬픔 위에 또 다른 슬픔이 밀려오는 것이라 생각되어 마치 봄 강물이 동쪽으로 쉬지 않고 흐르는 것 같다고 생각한다.

단어

1. **춘하추월(春花秋月)** : 봄철의 꽃과 가을밤의 달. 봄과 가을의 아름다운 풍경. 화창한 날씨의 아름다운 풍경

2. **하시료(何時了)** : 언제 끝날까? 언제쯤이면 끝나게 될까? '료(了)'는 '완결하다, 결말을 내다'라는 뜻으로 계속 반복되는 자연 현상은 언제쯤이면 다 끝나게 되느냐고 물으면서 결국 자연계는 끝나는 법이 없이 계속 순환된다고 반어적으로 묻고 있다.

3. **다소(多少)** : '얼마, 얼마나'라는 뜻의 의문대명사로 不定의 수량을 나타낸다.

4. **소루(小樓)** : 작은 누각. '루(樓)'는 누각이나 망루를 말하지만 또 일반적으로 위로 치솟는 건조물을 통칭한 말이기도 하다. 여기서 작은 누각이란 자신이 거처하고 있는 집을 말한다.

5. **불감(不堪)** : 견딜 수가 없다. 참을 수가 없다. 할 수 없다, 차마 할 수 없다. (대개 좋지 않거나 불유쾌한 곳에 사용함)

6. **회수(回首)** : 머리를 돌리다. 회고하다. 회상하다.

7. **조난(雕欄)** : 화려한 난간. 아름다운 그림이나 무늬를 아로새겨 놓거나 아름답게 채색한 궁궐의 아름다운 난간

8. **옥체(玉砌)** : 옥섬돌. '체(砌)'는 돌이나 기와를 가지런히 잘라서 쪼갠 계단을 말하는 것으로 옥이나 대리석 같은 비싼 재질로 아름답고 사치스럽게 만든 섬돌을 말한다.

9. **응유재(應猶在)** : 응당 여전히 건재할 것이다. '응(應)'은 '당연히, 마땅히, 응당 ……할 것이다'라는 뜻이며 '유(猶)'는 '아직, 여전히 계속하여'라는 뜻의 부사다.

10. **주안개(朱顏改)** : 젊은 날의 얼굴이 좀 변해 바뀌다. 주안(朱顏)은 홍안(紅顏)과 같은 말로 '윤이 나는 아름다운 얼굴, 소년의 탐스러운 얼굴, 미인의 얼굴'을 뜻하며 여기서는 세월이 흘러 젊었을 때의 아름다운 얼굴이 이제 늙어 조금 변했을 것이라는 의미다.

11. **흡사(恰似)** : 꼭, 마치, 바로, 마침, 아주 비슷함

12. 군(君) : 군(君)은 군주나 임금 혹은 타인에 대한 총칭이며 또 '그대, 당신, 귀하'의 뜻으로 여기서는 '그대'라고 상대방을 가리킨 말이다.

구절풀이

春花秋月何时了, 往事知多少 꽃피는 봄과 가을의 밝은 달은 언제쯤이면 끝날 것이며, 지난 일에 대해 그대는 얼마나 알고 있는가? 아무런 목적과 삶의 의미가 없이 살아가는 화자에게 해마다 되풀이하여 봄가을 아름다운 경치를 보여주는 세월은 언제쯤이면 끝나게 될지, 이런 아름다운 풍경을 언제쯤이면 안 보게 될지 묻고 있다. 그리고 망국의 군주가 된 자신과 남당의 과거에 대해 그대는 얼마만큼이나 알고 있는지, 옛일은 그저 망국한 일이라고 하겠지만 이 안에는 얼마나 많은 한과 후회와 자책, 조국에 대한 그리움과 울분 등 말로 표현할 수 없는 이런 일에 대해 그대는 얼마나 알고 있느냐고 묻고 있다.

小楼昨夜又东风 어젯밤 작은 누각엔 또 동풍이 불었지. 봄이 되면 으레 봄바람이 불지만 화자에게는 이 동풍은 봄이 지나감을 재촉하는 바람으로 생각되어 원망의 마음을 드러내고 있으며 또 이 동풍은 자신이 송나라에서 포로의 신세가 되어 받는 온갖 수모와 굴욕을 비유한 말이기도 하다.

故国不堪回首月明中 달 밝은 밤 고국을 향해 차마 고개조차 돌릴 수 없구나. 달은 휘영청 밝게 빛나고 잠 못 이루는 화자는 밝은 달을 쳐다보며 고국 생각에 잠긴다. 멀리 고국을 향해 고개 들어 바라보고 싶지만 나라를 망하게 한 망국의 군주인 자신이 어찌 고개를 들어 감히 고국산천을 바라볼 수 있겠는가. 조국에 대해 죄인이 된 자신은 감히 고국을 향해 머리조차 돌릴 수가 없는 것이다.

雕栏玉砌应犹在, 只是朱颜改 잃어버린 고국 궁궐 안의 아름다운 난간과 옥섬돌은 여전히 그대로 있겠지. 단지 옛 사람들만 젊었을 때의 아름다운 얼굴이 세월의 흐름에 따라 변해 늙어 변했을 것이다. 궁궐은 주인만 바뀌었을 뿐 여전히 그대로 있겠지만 사람들만 나이가 들어 늙어 변했을 것이라는 뜻이다.

问君能有几多愁 그대에게 묻노니 도대체 슬픔이란 얼마만 하다고 할 수 있는가? 사람들마다 자신이 가지고 있는 슬픔의 양은 다를 것이지만 도대체 슬픔이란 얼마만큼이나 될 수 있는지 묻고 싶다

恰似一江春水向东流 마치 봄 강물이 동쪽으로 한없이 흐르는 것과 같다. 눈이 녹아

봄 강물이 불어나면서 그치지 않고 계속 한없이 동쪽으로 흘러가는 것처럼, 자신의 슬픔도 끝이 없고 한도 없다는 뜻이다.

작품 배경

남의 나라에 기탁하고 있는 이욱의 객지생활은 푸대접과 모욕으로 점철된 서럽고 처량한 나날들이었다. 송나라에서 마련해 준 변량(汴梁)의 그의 저택에는 찾아오는 사람도 없어 종일 무료하게 지내는 그는 희망 없는 앞날을 대하며 점점 침체되고 우울해져만 갔다. 그는 날마다 술로 시름을 달랬으며 여기에 자주 조광의의 침실 시중으로 불려나가는 아내 소주후를 생각하면 그의 심사는 더욱 뒤틀려 죽기 얼마 전부터 그는 이미 삶을 포기하고 있는 듯 보인다. 이때 그가 쓴 〈자야가(子夜歌)〉나 〈낭도사(浪陶沙)〉 같은 작품을 보면 그는 지난 일에 대해 후회하고 자책하며 괴로워하면서 인생무상과 삶의 의의를 상실한 비참한 삶에 대해 읊고 있다. 그러나 잃어버린 고국을 그리워하며 피눈물로 쓴 이런 작품들은 빠르게 강남으로 전해 나가며 조광의의 마음을 불편하게 했다. 대송 황제인 자신은 그에게 강남풍의 아름다운 관저를 마련해 주었는데 이욱은 이에 만족하지 않고 '아름다운 궁전과 돌계단이 있는 고국을 그리워하며', '고국을 향해 고개조차 돌릴 수 없다'고 옛 일을 후회하고 있으니 이는 참고 봐줄 수 없는 일이며 그래서 조광의는 그를 죽이기로 결심한다.

그해 7월 7일 칠석날은 이욱의 42번째 생일날이다. 이욱은 송나라에 함께 잡혀온 비빈들과 함께 자신이 거처하는 조그만 누각에 모여 생일과 칠석날을 축하하는 모임을 가졌다. 정원에 초롱 등불을 줄지어 세우고 상도 차렸지만 거기 모인 사람들은 억지로 웃음을 지으며 마음속에서는 통곡을 하고 있었다. 술이 삼배가 돌자, 이욱은 삼여 년 동안의 항복한 군주로서의 쓰디쓴 생활을 되씹어보며 즉석에서 〈우미인(虞美人)〉이란 사를 지어 궁녀에게 연주하라고 하면서 자신은 방금 지은 이 사를 웅얼거렸다.

조광의는 남당의 마지막 황제가 송나라 수도에서 고국을 그리워하며 음악 연주에 맞춰 울분의 사를 암송하는 것을 보고 있을 수가 없어, 그가 죽어서라도 자신에게 복종하라고 생일 축하주로 "견기묘약(牽機妙藥)"이란 독약을 하사했다. 술에 타서 마신 이 독약은 즉시 중독이 되어 이욱의 안면은 창백해지고 오장육부가 끊어지게 아파 그는 식은땀을 줄줄 흘리다가 전신이 마비되어 손발이 베틀처럼 오그라붙었다. 독약의 이름처럼 베틀처럼 된 그는 다음 날 새벽 42세의 나이로 이 세상과 하직했으며 조광의가 바라던 대로 그는 죽어서도 태평스런 편안한 자세를 취하지 못하고 머리를 숙이고 몸을 굽힌 자세로 영원히 신하로서 복종하는 모습으로 죽은 것이다.

위선자 조광의는 그에게 태사(太師)라는 칭호를 내리고 오왕(吳王)으로 봉하여 특별히 삼일 간의 애도를 하도록 명을 내렸으며 마지막에는 융성하게 왕의 대접으로 북망산에 장사하도록 했다. 이욱의 옛 신하인 서현(徐鉉)은 조광의의 명을 받아 그의 묘비에 이욱의 일생과 인간관계, 정치적 업적과 문장의 성취 등에 대해 빼어난 문장으로 칭송하며 그를 애도했다.

작품 감상

이 작품은 첫 시작부터 언제쯤이면 자신의 비참한 생활이 끝날 것인지를 묻는 설문 형식으로 시작되어 마지막에도 이 설문에 대답하는 형식으로 끝을 맺고 있다. 이 구절에서 '언제 끝나겠는가(何時了)'라는 문장이 중요한 핵심어로 이런 비참한 생활이 언제면 더 이상 계속되지 않고 끝나게 될지 물으며 세월의 흐름은 절대 끝나지 않을 것을 반어적으로 강조해 지금의 생활이 살기 힘들 정도로 극도로 괴롭다고 호소하고 있다.

겨울이 가고 새 봄이 돌아오면 사람들은 꽃 피는 아름다운 봄을 찬양하고 더운 여름이 가면 서늘한 가을 밤 달의 아름다움을 찬양하건만 자신은 연금되어 수인의 생활을 하고 있으니 오히려 그런 아름다운 계절은 고국 생각을 더하게 해, 원망스럽고 희망 없는 이런 세월은 언제쯤이면 끝날 것인지, 화자는 더 이상 살고 싶지 않은 심정인 것이다.

우리의 인생사에는 대단히 복잡다단하고 때로는 말로 설명하기 어려운 사건들과 뭐라고 딱 집어 말할 수 없는 복잡미묘한 감정들이 있다. 다음에 이어지는 구절에서는 단순히 남당이 망하고 자신이 망국의 군주가 되었다는 사실 외에 부유했던 남당과 아름답기 그지없는 고국과 음악과 문학이 성했던 과거 자신의 나라와 자신의 생활에 대해 그 얼마나 알고 있는지 궁금하다고 말하며 직접 경험하지 못한 사람들은 상상도 할 수 없을 것이라고 토로한다. '꽃피는 봄과 가을 달(春花秋月)'은 아름다운 생활과 즐거운 생활의 상징이다. 이런 아름다운 생활이 언제나 끝날지 묻고 있는 화자 역시 그 답을 알고 있으며 이것은 우주의 영원성과 인생무상의 모순을 드러낸 말이다. 뒤의 '지난 일(往事)'은 '꽃피는 봄과 가을 달'과 같은 말로 현재 처한 괴로움과 슬픔, 미래에 대한 근심과 대조되는 말이며, 과거에 대한 추억이 무한히 많음을 '무한(無限)'이라 하지 알고 '얼마나 아느냐(知多少)'라고 표현하여 작품의 묘미를 살리고 있다. 계절은 반복해서 순환되며 해는 뜨고 진다. 달은 이지러졌다가 다시 차고 봄이면 동품은 여지없이 불어온다. 그러나 변함없이 흘러가는 세월과는 대조적으로 우리 인간의 행복했던 과거의 환락은 되돌아오지 않는다. 화자는 자연과 인간을 대비하며 자연의 영원성과 인생의 무상함, 행복한 추억과 현실의 고통을 대비했다. 그리고 이렇게 변함없이 찾아오는 자연의 풍월화초는 늘 남당 고국에 대한 깊은 그리움을 불러일으킨다고 내비치고 있다.

화자는 고국을 그리워하기 전에 먼저 지금 자신이 처한 생활을 부각시켜 그리운 감정을 고조시키고 있다. 송나라가 마련해 준 저택도 강남풍의 크고 아름다운 저택이지만 화자는 남당의 화려한 궁전과 비교해 자신이 처한 곳을 '작은 누각(小樓)'이라고 표현했으며 '어젯밤 또 동풍이 불었다'고 하여 아름다운 봄을 빨라 가라고 재촉하듯 부는 동풍을 자신에게 굴욕과 모욕을 주는 송의 핍박으로 비유하여 이중적인 의미로 사용했다. 여기서 '또(又)'는 또 다시 고통을 받는다는 말이기도 하고 또 다시 봄바람이 불고 봄이 가며 또다시 한 해가 지나간다는 뜻이기도 하다. 봄 밤 잠을 못 이루는 화자는 달이 유난히도 밝아 멀리 고국 쪽을 바라보면 보일 듯하여 고개를 돌려보고 싶으나 나라를 망하게 한 망국의 군주가 어찌 감히 머리 돌려 고국을 바라볼 수 있으며 또 바라보면 바라볼수록 더욱 그립기만 할 것이므로 감히 고개조차 돌릴 수 없는 것이다. '고개를 감히 돌리지도 못 하겠다'는 말은 그래서 '이런 굴욕의 시간이 언제 끝나나(何時了)'와 "얼마나 아느냐(知多少)에 대한 정확한 대답인 것이다. 고국을 생각할 때 궁궐의 건물들은 그대로 있겠지만 사람들만 늙어갔을 것이며, 아름다운 궁녀들은 지금 무얼하고 있는지 그들도 나이 들어 늙고 변했을 생각에 서글퍼진다. '아름답게 조각한 난간(雕欄)'과 '옥섬돌(玉砌)'은 '늙어 아름답던 얼굴이 변한(朱颜改)' 것과 대비되며 현실 속의 슬픔을 토로한 것인데 이것은 앞 구절의 현재와 과거를 대비하는 '어젯밤 또 동풍이 불고'와 '감히 고국을 향해 고개조차 돌릴 수 없다'에서의 추억 중의 고통과 호응한 구절이다.

마지막 구절에서 화자는 자기 인생에 대한 유감과 많은 고통, 처량한 심경을 나타내면서 슬픔을 그 양으로 말한다면 얼마나 되는지 우리에게 물으며 또 자기 자신에게도 묻고 있다. 인생의 아픔과 실의를 말할 때 널리 인용되는 이 구절은 인생의 긴 한은 흐르는 강물처럼 쉬지 않고 길게 흐르고 있다고 물음에 답한다. 봄에 눈이 녹아 강물이 불고 그 강물은 한없이 동쪽으로 흐르는데, 쉬지 않고 끊임없이 흐르는 강물은 해마다 꽃피고 아름다운 밝은 달이 뜨는 것과 같은 맥락으로 늘 반복되는 일이다. 묻고 대답하는 이 구절에서는 '슬픔(愁)'이 주안점이 되어 깊은 불행과 무한한 슬픔을 강물과 같이 깊고 강물과 같이 끊임없이 흐른다고 말하며 강물을 인생의 슬픔에 비유했다. 작가는 슬픔의 크기와 무게를 흐르는 강물에 비유하여 슬픔의 추상성을 빼어나게 잘 형상화했다.

이욱의 절명사(絕命詞)로 알려진 이 작품은 영원히 변치 않을 우주의 영원성과 인생의 짧고 무상함을 대비하여 화자의 마음 속 괴로움과 그리움을 매우 격조 높고 아름답게 표현했다. 인생무상과 조국에 대한 그리움 속에 애상미와 비장미가 강하게 느껴지는 이 작품은 이욱의 대표작으로 화자의 의식의 흐름에 따라 시상이 전개되고 있다. 추운 겨울이 지나고 기다리던 꽃 피는 봄이 왔건만 화자는 하나도 기쁘기 않다. 어제 밤에 또 동풍이 불었으니 머지않아 봄은 사라지겠지. 그리고 여름이 지나 밝은 달이 뜨는 가을이 오고나면 또 다시 한 해가 지나갈 거야. 아무 희망 없이 봄가을만 되풀이되는 이 생활과 과거의 생활 에 대해 그대는 얼마나 알고 있는가. 그리워 고국 쪽을 향해 머리를 돌려보고 싶지만 망국의 군주가 어찌 감히 머리를 돌릴 수 있겠는가. 그저 그리워만 할 뿐이다. 강남에서 가장 부유했던 나의 조국, 정성스레 조각한 난간들, 옥돌로 쌓은 계단들, 세월이 흘러도 그런 것들은 여전히 그대로 남아 있겠지만 사람들만 변했겠지. 아름답던 궁녀들은 지금 다 어디에 있는지. 그들도 이제 늙어 아름답던 얼굴도 좀 변했겠지. 이런 슬픔의 무게가 얼마나 되는지 그대는 아는가. 슬픔이란 끝없이 흐르는 강물과 같다는 생각이 든다.

이 작품은 문장 구성이 특이하고, 완벽한 짜임과 적절한 어휘 선택, 그리고 성조의 조화가 잘된 음악성이 돋보이는 사다. 특히 대비와 격구가 돋보이는데 우주와 인생에 대한 무한과 유한의 대비가 있고, 좋았던 시절의 과거와 고통의 현재에 대한 대비가 있으며, 사물과 인간의 변화와 불변에 대한 대비가 있다. 이런 대비들은 전체적으로 서로 유기적 관계를 맺으며 잘 호응되고 있으며 인생에 대한 철리도 있어 그 감개가 무궁하다.

다재다능한 이욱(李煜)

이욱은 서기 937년 음력 7월 7일 중국의 민간에서 칠석이라 말하는 견우와 직녀가 만나는 날 태어났는데, 옛날에는 흔히들 이날을 '결교절(乞巧節)'이라고 하여 여자 아이들의 명절 그리고 이별과 상사(想思)의 날이라고 했다.

부친 이경통(李景通)은 이욱이 태어난 날이 재미있다고 생각되어 그에게 이종가(李從嘉)라는 이름을 지어주며 그의 일생이 그의 이름대로 순풍에 돛단 듯 만사가 아름답게 흘러가기를 바랐다. 이욱은 시절이 평안하고 우방과도 평화로운 관계 속에 태평성가를 부르는 시절에 남당의 여섯 번째 왕자로 태어났기 때문에 정치와는 무관하게 예술에 그의 온 정력을 쏟으며 자라났다. 전쟁에 한 번도 참여하지 않은 그는 18세 때 왕자의 신분으로 결혼을 했고 부친의 죽음으로 25세에 남당의 3대 왕위에 올랐다. 이때가 서기 961년 송 왕조 건륭(建隆) 2년이었다.

즉위한 후 그는 이름을 욱(煜)으로 바꾸고 자를 중광(重光)으로 바꾸었다. 욱(煜)은 밝게 비친다는 의미로, 이것은 서한(西漢) 양웅(揚雄)의 〈태현(太玄), 원고(元告)〉 중에 '해는 낮을 밝게 비추고 달은 밤을 밝게 비친다'는 뜻에서 취해 온 이름이다.

그의 부친 이경통(李景通)은 정치보다 시(詩), 사(詞), 가(歌), 부(賦)에 더 흥취가 있어 문학에 뛰어난 신하들과 여러 아들들을 데리고 어화원에서 시사(詩詞)를 지으며 서로 화답하고 시문(詩文)을 평하며 세월을 보냈다. 이경통의 적극 제창하에 남당은 당(唐) 왕조의 수도 장안(長安) 이래로 중국문학 발전의 중심이 되어, 적지 않은 유명한 사객(詞客) 시인을 배출했다. 이경통의 조정 관원들은 대부분 모두 다 시에 능했고 그 대표적인 사람이 풍연사(馮延巳)다. 풍연사의 사(詞)는 사의 의미가 풍부하고 아름다우며, 색채가 진하고 또 처량하면서도 참신하여 오대십국의 사단에서 독보적인 위치를 차지했으며, 또 후대 문인들에 의해 호평을 받은 사람이다. 그의 유명한 〈알금문(謁金門)〉은 임을 기다리며 난간에 기대 오리들을 놀리고 있는 여인을 그린 것이고, 〈남향자(南鄉子)〉는 석양에 침대에 기대어 상춘(傷春)으로 눈물 흘리는 여인을 그린 것이다.

이경통 자신도 시사(詩詞)에 능해 그가 지은 봄의 슬픔을 그린 〈응천장(應天長)〉과 다듬이소리에 남이 돌아온 줄 알았다는 〈망원행(望遠行)〉, 봄의 한을 그린 〈탄파완계사(攤破浣溪沙)〉는 매우 아름답고 유명한 작품이다.

이런 부친의 배양 아래 이욱은 사(詞), 시(詩), 부(賦), 술(酒), 춤(舞), 서예, 회화, 음악, 바둑, 여인들에 지대한 관심을 가졌으며, 그는 사인(詞人), 서예가, 음악가, 평론가, 화가, 무대예술가로 종합 예술의 대가였다.

1) 이욱의 풍류

남당의 중주 이경통과 후주 이욱은 매우 풍류스러운 군왕이었다. 군신들과 아들들을 데리고 시주회(詩酒會)를 열어 시사를 논하던 중주는 심지어 대신들과 서로 별명을 지어 그들이 지은 명구(名句)로 서로를 호칭했다.

'달이 구름을 헤치고 나와 달빛이 꽃 그림자에 아롱거린다'라는 구절을 쓴 〈운파월래화농영(云破月來花弄影)〉 낭중(郎中), '가지에 핀 빨간 살구꽃이 봄을 맞이한다'를 쓴 〈홍행지두춘의투(紅杏枝頭春意鬪)〉 상서(尙書) 등 시(詩) 구절로 관직명을 불렀고 또 이경통이 풍연사의 〈알금문(謁金門)〉 중의 한 구절인 '바람이 막 불기 시작해 연못의 봄물이 한층 더 물결을 일으킨다'는 구절을 인용하며 이것이 그대와 무슨 상관이 있느냐고 물으면 풍연사는 이에 질세라 이경통의 〈완계사(浣溪沙)〉 속의 한 구절을 인용해 폐하의 '작은 누각에서 부는 생황소리가 맑게 들린다'와 어찌 견줄 수가 있겠느냐고 대답하곤 했다.

이런 풍류 속에서 자란 이욱은 평생을 풍류공자로 살았다. 남당 궁전의 이름만 보아도 이욱의 풍류를 잘 알 수 있다. 그는 정무를 보는 정전(正殿) 이외의 별전(別殿)의 이름을 문학적이고 풍류적으로 지었다. 마음을 맑게 하는 징심당(澄心堂)은 〈회남자(淮南子) 태족훈(泰族訓)〉에 "배우는 자의 마음은 맑은 물같이 깨끗한 마음"이어야 한다는 뜻에서 이 이름을 취한 것으로 이곳은 군왕이 책을 읽고 문서를 비준하고 군국대사를 비밀리 결정하는 궁원 안의 금지된 장소였다. 옥루춘(玉樓春)은 옥으로 장식을 한 것처럼 화려하고 사치스러운 궁전으로 여기에서 대형 가무회와 큰 연회를 베풀었으며 천정에는 야명주(夜明珠)가 높이 달려 있어 밤에도 대낮처럼 밝을 정도로 웅장하고 화려한 별전이다.

가까운 신하들과 황족들이 작은 연회를 여는 곳인 청휘전(淸輝殿)은 당나라 사람 장구령(張九齡)의 〈賦自自君之出矣〉라는 시 속의 "달 빛 속에서 임 생각을 하면 달은 밤마다 푸른 광채가 덜해간다"에서 따온 이름이다. 대주후가 거하는 요광전(瑤光殿)과 소주후가 거하는 유의전(柔儀殿), 이욱 자신이 거처하는 장추전(長秋殿)의 이름도 매우 문학적이며, 이욱이 처제와 처음 통정을 했던 이풍전(移風殿)은 궁궐 남쪽의 화당으로 이름 그대로 꽃향기가 바람에 날아오는 아름다운 곳이다.

이욱은 또 분향(焚香)에도 지극히 관심을 보여 남당 궁궐에 향을 제조, 관리하는 부서를 창설할 정도였다. 그가 연구하여 만든 최고의 향은 정향(丁香), 잔향(棧

香), 단향(檀香), 사향(麝香) 각 10냥에다가 갑향(甲香) 3냥을 가늘게 갈아 넣은 후, 그 속에 배 10개 정도의 배즙을 만들어 잘 섞은 다음 이것을 약한 불에 졸여 만든 극상품의 향료이다.

이욱은 소주후와 밀회를 즐겼던 이풍전(移風殿)에 꽃정자를 만들어 화분을 월주(越州) 비색요(秘色窯)에서 제조한 청자 화분으로 둘러싸게 하고 향기나는 꽃들만 심게 한 후, 이 정자를 '천동천(錦洞天)'이라 이름 지었다.

이욱은 서화를 잘 하려면 우선 도구부터 좋아야 한다고 생각해 책, 그림 도구들, 즉 종이, 먹, 벼루에도 깊은 연구를 했다. 후세 사람들은 이에 대해 "이후주(李后主)는 서화의 예의범절에도 유의하여 그가 쓰는 징심당(澄心堂)의 종이, 이연규(李延珪)의 먹, 용미석(龍尾石)의 벼루, 이 세 가지는 천하의 제일이다."라고 했다. 그가 온 정성으로 다해 지도하며 만든 징심당의 종이와 용미석의 벼루, 이연규의 먹은 후에 서화 도구라기보다는 일종의 예술 작품으로 인식되면서 사람들은 이를 진귀품으로 여기며 소장했다.

이욱이 예술에서 추구한 것은 정태미와 동태미의 조화로 정(靜) 중에 동(動)이 있고, 동(動) 중에 정(靜)이 있는 아름다운 융화여서 그의 사 역시 이런 아름다움이 깃들어 있다.

2) 이욱과 서화(書畵)

이욱은 서예가로, 일찍이 독자적으로 자기만의 〈금차도(金借刀)〉라는 서법(書法)을 만들어냈다. 후대 사람들은 그의 서법을 '고집 센 강한 대장부'에 비유했다. 그의 살아생전에 그의 서적(書跡)은 이미 사대부들의 깊은 사랑을 받았으며, 이 서예품들은 사람들이 즐겨 소장하며 아끼는 귀중한 진품으로 인식되었다.

그가 서현(徐鉉)에게 보낸 편지 글씨를 보면 그의 문장 못지않게 그의 서예도 훌륭하며, 그가 쓴 글자는 큰 글자(大字)는 대나무를 자른 것 같고 조그만 글자는 바늘이 모인 것 같아 사람의 필력이 아닌 것 같았으며 이런 한겨울의 소나무와 서리를 맞은 대나무 같은 필치를 사람들은 금착력(金錯力)이라 불렀다. 그는 큰 글씨를 쓸 때 붓을 사용하지 않고 비단을 말아 글을 썼는데 사람들은 이를 촬금서(撮襟書)라 불렀다.

서예에 대해 세밀하고 깊이 있는 이해를 하자면 이는 결코 하루아침에 이룩할 수 없는 일이기 때문에 그가 얼마나 꾸준히 부지런히 연마하여 후세 사람들이 말하는 "사(詞)와 문장에 뛰어나고 서화(書畵)에 능하며, 모든 것이 완벽한 절묘"의 경지에 이르게 되었는지를 상상할 수 있다.

150년 후 송 휘종(徽宗)때 황실에서 그의 서예품 24종을 보관했었는데, 〈회남자(淮南子)〉, 〈춘초부(春草賦)〉, 〈극기처분(克己處分)〉, 〈예삼보중성현의(禮三寶衆聖賢儀)〉, 〈금서심경(金書心經)〉, 〈비원주장(批元奏狀)〉, 〈의천칭척기(義天秤尺記)〉, 〈호가행(浩歌行)〉, 〈팔사경(八師經)〉, 〈고풍시(古風詩)〉 2首, 〈임강선(臨江仙)〉, 〈악부(樂府)〉 3首, 〈궁상시(宮相詩)〉, 〈논도첩(論道帖)〉, 〈초현시첩(招賢詩帖)〉, 〈악장나첩(樂章羅帖)〉 등이 바로 그것이다.

이욱은 또한 서예이론가다. 그는 양흔(羊欣)의 〈필진도(筆陣圖)〉를 계승하여, 〈서술(書述)〉, 〈서평(書評)〉이라는 서예 이론서를 쓴 적이 있다.

〈연북잡지(硯北雜誌)〉에 이욱(李煜)이 당대(唐代)의 저명한 서예가들을 평론한 것이 기재되어 있는데, 그의 서예 이론에 대한 심도 있는 연구를 가히 볼 수 있다. 그는 왕우군(王右軍), 우세남(虞世南), 구양순(歐陽詢), 우군(右軍), 저수량(褚遂良), 설직(薛稷), 안직경(顔直 卿), 유공권(柳公權), 서호(徐浩), 이옹(李邕), 장욱(張旭), 헌지(憲之) 등의 작품을 예리하게 분석하면서 그들의 장단점을 피력했다.

이욱은 여러 작가들의 작품을 보고 그들의 훌륭한 점을 배워 이것을 바탕으로 새롭게 창조한 〈금오도〉라는 서법을 내놓았다. 그가 만든 〈금오도〉와 〈쇄금서〉 서법은 전 사람이 가르친 창작 풍격 위에 뒷사람들의 필법이 새롭게 합해진 창작방법으로 서예기법의 좋은 점만 취해 만든 기법이다.

이욱(李煜)은 화가이기도 해, 사람들로부터 〈서화동체(書畵同體)〉라고 불렸다. 그의 '철구쇄(鐵鉤鎖)' 화법은 굉장히 유명하다. 북송(北宋) 말년에 이르러 황궁에 그의 작품인 〈자재관음상(自在觀音相)〉, 〈운룡풍호도(雲龍風虎圖)〉, 〈자죽쌍금도(柘竹雙禽圖)〉, 〈자지 한금도(柘枝寒禽圖)〉 〈추지피상도(秋枝披霜圖)〉, 〈사생암순도(寫生鵪鶉圖)〉, 〈극조도(棘鳥圖)〉, 〈색죽도(色竹圖)〉, 〈죽금도(竹禽圖)〉의 9폭이 남아 있었다.

곽약허(郭若虛)의 〈도서견문지(圖書見聞誌)〉에 '후주(后主)는 서화에 정통하고 그의 재능과 식견은 맑고 깨끗한데, 그가 그린 수풀 속을 나는 새 그림을 감상해보면 일반적인 수준에서 벗어나, 보이는 것보다 품은 뜻이 더 높다'고 했다. 또 금릉

(金陵) 왕상(王相)의 집에 조류화목의 그림이 있고, 이충무(李忠武)의 집에 죽지도(竹枝圖)가 있는데 모두 세상에서 보기 드문 작품이다'라고 기재되고 있으니 이로써 그의 그림에 대한 조예를 잘 알 수 있다.

또 도목(都穆)이 쓴 〈제후주묵죽(題后主墨竹)〉에서는 '얼핏 보면 선 채로 죽은 나무에 서리가 어린 껍질과 연기처럼 나뭇가지 위로 서리가 내려 고목처럼 흔들거리는 것을 보게 되지만, 천천히 뜯어보면 비로소 그것이 대나무임을 알게 된다. 세상 사람들은 후주의 묵죽(墨竹)이 이른바 범속하지 않고 맑고 투명하다고들 한다'라고 했으며 〈예장황선생문집(豫章黃先生文集)〉에서는 '세상에서 이주(李主)의 대나무 그림은 그 뿌리에서 나뭇가지 끝까지 하나하나 일일이 다 그려낸다고 전해져 이를 〈철구쇄(鐵鉤鎖)〉라 일컫는다. 나는 유공권(柳公權)만이 이 필법을 가지고 있다고 말하겠다.'고 했으니 이욱이 크고 작은 사물 하나하나를 얼마나 세심히 정교하게 그려냈는지를 엿볼 수 있다.

이욱은 또 단청(丹靑)에도 마음을 두었으며 그의 그림들은 범속하지 않고 맑으며 특별한 품격을 지니고 있었다. 장축(張丑)은 〈淸河書畵舫〉에서 이후주의 〈강산조승도(江山釣勝圖)〉라는 수묵화는 그 필치가 깊고 길다고 극찬하고 있다.

그리고 이욱은 또 서화 수장가이기도 하다. 〈강남별록(江南別彔)〉에서는 이욱과 그의 부친 모두가 다 수장가였으며, '궁중에 만 권의 서적과 종(鍾)씨와 왕(王)씨의 묵필(墨筆)이 특히 많았다'고 말하고 있다. 그가 소장한 유명한 사람들의 서화는 전하는 바에 의하면, 상품(上品)이 99종, 중품(中品)이 33종, 하품(下品)이 139종이나 되었다고 한다. 그가 소장한 진본(珍本) 도서는 굉장히 많았는데, 남당이 멸망하기 전 이욱이 자신이 소장한 도서와 글씨, 그림을 전부 태워버리라고 명을 하여 불태워 버렸으나 그 속에서 송군이 찾아 정리한 것만도 해도 6만 여권이나 되었다. 사서(史書)에 의하면 이욱이 소장한 책들은 모두 '틀린 데 없이 교정되고 질서정연하게 편집되어 완전하게 구비된, 다른 나라들의 판본과 다른' 진기하고 특별한 판본이라고 기재되어 있다.

3) 이욱과 음악

시(詩)는 본래 가사(歌詞)가 발전해 온 것이다. 당(唐) 나라 때의 유명한 시인의 시가(詩歌)들은 모두 일정한 곡조에 의해 노래로 불리어진 것이다. 당(唐) 현종(玄

宗)과 양옥환(楊玉環)이 새로운 사(詞)를 노래 부르고 싶으면 취중의 이태백에게 즉시 시를 지어 읊으라고 명하고, 이태백이 〈청평조(淸平調)〉 3수(首)를 지어 바치면 이 시는 곧바로 악공들이 연주하여 불렀다. 그러나 시(詩)의 형태가 매 구(句) 5字 또는 7字로 되어 있어 너무 기계적이라 노래하기 불편했고 그래서 후에 장단구(長短句)의 시가(詩歌)로 발전했다가 나중에 사(詞)가 된 것이다.

당말(唐末) 오대(五代)시기는 일종의 새로운 문학 체계가 문단에 떠오르면서 빠른 속도로 발전해 나갔다. 당(唐) 나라 후기에 비록 일부 절묘한 좋은 시가 출현한 적은 있었으나 그러나 이욱 전에 사단(詞壇)을 주재한 것은 '화간파(花間派)' 사인(詞人)들뿐이었다. 이욱이 4살 밖에 되지 않았을 때 당시 유명한 사인(詞人)들의 저명한 사(詞)작품이 수록된 〈화간집(花間集)〉이라는 사집(詞集) 한 권이 출판되었는데, 이 속에 이 시기의 창작 풍격이 반영되어 있어서 후대 사람들이 이 시기의 사풍(詞風)을 화간파(花間派)라고 칭하게 된 것이다.

이 시기 사(詞) 작품의 가장 취약한 점은 시야가 넓지 못하고 내용상에서도 "달 아래 꽃 앞에서(花前月下)"처럼 그저 공허한 말만 있고 주제가 선명하지 못한 점과 사(詞)의 단어 사용도 아주 음탕하여 남자는 탐하고 여자는 사랑하는 천박한 것들뿐이었다. 그리고 사(詞) 작품들이 주로 악공들이나 창극 배우들의 통속적인 문학 예술에서 나온 것이어서 당시 문인들의 멸시를 받았다.

남당 때에 이르러 화간파의 범위 밖에 있던 이경통(李景通)과 이욱(李煜) 그리고 풍연사(馮延巳)와 서현(徐鉉) 등이 사(詞)의 창작을 개혁하여 비로소 사(詞)가 시인 묵객(詩人墨客)의 사랑을 받는 또 다른 문학체계가 되었다. 사(詞) 창작은 노래 부르는 사(詞)의 풍격에 비교적 깊은 조예가 깊어야 하고, 음률을 잘 알아야 했다.

서정시를 악곡(樂曲)의 가사로 부르는 것을 곡자사(曲子詞)라고 했는데 나중에 이것을 간단히 사(詞)라고 부르게 되었으며, 시여(詩餘), 장단구(長短句) 혹은 악부(樂府)라고도 했다. 이욱의 사는 소동파의 사처럼 호방하지 않은 완약(婉約)파에 속하며 그의 작품에서는 섬세한 미의식과 정감이 진솔하게 묻어 나오고 있다.

남송 말기부터 반주음악이 점차 사라지면서 사는 원래 곡조명 즉 각 작품의 첫머리에 있는 사조(詞調), 사패(詞牌)로 불렸는데 이것은 단순히 한자의 사성(四聲) · 평측(平仄) · 압운 자수 등의 규칙을 표시한 것에 불과했다.

음악과 긴밀한 관계를 가지고 있는 사(詞)를 지음에 있어 이욱도 음률에 정통해 보고자 노력을 해 보았으나 자신의 음악적 조예가 그의 서예나 회화에 비해 뒤떨어져 있어 자신에게 제일 필요한 재능은 음악이라고 늘 생각했다. 그러나 결혼 후, 그의 아내가 음악의 고수(高手)라는 것을 발견하고서 그는 뛸 듯이 기뻐하며 아황의 도움 아래 이 방면의 부족함을 보충해 나갔다. 후에 이욱은 '음률에 능하고' 그리고 '음률에 묘(妙)한' 사인이 되었다.

이욱의 음악 연구 결과, 왕국유(王國維)가 〈인간사화(人間詞話)〉에서 말한 것처럼 "사(詞)는 이후주(李后主) 때에 이르러서야 안목이 커지기 시작하고 따라서 그 감개도 깊어져 자연히 악공들의 사(詞)에서 사대부의 사(詞)로 변하게 된 것이다"

이욱의 초기 사(詞) 작품은 청신하면서도 화려했는데 이것이 '완약파(婉約派)' 사인(詞人)들의 예술 풍격의 원천이 되었다. 그의 후기 창작은 매우 슬프고 무거워 '호방파(豪放派)' 사인(詞人)들이 모방하는 모범이 되었다. 바로 이욱에 이르러서야 "화간파(花間派)" 사인(詞人)등이 구축한 남조(南朝)의 '궁체(宮體)'와 북쪽의 '창풍(倡風)'이 혼성된 사(詞) 패턴에서 벗어난 품격이 아주 다른 사단(詞壇)의 양대 유파를 양성했다.

이욱과 아황이 이룬 가장 큰 음악적 업적은 백 년 전에 잃어버린 〈예상우의곡(霓裳羽衣曲)〉을 복원한 일이다. 어느 날 아황은 종가의 서재에서 악보를 조사하다가 우연히 잔존하던 〈예상우의곡(霓裳羽衣曲)〉 악보 몇 개를 찾게 되었는데, 설도전(薛濤箋)이 손으로 베껴 쓴 이 악보의 종이가 너무 오래되어 찢어지고 흐트러지고 벌레가 좀먹어 없어진 부분이 많았으나 악기의 도형과 연주방법이 들어 있어, 아황은 급히 비파로 이 곡을 연주해 보았다.

아황은 이 악보에 의거해 원 소리를 찾았으며 빠진 것을 보완하여 이 무용곡을 완벽하게 복원했다. 그리하여 고(古) 악보를 파역(破譯)하여 다시 재현해 낸 천고의 절창(絕唱)으로 여기는 이 악곡은 남당에 새롭게 전파되었다. 그뿐만 아니라 그녀는 원곡의 박자가 느린 곳을 약간 수정하여 악곡을 더욱 생동적이고 경쾌하게 만들었다.

이욱은 이렇게 음악에도 심취하여 음악에 대해 여러 방면으로 연구했으며, 그는 일찍이 〈악기(樂記)〉를 쓴 적이 있었으나 아깝게도 오늘날 전해 내려오지 않고 있다.

이욱이 만든 〈염가산(念家山)〉과 〈진금령(振金鈴)〉 두 곡은 일찍이 강남 지역에서 널리 퍼진 당시의 명곡 중의 하나였다.

4) 이욱의 여인들

대주후(大周后) 아황(雅皇)

아마도 이욱이 가장 사랑했던 여인은 그의 아내 대주후(大周后) 아황(雅皇)인 듯하다. 그가 사(詞) 창작에서 그렇게 큰 예술적 성과를 거두어 명실공히 "사(詞)의 제왕"이 된 것도 모두 아황의 영향이다. 음악에 뛰어난 재능이 있는 아황은 이욱의 사 창작에 있어 어휘의 운용과 음률과의 관계가 중요하다는 것을 늘 일깨워주며 그의 사작에 비평가의 입장에서 그를 도왔다. 아황이 이욱을 가장 기쁘게 한 일은 그녀가 100년 전에 사라진 대당(大唐)의 큰 악곡인 〈예상우의곡(霓裳羽衣曲)〉를 복원한 일이다.

이욱은 왕자로 있을 때나 태자가 되었을 때도 정치에는 관심이 없었으며 아내와 함께 시와 음악과 춤을 즐겼다. 그는 아황과 함께 매번 궁녀와 악사들에게 그들 자신이 새로 작곡한 악곡을 연주하라고 명한 후 이를 듣고 서로 논평하며 토론하기를 좋아했다. 생황의 여음이 끊이지 않고 이어지는 가운데 꽃향기, 술향기 감실거리는 방안에서 둘은 술에 취해 노래와 춤 속에서 얼굴을 맞대고 선경에 있는 것 같은 황홀한 밤을 보내곤 했다.

이욱은 아황의 방을 아름답게 치장하여 그녀를 기쁘게 했다. 붉은 천의 양탄자가 깔린 방에는 꽃을 조각한 자단목 긴 책상이 있고 그 위에 치자(梔子), 미란(米蘭), 모리화(茉莉) 같은 향기 나는 화분을 올려놓아 방안을 향기롭게 했으며, 가구는 남당 최고의 장인들이 만든 예술품들로 장식했다. 방안 곳곳에는 구리 테에 도금을 하거나 청옥(青玉)으로 조각한 향로가 놓여 있고, 향로 안에서는 명귀한 향료로 만든 동물 모양의 향이 피어오르게 했다. 이욱은 진심으로 아황을 깊이 사랑하였으며 또 그들에게는 사랑하는 두 아들이 있어 더욱 행복했다.

그러나 29세의 아황은 중병에 걸려 뼈만 앙상해진 채 죽었다. 중병 중에 남편이 자기 동생과 치정에 빠진 것을 알게 된 아황은 처음엔 남편을 보려고 하지 않았다.

아황은 임종 직전에 자신이 이욱과 함께 미력하나마 서로 도와주며 살던 10년간의 부부의 정을 그리워하며 자신이 와병 중에 이욱에게 좀 냉담하고 소원하게 굴었던 점을 용서하라고 말했다. 그녀는 또 자신처럼 좋은 남편을 만나 사랑받으며 행복하게 10년을 산 사람은 흔치 않을 거라면서 자신은 참으로 운이 좋은 사람이었다고 말했다. 그녀는 자신의 백옥 팔찌와 시아버지께서 하사하신 소조(燒槽) 비파를 남편에게 주면서 그와의 영원한 이별을 표했다. 이욱은 이런 아황을 바라보며, 그녀의 자기에 대한 진실한 감정과 참사랑에 깊이 감동했으며, 또 자신이 그녀에 대해 짧게나마 박정했음을 생각하며 후회와 고통의 눈물을 흘렸다.

아황은 정신이 맑을 때 '자신의 장례를 간단히 하라'는 유서를 썼는데 이욱은 이런 유언에도 불구하고 궁중의 모든 것을 은색과 백색으로 덮어 나라의 국모로 황후의 상을 거하도록 명을 내렸다. 또 수많은 승려와 도사를 입궁케 해 아황을 위해 도에 지나칠 정도로 불경을 봉독하도록 했다. 자신은 아황 영전 앞에서 곡을 하며 매번 비통함으로 어쩔 줄 몰라 하며 눈물을 머금고 고개를 흔들며 상심이 떠날 줄을 몰라 했다. 영결의 날 이욱은 아황과 결혼으로 맺은 깊은 정을 그리워하며 당시 그와 아황이 정표로 주고받았던 옥팔찌와 아황이 생전에 가장 사랑했던 소조(燒槽) 비파를 친히 관 속에 넣어 주었다.

궁인 유주(流珠)

아황이 죽고 나자 교방(敎坊)도 오랫동안 신 곡목을 연습하지 못해 아황 생전만큼 활발하게 활동을 못하고 있었다. 이욱은 아황이 생전에 가장 아끼던 궁인 유주(流珠)를 생각하며, 그녀는 아황의 참 지음(知音)이었고 또한 그녀는 아황이 만든 〈요취무파(邀醉舞破)〉와 〈한래지파(恨來遲破)〉 두 곡에 내포된 뜻을 가장 잘 이해할 수 있는 사람이라고 생각했다.

궁녀 유주는 영리하고 손재주가 뛰어나 비파를 매우 잘 켰는데 아황 생전에 유일하게 질투를 안 받았던 비(妃)였다. 그녀는 아황의 두 작품의 묘미를 가장 잘 이해했으며, 독창적인 예술 구상으로 독특하게 연주를 하여, 그 기술이 입신의 경지에 이르게 되어 아황의 지음이 되었다.

아황이 병으로 죽자, 교방에서는 오랫동안 연습을 하지 않아 사람들은 이 곡을 점차 잊어갔다. 그러나 유주만은 여전히 그 진수를 알고 있었고 그녀는 중도에 그만두지 않고 아침저녁으로 매일 연습을 하여 그녀의 연주기교는 더욱 신비롭고 운치가 있게 되었다. 그녀는 비파 연주를 더 깊이 연구하고 연습하여 음악으로 이욱의 아황에 대한 그리움을 불러일으키게 하여 자신의 정을 전하고, 이욱의 총애가 자신에게 쏠리게 하려고 마음먹었다. 울적한 기분이 들 때마다 유주를 찾는 이욱을 위해 그녀는 혼신의 힘을 다해 아황이 작곡한 무곡을 연주하여 마치 아황이 다시 살아 돌아온 듯한 착각을 불러일으켰다. 그녀의 이런 피나는 노력이 마침내 효력이 있어 이욱은 아황이 그리워질 때마다 유주를 찾아왔고 그리하여 유주는 이욱의 총애를 받게 되었다.

소주후(小周后)

아황이 죽은 후 이욱 신변으로 날아든 소주후(小周后)는 이욱이 죽을 때까지 함께 한 여인이다. 소주후는 어려서부터 매우 총명하고 민첩했으며 귀엽고 사랑스럽고 천진난만하여 사람들의 사랑을 한 몸에 받은 아가씨다. 남당 대신인 아버지와 태자비인 언니 때문에 어려서부터 남당 황궁에 자주 드나들던 그녀는 잘 웃는 성격과 활발한 천성으로 이욱 어머니의 사랑을 깊이 받았다. 태후는 이 꼬마 아가씨를 무척 좋아해, 그녀 집안사람들에게 그녀가 늘 궁에 와서 놀게 하라고 특별히 분부를 하여 궁중에서 볼 수 없는 활발하고 어린애 같은 유치함을 보며 즐거워하고 싶어 했다.

소주후의 동년 시절은 반은 남당 궁중에서 지냈으며 그녀가 집안 식구들과 함께 양주(揚州)로 옮겨갈 때까지 계속 되다가 그 후부터 궁에 들어갈 기회가 다시는 없게 된 것이다.

15세의 소주후는 언니의 병간호를 위해 양주에서 궁으로 달려와 여러 날을 궁에 머물렀다. 그녀는 궁중에 온 지 여러 날이 지난 후에야 아황을 보러 갔다. 자신보다 13살이나 더 나이가 많은 형부를 대했을 때 그녀가 어떤 생각을 했을지 오늘의 우리는 알 수가 없으나 남당 최고 지도자일 뿐만 아니라 영준한 생김새와 풍류스러운 멋아 물씬 풍기는 형부를 보면서 어쩌면 15세의 소녀는 첫 눈에 반했을지도 모르겠다.

당시 이욱은 두 아이의 아버지였으며 이미 남당 강산의 4년간의 군주였지만 그는 이제 28살의 청년에 불과했다. 이욱은 결혼 후 줄곧 아황의 성숙미에 빠져 있었는데 천진한 소주후의 어린애다운 치기가 어쩌면 그를 사로잡았는지도 모르겠다. 그는 소주후의 천진함에 전염되어 그 자신도 젊어지기 시작했다. 그는 남의 이목도 국사도 아랑곳 하지 않고 소주후를 깊이 사랑했으며 그는 이 두 번째 사랑에 처음보다 더욱 깊이 빠져 버렸다.

18세 때 아황과 결혼생활을 시작했을 때는 서로 사랑하고 사랑받는 가운데 아직 덜 성숙한 이욱은 사랑받는 쪽이었다. 그러나 그가 소주후와 다시 사랑에 빠지게 되었을 때 그는 자연 사랑을 주는 쪽이었고, 이 새로운 역할 속에서 이욱은 또 다른 즐거움과 쾌락에 빠져 헤어나오지를 못했다.

춤을 잘 추었다고 하는 소주후 역시 문학을 논하고 악기를 다룰 줄 알았다. 그녀는 가끔 악보의 아름다운 선율을 빌어 시 속에 묘사된 강물의 흐름과 달빛, 흰 구름, 떡갈나무, 조각배, 높은 누각 등 봄날 강가의 밤 정경과 시인이 서정적으로 말하고 있는 인간 세계의 이별의 정서와 그로 인해 생기는 인생에 대한 감개 등을 매우 생생하게 설명하곤 했는데, 그녀는 어려서부터 고향인 양주(揚州)를 찬미하는 시편들을 무척 좋아했고 또 그곳의 산천과 풍물을 진심으로 사랑했기 때문에 사에서 표현하고 있는 맑은 그림 같은 묘사와 심오한 예술적 경지를 감각적으로 받아들였다. 이런 모든 것이 또 이욱을 감동시켜 그는 소주후를 더욱 사랑했다.

〈사기(史記)〉, 〈열녀전(列女傳)〉 같은 책을 보면 요(堯) 황제의 두 딸인 아황(娥皇)과 여영(女英)이 함께 순(舜)황제께 시집갔다고 전해지고 있다. 자만심이 가득한 이욱은 어쩌면 자신이 순 임금과 같다고 생각되어 소주후를 여영으로 생각하면서 그녀를 자연스럽게 받아들였는지도 모르겠다.

이욱은 소주후를 어린애처럼 대하며 매사를 세심히 가르쳤다. 그들이 몰래 연애를 하고 있을 당시, 그녀를 위해 쓴 〈자야가(子夜歌)〉란 시를 주면서 그는 그녀가 행여 그 뜻을 잘 이해하지 못할까봐 처음 두 구절에 동그라미를 쳐 놓을 정도로 자상했다.

궁녀 황씨(黃氏)

궁녀 황씨(黃氏)는 장군 집안의 딸로 세세로 한수(漢水)와 양자강이 만나는 곳인 강하(江夏)에서 살았다. 그 아버지는 초(楚) 나라 군대의 중임을 맡은 충성과 용맹으로 죽기를 불사하는 장수였으나, 불행히 남당군과 교전하던 중 희생되었다. 어렸을 때 그녀는 대장 변호(边鎬)의 수중에 들어가게 되었는데, 용모가 수려해 변호는 그녀를 금릉으로 데려와 후궁으로 바쳤다. 궁중에서 자라난 황씨는 자라면서 점점 몸매가 아름다워지고, 그녀가 궁궐 안을 돌아다니며 눈살을 찌푸리거나 웃을 때면 참으로 아름다워 궁녀들 가운데 군계일학이었다.

이욱은 즉위 후 그녀의 아름다운 용모가 마음에 들어 우선 그녀를 "보의(保儀)"가 되게 했다. 그러나 아황과 소주후가 서로 사랑을 독차지하고 있어 그녀는 이욱과 친하게 될 틈이 없었다. 그러나 그녀는 이욱이 서화(書畵)에 뛰어나고 열심히 소장한다는 것을 잘 알고 있어서 역대 명가의 묵적과 비첩들을 열심히 모방하면서 서예 연습을 고되게 연마하여 이로써 이욱의 중시를 받으려고 애썼다.

결국 그녀는 궁녀들 중 서예가 가장 뛰어나서 후에 이욱의 칭찬과 중시를 받게 되었고 중임도 맡게 되어 궁중의 도서와 문적, 특히 보기 드문 고본(孤本 : 하나뿐인 서적), 선본(善本 : 훌륭한 책), 및 종요(鍾繇), 왕희지(王羲之) 등 서예가들의 진본을 잘 보관하는 임무를 맡았으며 이로써 이욱과 가까워질 기회를 얻어, 서예로 두 사람은 감정 교류를 하게 된 것이다.

이욱은 멸망 직전에, 나라가 망해 송군이 쳐들어와 남당의 도서를 모두 가져갈까봐 걱정했다. 그는 황씨(黃氏)에게 "이 모든 것들은 선제(先帝)께서 진기한 보물로 소장한 것들이다. 만일 성(城)이 무너지면 너는 이것들을 모두 태워버려 다른 사람들 손에 떨어지지 않도록 하라"고 말했다.

성(城)이 함락되었을 때, 황(黃)씨는 명을 받들어 책을 불태웠다. 이 불은 무수한 국보를 잿더미로 만들었을 뿐 아니라 동시에 정덕원(淨德院) 80여 여승들의 목숨도 앗아갔다. 여승들은 이욱이 분신자살을 했다고 생각하여, 그녀들도 즉시 불을 붙여 나라를 위하고 자신들을 욕보이기 싫은 충정으로 용감하게 강렬한 불 속으로 몸을 던져 죽은 것이다.

궁녀 설구(薛九)

시봉중랑(侍奉中郎)인 궁녀 설구(薛九)는 이욱의 환심을 사기 위해 온 마음을 다하여 이욱이 곡에 맞춰 사(詞)를 지은 〈계강곡(稽康曲)〉을 전문적으로 연습했다. 그녀는 똑똑한 발음으로 부드럽게 노래해 듣기에 좋았으며 또 노래 부르는 목청과 감정이 구성져 사람들의 혼백을 빼앗았다. 후에 그녀는 〈계강곡무(稽康曲舞)〉를 새롭게 편성해 후궁 안을 떠들썩하게 했다.

그녀는 천진난만하고 매사를 단순하게 생각하는 궁녀로, 맑고 깨끗한 얼굴과 어렸을 때부터 뭐든지 대담하고 새롭게 혁신하길 좋아하는 성정으로 이욱의 관심을 끌었다. 그녀는 자신이 나비를 유혹하는 후원 안의 꽃들 속에 있다고 생각되어 이욱의 환심을 사기 위해서는 보통 꽃들과는 달라야 한다는 생각에, 날마다 옷치장에 신경을 썼고, 머리 모양도 늘 새롭게 만들어내며, 머리 비녀 위에 사람의 마음을 취하게 하는 향기로운 꽃을 꽂고 궁중 안 도처를 돌아다니며, 시선을 끌려고 노력했다. 궁녀들은 그녀의 이런 행동을 유치하게 생각했지만, 동심과 미망 속의 이욱의 눈에는 호기심으로 비쳐 그는 결국 그녀를 사랑하게 되었다.

남당이 멸망한 직후 그녀는 낙양(洛陽)으로 흘러들어가 복선방(福善坊)의 가무방(歌舞班)에서 노래를 부르며 살았다. 그녀는 낙양에 와서도 남당 시절의 노래와 춤을 못내 잊지 못하여 당시의 노래를 가사를 고쳐 불러 구경하는 사람들 모두를 눈물 흘리게 했다.

'30세의 설구(薛九)는 시봉중랑(侍奉中郎)이었다', '손님을 영접하고 전송하는 대당에는 난초 향기가 가득했다', '그러나 용이 서린 제왕의 기운은 가을날 안개로 변했고 회하(淮河)의 곡성에 달마저도 가을 서리처럼 떠있구나', '의성(宜城)의 좋은 술은 안개처럼 뱃속을 휘감고, 그대들을 위해 억지로 당시의 곡을 춤추네', '존귀한 군주가 남기신 시사(詩詞)는 다시 듣지 말고 양쪽 귀밑수염은 노랗게 시들어 당시의 풍채는 사라졌구나', '낭양(囊陽)의 백동제(白銅鞮)를 들으니 황량한 도성의 아름다운 옛 여인들의 원망소리 전해지는 듯하다', '망국의 한보다 더 처량한 것은 없어 자리에 앉아 쓰라린 눈물을 한없이 흘리네', '낙양(洛陽)의 공자(公子)는 손에 은술잔을 들고 꿇어앉은 노복은 곡에 맞춰 현란한 빛을 만들어 내는구나', '번화한 금릉이 꿈속에서 떠도는데 아름다운 경치 하나 없고 악기조차도 부끄러워 짧은 악장마저 빼버리는구나'

궁녀 경노(慶奴)

이욱은 아주 어려서부터 경노를 오래도록 사모해 왔지만 시종 뜻을 이루지 못하다가 어렵게 몰래 금단의 열매를 따먹었다. 그러나 그 후 경노를 자주 찾지 않아 그녀를 외롭게 하여 늘 그녀에게 죄책감이 있었는데 어느 날 우연히 다시 만나게 되었을 때 경국지색이던 그녀가 누렇게 시들어감을 보고 슬픔을 금할 수가 없었다. 이욱은 첫사랑이라고 할 수 있는 그녀와의 옛 정을 생각하며 부채 뒷면에 〈양류사(楊柳詞)〉 한 수를 지어 경노에게 주었는데 "풍월 같은 정취 시들어 젊음을 다시 볼 수 없어 슬픔으로 넋을 잃고, 긴 버드나무 가지는 서로 아는 듯 사래질하며 흔들리며 우리를 어루만진다"는 내용이었다. 후에 경로는 북에 있는 이욱에게 가끔씩 편지를 보냈고 이욱도 연인 같은 답장을 보내곤 했다.

무희 요낭(窅娘)

궁궐의 궁아인 요낭(窅娘)은 춤을 매우 잘 추어 이욱의 많은 관심을 받았다. 요낭은 서역인으로 눈이 움푹 들어간 서구적 외모를 지녀 이런 이름을 얻게 된 것이다. 움푹 들어간 눈에 아름다운 용모의 요낭은 혼혈아다. 생모는 당나라 말 서역에서 파견된 사신을 따라온 강남 경상의 회교도 후예로 그녀는 커서 한족에게 시집을 갔다. 혼혈아인 요낭의 눈은 우묵하게 들어간데다 그 눈이 아득하고 깊게 느껴져 깊은 눈이라는 '요(窅)'자를 이름에 쓴 것이다.

곱슬머리와 우뚝 솟은 코, 우묵 들어간 눈, 긴 속눈썹의 아름다운 용모의 요낭은 궁에 들어가기 전에 강남의 한 호수에서 배를 타고 연밥을 따면서 노래 부르기를 좋아했던 아가씨였다.

요낭은 입궁한 후 전문적으로 노래를 부르고 춤을 추었으며 특히 당나라 왕창령(王昌齡)의 〈채연곡(采蓮曲)〉의 내용을 토대로 하여 개편한 〈채연무(采蓮舞)〉를 잘 추었다. 이욱은 그녀의 춤추는 모습을 넋을 잃고 바라보면서 "같은 색 연꽃 비단 치마를 입고 서로 마주보는 무희들의 부용 같은 얼굴이 안으로 숨었다가 노래소리 듣고서야 사람이 다가온 것을 알 수 있네"라는 시를 읊조렸다.

이욱은 요낭이 추는 〈능파선자(凌波仙子)〉라는 우아한 아름다운 춤을 보자, 옛 남조(南朝)의 황제였던 소보권(蕭寶卷)이 그의 사랑하는 비(妃) 반씨(潘氏)를 위해 금을 정련하여 눌러 만든 얇은 연꽃 모양의 금편(金片)이 생각났다. 소보권은 금편을 후궁의 지면에 일정한 간격으로 붙여놓게 한 뒤 긴 치마를 입은 반씨로 하여금 연꽃을 밟으며 춤을 추게 하면서 '한 발자국에 연꽃 한 잎 생겨나고(步步生蓮花)'라는 시를 지었다. 이욱도 연 밥 따는 아가씨의 춤을 그렇게 연출해 보고 싶었다. 그래서 그는 특별히 공부(工部)에 명하여 황금으로 주조된 6척 높이의 거대한 연꽃을 만들라고 했으며 요낭에게 그 위에서 춤을 추라고 명했다.

3척 정방형의 초대형무대에 적응하기 위해 이욱은 요낭에게 천으로 발을 꽁꽁 묶어 발을 활 모양으로 구부러지게 해, 발의 형태가 작게 변하면 보폭도 따라서 자연히 작게 변할 것이라고 했다. 그렇게 하면 발의 곡선미도 두드러지고 또 그런 상태에서 춤을 추면 춤추는 사람이 발이 불편해서 잘 서 있을 수 없으므로 흔들거리며 추는 춤이 더욱 교태를 부리게 돼 연꽃을 따는 배가 물 위를 나는 정경과 잘 맞는다고 했다.

요낭은 명을 들은 후, 이욱이 자신을 총애한다는 것을 알게 되어 그를 위해 3척 정방형의 무대 위에서 사람들이 깜짝 놀랄만한 아름다운 춤을 추겠다고 결심했다. 그녀는 춤추는 공간이 너무 좁아 춤추는 보폭을 작게 하기 위해 손을 담벼락에 붙이고 발끝을 세워 총총걸음으로 춤을 추는 연습을 했다. 그러나 몸의 중심이 불안정하여 자꾸 몸이 앞뒤로 기울어지고 좌우로 흔들려 춤추기가 어려웠지만 반면 계속 춤을 추면 춤추는 자세가 더욱 가벼워지고 여러 가지 변화를 보여줄 수 있다는 것을 알게 되었다. 그래서 그녀는 발끝을 안정시키며 움직이기 위해 아픔을 참고 흰 천으로 두 발과 발가락, 복사뼈에서 종아리까지 칭칭 감고서 힘으로 몸을 지탱하면서 각고의 노력과 연습을 하여 잰 걸음으로 춤을 추고 회전하는 최고의 춤 경지를 개발해냈다.

공연하는 날 요낭은 사다리를 타고 비단 장막이 가려진 금 연꽃 위로 사람들의 부축을 받으며 올라갔다. 금련화가 사면에서 번쩍번쩍 빛나고 주옥을 술로 매달은 장막은 마치 오색 상서로운 구름이 휘감고 있는 듯했다. 이어 음악이 흐르면서 사람들이 숨을 죽이고 있을 때 장막이 걷히고 요낭의 아름다운 모습이 드러났다. 그러나 요낭은 잠시 동작을 멈춘 채 관중을 제압하듯 조용히 서 있다가 긴 소매를 휘날리며 연꽃 위에서 숙련된 동작으로 춤을 추기 시작했다.

그녀는 때때로 빙빙 돌기도 하고 엎드렸다 일어서기도 하면서. 마치 연꽃 따는 배가 파도를 타고 있는 듯이 춤을 추었으며 그녀가 허리를 뒤로 젖힐 때는 마치 새 달이 떠오르는 것 같았다.

비단 흰 버선을 신고 금빛 찬란한 연꽃 가운데서 나비처럼 날듯이 춤을 추고 있는 요낭의 신비한 새로운 춤동작은 무대 아래서 관람하고 있던 사람들의 혼백을 빼앗았으며 그들은 요낭이 하늘에서 내려온 선녀같이 생각되며, 놀라움과 감탄을 금치 못했다.

요낭은 고대 중국 최초로 발레 무용을 창조한 무용가였으며, 실험정신이 강한 예술인이었다. 그녀는 이렇게 고통을 참아가며 각고의 노력으로 자신의 재능을 십분 발휘하며 이욱에 대한 충정을 몸으로 바쳐 예술에 공헌했다.

그러나 후세 사람들은 이 방법을 악용하여 송나라 이후 봉건사회의 부녀자들이 보편적으로 하게 된 전족(纏足)이라는 이상한 풍속으로 변질시켰다. 전족을 하는 이유에 대해선 여러 가지 설이 있는데 전족을 하면 뼈가 가늘게 되어 여성의 몸이 섬세하고 아름답게 된다고도 하고, 전족을 하면 잘 걸을 수가 없어 불안정한 자세로 오리처럼 뒤뚱거려 이 모습이 남성들에겐 귀엽게 보인다고도 한다. 또 전족을 하면 성적으로 발달하여 남자를 기쁘게 해 준다고도 하고 혹자는 여성이 귀한 사회에서 그들이 도망가지 못하게 하기 위해서라고도 한다.

그러나 전족을 한 사람의 발바닥을 보면 마치 빨래판처럼 골이 파여 울퉁불퉁하고 또 전족을 한 발이 대개 10cm 안팎이라 전족한 발은 남성들의 성적 희롱물로 쓰인 듯하다.

아무 뜻 없이 예술의 최고 경지를 위해 창안한 발을 묶고 춤을 추는 동작이 마치 이욱이 변태적으로 고안해 낸 유희처럼 호도하는 것은 후세사람들의 지나친 악의적인 태도라는 생각이 든다.

궁녀 교씨(喬氏)

성격이 내성적이고 행동거지가 참한 교씨(喬氏)는 이욱의 사랑을 얻기 위해 표면적으로 드러내지 않으며 오랫동안 몰래 예불을 드리고, 불교 서적을 읽는 등 불교에 심취하다가 이욱과 서로 마음이 맞게 되었다.

그녀는 일 년 내내 종일 문을 닫아걸고 책상에 엎드려 불경을 깨끗이 베껴 쓰고 책 한 권을 다 베껴 쓰고 나면 정성껏 묶어 곱게 책으로 만든 후 이욱에게 바쳐 보도록 했다. 이욱은 그녀의 정성에 감동되어 금글씨로 쓴 심경 한권을 예물로 주었다. 교씨는 이것을 보물처럼 여기며 아끼고 잘 간직했다. 서로 종교적 감흥이 되어서인지 이욱은 교씨와 늘 같이 선(禪)의 이치를 논하고, 진체(眞諦)를 언급하면서 물아지경에서 모든 것을 다 잊고 함께 공환(空幻)의 경지로 들어갔으며, 이로 인해 이욱의 사랑을 얻게 되었다. 남당이 망국한 후 이욱이 포로가 되어 송(宋)으로 들어갈 때도 이욱은 교씨를 변량으로 데리고 갔다.

그녀는 이욱이 손으로 베껴 써서 그녀에게 준 불경을 자신의 목숨처럼 아끼며 언제나 몸에 지니고 다니며 봉독을 했다.

이욱이 죽은 후까지도 그녀는 그 불경을 손에서 놓기를 몹시 아쉬워하다가 마침내 상국사(相國寺)에 기증했다. 기증을 하면서 그녀는 이욱에 대한 그리운 정을 간직하기 위해 수려한 필적의 해서(楷書)체로 권말에 훌륭한 발문을 썼다.

"고(故) 이씨(李氏) 국주(國主)의 궁인 교(喬)씨는 국주의 백일을 맞아 옛날 첩에게 하사하신 〈반야심경(般若心經)〉 한 권을 상국사(相國寺) 서탑원(西塔院)〉에 삼가 바칩니다. 미륵전 앞에 엎드려 헌화로 부처님 뵙기를 원합니다"

5) 이욱과 불교

남당 40년 역사 속의 세 군주는 모두 불교에 깊이 심취하였으며 특히 후주(后主) 이욱은 지나치게 불교를 탐닉해 나라를 망하게까지 했다.

남당 개국 황제인 이지고(李知誥)는 팽성(彭城)에서 출생하여 6살에 아버지를 잃고 8살에 그의 어머니도 죽어 그는 떠도는 고아가 되어 개원사(開元寺)에 몸을 의탁하고 있었다. 회남 지역을 점거한 양밀행(楊密行)은 오나라를 세운 후 개원사에 불공드리려 갔다가 그 절에서 시중들고 있던 어린 동자승이 영준하고 총명하며, 재치가 있고 귀여워 그 동자승의 몸값을 치루고 그를 양자로 데려왔다. 그러나 이 아이가 신분도 모르는 미천한 아이라는 이유로 온 집안사람들의 반대에 부딪치자 그는 하는 수 없이 이 아이를 부하 장군인 서온(徐溫)에게 보내 그의 양자로 삼게 했다.

당시에는 양자를 받아들이는 일이 매우 보편적이었으며, 특히 각지 번진(藩鎭)의 할거세력들은 양자를 많이 받아들여 자신의 세력을 확대하였으며 일정 규모의 사당(死黨)을 만들어 자신의 정권 탈취와 다른 세력을 제거하는 수단으로 삼았다.

남당(南唐)의 선주(先主) 이지고도 살아생전에 경건한 불교신자였으며, 새로 왕궁을 건축했을 때 그는 스님을 모셔다가 큰 법회를 열었다. 그리고 예장(豫章) 용흥사(龍興寺)의 지현(智玄) 스님께 불경을 번역하라는 명을 내렸다. 그가 설립한 '건업서방(建業書房)'은 남당 문화사업의 시작이었으며 불경을 번역하라는 명은 이후 남당의 불교를 크게 발전시키는 계기가 되었다. 그러나 이 불교는 중주와 후주 시기에 이르러서는 수습하지 못할 정도로 발전했다

이지고는 중원의 통일 시기는 아직 잠시 다가올 수 없다는 것을 알고, 자신이 이 기회가 올 때까지 살아 있기를 바라며 장수를 구하다가 도사들이 바친 선단(仙丹)을 복용하여 도리어 일찍 죽고 말았다.

중주 이경통 역시 불교를 독실하게 믿었으며 그는 당시 세간에 성행하던 불교의 선종에 대단한 흥취를 가지고 있어, 당시 저명한 선사(禪師)들과 자주 만나 이

야기를 나누고 그럼으로써 그들의 선기(禪機)로부터 불법의 진체(眞諦)를 깨달으려고 했다.

이경통은 또 스님들의 선기(禪機)를 듣는 것 외에도, 기봉(機鋒)으로 서로 문답을 했으며 이 문답으로 선오(禪悟)를 얻으려고 했다. 그러나 이경통은 스님을 숭상만 했지 누가 참 스님인지는 전혀 알지 못했다. 늘 술을 요구하는 스님이나 좋은 비단옷을 요구하는 스님들도 모두 우대해 줘 방자해진 일부 스님들은 그를 놀리며 더욱 많은 것을 요구하기도 했다.

일찍이 이경통은 초(楚)를 공격하기 전에 초지(楚地)의 내부 상황을 파악하기 위해 그의 수하 대장 변호(邊鎬)를 중으로 변장시켜 초국(楚國) 경내를 돌아다니며 조사하도록 했다. 변호는 경건한 불교신자였다. 그는 군대생활에서도 늘 염불을 외고 독경을 읽으며 예불을 잊지 않았다. 행군 출발 시에도 언제나 종교 용품을 끄는 전문적인 수레를 대동했다. 당시 남당 사병들은 그를 '변나한(邊羅漢)', '변불자(邊佛子)', '변보살(邊菩薩)', '변화상(邊和尙)'이라는 별명으로 불렀다. 그는 초나라를 공격해 승리를 거두었고, 이 전쟁으로 적지 않은 사람이 비명에 죽어 불교의 살생금지에 위배된다고 하면서, 상담(湘潭)을 점령한 후, 만사를 제쳐놓고 매일같이 염불을 하고 승려들에게 시주를 하며 자신이 범한 살생의 죄를 씻고자 했다.

그러나 실은 변호는 마음이 독하고 하는 짓이 악랄한 사람이었다. 그는 일찍이 장우현(張遇賢)이 스스로 왕으로 칭하면서 연호를 바꾸고 관서를 만들어 10여 만인을 거느리고 백운동(白云洞)을 거점으로 하여 의병을 일으켰을 때, 이 의병들을 진압하고 죽인 망나니 중의 한 사람이었다. 그는 자신이 너무나 많은 사람을 죽였기 때문에 과장되게 불심을 나타낸 것이다. 후에 사병들의 봉록을 사취하여 사병들 내부에 반란이 일어나 그가 남당으로 도망쳐 돌아오자 이경통은 그제야 이 가짜 신자를 파직하고 요주(饒州)로 유배보냈다.

이 불교는 후주(后主) 이욱에 이르면 그 정도가 지나치다 못해 폐단으로까지 빠지게 되었다. 이욱은 숙부가 독살되자 크게 병이 났으며 태자인 맏형이 두려워 산중으로 피신하여 요양을 했다. 그때 그는 호를 종은(鍾隱), 종산은사(鍾山隱者), 종봉은거(鍾峰隱居), 연봉거사(蓮峰居士), 종봉은자(鍾峰隱者), 종봉백련거사(鍾峰白蓮居士) 등으로 지어 자신은 정치는 불문(不問)한다는 뜻을 세상에 알렸다.

이욱은 당시 매사에 소극적이었으며 인생에 권태감을 느끼며 속세를 떠나고 싶어 했다. 제왕의 가정을 떠나, 불교에 입문하여 절에서의 늦은 북소리와 새벽 종소리 가운데 모든 번뇌를 벗어버리고 자신이 좋아하는 시문과 명상 속에서 생활하기를 원했다.

왕위를 이어받은 후 불안한 정세 속에서 이욱은 더욱 더 불교 신앙에 깊이 빠지며 그의 신앙심은 더욱 경건해져 갔다. 그는 궁중에서 예배와 불경을 봉독했을 뿐만 아니라 심지어는 친히 스님들을 위해 '측간(厠簡)'을 만들기도 했는데, 측간이란 잘 손질한 조그만 대나무 조각으로, 그 기능은 당시 스님들이 쓰는 화장지 대용이었다. 고귀한 스님들의 엉덩이가 째질까봐 아주 매끌매끌하게 손질한 후 이 측간이 적당한가를 알아보기 위해 이욱은 자신의 얼굴로 시험해보고 조금이라도 가시가 있다고 느껴지면 다시 잘 깎아냈다.

불교 신앙은 이욱이 남당 정사(政事)를 처리하는데도 영향을 미쳤다. 유관 부문에서 마땅히 사형 당할 죄인들의 명단을 이욱에게 올리면서 비준해 달라고 하면, 만일 그날이 이욱이 불공을 드릴 날과 같을 때면 그는 즉각 문안(文案)에 서명을 하지 않고 부처의 뜻이라는 결수등(決囚燈)을 설치했다. 이날이 되면 이욱은 직접 죄인을 심사하지 않고 오직 궁 내의 부처님 상 앞에 밝은 등불(明燈)을 켜놓고 그날 밤 명등이 꺼지면 비준을 하고 명등이 다음날 날이 밝을 때까지 켜져 있으면 사형을 면해 주었다.

남당 경내에서는 전 백성이 국왕의 이런 습관을 모르는 사람이 없어 돈 많은 사람들은 그들이 법을 어겼을 때 궁중의 내시들을 돈으로 매수하여 밤에 명등에 기름을 자주 넣어 명등이 날이 샐 때까지 꺼지지 않게 해달라고 부탁했다. 사서에 기재된 바에 의하면 이런 방식으로 죽음을 피한 사람들이 허다했다고 한다.

이욱은 또 수도 근처에 정덕원(淨德院)을 지어 유명한 지균(智均) 스님을 주지(主持) 스님으로 청하여 자주 그의 강의를 듣곤 했다. 일종의 신앙인 불교는 이미 이욱 마음속의 기대와 염원으로 변했다. 그는 현재 남당이 처하고 있는 모든 악운은 부처님의 의지라서 인간의 힘으로서는 어쩔 수 없는 '인과응보'라고 생각하며 자신이 돌보지 않은 정무에서 벗어날 수 있는 구실을 불교에서 찾았고 그럼으로써 마음이 편안해질 수 있었다.

이욱의 제창 하에 남당의 대신들도 많은 사람들이 불교를 신봉하였다. 그들은 정무에 대해서는 더 이상 관심이 없었고 생각하는 것은 오로지 관내에서 채식만 하고 불경을 봉독하는 것뿐이었다. 남당의 군주로서 이욱이 불교를 신앙한 것은 이미 그 개인의 사적인 일이 아니고 남당을 망하게 한 대사(大事)였다.

과거 시험에 합격하지 못한 번약수(樊若水)는 남당이 스님들에 대해 예우하는 점을 이용하여 출가하여 중이 되었고, 송이 심어 놓은 첩자인 청량사(淸凉寺) 주지(主持)인 소장로(小長老)와 결탁하여 나라를 팔아먹었다. 번약수는 양자강의 가장 폭이 좁은 두 곳을 연결하여 부교를 세우는 방법을 생각해냈고 밤마다 낚시꾼을 가장하여 양 강 언덕의 길이를 측정했다. 변방군은 그가 스님이라 한번도 검문을 한 적이 없었고 그래서 정확한 수치를 알아낸 번약수는 이 방책을 송에게 바쳤다.

송의 조광윤은 남당을 정벌하기 전에 이욱이 부처를 숭상하고 불경을 중시함을 알고 강(姜)이라는 젊은이를 승려로 변장시켜 금릉에 잠입시킨 후 그가 간첩활동을 하면서 때가 되면 안에서 호응하도록 했다. 그는 청량사(淸凉寺)로 들어가 법안선사(法眼禪師)를 스승으로 모시고 가짜 수행을 하면서 스승을 따라 남당 궁 안으로 들어가 스승이 불경을 강의할 때마다 궁궐의 허실을 몰래 탐지하곤 했다. 법안이 죽은 후 그 자리를 물려받은 그는 법호를 '소장로(小長老)'라고 하고 여전히 궁을 출입하며 이욱의 신임을 샀다. 소장로는 명성이 높아감에 따라 언행이 갈수록 방자해지고 비싼 홍라에 금박이 법의를 걸치고 부처님께서도 부귀를 좋아하셨다고 당당히 주장하기도 했다.

그는 이욱에게 늘 보시하라고 했으며 또 절을 짓고 불상을 많이 만들라고 했다. 그는 우두산(牛頭山)에 천 간의 선방(禪房)이 있는 절을 지어 천 명의 스님을 머물게 하고 식량이나 직물 등은 모두 현지 창고에서 조달해달라고 품했다. 음험한 마음을 가진 소장로는 이렇게 남당의 재력과 물자를 다 소모시킬 작정이었고, 인심을 교란시켜 전쟁의 투지를 없애려고 했다. 이욱은 소장로의 말에 따라 경내에 불사(佛寺)를 대대적으로 건립한 외에 또 궁전 내에 영모궁(永慕宮)을 만들고 화원 안에는 정덕승사(靜德僧寺)를 건립하였으니, 금성(禁城) 안팎으로 붉은 담에 청기와의 절들과 아침저녁으로 들리는 종소리와 북소리가 480개 절이 있던 남조 시절을 다시 재현시켜놓은 듯했다.

남당이 기울어가던 이욱 즉위 10년 째 되던 해, 지난해에 경내에서 대규모의 사람들이 중이 되어 절로 들어가는 바람에 절이 부족하여 이욱은 이 한 해에 경내에 큰 규모의 절을 지으라는 명을 내렸다. 지난해 그가 남당 각 곳의 많은 사람들에게 출가하여 중이 되어 수계(受戒)하라고 명을 내린 이유는 한 어린애의 장난 같은 말 때문이었다.

어느 날 이욱은 궁중에서, 멀리 떨어진 절에서 치는 매우 리드미컬한 종소리를 듣고, 그날 종 친 아이를 불러들이게 하여 그 아이에게 머리 깎고 중이 되라고 말했다. 이 아이는 매우 영특하여 "저는 감히 혼자서만 황상의 은전을 받을 수 없습니다. 황상께서 부처님처럼 대자대비하시고 중생을 구제하려 하신다면 이 군 모두에 황상의 은택을 입도록 명하여 주십시오"라고 했다. 이욱은 이 말을 들은 후 크게 기뻐하며 각지에 명을 내려 중이 되어 수계(受戒)하라고 한 것이다.

이것은 현실 사회에서는 남당을 구할 구체적인 방법을 찾을 수가 없었기 때문에 오직 온 정력을 다해 불공을 드리고 백성들도 함께 기도드리며 불교세계의 도움으로 나라를 구하려는 허황된 생각에서 나온 것이다.

국사에 대한 절망감 속에서 그는 궁중에 10개의 사원을 지으라고 명했으며, 일국의 군주가 부인과 함께 가사(袈裟)를 입고 예배를 하고 불경을 읊었다. 이욱은 연봉거사(蓮峰居士)라는 법호를 지어, 소주후와 더불어 궁중에서 솔선수범하여 불영신운(佛影神韻)이 가득 찬 신도생활을 하기 시작했다. 왕과 왕비 두 사람은 머리에 승가(僧伽) 모자를 쓰고 몸에는 붉은색 가사를 걸치고 쌍쌍이 부처님 앞에 꿇고 정성을 다해 경을 읽었으며 장시간 엎드려 절을 해서 마침내 앞머리에 어혈이 생기고 부어서 혹이 생길 정도였다.

이렇게 이상하게 발전한 불교신앙으로 인해 송(宋)이 남당을 멸망시켰을 때 남당 경내에 중들이 참을 수 없을 정도로 많아 그 수를 줄여야만 했다. 그러나 중들은 돌아갈 집도 없고 의식을 해결할 방도도 없어 송(宋)의 통치자는 이들이 반란을 일으킬까 봐 줄인 숫자만큼의 중들을 강제로 군대에 집어넣었다. 살생을 하지 않으려고 출가한 사람이 살인을 직업으로 하는 군인으로 변하게 됐으니 이는 웃지 못할 풍자라고 할 수 있다.

이욱이 이렇게 열심히 불공을 드리며 부처가 그와 그의 남당을 구해주길 희망하며 청원을 하였건만 부처는 줄곧 그 어떤 반응도 보여주질 않았다. 그는 불전에서 만일 송군이 물러나면 스님들을 많이 제도하고 절을 많이 지을 것이며 보시를 더 많이 하겠다고 청원을 드렸는데 그가 허원(許願)한 숫자는 남당 국력이 뒷받침해 줄 없을 정도의 어마어마한 큰돈이었으나 부처는 이 큰돈에도 전혀 아랑곳하지 않았다.

적이 금릉성을 포위하여 상황이 위급해졌을 때 이욱은 소장로에게 성루에 올라가 불법(佛法)으로 적을 무찌르라고 명을 내려 금릉성은 삽시간에 불경 소리가 하늘을 진동하며 사방으로 울려 퍼졌다. 이욱이 친히 앞장 선 가운데 성안의 군민(軍

民)들 몇 십만이 일제히 불경을 소리 높여 외어 그 소리가 성 밖 송군(宋軍)의 군영에까지 들렸지만 송군은 이 어리석은 작태를 비웃기만 했다. 소장로는 송과의 전쟁에서 적극적으로 이욱이 하는 일을 마비시켰다. 그는 매번 궁에 들어와 이욱을 뵐 때마다 부처의 힘은 만능이라 송군이 금릉을 포위하고 공격하지 않는 것은 이욱이 경건하게 부처를 모신 선행에 보답한 것이며, 남당은 부처의 가호가 있어 보호받을 것이며 흉한 일을 만나도 길한 것으로 변하니 수고할 필요 없이 그저 기다리기만 하면 송군은 지쳐서 저절로 물러날 것이라고 거짓되고 과장된 말로 이욱을 속였다.

이욱은 소장로의 말을 깊이 믿고서 성 내의 사찰에 자주 제를 올리는 외에 특별히 궁중 안에 기도실을 만들어 고승(高僧) 명덕(明德), 운진(云眞), 의윤(義倫), 숭절(崇絕) 등을 불러 〈능엄경(楞嚴經)〉과 〈원각경(圓覺經)〉을 강해하도록 했다. 그는 처사(處士) 주유간(周惟簡)을 입궁토록 하여 〈주역〉 64괘를 강의하도록 하면서 응전의 기백은 조금도 보이지 않고 그저 모든 것을 운에 맡기려는 패배주의자적인 생각만 했다.

이욱은 고집스레 입조하지 않고 많은 조공을 바치며 전쟁의 시기를 미루기만 하면서도 가끔은 송나라 군대가 토벌하러 오면 스스로 갑옷을 입고 친히 장병들을 감독하며 성을 뒤로 하고 일전을 하여 죽음으로 사직을 보존할 생각을 하기도 했다. 그래서 그는 만약 뜻대로 될 수 없어 나라가 망하게 되면 재물들을 모아 불사르고 스스로 목숨을 끊어 남의 나라 귀신 노릇은 하지 않겠다고 비장한 어조로 말하곤 했다.

그러나 조빈의 항복을 강요하는 통첩이 눈앞에 놓이고 특히 성 공격에 참여한 오월군(吳越軍)이 승원사(升元寺)에 불을 질러 그 절에 피난해 있던 수백 명의 사대부와 부자 상인들 그리고 부녀자들이 죽었다는 소식이 궁 안으로 전해진 후로는 좌불안석하며 전 성의 옥석(玉石)이 전부 타 버릴까 봐 또다시 주저하기 시작했다. 그러나 군주의 비장한 각오와 혈기왕성한 대장부 같은 말이 밖으로 전해 나가자, 정덕(淨德) 여승원(女僧院)의 80여 명의 비구니들은 강한 감동을 받았다.

정덕(淨德) 여승원(女僧院)은 후비(后妃), 공주들이 불공을 드리는 황실의 선원(禪院)으로, 황성(皇城) 바로 가까이에 있었고 완비된 전각, 도금한 불상들이 있는 신성하고 엄숙한 곳으로 사람들이 경외하는 곳이었다. 사원의 여승들은 모두 다 청춘이 사라진 궁의 여인들로 그들은 황실에서 하사한 훌륭하고 한적한 생활환경 속에서 추위와 배고픔에 대한 걱정은 면하며 죽을 때까지 나라의 보살핌을 받기 때문에 나라의 어려움이 임박하고 군주가 솔선하여 분신(焚身)을 한다고 했을 때, 비분강개하며 부처님 앞에서 맹세하기를 절개를 지키고 병사들에게 능욕을 당하는 화를 면하기 위해 불 속에서 '열반(涅槃)'을 구하겠다고 다짐했다.

그러나 성이 함락되는 날, 이욱은 오히려 웃통 벗고 항복을 해버렸고 자신들이 한 약속을 지키려던 충성스런 여승들은 황보의(黃保儀)가 서적, 경전, 서화들을 태우는 짙은 연기와 심한 불길을 보고 이것을 이욱이 불 속으로 뛰어들어 죽은 것으로 잘못 알아 절의 전각 사방에 장작더미를 쌓아 불을 지른 후, 다 같이 제당 앞에 앉아 눈을 감고 불경을 외우며 불에 타 죽었으며 정덕(淨德) 여승원(女僧院)은 삽시간에 불바다가 되었다. 이욱은 여승들보다 비겁했다.

불교로 인해 나라가 망했음에도 이욱은 포로가 되어 북으로 끌려갈 때도 잠시 예불을 드리려고 했다. 배가 회구(淮口)에 이르자 유명한 보광사(普光寺)가 보였고 이욱은 자신이 포로의 신세임에도 불구하고 그를 호송하고 있던 북송특사(北宋特使) 곽수문(郭守文) 등에게 육지에 올라 예불을 하겠다고 집요하게 청했다.

규모가 큰 보광사는 산을 등지고 한쪽으로는 물이 흐르는 매우 아름다운 사원이며 전당(殿堂)의 배치도 고루고루 잘 되어 있는 절이다. 전당(殿堂)이란 절의 중요한 집들의 통칭이며, 전(殿)은 불상을 모신 곳으로 승려들이 향을 피우고 예불하러 온 사람들을 맞아 들여 기도하는 장소이다. 당(堂)은 스님들이 중생들에게 불법과 도를 행함에 대한 설법을 하며 일상생활을 하는 곳이다. 보광사는 산문(山門), 종루(鐘樓), 고루(鼓樓), 천왕전(天王殿) 대웅보전(大雄寶殿), 법당(法堂), 장경각(藏經閣) 등 중요한 전 외에도 기타 배전(配殿) 및 승방 향적주(香積廚), 재당(齋堂) 다당(茶堂) 선당(禪堂) 등이 모두 갖추어져 있다. 이때가 바로 신춘 가절 때라 사원은 전날 조배드리러 온 사람들로 붐비고 있었다.

함께 동행하던 남당의 대신들은 이욱의 이런 행동은 때에 맞지 않는다고 권하며 이를 말렸으나 이욱은 오히려 화를 내며 "내가 어려서부터 그대들에게 제재를 받아 매사에 예절을 지키지 않을 수가 없었고 한 발자국도 감히 움직일 수가 없었다. 극히 조심하고 한 마디도 마음대로 감히 말도 못했지만 결국 집과 나라가 전부 망하고 만 것이 아닌가? 아 마당에 눈앞의 부처에게 예불조차 드리지 못하게 막으려는 것은 아니겠지?"라고 하면서 그들의 제지를 뿌리쳤다. 이욱은 마침내 조빈의 은준(恩准)을 얻어 소주후 등 일행 몇 사람을 거느리고 육지에 올라 절에 들어가

대웅보전의 부처상 앞에 꿇어앉아 복을 빌고 재앙을 물리치는 기도를 드린 후 수천이나 되는 금과 면 등의 재물을 바쳤다.

6) 이욱의 사(詞)

왕국유는 이욱의 사에 대해 "사는 이후주에 이르러 안계(眼界)가 비로소 넓어졌으며 감개(感慨)도 깊어져 악공들의 사에서 사대부의 사로 변했다"고 했다.

화간파 사인들의 작품은 새로운 사문학의 경지를 개척했다는 그 자체만으로도 높이 평가해야겠지만 우아하고 염려한 분위기를 주로 묘사했기 때문에 절실한 감정이 결핍돼 있었다. 이어 비해 이욱의 사에는 독자의 가슴을 후려치는 듯한 절실한 감정이 충만하여 사에 새로운 경계를 개척했고 그 깊이를 더했다.

어려부터 문학에 대한 천부적인 자질을 갖추고 있던 이욱의 초기작품에서는 진지한 감정보다는 사치스러운 궁궐의 단면을 보여주는 퇴폐적인 작품이 많았지만 그의 후기 작품은 일반 사람이 맛볼 수 없는 인생의 낙차에서 오는 슬픔이 배어있는 주옥같은 글들이다.

이욱이 어려서 쓴 시 창작 가운데는 "한(閑)"이라는 단어가 자주 나오는데 이것은 그가 말하는 안락한 생활과 할 일없는 귀공자의 "한(閑)"이 아니라 홍기(弘冀)의 해를 피하려고 가장해서 나온 "한(閑)"이다. 그가 즉위한 후 그의 시에서는 '낙(樂)'이 나오는데 이것은 제왕에게 따르는 '낙(樂)'이 아니고 국사(國事)가 날로 기울어 가는 고통 속에서 어찌할 수가 없어 빠져나오고 싶은, 억지로 웃는, 울어야 하는데 노래 부르는 그런 '낙(樂)'이다. 만년에 송도(宋都)에 감금되었을 때 그의 사에서는 '원(怨)'이 나오는데 이것은 당시의 생활이 마음대로 되지 않은 '원(怨)'이 아니고 그가 고통 중 기억하는 남당(南唐) 그 당시에 자신이 한 일들을 다시 되새겨보며 남당(南唐) 멸망의 책임은 모두 자기에게 있다는 자책감, 자기모멸, 자기후회의 '원(怨)'이다. 이렇게 그는 자신이 처한 상황에 따라 작품의 색깔이 변하면서 어휘 마다 함축미가 있고 뜻이 깊고 경계가 깊다.

그의 전기 작품은 깊은 궁궐(深宮) 안의 호사스러운 생활이나 연회의 향락(宴樂)에 대한 즐거움, 궁녀와 무희들의 요염한 자태와 아름다움에 대해 읊은 작품이 많은데 섬세한 필치로 유미하게 묘사한 여인들의 정태와 동태, 옷차림과 장신구 등은 어느 누구도 표현해 낼 수 없을 정도로 정밀하고 세세하다. 한가한 봄 정경이나 소슬 바람 부는 가을밤, 달빛 속에 고아한 흥취를 즐기며 음주(飮酒) 속에서 아무 근심 없이 사치스럽게 향락을 즐기는 생활단면이 작품 곳곳에서 엿보인다. 궁궐에서는 낮과 밤 끊이지 않고 주연이 베풀어지고 이곳저곳 별전에서는 밤을 새워가며 가무가 펼쳐지는 환락의 나날들이 계속된다. 이욱이 종종 찾아간 진회 강가 창가(娼家)의 풍악소리와 봄가을이면 홀로 산천구경을 하며 풍류를 즐겼던 생활들이 그의 작품 전체에 생생하게 묘사되고 있다.

그의 중기 작품은 아내가 죽고 나서 송의 포로가 되기까지의 작품들로 국운은 날로 쇠미해가는 가운데 그의 마음은 늘 울적해 당시 그가 느꼈던 인생무상이나 이별의 정한, 상춘(傷春)의 슬픔 등이 작품 속에 그대로 반영되고 있다. 송의 속국이 되었다고 하지만 아직은 물질적인 향락을 누릴 수 있어 불안한 심사인 그는 더욱 사치스러움을 갈구했고 또 한편으론 불교에 매달리며 번뇌를 잊으려고 했다. 아내가 죽고 나서의 고독감과 가을 저녁에 홀로 하는 처량함, 동생 종선과 이별의 한, 둘레 궁녀들의 신세에 대한 동정과 그들의 한, 문득문득 회상해보는 아내 아황과의 추억 등이 중기 작품의 주 소재이다.

개보 8년 975년에 포로의 몸으로 북으로 끌려가서 흥국 3년 978년 죽을 때까지 겨우 2년여 짧은 시기에 쓴 후기 작품들은 그의 가장 성공적인 작품으로 인생의 쓰라림과 고뇌, 모욕과 수치, 물질적인 곤궁 속의 고난에 찬 생활을 눈물과 피로 써내어 일반 사인들이 도저히 미치지 못할 경지를 이루었다. 다정다감하고 유약한 그가 느낀 슬픔을 몇 자 안 되는 소령(小令) 속에 압축시켜 묘사한 사들은 그의 가슴 속 통회의 눈물과 끝없는 슬픔, 끝없는 한이 내용과 서술상의 기교가 완벽하게 조화를 이루며 최고의 예술작품을 만들어냈다.

이때의 그의 작품에는 대비와 전고가 많이 보이고 특히 유폐생활의 고독과 인생무상을 드러내기 위해 고국의 호화스러웠던 과거를 회상하며 화려했던 과거를 크게 부각시켜 비참한 현실을 대비하여 자신의 슬픔을 극대화하고 있다.

전반적으로 이욱의 사는 처연한데 사람들이 그의 사를 좋아하는 이유는 그의 진솔한 감정 표현과 자연스러운 묘사 때문이다.

이욱은 천뢰(天籟)다. 아마도 인력으로는 그렇게 할 수 없을 것이며, 피눈물로 쓴 그의 작품은 특히 그의 정신세계가 선명하게 드러나 있고 실제 생활경험에서 소재를 취했기 때문에 가식 없는 자연스러운 구어체의 서술기법이 훌륭하다. 그는 음악과 서화에도 조예가 깊어 그의 작품 속에는 음악과 그림이 함께 하고 있다.

그의 작품은 전반부에서는 경(景)을 그리고 후반부에서는 서정(情)을 읊고 있는데 그가 추구하는 작품의 최고 경지는 자신이 드러나지 않고 없는 듯 보이지 않아야 심오하며 동태(動態)와 정태(情態)가 잘 조화되어 있어야 한다.

그의 작품은 총체적으로 완곡미(婉曲美)와 함축미(含蓄美) 그리고 비장미(悲壯美)가 돋보이며 추상적인 감정색채를 경물(景物)로 형상화하여 생동적으로 묘사한 점은 그 누구도 따를 수 없을 정도로 훌륭하다.

또 어휘의 선택과 운용도 독특하며 표현은 직설적이고 단순명료하다. 조금도 가식이 없는 자연스러운 묘사로 구속받지 않은 자유로움이 있는 그의 작품은 작품마다 독특한 구성이 있어 처음과 끝이 통일 속에 조화되어 아름답게 결합되고 있으며 슬픔(悲哀)과 한(恨), 근심(愁)과 원망(怨), 고통(苦)과 즐거움(樂)이라는 한 가지 주제가 선명하게 드러나게 전반부와 후반부를 잘 연결시키고 있는 점도 훌륭하다.

그의 작품은 경물을 대하며 변하는 화자의 심리상태가 눈에 보이듯이 묘사되고 인물의 형상이 살아 숨 쉬듯 표현되어 작품이 참신하면서도 생동적이다. 여성화자의 목소리로 읊고 있는 작품에서 작가가 여성들보다 더 그들의 심리를 잘 알고 있는 듯이 묘사되고 있어 놀라움을 금치 못하게 한다.

일반 사람이 가져볼 수 없는 생애와 생의 낙차, 망국 군주로서의 서글픔이 묻어나는 작품들에서 우리는 망국의 한과 고국에 대한 그리움, 이별의 한과 상사의 고통, 자신의 예술적 세계에 대한 자긍심, 인생무상과 어찌할 수 없는 인간의 한계 등을 보게 된다.

슬픔 위에 또 다른 슬픔 끝없이 흐르네 슬픔 위에 또 다른 슬픔 끝없이 흐르네 슬픔 위에 또 다른 슬픔 끝없이 흐르네

9 사패(詞牌)

사는 곡조에 맞춰 사구(詞句)를 채워 넣는 것으로 이 곡조의 악보를 사패(詞牌)라 부른다. 사패는 악부시제(樂府詩題)에서 따온 것도 있고 당나라 때의 교방 악곡 명칭(樂曲名稱)인 것도 있으며, 사의 내용에 따라 곡명이 정해지기도 하고 유명한 시인의 시구에서 따오기도 한다. 역사상의 고사(故事)나 사 속의 글자에서 혹은 사람의 이름이나 지명에서 곡명이 정해지기도 하는데 여기서 가장 중요한 것은 그 격(格)이다.

우선 대표적인 사패(詞牌) 몇 개만 소개하려고 한다.

파진자(破陣子)

당교방곡으로 쌍조(双调) 62자(字)로 전후 각 단락은 다섯 구절이며 세 개의 평운(平韵)이 있다.

| 定格 |

中仄中平中仄，中平中仄平平(韵)。
中仄中平平仄仄，中仄平平中仄平韵，中平中仄平(韵)。
中仄中平中仄，中平中仄平平(韵).
中仄中平平仄仄，中仄平平中仄平(韵)，中平中仄平(韵)。

대당 아악곡은 남북의 음악이 하나로 합해진 것으로 '오초(吳楚)의 남방음악'과 '주제(周齊)의 북방음악'의 혼합 위에 구자(龜玆), 천축(天竺), 서량(西凉), 고려(高麗) 음악 등이 함께 어우러진 성당(盛唐) 음악이다. 이 기풍의 선도적인 곡인 〈진왕 파진악(秦王 破陣樂)〉은 이렇게 여러 곳의 웅장한 기세를 합한 초당(初唐)의 진정한 교향시 음악이었으며 유명한 가무 대곡이었다. 내용은 주로 태종의 영명함과 용맹성, 그의 전쟁의 공적을 찬양하는 노래였는데 태종은 친히 가무 배열을 설계했으며 무희들에게 갑옷을 입고 연습하라고 명하고 악공들의 연습도 친히 지휘했다.

음악이 연주되면 춤이 시작되고 '우뢰와 같은 큰 북소리가 울리고 여러 가지 구자의 음악이 섞이면서 소리는 백 리를 진동하여 산악을 요동치게 했다.' 곡이 절정에 이르면 태종은 참을 수가 없어 좌석에서 일어나 관중들과 함께 춤을 추곤 했다. 이렇게 사람들의 피를 끓게 하는 장면에 후세 일부 사람들은 이 곡에 맞춰 사를 써넣어 노래를 불렀는데 처음 장조(長調)의 〈파진악(破陣樂)〉이 유행하다가 후에 다시 그 가운데서 더 짧은 장(短章)을 취해 〈파진자(破陣子)〉라고 이름 하였는데 이 '자(子)'는 바로 짧고 작다는 뜻이다.

그러나 애석하게도 29년 뒤 사람의 마음에 그리움과 추억을 가장 많이 남긴 이 나라는 끝을 맺고 말았으니 북소리 둥둥 울리는 속에 천만 겹의 적을 무찔렀지만 자신의 운명은 무찌르지 못한 것이다.

이욱의 〈파진자(破陣子)〉는 많은 망국의 군주들의 비극적인 결말을 노래한 대표적인 작품이며 신기질(辛棄疾)의 〈파진자(破陣子)〉는 꿈속에서 호각소리 들리는 병영으로 돌아가 다시 회상해 본 전장의 모습을 웅장하게 그리고 있어 사의 뜻과 사패 이름이 가장 완벽하게 잘 맞아 떨어지는 사다.

어부사(漁父詞)

당 교방곡으로 총 27자(字)이며 가운데 세 글자의 두 구절은 대구다.

| 定格 |

中仄平平仄仄平(韵), 中平平仄仄平平(韵)。
『平仄仄, 仄平平(韵)』, 平平仄仄仄平平(韵)。

따뜻한 춘삼월, 봄기운이 기지개를 펼 때면, 서새산(西塞山) 앞 도화강(桃花江)은 상류의 빙설이 오흥현(吴兴县) 서쪽 강 위로 녹아 흘러들며 또다시 강물이 불어나는데 사람들은 이때를 도화신(桃花汛)이라 불렀다. 봄비가 부슬부슬 내리는 속에

양 강 언덕에는 복숭아꽃들이 흐드러지게 피어나고 물속의 살찐 쏘가리들이 이리저리 분분히 떼를 짓다가 가끔씩 수면으로 떠오르곤 한다. 장지화(张志和)는 메뚜기라고 부르는 작은 쪽배를 타고 산수 구경을 하며 유명한 ≪어가자(渔歌子)≫를 지었다.

중당(中唐) 때 장지화(张志和)는 이 작은 소령(小令) 하나로 문단에 이름이 났다. 그는 16세에 태학생(太學生)이 되었으며 태자(太子) 이형(李亨)은 그의 재능을 높이 평가했다. 진사에 합격한 후 숙종(肃宗)의 한림대소(翰林待诏)가 되었는데 그 후 남포(南浦) 즉 오늘날 사천(四川) 만현(万县)의 한 지방관으로 좌천된 후로는 숙종이 다시 그를 불러도 관직을 사퇴하고 배를 타고 낚시를 하며 태호(太湖) 모래톱 초(楚) 일대를 유람하며 자신을 호수에서 낚시하는 낚시꾼으로 자칭했다.

그는 부친의 영향을 받아 도가(道家)의 이상을 지향하여 스스로를 현지자(玄真子)라고 칭하며 평생 ≪주역(周易)≫ 연구를 낙으로 삼고 살았다. 산수화에 특별히 뛰어난 장지화는 술에 취하면 흥이 나 눈을 감고 북을 치고 피리를 불며 때론 붓을 들어 글을 짓곤 했다.

이 ≪어부가(渔歌子)≫는 어느 따뜻한 늦봄, 장지화가 안진경(颜真卿)과 또 다른 친구 한 사람과 더불어 노래하며 시를 짓는 가운데 ≪어가자(渔歌子)≫ 곡조에 맞춰 5수의 가사를 지은 것 가운데 첫 번째 글이다. 그는 여기에 그림까지 덧붙였는데 이백(李白)의 어부가보다 훨씬 뛰어났다.

장지화는 십여 년 동안 작은 배를 타고 사방을 유람하며 돌아다녔는데 이 배는 친구 안진경이 그를 위해 마련해 준 것이다. 그는 이 작은 배를 자신의 집으로 삼고 사방을 유람하며 돌아다녔는데 평소에 늘 '자신은 안개 낀 강물(烟波) 위에서 사라지겠다'고 말한 대로 어느 날 갈대 배를 타고 강물에서 표연히 사라졌다.

≪어가자(渔歌子)≫는 당나라 때 민가(民歌)로 교방 음악 속에 그 기록이 있으며, 어민들의 노동과 생활을 읊은 것이다. 여러 사람들이 모인 가운데 이 곡조에 가사를 집어넣었기 때문에 많은 사람들이 이 곡조를 다 알고 있었으며 매우 유행했던 곡조다. 그러나 당나라 문인들이 이런 민간의 소곡(小曲)을 중시하지 않아 사 작품이 남겨지지 않았다. 후에 돈황(敦煌) 곡의 사에서도 ≪어가자(渔歌子)≫가 발견되었지만, 곡조가 같지 않고 노래의 내용도 그저 규방의 정사(情事)로 본뜻에서 벗어나고 있다. 당나라 말 오대 시대에 이르러 화응(和凝), 구양수(欧阳炯), 이순(李珣) 등도 같은 형식의 어부가를 지어 ≪화간집(花间集)≫에 수록하면서 제목을

"어부사(渔父詞)"로 고쳐 정식으로 사 곡조가 되었다. 송대(宋代)에 이르러 또 다시 "어가자(渔歌子)"로 이름이 바뀌었다.

고시(古诗) 속의 어부의 형상은 그저 단순한 노동자가 아니고 〈초사(楚辞)〉가운데의 "창랑의 수(沧浪之水)"를 부르는 어부는 엄자능(严子陵)의 낚시터에 이르면 어부는 줄곧 지자(智者)와 은사(隐士)의 형상이 문인들의 가슴 속에 들어있는 것이다. 많은 사람들이 "시집(诗书)은 접어두고 낚싯배에 올라 한 병의 맑은 술에 낚싯대 하나"의 생활에 대한 무한한 지향을 품고 있어 이런 꿈은 시대가 바뀌어도 결코 변하지 않았다.

당나라 궁중 음악은 송나라 민간으로 흘러 들어갔고 송나라 때 〈어부사(渔父詞)〉는 유행음악의 하나로 교방뿐만 아니라 기생집과 일반 가정집에서도 노동의 노래로 자리를 잡았다.

북송(北宋)에 이르러, ≪어가자(渔歌子)≫의 곡조는 더 이상 유전되지 않아 소동파(苏东坡)는 이 작은 사를 좋아했지만 더 이상 노래 부를 수가 없어 ≪어가오(渔家傲)≫ 곡으로 대신했다.

≪어가오(渔家傲)≫는 송나라 때 유행하던 곡으로 한편으론 말하고 한편으론 노래하며 북을 치는 거리의 노래였으며 제일 먼저 이 곡에 가사를 쓴 사람은 안수(晏殊)다. 그러나 그의 사에서는 같은 어부의 노래지만 장지화(张志和)의 풍류는 찾아볼 수가 없다.

구양수(欧阳修)는 일찍이 이 곡조로 12수의 12개월의 풍물을 읊는 사를 지었는데 이 작품은 이미 어부의 노래와는 그 어떤 관계도 없는 일 년 열두 달을 읊은 것이다. 마지막 달인 12월에 대한 사 중 마지막 구절인 "이렇게 청춘은 삽시간에 가버리니 실의에 빠지지 말고 아름다운 숲을 오늘 즉시 찾아가라"라는 문장은 유영(柳咏)의 문장과 같아서 이 구절을 누가 베꼈는지 알 수 없다.

범중암(范仲淹)의 ≪어가오(渔家傲)≫는 호방한 말 속에 슬픈 소리가 들어 있어 아름답다.

보살만(菩薩蠻)

보살만(菩萨蛮)은 자야가(子夜歌), 중첩금(重叠金)이라고 불리며 소령(小令) 44

자로 전후 각 편에 모두 두 개의 측운(仄韵)과 두 개의 평운(平韵)이 있다.

| 定格 |

中平中仄平平仄(韵)，中平中仄平平仄(韵)。中仄仄平平(韵)，
中平平仄平(韵)。
中平平仄仄(韵)，中仄平平仄(韵)。中仄仄平平(韵)，
中平平仄平(韵)。

당 선종(宣宗) 이침(李忱)은 당나라 마지막 몇 황제 중 가장 특이한 군왕으로 당 나라가 망할 때까지 60년이라는 짧은 기간 동안 많은 공적을 남겼다.

이침(李忱)은 헌종(憲宗)의 열세 번째 아들로 당시 황제였던 무종(武宗)의 숙부였으나 그의 어머니가 미천한 출신이라 어려서부터 무시를 당하며 살아왔다. 그러나 운명의 장난인지 그는 당시 권력을 쥐고 있던 환관에 의해 새 황제의 자리에 올랐다.

그는 황위에 오른 후 조정의 기강을 바로잡고 간언을 진지하게 받아들였으며 번진(藩鎭)을 진압하고 쇠퇴해가는 만당(晚唐)을 잠시나마 회복시킨 듯하여 당 태종(太宗) 정관(貞觀)시절의 기상이 다시 나타난 듯했다. 그러나 어둠이 깔리며 성당(盛唐)의 기상이 사라져 가는데 마치 최후의 여음인 양 궁궐 안에서는 여전히 〈예상무곡(霓裳舞曲)〉과 불교 음악이 북소리와 함께 울려 퍼지고 있었는데 이 대당 음악 가운데 유명한 〈보살만(菩薩蠻)〉도 포함되어 있었다.

안록산의 난 이후 개원(開元), 천보(天寶)년간에 사방에서 조공을 바치러 왔지만 이전 같은 가무로 태평성대를 구가하는 성황은 다시 볼 수 없었으나 대국의 위의(威儀)와 찬란한 문화는 여전히 서역 각국에 강한 영향을 주었다.

공물로 바치는 보석과 지방의 토산품 외에도 당시 당 황제들이 가장 좋아했던 것은 이국적인 가무였으며 오랑캐들의 음악과 춤은 궁중과 민간의 가장 유행하는 악곡이었다. 풍류 황제였던 현종(玄宗)은 자신이 곡을 만들어 연출을 했을 뿐 아니라 황실 음악학원을 세워 가무 인재를 양성하기도 했는데 대중(大中) 초년에 처량한 출신이었던 선종(宣宗) 역시 대명궁(大明宮)에서 이국여자가 조공으로 바친 춤인 〈보살만(菩薩蠻)〉을 보았을 때 가슴 속에서 용솟음치는 기쁨을 억제할 수가 없었다. 역사서에 의하면 '이 무용은 휘황찬란하게 흐르는 밝은 빛 속에 분분히 떨어지는 꽃잎들 같았으며, 범악(불교 음악)이 들릴락 말락 들려오는 것이 마치 선경(仙境)과 불경(佛境)에 처해 있는 것 같았다. 서역에서 온 여자는 몸에 향기가 나는 기름을 바르고 목에는 구슬 장식의 목걸이를 걸고 옷에는 주렁주렁 구슬을 달고 목에는 꽃송이로 만든 화환을 길게 늘어뜨렸으며 금관을 쓴 머리는 높게 묶어 솟게 해 세속 그림 속의 보살과 똑같았다. 춤 따라 음악이 시작되고 각각 다르게 채색 분장한 무희들이 떼를 지어 나타나면 마치 부처가 세상에 임한 것 같아 오늘날 우리가 볼 수 있는 〈천수관음(千手觀音)〉의 모습을 보는 것 같았으니 이런 성황은 일찍이 없었고 후세에도 없을 것이다'라고 기재되고 있다.

기재에 의하면 당 선종(宣宗) 대중(大中) 연간(847~859)에 여만국(女蠻國)이 입조하여 공물을 바쳤는데 그 사자(使者)들은 전부 머리를 높이 틀어 올려 금관을 쓰고 있었으며 몸에는 구슬 장식품을 목에 걸고 있어 이들을 '보살만부대(菩薩蠻隊)'라 불렀다. 보살만(菩薩蠻)은 일종의 예불(禮佛) 무도인 동시에 또한 성(性)을 표현한 춤곡이다.

선종(宣宗)은 무종(武宗)의 핍박을 받아 그와는 반대로 행동을 하여, 무종이 불교를 멸하자, 선종은 즉위하자마자 불사(佛寺)를 다시 건립하도록 선포했다. 중당(中唐) 때 불교는 이미 백성들 생활 속에 깊이 들어가 생활화되었으며 신도들의 요구에 부응한 당나라 불교는 세속적인 환락 분위기에 많이 젖어 있었다. 스님들은 염불을 하고 설법을 행함과 동시에 향불을 켜려 불사에 오는 신자들을 위해 참선과 가무 등 여러 가지 신자들의 이목을 끄는 연출을 하여 사묘 도장은 유희장으로 변했으며 이때 선보인 〈보살만(菩薩蠻)〉처럼 아름답고 장엄한 악곡과 춤은 당시 사람들에게 크게 어필되었다. 관객들은 이 보살만 음악과 춤에서 친근한 부처의 형상을 보았으며, 이 곡은 불계(佛界)와 생계(生界)가 가장 아름답고 완벽하게 결합되었다고 사람들은 생각했다.

분분히 나는 춤추는 치마, 영롱한 보석들, 춤추는 무희의 칠흑 같은 검은 눈동자, 이마 한 가운데 찍은 붉은 주사(朱砂), 아름답고 묘한 춤 자태와 어우러지는 기이한 음악, 자유분방하고 성감이 가득한 춤 동작 속엔 조금은 가라앉은 상감(傷感)한 종교적 느낌까지 있어 그 매력은 사람들에게 신선하고 격렬한 느낌을 주었다. 당시 문인들은 앞을 다투어 이 〈보살만〉 곡에 가사를 지어 넣어 민간으로 널리 퍼지게 했으며 이 노래는 당 5대 시기에도 지속적으로 유행하는 사패 이름이 되었다.

이백의 〈보살만〉도 있지만 〈보살만〉은 온정균(温庭筠)과 위장(韦庄)으로부터 본격적으로 시작되었다고 할 수 있다. 온정균의 〈보살만〉은 섬세한 아름다움은 있으나 생동감이 없는 것이 흠이고, 위장(韦庄)의 〈보살만〉에 이르면 비로소 생명과 감정이 충만한 '현 위의 꾀꼬리' 같이 맑고 아름다운 작품이 탄생되었다.

돈황(敦煌)의 곡에도 〈보살만〉이란 가사가 있지만 이 곡에는 대부분 남녀 간의 사랑만을 읊고 있어 천편일률적인 단조로움이 있다. 서역에서 전해 온 많은 교방곡의 이름들이 애매모호하고 의미는 깊으나 이름 자체가 우아하지 않아 후세에 와서 이름들이 많이 바뀌었으나 〈보살만〉만은 바꾸지 않고 계속 사패 이름으로 사용되었다.

우미인(虞美人)

모두 56자(字)로 상 하편 각각 두개의 측운(仄韵)과 두 개의 평운(平韵)이 있으며 변형 된 격은 58자(字)로 상하 각 편이 각각 두 개의 측운(仄韵)과 세 개의 평운(平韵)이 있다.

| 定格 |

中平中仄平平仄(韵)，中仄平平仄(韵)。
中平中仄仄平平(韵)，中仄中平平仄仄平平(韵)。
中平中仄平平仄(韵)，中仄平平仄(韵)。
中平中仄仄平平(韵)，中仄中平平仄仄平平(韵)。

피할 수 없는 밤이 다가왔고 초왕(楚王)과 우희(虞姬)의 마지막 밤인 이 밤으로부터 그들에 대한 이야기가 시작되고 이 밤으로 이야기는 끝나며 우희는 7년간이나 그와 함께 하다가 비참하게 죽었다.

초왕(楚王)은 오(吳)나라에서 봉기를 하였는데 우희는 일생 동안 그의 용맹스러움만을 보아오며 함께 했다. 그녀는 그가 신안(新安)에서 20만의 진(秦) 나라 병사를 죽이는 것을 보았고 그가 낙양(洛陽)에서 진나라 궁궐을 불살라 3개월 동안이나 불이 꺼지지 않는 것도 보았으며 그가 초나라 회왕(懷王)을 추격하여 죽이면서도 눈썹 한 번 찡그리지 않는 것도 보았다. 그러나 자신의 부하가 병이 든 것을 보면 견딜 수 없어 눈물을 흘리는 것도 보았으며 그가 홍문(鴻門)에서 고집스레 유방(劉邦)을 죽이지 않고 후에 광무(廣武)에서 초(楚)와 한(漢)이 대치할 때도 천진난만한 어린애처럼 유방(劉邦)에게 '우리가 천하를 쟁탈하려 싸우니 백성들은 안녕할 수 없으니 우리 두 사람끼리만 한 번 자웅을 겨루어 봄이 어떠냐'고 묻는 것도 보았고 후에 홍구 조약을 맺은 후 유방의 늙은 부모님을 풀어주는 것도 보았다. 그녀가 본 항우는 함양(咸陽) 진궁(秦宮)의 수많은 미인들을 약탈했으나 그들을 마음에 드는 심복 부하들에게 모두 나누어 주는 참으로 호방한 영웅이었다.

항우가 동서남북 전장 터로 데리고 다녔던 우희는 아름다웠을 뿐 아니라 검무(劍舞)에 능했다. 그녀는 노래를 부르며 춤을 추었으며 그녀가 부르는 노래는 초나라에서 어려서부터 불렀던 익숙한 곡조여서 그녀는 매 전장 터에서 별로 큰 어려움 없이 즉흥적인 가사를 지었으며 춤은 더욱 자유분방하게 그때그때의 흥에 따라 마음대로 추었으니, 월(越)나라 여인네의 칼 한 자루 검무가 항우의 유일한 안식이었다. 항우는 그녀가 추는 검무(劍舞)를 사랑하여 격렬한 전쟁을 치르고 난 후면 으레 그녀의 검무(劍舞)를 구경하고 그녀의 노래 소리를 들으며 몸을 구부리고 손에는 작은 단검을 쥐고서 깊은 잠에 빠지곤 했다. 천성적으로 귀족의 기품이 흐르는 항우는 자신의 인생의 목표가 무엇인지도 모른 채 단지 싸워 승리를 얻었으며 그는 전장을 위해 살고 전장을 위해 죽었다.

밤은 깊었고 밖은 온통 초나라 소리뿐인데 항우가 우희를 위해 부르는 노래 소리는 처량했고 우희의 칼 휘두르는 소리는 매서웠다. 우희는 갑자기 날아돌다가 항우의 단검으로 자신의 목을 찌르니 그녀의 부드러운 갑옷에선 짙은 붉은 피가 복숭아꽃이 피어나듯 흘러 나왔다. 당나라 사람들은 영웅과 미인의 이 비극적인 이야기를 즐겨 말하며 교방이나 민간에선 시들지 않고 이 곡이 보존되어 남게 되었다.

우미인(虞美人)은 일찍이 세 종류의 곡조가 있었는데 후대에 이르러 이욱의 유명한 "꽃 피는 봄과 맑은 가을 달은 언제쯤 끝나려나"로써 운율과 체계가 정식으로 자리 잡게 되었으며 이 유명한 곡은 나중에 ≪一江春水≫라고도 불렸다. 당시 음악을 하는 사람들이 패왕별희를 노래할 때는 각 막마다 생동적인 모습 속에 은근함이 있고, 장단이 서로 섞이며 급박한 박자와 느린 노래 소리의 음률에 기복이 있어서 음악소리가 마치 도도히 물이 흐르는 것 같았다. 후주의 우미인(虞美人)에서

'그대에게 묻노니 슬픔은 얼마만한 것이며 이는 마치 봄 강물이 동으로 한없이 흐르는 것과 같다'가 바로 이 곡조의 뜻에 딱 맞게 부합되고 있어 이 곡은 후주에 이르러 정식 사패곡이 되었다.

후에 소식(蘇軾)의 우미인(虞美人)에서는 후주 사의 '동쪽으로 흐르는 물'의 영향을 받아서인지 '무정한 변수는 동으로 흐르고 이별의 슬픔을 실은 배는 서주를 향하며, 한바탕의 바람은 번뇌를 실어 보낸다'고 하여 그 뜻이 깊고 함축이 더 많아졌다.

일곡주(一斛珠)

당 교방곡으로 쌍조(雙調) 모두 57자(字)로 끝은 모두 측운(仄韵)이다.

| 定格 |

仄平平仄，平平仄仄平平仄。平平仄仄平平仄，仄仄平平、仄仄平平仄。
仄仄平平平仄仄，平平仄仄平平仄。平平仄仄平平仄，仄仄平平、仄仄平平仄。

당 현종(玄宗)은 외국에서 공물로 보내온 진주를 매비(梅妃)에게 하사하고 악공에게 새 곡을 작곡하라고 하여 그 이름을 일곡주(一斛珠)라 했다. 송대에 이르러서는 사의 곡조(詞曲)가 되어 안수이(晏殊易)는 이를 〈취락백(醉落魄)〉이라 하였으며 장선(張先)은 〈취동풍(醉東風)〉으로, 황정견(黃庭堅)은 〈취락척(醉落拓)〉으로 이름을 바꿨다.

조(曹) 〈매비전(梅妃傳)〉에 명황(明皇)은 양귀비를 총애하면서부터 매비(梅妃)와는 소원해졌다. 그는 사람을 시켜 몰래 그녀에게 진주 한 말을 선물로 보냈다. 매비는 이를 감사하며 명황께 시로써 답을 했다. "버들잎 같은 두 눈썹은 안 그린 지 이미 오래고 눈물로 붉은 손수건 더러워졌으며 오랫동안 문을 열지 않고 세수도 안 하는데 진주로 이 적막함을 위로할 필요가 뭐 있겠습니까?"라고 했다. 이 시를 본 후 그는 무척 마음이 슬퍼 악부(樂府)에 명하여 새 곡을 지으라 하고 이 곡을 일곡주(一斛珠)라 했다.

채상자(采桑子)

〈추노아(醜 奴 兒)〉, 〈나부미(羅敷媚)〉, 〈나부염가(羅敷艷歌)〉라고도 하며 총 44자(字)로 전 후에 3개의 평운(平韵)이 있다.

| 定格 |

中平中仄平平仄，中仄平平(韵)。中仄平平(韵)，
中仄平平中仄平(韵)。
中平中仄平平仄，中仄平平(韵)。中仄平平(韵)，
中仄平平中仄平(韵)。

전당시(全唐詩)에서도 원명이 채상자(采桑子)로 당 교방의 대곡이다. 풍정중(馮正中)의 사에서는 〈나부염가(羅敷艷歌)〉라고 했는데. 이 곡은 당나라 교방의 대곡인 〈양하채상(楊下采桑)에서 시작되었기 때문에 이 이름을 얻게 된 것이다.

상견환(相見歡)

이 곡조는 또 〈상서루(上西樓)〉, 〈서루자(西樓子)〉, 〈추야월(秋夜月)〉, 오야제(乌夜啼)라고도 한다. 총 36자(字)로 상편에 3개의 평운(平韵)과 하편에 두 개의 측운(仄韻)과 두 개의 평운(平韻)이 있다.

| 定格 |

中平中仄平平(韵)，仄平平(韵)。中仄中平平仄仄平平(韵)。
中中仄(韵)，中平仄(韵)，仄平平(韵)。中仄中平平仄仄平平(韵)。

오대(五代) 설소온(薛昭蘊)이 일찍이 이 곡에 사를 지어 상견환(相見歡)이라고 했다. 송나라 때는 이 곡을 〈오야제(烏夜啼)〉라 했다. 그러나 또 다른 곡인 〈금당춘(錦堂春)〉과 서로 혼동이 되어 〈금당춘(錦堂春)〉 역시 〈오야제(烏夜啼)〉라 했다. 오늘날에는 오대(五代)의 명칭대로 상견환(相見歡)이라 하여 〈금당춘(錦堂春)〉과의 혼동을 피하고 있다. 이 곡조는 음률이 매우 아름다우며 7구절 속에 3자, 6자, 9자로 구절을 맞췄다. 짧은 쉼과 긴 한탄으로 구절마다 모두 운(韻)이 들어 있고 다섯 구절은 평운(平韻)으로 압운이 되고 두 구절이 서로 측운(仄韻)으로 압운되어 있다.

같은 곡조인 오야제(乌夜啼) 역시 총 36자(字)로 상편에 3개의 평운(平韵)과 하편에 두 개의 측운(仄韻)이 있으며 위하암이 감옥에 들어가 있을 때 까마귀 두 마리가 집안에 머물러 있어 그의 며느리가 새는 기쁜 소식을 알려주기 때문에 아버님은 필경 죄를 면하게 될 것이라 한 말에서 이 곡명이 붙여졌다고 한다.

접련화(蝶戀花)

접련화(蝶恋花)는 작답지(鵲踏枝), 봉서오(凤栖梧)라고도 불리며 쌍조(双调) 60자(字)로 산 하편 각각 4개의 측운(仄韵)이 있다.

| 定格 |

中仄中平平仄仄(韵)。中仄平平，中仄平平仄(韵)。
中仄中平平仄仄(韵)，中平中仄平平仄(韵)。
中仄中平平仄仄(韵)。中仄平平，中仄平平仄(韵)。
中仄中平平仄仄(韵)，中平中仄平平仄(韵)。

접련화(蝶戀花)는 상조곡(商調曲)이며 양(梁)나라 간문제(簡文帝)의 악부(樂府)에서 '계단에서 날고 있는 호랑나비는 꽃을 사랑하는 마음(翻阶蛺蝶戀花情)'이라는 글에서 그 이름을 따온 것이다.

망강남(望江南)과 망강매(望江梅)

회강남(忆江南), 몽강남(梦江南), 강남호(江南好)라고도 하며 총 27자(字)로 세 개의 평운(平韵)이 있다, 가운데 7글자의 두 구절은 대구다.

| 定格 |

平中仄, 平仄ˇ仄平平(韵)。『中仄中平平仄仄,
中平中仄仄平平(韵)』。
中仄仄平平(韵)。

원 이름은 〈사추랑(謝秋娘)〉으로 당대 이덕유가 절강 진사로 있을 때 사추랑을 위해 만든 것이다 후에는 백거이가 이 곡조를 만들고 마지막 마디에 '어찌 강남을 추억하지 않을 수 있었는가'라고 끝을 맺으며 이 이름을 억강남이라 고쳤다. 당나라 때 단조였던 것이 송에 이르러서는 쌍조가 되었다.

같은 곡조의 망강매(望江梅)와 합해 이욱은 4개의 사를 만들었다.

도련자(捣练子)

도련자령(捣练子令), 심원월(深院月)이라고도 하며 멀리 북방에 있는 남편을 그리워하는 사로 27자(字)에 세 개의 평운(平韵)이 있다.

| 定格 |

平仄仄, 仄平平(韵)。仄仄平平仄仄平(韵)。
中仄仄平平仄仄, 仄平平仄仄平平(韵)。

완계사(浣溪沙)

산화자(山花子)라고도 하며 42자(字)로 상편에 세 개의 평운(平韵)과 하편에 두 개의 평운(平韵)이 있으며 두 구 이상 대구가 있다.

| 定格 |

中仄中平中仄平(韵)，中平中仄仄平平(韵)，中平中仄仄平平(韵)。
『中仄中平平仄仄，中平中仄仄平平(韵)』。中平中仄仄平平(韵)。

원랑귀(阮郎歸)

〈취도원(醉桃源)〉, 〈벽도춘(碧桃春)〉이라고도 한다. 쌍조(双调) 47자의 평운(平韻)이며 상하편 각각 4개의 평운(平韵)이 있다.

| 定格 |

中平平仄仄平平(韵)，平平中仄平(韵)。
仄平平仄仄平平(韵)，中平中仄平(韵)。
平仄仄，仄平平(韵)，中平中仄平(韵)。
中平中仄仄平平(韵)，中平中仄平(韵)。

옥루춘(玉樓春)

〈목란화(木兰花)〉, 〈춘효곡(春晓曲)〉이라고도 하며 쌍조(双调) 56자(字)로 상편과 하편의 격식이 다르다 각각 세 개의 측운(仄韵)이 있으며 마지막은 모두 하나의 운(韵)이다.

| 定格 |

(平)平(仄)仄平平仄，(仄)仄(平)平平仄仄。(平)平(仄)仄仄平平，(仄)仄(平)平平仄仄。(平)平(仄)仄平平仄，(仄)仄(平)平平仄仄。(平)平(仄)仄仄平平，(仄)仄(平)平平仄仄。

희천앵(喜迁莺)

학중천(鹤冲天), 만년기(万年枝), 희천영령(喜迁莺令), 증기량(燕归梁)이라고도 하며 총 47자(字)로 상편에 네 개의 평운(平韵)과 하편에 3개의 특운(仄韵)과 두 개의 평운(平韵)이 있다.

| 定格 |

中仄仄，仄平平(韵)，平仄仄平平(韵)。
仄平平仄仄平平(韵)，平仄仄平平(韵)。
平中仄(韵)，平中仄(韵)，仄仄仄平平仄(韵)。
中平平仄仄平平(韵)，平仄仄平平(韵)

청평악(清平乐)

회몽월(忆萝月), 취동풍(醉东风)이라고도 부르며 총 26자(字)로 상편에 네 개의 측운(仄韵)과 하편에 세 개의 평운(平韵)이 있다.

| 定格 |

中平中仄(韵)，中仄平平仄(韵)。中仄中平平仄仄(韵)，
中仄中平中仄(韵)。
中平中仄平平(韵)，中平中仄平平(韵)。中仄中平中仄，
中平中仄平平(韵)。

임강선(临江仙)

총 58자(字)로 상 하편 각각 세 개의 평운(平韵)이 있다.

约有三格，第三格增二字。柳永演为慢曲，九十三字，
前片五平韵，后片六平韵。

| 定格 |

中仄中平平仄仄，中平中仄平平(韵)。中平中仄仄平平(韵)。
中平中仄，中仄仄平平(韵)。
 中仄中平平仄仄，中平中仄平平(韵)。中平中仄仄平平(韵)，
中平中仄，中仄仄平平(韵)。

슬픔 위에 또 다른 슬픔 끝없이 흐르네 슬픔 위에 또 다른 슬픔 끝없이 흐르네 슬픔 위에 또 다른 슬픔 끝없이 흐르네

부 록

오대십국
거란
패주
동평군
연
운주
유주
(베이징, 북경)
평내
진
(후당)
하주
진주
창주
서경
태원부
청주
위주
노주
연주
기
봉상부
태주
동도개봉부
대안부
(서안)
서도하남부
초주
후량
홍원부
이주
토번
강도부(양주)
승주
수주
성도부
전촉(후촉)
강릉부
선주
유주
약주
월주
오(남당)
오월
낭주
홍주
장사부
형남(남평)
건주
복주
초
강가만
남도
건주
민
계주
천주
오주
홍왕부
옹주
봉주
광주
남한
안남
교주
경주
0
500Km

_훈향(燻香)

_훈로(薰爐)

고대 부귀한 집의 생활용품으로 향내를 풍기는 향로이다. 향로 뚜껑에 구멍이 있어 그 안에 향을 태우면 연기가 뿜어 나오며 향기가 퍼진다.

이 훈로(薰爐) 위에 직접 사람의 피부와 닿지 않게 뭔가를 씌워놓은 것이 훈롱(薰笼)인데 이는 옷을 말리거나 혹은 따뜻한 화로의 대용으로 사람들이 기대기도 한다. 백거이(白居易)의 〈궁사(宮詞)〉에서도 "아름다운 얼굴 아직 늙지도 않았는데, 임금 의 총애가 끝나 날이 밝도록 훈롱에 비스듬히 기대어 밤을 새운다"라고 했다.

_尊罍(술잔)

_홍말흉(紅抹胸)

가슴을 가리는 일종의 붉은 내복. 붉은 비단으로 만든 수놓은 여인네들의 가슴막이로 앞부분만 있고 뒷부분은 없는 오늘날의 브래지어와 같은 것이다.

마름모꼴을 약간 둥글게 말아 끈을 두 개 만들어 목에 둘러 가슴을 가린다.

_생황(笙簧)

둥근 박통에 17개의 죽관(竹管)을 꽂고 박통 옆에 튀어 나온 취구(吹口)에 입을 대고 불면 죽관에 붙은 금속 리드인 황(簧)이 진동하면서 소리를 낸다. 죽관의 수에 따라 여러 이름으로 불리는데, 36개의 황을 가진 것은 우생(竽笙), 13개의 황을 가진 것은 화생(和笙)으로 구별한다.

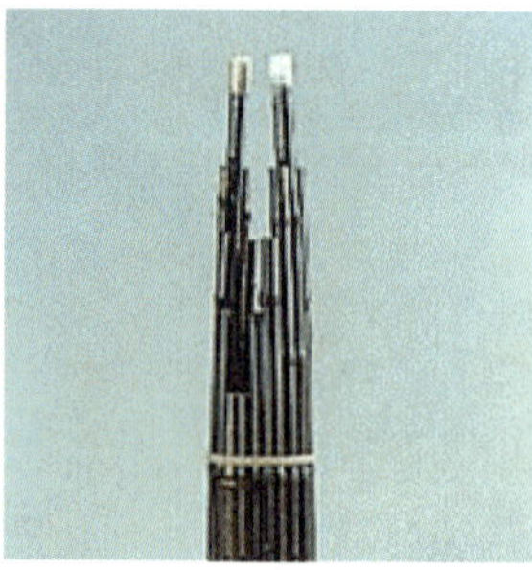

_물시계 누각(漏刻)

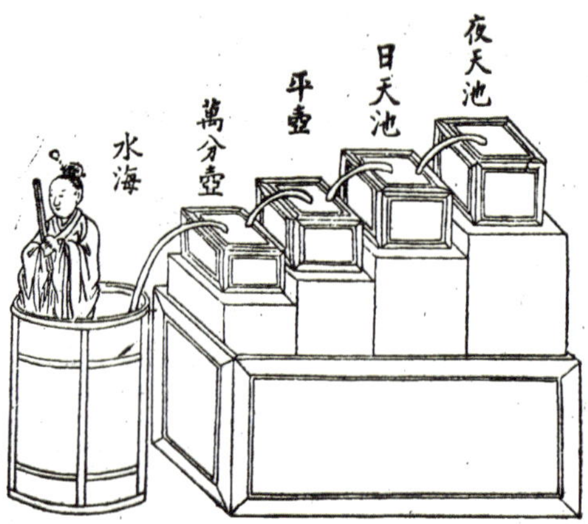

슬픔 위에 또 다른 슬픔 끝없이 흐르네

2011년 10월 20일 초 판 인쇄
2011년 10월 31일 초 판 발행

저 자 박 성 희
발행인 한 인 환
발행처 도서출판 **기문사**
등 록 1978. 8. 9. NO. 6-0637
주 소 서울시 동대문구 안암로 50-1(용두동) 홍신빌딩 3층
전 화 02)2265-7214/922-8662~8663
팩 스 02)922-8772

homepage : www.kimoonsa.co.kr
e-mail : book@kimoonsa.co.kr

ISBN : 978-89-7723-511-3 93820

저자와의 협의하에 인지생략

정가 : 20,000원